国家出版基金项目
NATIONAL PUBLICATION FOUNDATION

抗日战争专题研究

张宪文 主
朱庆葆 编

第六辑
战时经济
与社会

抗战时期
中国人口损失考察

卞修跃 著

江苏人民出版社

图书在版编目(CIP)数据

抗战时期中国人口损失考察 / 卞修跃著. -- 南京：
江苏人民出版社，2021.11
（中国抗日战争专题研究 / 张宪文，朱庆葆主编）
ISBN 978 - 7 - 214 - 26660 - 6

Ⅰ. ①抗… Ⅱ. ①卞… Ⅲ. ①抗日战争-人口-损失
-研究-中国 Ⅳ. ①K265.07②C924.2

中国版本图书馆 CIP 数据核字(2021)第 225258 号

书 名	抗战时期中国人口损失考察	
著 者	卞修跃	
责 任 编 辑	刘风华	
装 帧 设 计	刘葶葶	
责 任 监 制	王 娟	
出 版 发 行	江苏人民出版社	
地 址	南京市湖南路 1 号 A 楼,邮编:210009	
照 排	江苏凤凰制版有限公司	
印 刷	苏州市越洋印刷有限公司	
开 本	652 毫米×960 毫米 1/16	
印 张	32 插页 4	
字 数	367 千字	
版 次	2021 年 11 月第 1 版	
印 次	2021 年 11 月第 1 次印刷	
标 准 书 号	ISBN 978 - 7 - 214 - 26660 - 6	
定 价	128.00 元	

（江苏人民出版社图书凡印装错误可向承印厂调换）

教育部哲学社会科学研究重大委托项目
2021年度国家出版基金资助项目
南京大学"双一流"建设卓越计划项目
"十四五"国家重点出版物出版专项规划项目

合作单位

南京大学　北京大学　南开大学　武汉大学

复旦大学　浙江大学　山东大学

台湾中国近代史学会

学术顾问

金冲及　章开沅　魏宏运　张玉法　张海鹏

姜义华　杨冬权　胡德坤　吕芳上　王建朗

总　序

张宪文　朱庆葆

　　日本侵华与中国抗日战争是近代中国最重大的历史事件。中国人民经过 14 年艰苦卓绝的英勇奋战,付出惨重的生命和财产的代价,终于取得伟大的胜利。

　　自 1945 年抗日战争结束至 2015 年,度过了漫长的 70 年。对这一影响中国和世界历史进程的重大事件,国内外历史学界已经做过大量的学术研究,出版了许多论著。2015 年 7 月 30 日,在抗日战争胜利 70 周年前夕,中共中央政治局就中国人民抗日战争的回顾和思考进行集体学习,习近平总书记发表重要讲话,指示学术界应该广为搜集整理历史资料,大力加强对抗日战争历史的研究。半个月后,中共中央宣传部迅速制定抗日战争研究的专项规划。8 月下旬,时任中共中央宣传部部长刘奇葆召开中央各有关部委、国家科研机构和部分高校代表出席的专题会议,动员全面贯彻习总书记的讲话精神,武汉大学和南京大学的代表出席该会。

　　在这一形势下,教育部部领导和社会科学司决定推动全国高校积极投入抗战历史研究,积极支持南京大学联合有关高校建立抗战研究协同创新中心,并于南京中央饭店召开了由数十所高校的百余位教授、学者参加的抗战历史研讨会。台湾中国近代史学会也派出十多位学者,在吕芳上、陈立文教授率领下出席会议,共同协商在新时代深入开展抗战历史研究的具体方案。台湾著名资深教授蒋永敬在会议上发表了热情洋溢的讲话。经过几个月的酝酿和准备,南京大学决定牵头联合我国在抗战历史研究方面有深厚学术基础的北京大学、南开大学、武汉大学、复旦大学、浙江大学、山东大学及台湾中国近代史学会,组织两岸历史学者共同组建编纂委员会,深入开展抗日战争专题研究。中央档案馆和中国第二历史档案馆也积极支持。在南京中央饭店学术会议基础上,编纂委员会初步筛选出130个备选课题。

南京大学多次举行党政联席会议和校学术委员会会议,专门研究支持这一重大学术工程。学校两届领导班子均提出具体措施支持本项工作,还派出时任校党委副书记朱庆葆教授直接领导,校社科处也做了大量工作。南京大学将本项目纳入学校"双一流"建设卓越计划,并陆续提供大量经费支持。

江苏省委、省政府以及江苏省委宣传部,均曾批示支持抗战历史研究项目。国家教育部社科司将本项研究列为哲学社会科学研究重大委托项目,并要求项目完成和出版后,努力成为高等学校代表性、标志性的优秀成果。

本项目编纂委员会考察了抗战历史研究的学术史和已有的成果状况,坚持把学术创新放在第一位,坚持填补以往学术研究的空白,不做重复性、整体性的发展史研究,以此推动抗战历史研究在已有基础上不断向前发展。

本项目坚持学术创新,扩大研究方向和范围。从以往十分关注的九一八事变向前延伸至日本国内,研究日本为什么发动侵华战争,日本在早期做了哪些战争准备,其中包括思想、政治、物质、军事、人力等方面的准备。而在战争进入中国南方之后,日本开始实施一号作战,将战争引出中国国境,即引向亚太地区,对东南亚各国及东南亚地区的西方盟国势力发动残酷战争。特别是日军偷袭美军重要海军基地珍珠港,不仅给美军造成严重的军事损失,也引发了日本法西斯逐步走向灭亡的太平洋战争。由此,美国转变为支援中国抗战的主要盟国。拓展研究范围,研究日本战争准备和研究亚太地区的抗日战争,有利于进一步揭露日本妄图占领中国、侵占亚洲、独霸世界的阴谋。

本项目以民族战争、全民抗战、敌后和正面战场相互支持相互依靠的抗战整体,来分析和认识中国抗日战争全局。课题以国共两党合作为基础,运用大量史实,明确两党在抗日战争中的地位和作用,正确认识各民族、各阶级对抗日战争的贡献。本项目内容涉及中日双方战争准备、战时军事斗争、战时政治外交、战时经济文化、战时社会变迁、中共抗战、敌后根据地建设以及日本在华统治和暴行等方面,从不同视角和不同层面,深入阐明抗日战争的曲折艰难历程,以深刻说明中国抗日战争的重大意义,进一步促进中华民族的伟大复兴。

对于学界已经研究得甚为完善的课题,本项目进一步开拓新的研究角度和深化研究内容。如对山西抗战的研究更加侧重于国共合作抗战;对武汉会战的研究将进一步厘清抗战中期中国政治、经济、社会的变迁及国共之间新的友好关系。抗战前期国民党军队丢失大片国土,而中国共产党在十分艰难的状况下,在敌后逐步收复失地,建立抗日根据地。本项目要求各根据地相关研究课题,应在以往学界成果基础上,着力考察根据地在社会改造、经济、政治、人才培养等方面,如何探索和积累经验,为1949年后的新中国建设提供有益的借鉴。抗战时期文学艺术界以其特有的文化功能,在揭露日军罪行、动员广大民众投入抗战方面,发挥了重要作用。我们尝试与艺术界合作,动员南京艺术学院的教授撰写了与抗日战争相关的电影、美术、音乐等方面的著作。

本项目编纂委员会坚持鼓励各位作者努力挖掘、搜集第一手历史资料,为建立创新性的学术观点打下坚实基础。编纂委员会要求全体作者坚决贯彻严谨的治学作风,坚持严肃的学术道德,恪守学术规范,不得出现任何抄袭行为。对此,编纂委员会对全部书稿进行了两次"查重",以争取各个研究课题达到较高的学术水平,减少学术差错。同时,还聘请了数十位资深专家,对每部书稿从不同角度进行了五轮审稿。

本项目自 2015 年酝酿、启动,至 2021 年开始编辑出版,是一项巨大的学术工程,它是教育部重点研究基地南京大学中华民国史研究中心一直坚持的重大学术方向。百余位学者、教授,六年时间里付出了艰辛的劳动,对抗战历史研究做出了重要贡献! 编纂委员会向全体作者,向教育部、江苏省委省政府以及各学术合作院校,向江苏凤凰出版传媒集团暨江苏人民出版社,向全体编辑人员,表示最崇高的敬意和诚挚的感谢!

目　录

导　论

　　战争，是人类最丑陋的恶习之一，几乎伴随着人类从产生以迄于今的整个过程。早在进入文明社会之前，人类不同族群之间的战争，便随着对生存空间、水源、食物乃至异性的争夺而展开了。甚至，当外部环境能够为人类提供的食物极度匮乏时，异族群成员的肉体即成为另一族群的食物来源，并由此展开不同族群之间的战争，以及一个族群对另一个族群的血腥屠杀。对此，《吕氏春秋》有云："兵之所自来者上矣，与始有民俱。凡兵也者威也，威也者力也。民之有威力，性也。性者所受于天也，非人之所能为也，武者不能革，而工者不能移。兵所自来者久矣，黄、炎故用水火矣，共工氏固次作难矣，五帝固相与争矣。递兴废，胜者用事。人曰'蚩尤作兵'。蚩尤非作兵也，利其械矣。未有蚩尤之时，民固剥林木以战矣，胜者为长。……长之立也出于争。争斗之所自来者久矣，不可禁，不可止。"①显然，人类很早就开始了对自身历史、战争历史的探讨，并试图从中总结经验与教训，为当世人事提供借鉴。《韩非子》在讨论人与人之间的争夺时云："是以人民众而货财寡，事力

---

① 许维遹：《吕氏春秋集释》上，北京：中华书局 2009 年版，第 157—159 页。

劳而供养薄，故民争；虽倍赏累罚而不免于乱。"①比《韩非子》稍后的《淮南子》，对战争起源的讨论更细致一些："凡有血气之虫，含牙带角，前爪后距，有角者触，有齿者噬，有毒者螫，有蹄者趹。喜而相戏，怒而相害，天之性也。人有衣食之情，而物弗能足也，故群居杂处，分不均，求不赡，则争；争则强胁弱而勇侵怯。人无筋骨之强，爪牙之利，故割革而为甲，铄铁而为刃。贪昧饕餮之人，残贼天下，万人愮动，莫宁其所。……兵之所由来者远矣。"②

当历史进入所谓的文明史阶段后，人类并未因为知识的积累、生存空间的拓展、生活条件的改善、物质财富的增加、交流管道的疏通等而放弃战争这种恶习。相反，在相对于整个人类生命史来说仅仅是短暂一段的文明历史时期内，人类把战争的规模、残酷程度、对生命与社会财富的破坏等，一次又一次地推向了前所未有的地步，在人类文明史上留下了数不清的战争记录，也留下了数不清的对人类生命的屠杀、对社会财富的摧毁、对人类生存环境的破坏、对社会历史发展进步的阻碍，构成了一条与人类文明、进步、发展相伴而行的以野蛮、倒退与灾难为主要特征的黑暗脉络。在历史上的一些特殊时期，这条黑暗脉络甚至掩蔽了文明的光芒、人性的尊严和理性的光辉，成为人类种群心灵中永久不能抚平的创痛记忆。

进入世界近代史阶段后，战争更是多次以全世界为场域全面展开，规模空前广大，延续旷日持久。现代科技的奠定与发展也极大地推动了战争机器的现代化，使战争的破坏性、残酷性更进一步地被激发与展现。战争，这个伴随人类全部历史以迄于今的凶恶

---

① 王先慎：《韩非子集解》，北京：中华书局1998年版，第443页。
② 刘安：《淮南子》，上海：上海古籍出版社2016年版，第360页。

怪兽,时时张着巨口,随时准备吞噬人类生命与社会财富,进而对人类种群自身的生存构成巨大而实在的威胁。

一方面,战争必然吞噬生命,这是铁定的法则。无论什么性质的战争,国内战争或国际战争,都意味着灾难,意味着无数生命的消殒,意味着无数财富化为灰烬。对于战争造成的灾难与惨剧,无数中外历史文献、文学作品都曾作过详细的记录与描述,其残酷与血腥,令人愤慨。在现代,从一定意义上来讲,战争是交战、参战的各方或各国综合实力的大比拼,同时也是交战各方、各国对战争所必然带来的灾难性结果的承耐力的比拼。在战争进行过程中,敌对的双方或多方会消耗掉大量的社会财富,牺牲掉大量的国民生命。而战祸所造成的社会财富消耗与国民生命牺牲,往往会比直接消耗于战争本身者要大得多,对社会发展所产生的窒碍作用也会持续得更久远。

另一方面,战争从远古时代不同人类族群之间的争夺杀戮,发展到人类文明时代不同人类集团的政权争夺或利益瓜分的工具,不同国家疆域界限划分的武力凭借,乃至对族群利益、国家独立和国民生命财产安全的捍卫手段,它所造成的灾难和对社会发展所产生的影响,自古迄今,同样受到人类理性的关注与思考。古今中外的无数哲人智者们,在不同程度上审视过战争的进程,总结过战争的规律,分析过战争的性质,抨击过战争的灾难,发出过对和平的召唤。但是,战争本身的发展,似乎远远超出了人类智性对它的思考、认知和节制:人类早就认识到战争的危害,但是迄今无法消除战争;人类渴望和平,但一直无法克制以战争作为解决冲突与争端手段的冲动与欲望;人类把战争区分为正义与非正义,但不同的族群或团体谁也无法突破以自我为中心的评判立场。人类甚至已清楚地意识到战争对自身存在可能产生的严重威胁,但人们为减轻战争危害、消除战争威胁、争取永久和平的努力,进展得极不顺利,达成的共识不时地遭到毁弃。人类消除战争威胁、争取实现永久和平的道路,充满着曲折与艰难。

正因如此,人类就不能停止对战争历史的认识、思考与反省,不能停止对战争灾难与罪恶的考察、分析与谴责。至少,人类过去遭受的战争灾难,对现在和未来人类的行为取向,有着巨大的警醒意义。对一个国家和一个民族来说,时时翻检她的历史上所曾遭受的苦难和所曾经历的抗争,对激励这个国家和民族自强图存、抵御灾难、维护和平的意志与决心具有特殊的价值。所以,我们将试图冲破时空的隔膜,掀开被长久岁月尘封得字迹模糊而又血肉粘连的历史一页。

近代历史上,中国长期遭受外来侵略与欺凌,中国人民饱受战争苦难,百年之间,中华民族度过了一段灾难与抗争、屈辱与奋发、图存与自强相互交织的悲壮岁月。其中,1931 年至 1945 年的中国人民抗日战争,成为这段长达百年的历史岁月中苦难与辉煌的典型缩影,值得人们认真研究,永久铭记。

1931 年,九一八事变爆发后,在不到半年的时间内,日本关东军侵占中国东北三省,继而扶植伪政权。由此,日本挑起了对中国长期的侵略战争,中国人民的局部对日抗战随之展开。1937 年 7 月 7 日,日军制造卢沟桥事变,对中国悍然发动全面武装侵略战争,中国军民奋起抗击,中国开始了长达 8 年的反侵略、反法西斯、争取民族独立和解放的全面抗日战争。这场战争在中国国土上持续时间之长久、展开规模之巨大、武装对抗之强烈、波及区域之广阔、影响程度之深刻,在近代战争史上并不多见。战争给中华民族造成了空前的灾难,对中国社会的正常发展产生了极为严重的消极影响。战争期间,日军大规模的武装进攻与残酷屠杀,造成了数以千万计中国军民的生命牺牲，造成了难以估量的社会财富的损失与文化遗产的毁灭。

在现代社会中，战争造成的人口伤亡是战争灾祸最直接的构成之一。它与战争对社会财富的消耗和摧毁，共同构成了战争灾难的主体部分，进而对经济社会的发展产生巨大的阻碍作用。关于日本侵华战争给中国造成的人口伤亡与财产损失，从战争爆发至今，不论是战时、战后的中国政府机关、社会团体、学术机构，还是抗战史专门研究者、不同领域的个人，始终予以高度关注。从战时开始，这些机关或个人便着手组织进行了大量的调查、统计和分析工作，作了长时间的研究与探讨。在战争进行当中或战争结束后不久，由国民政府或抗日根据地边区民主政府主持领导，并由相关人员、团体及学术机构参与进行的中国抗战人口伤亡与财产损失调查，是作为政府的一项重要工作展开的。

这些工作，一方面为战后国际社会站在人类正义的立场上裁判日本发动侵略战争的罪恶，揭露日军在华极端反人道罪行提供了大量的铁证，让罪恶受到审判，使正义得以伸张；另一方面，也向世人昭示了日本侵华战争给中华民族造成的巨大灾难，昭示了中国人民为世界反法西斯战争取得最终胜利所作出的巨大贡献。今天我们从学术研究的角度来看，前人的调查分析积累了大量第一手的统计材料，为后人进行中国抗战人口损失与财产损失问题的研究，提供了必要的资料基础与研究参考。

关于中国抗战损失问题的研究，正如我们在前文提到的那样，在战争激烈进行之际，国民政府、抗日根据地民主政权的有关机关即着手进行调查与研究，并随时通过报刊等媒介向社会公众披露。这既是为了向国内外人士揭露日军的残暴罪行，也是为了增强国人抗战的决心，呼吁国际社会的同情。与抗战财产损失一样，中国抗战人口伤亡为其调查与研究的核心内容,并形成了一批最初的原始档案资料。在战争进行期间,即有学者利用这些资料对中国抗战人口伤亡进行过初步的估算与研究,其中较为著名的是中央研究院的潘嘉林,他于 1941 年春著成《抗战三年来我公私损失初步估计》。[①] 其后,该所韩启桐复在潘氏著作的基础上,利用当时政府机关等随时公布的抗战人口损失统计、军事部门赠送的抗战将士历年伤亡统计资料,以及他个人的调查补充估计,撰成了著名的《中国对日战事损失之估计(1937—1943)》。该书第三章专列"人口伤亡",通过对截至 1943 年各省县市抗战烈度及战斗分布、沦陷区分布、敌机空袭后方各地城镇统计、国民党军队抗战伤亡统计、平民伤亡情形分布等资料的分析,并参照第一次世界大战交战国战斗人员伤亡分类统计资料及其他一些国家重要战争中交战人员伤亡情形、比率等,按照当时不同的区域、战役级别、交战持续时间和沦陷境况,建立了一套估计中国抗战人口伤亡损失的数据模型,并据以对这 6 年中国抗战损失及伤亡比率、不同区域内平民伤亡,以及平民伤亡与军队伤亡比率等进行了研究与估计,得出关于中国全面抗战前六年人口伤亡损失的总体估计。[②] 战争结束后,国民政府和中国解放区民主政权也分别在各自权辖区域内对抗战损失进行了系统调查,并各自形成了一批原始的调查与统计

---

① 中国第二历史档案馆藏,战时各种损失估计报告卷,761/228。韩启桐在 1945 年抗战纪念日为自己所著《中国对日战事损失之估计(1937—1943)》所写的"序"中认为,潘文"乃我国有系统估计战争损失之最先完成者,惜因种种关系,未能公开发表"。

② 韩启桐编著:《中国对日战事损失之估计(1937—1943)》,该书被收录为《中央研究院社会科学研究所丛刊》第 24 种,由中华书局 1946 年印行,后复被收录为沈云龙主编的《近代中国史料丛刊续辑》第 90 号。

资料。①

　　1949 年中华人民共和国成立后,在很长一段时间内,抗日战争史作为新民主主义革命史的一个组成部分,包含在中国近代史的研究范畴内。虽然许多专题受到学术界的高度重视与细致研究,但另有更多的专题则长期没能得到应有的关注,中国抗战损失问题即是其中之一。形成这种局面的原因,是多方面的:第一,由于学科研究方法与视角的局限,许多在今人看来非常重要的专题,在当时并没有进入研究者的视野。中国抗战损失的调查与研究固然重要,在战争进行之时不少学者就深刻地认识到,并积极地着手进行。但经过解放战争,中华人民共和国成立之后,在很长的一段时间内,历史学家的研究工作主要是重新构建中国历史、中国近代

---

① 中国抗日战争胜利后不久,为建立对日战争损失索赔的数据基础,国民政府通令各省限期切实查报抗战人口损失及财产损失。各省循令而作,陆续调查汇报。中国共产党领导下的各抗日根据地民主政权,也以不同的方式对解放区抗战期间人口损失及财产损失进行了调查,并向国民政府行政院善后救济总署等机关进行通报。相关的调查估算结果,分别由国民政府主计处、社会部、内政部、不同时期分隶于行政院或内政部的抗战损失调查委员会或赔偿委员会等部门汇总。当时统计或估计得出了几种不同的中国抗战人口伤亡损失数字:其中有 1946 年 8 月 5 日抗战损失调查委员会估算的 12 015 312 人、行政院赔偿委员会统计并于 1947 年 5 月 20 日由第四届国民参政会第三次大会公布的全国抗战人口伤亡损失 12 784 974 人、中国第二历史档案馆所藏《全国人民生命损失及人民劳力损失统计表》所载的人口伤亡及其他各项损失总计 18 546 693 人等。由于二战结束后不久国际形势发生变化,受美国改变对日索赔政策等因素的影响,由国民政府主导的中国对日索赔工作及抗战损失调查工作,进行得并不彻底。并且随着国民党挑起全面内战,国内局势不久便再度陷入战争与动荡之中,中国抗战损失调查的工作环境遭到严重破坏,调查工作于无形之中辍止。从抗战时期至战后持续进行的中国抗战损失调查统计所形成的资料,也因为时局的动荡没有得到系统的整理与研究,除赔偿委员会的部分档案在国民党政权大陆败亡后被携往台湾地区外,其余大部分散存于中国第二历史档案馆所藏国民政府各部会的档案全宗以及各省市县档案馆所藏的国民政府档案全宗之内,时至今日,还未得到充分的发掘、系统的整理、有效的利用与深入的研究。

史、中国现代史乃至中国革命史的研究框架与表达体系。所以在这一时期,有关中国历史的分期与不同时期的社会性质、中国近代史的阶段划分,新民主主义革命史的发生、发展与胜利等内容,成为学术界研究的重要内容。作为新民主主义革命史的一个组成部分,中国人民抗日战争史中很多具体的研究专题,确实还没来得及被研究者置于一个应有的关注度之上,因而没有得到更深入的研究与探讨。第二,中华人民共和国成立后至 20 世纪 80 年代初,中日两国关系在一定程度上表现得相对平稳,还没有明显出现后来横亘于两国之间的历史遗留问题的激化、国际社会对日本社会右倾化问题的担忧和日本官僚在日本近代对外侵略历史认识上的倒退等,现实的国际斗争实践还没有对中日历史问题研究工作提出迫切的需求,没有对有关专题的研究形成刺激。因此,有关中国抗日战争史研究的某些具体领域,也就没有成为研究热点。第三,从学科发展的角度来看,这一时期的中国历史学科,还处在宏大叙事体系的构建阶段,这种构建工作持续时间长,对抗日战争史的研究方法、研究视野、思维习惯与研究趋向等产生了深刻的影响,许多具体的历史专题课题的研究工作,未能及时展开。第四,近代史时期,几乎所有的中国近代化事业,都经历了一个漫长而艰难的草创、进步与逐步成熟的过程。中华人民共和国成立之前,有关中国各个时期基本国情的调查统计尤其不发达,调查统计资料零散且混乱,有关中国近代各个时期,包括抗日战争时期中国人口的数量、国民经济基本统计数据,医疗卫生设施、国民健康状况的基础数据等,都很不精确,既缺乏统一的、权威的官方数据口径,也没有为学界所承认的、可靠的共识数值,这使得人们在研究战争损失时,无可奈何地失去了反映社会正常运行与发展状态的必要的、可靠的参照值。① 所以,当我们进行有关中国抗日战争时期损失问题的研究时,便会受到诸如研究视角与方法、思维习惯与表达话语、研究基础与参照体系等多方面因素的制约,面临非常大的学术困难。另外,不论是在抗战期间,还是在新中国成立之初,或是当前,有关中国抗战损失的资料搜集工作,一直具有较大的难度。这也成为制约该专题研究向纵深发展的重要因素。

　　20世纪80年代,因中日两国关系变化和学术研究发展,抗日战争史研究作为一个相对独立的研究领域,重新进入学术界的研究视野,有关日本武装侵华战争给中国人民所造成的巨大生命和财产损失等问题,随之成为研究者无法避开的一个论题。但由于资料发掘的不充分,专题的基础研究的薄弱,在此后至今的四十多年的时间里,有关中国抗战损失研究的专著成果并不多见,系统研究中国抗战人口损失问题的学术成果更属寥寥。在这一时期内,虽然中国人民抗日战争史已慢慢从原来的中国近代史和新民主主义革命史构件地位独立成为一个专门的研究领域,并获得广大研究者的高度关注,史料的搜集发掘与整理出版取得了巨大的突破,研究方法、研究视角也都发生很大变化,更进一步把抗战史研究推动成为中

---

① 据[英]B. R. 米切尔编《帕尔格雷夫世界历史统计:亚洲、非洲和大洋洲卷1750—1993年》第3版所载,按10年一段估计,中国人口估计数始于1759年,止于1930年(第60页);按年度有连续估计数者,中国台湾始于1905年,中国香港始于1920年,中国内地则始于1940年,当年表列人口数为4.523 26亿人。其后复缺1944年和1945年的估计数(第62页)。对于人口出生率和死亡率的统计,中国台湾始于1906年(第76页),中国大陆则迟至1949年始有数据列入(第77页)。当然,该书为西方学者所编,所取统计数据受来源所限,难免有遗漏和不全面的地方。从该书表列各国的人口统计数据来看,中国统计数据的产生时间,比其他大部分国家和地区,都要晚许多。参见[英]B. R. 米切尔编,贺力平译:《帕尔格雷夫世界历史统计:亚洲、非洲和大洋洲卷1750—1993年》第3版,北京:经济科学出版社2002年版。

国近代史学科内一个新的学术热点,并取得了丰硕的成果,但是,截至 20 世纪末,已出版的关于中国人民抗日战争史的若干专著,大多未对中国抗战人口损失作专题研究,或仅如蜻蜓点水般的在总结中国抗日战争结局时就中国战时人口伤亡总数写上数语,作一交代。对此情形,笔者曾在进行中国抗战人口损失问题专题研究时,在学术史回顾的相关内容中进行过梳理,此处不再赘述。① 严格地来说,直到 21 世纪头一个十年结束时,全面、系统地研究中国抗战人口损失的专门性成果,依然是难得一见的。② 笔者从 21 世纪初开始,就中国抗战人口损失问题研究进行过尝试,著成《抗日战争时期中国人口损失问题研究(1937—1945)》一书,于 2012 年出版。但由于资料搜集难度大、基础研究薄弱、个人学力有限等因素的制约,该书的出版很难说能对这一专题研究发挥多大程度的促进作

① 卞修跃:《抗日战争时期中国人口损失问题研究(1937—1945)》,北京:华龄出版社 2012 年版,第 7—12 页。
② 1987 年 3 月,台湾档案部门印行迟景德所著的《中国对日抗战损失调查史述》。在该书中,迟氏利用台湾档案部门所藏国民政府行政院赔偿委员会档案及其他相关著述,连缀成帙,内容涉及中国抗战损失调查的缘起、国民政府所属有关抗战损失调查机构沿革暨法令制度、战时调查实况及汇报程序、战后调查的进行和各项损失的估算统计等。1995 年 2 月,安徽人民出版社出版了孟国祥、喻德文所著《中国抗战损失与战后索赔始末》一书。该书应是新中国成立后国内学术界第一部对中国抗战损失若干问题进行系统研究的专著,在很大程度上是一部填补空白之作。书中对中国抗战的损失概况、国民政府对中国抗战损失的调查、解放区对抗战损失的调查和中国共产党领导下的抗日武装伤亡情况,以及中国对日索赔问题等方面进行了较为全面的论述,在部分章节中也涉及中国抗战人口损失问题,对国民党抗战军队及共产党抗日武装的人员伤亡数字进行了考订,尤其是对中华人民共和国成立以来海峡两岸学术界有关中国抗战人口损失总数目的认识进行了介绍,并对这些数目的来源、构成进行了分析。很显然,这两部著作并不是专门研究中国抗战人口损失的著作。前者侧重于中国抗战损失调查"史述",后者讨论的重点是整个中国抗战损失及战后索赔始末问题。但这两部著作在中国抗战损失、中国抗战人口损失问题研究领域具有特殊的开创性的意义。

用。当时,笔者即深感该专题研究的难度之大、意义之重,认为它应该是一项集全国之力进行系统研究并力争取得突破性成果的课题。

约从 2004 年起,由中共中央党史研究室主持的"抗日战争时期中国人口伤亡和财产损失"调研课题开始筹备布置,并于当年年末在全国统一开展。据当时参与主持该项目的有关专家介绍,十年间全国各地先后共有 60 万人参加调研。课题调研的主要内容有:(1)各个省、自治区、直辖市在抗战中的人口伤亡和财产损失情况;(2)历次重大战役战斗中中国军队伤亡的情况;(3)日本从中国掠走各种资源的情况;(4)日本从中国掠走和破坏文物的情况;(5)日军在中国制造的一系列重大惨案;(6)中国劳工的损失情况;(7)中国妇女遭受日军性侵犯的情况,包括"慰安妇"的情况;(8)日军在中国使用细菌武器、化学武器及其造成伤害的情况;(9)日本侵略者在其他方面给中国造成破坏的情况,等等。这项调研历时 10 年多时间,取得了一系列重大成果,2014 年第一批调研成果发布出版。至 2015 年中国人民抗日战争胜利 70 周年前夕,项目成果陆续以 A 系列和 B 系列的形式分批由中共党史出版社出版。"A 系列为各省、自治区、直辖市各一本调研成果,以及若干重要专题的调研成果,由中央党史研究室负责审核。B 系列为各省、自治区、直辖市的其他大量调研成果,由各省、自治区、直辖市党史研究室负责审核。全部成果统一设计、统一规格、统一版式、统一编号,由中共党史出版社统一出版。全部出齐之后,将有 300 本左右。"①这次调研,是在中国人民抗日战争胜利约 60 年之后启动的一次全国性

---

① 李忠杰:《〈抗日战争时期中国人口伤亡和财产损失调研丛书〉总序》,《中共党史研究》2015 年第 1 期。

的有关中国抗战损失的"普查",较抗战胜利后不久由国民政府主导进行的中国抗战损失调查,组织工作显得更为系统,参加调研的人员数量也十分庞大,项目成果得到了及时整理、整合、编辑并出版。项目成果挖掘出了不少形成于战时或战后不久的、收藏在全国各地各级档案部门的抗战损失调查资料,同时也有对全国范围内侵华日军当年制造的重大惨案的调查,以及对相关口述资料的汇辑。虽然有由于巨大的时空隔阂造成的不少原始档案资料的毁损与残缺、当事老人逐渐离世致失去访问机会等方面的局限,但如此大规模的全国范围的抗战损失调研,在中华人民共和国成立后尚属首次。在有关中国抗战损失的资料发掘、整理、编辑、出版方面,这次调研都取得了丰富的成果,具有重要的学术意义。当然,这一批卷帙达数百册之多的调研成果,还有待学术界作进一步的研究、参考与利用。

总体上来说,从战时以迄于今,从学术研究的角度对中国抗战人口损失及相关问题进行的探讨与研究,相较于抗日战争史其他许多方面,所取得的进展与成果尚显薄弱。到目前为止,关于中国抗战损失研究,已经出版的专著、专题资料和发表的论文,不论是在数量上,还是在探索的深度和广度上,都没有达到与这一问题所具有的重要性相协调的程度。中国抗战损失问题还有进一步深入研究的必要,同时也有进一步开拓与发掘的空间。作为中国人民为抗击日本侵略、捍卫国家主权独立与人类道义而付出巨大牺牲的直接表现之一,中国人口在这次战争中的损失状况究竟怎样?战争期间中国有关机构和学者对人口损失进行了怎样的调查,做了怎样的研究,取得了哪些成果?有关中国抗战时期人口损失相对接近历史真实的、总体的、宏观的数据来源有哪些?中国抗战人口损失呈现出怎样的时空分布、军民主体结构、性别比率、成幼构成？抗日战争对民国时期中国人口发展有着怎样的影响？所有这些问题,到今天还像是一团团历史的迷雾,弥漫在中国抗日战争史研究领域,还有进一步深入探讨的必要。当然,对这些问题的研究依旧具有相当的难度,仍然受到许多因素的局限,仅凭一人之力很难完成。

本书即拟在前期有关研究的基础上,侧重对中国抗战时期人口的存在环境、战时战后官方与研究机构对中国抗战人口损失调查研究的组织与实施、中国抗战人口损失的总体估计,以及抗日战争期间中国人民的生命牺牲和人口损失类型结构等问题,进行系统的考察。我们给本书预定的研究重点,将集中在两个主要的问题上:第一,中国抗战人口损失情况的调查与总体估计,这是本研究的核心问题,本书研究的主要篇幅与精力,都将围绕这个核心展开;第二,进一步分析抗日战争时期中国人口损失的结构情况,即有关中国抗战人口损失的具体表现与构成,如军民比率、伤亡比率、性别比率、主体分布、空间分布,等等。本书旨在从一个侧面对抗日战争时期中国人口损失相关问题作出自己的探索、思考与回答,尝试为推动中国抗战人口损失问题的研究稍献绵薄之力。

我们准备再一次向着历史的迷雾摸索前行。

第一章　抗战时期中国人口的存在环境

　　在过去的研究中,笔者曾经对中国抗战人口损失相关概念作出过若干定义。约略而言,我们所说的中国抗战人口损失,是指中国因抗日战争本身或称因日本侵华战争而遭受的社会人口的减损,它的直接表现形式是一组数据,即日本侵华战争造成的中国社会人口保有数量的减损数。并且,我们可以将其区分为抗战直接人口损失和间接人口损失。中国抗战直接人口损失即指因日本侵华战争本身的破坏性而直接导致的中国人口在整个抗战时期非正常死亡数,它又包含着中国抗日官兵阵亡人数,和由其他一切与日本侵华战争本身存在直接因果关系的因素所导致的中国普通平民的非正常死亡数,如侵华日军在中国各沦陷地区或其所经地区以各种残酷手段所实施的反人道罪行造成的中国平民的死亡、中国民众为逃避战祸在迁徙途中的意外死亡、各省因抗战被征募的民夫壮丁的在途死亡等。中国抗战间接人口损失则是指在战争状态下由社会抗灾救病能力降低、社会生活水平降低、人口素质下降等因素而导致的社会人口的非正常减损,以及由全部的中国抗战人口损失导致的人口增长率的降低而引起的中国人口增长量的相对减损量。这里需要强调的是,从方法论上说,在我们将要进行的有关中国抗战人口损失问题的研究中,要把特定历史时期的人口损失数量化,即将人口损失总体规模、内部构成等抽象化为一组组数据,并对之进行分析、整合与评论。因此,在本书中,凡所涉及的诸如中国抗战人口损失、直接人口损失、间接人口损失等概念,都被我们赋予了数量的内涵,即这些概念既指代抗战时期中国人民惨遭的巨大生命牺牲,同时也是对这种巨大生命牺牲的计量表达,即对人口减损的数量统计。

在中国抗战直接人口损失中,尤以中国抗日官兵的阵亡和侵华日军长时间大规模地实施各种极端暴行造成的中国平民死亡为最直接、最突出,它们不仅直接地显示着这场中国人民为保家卫国而进行的民族抗战的极端艰苦与残酷,也直接地反映了日本侵略者惨无人道的凶恶面目及其给中国人民造成的巨大生命损害。不论是在中日两国军队激烈厮杀的辽阔战场上,还是在原本和平宁静的城镇乡村,中国每一个抗日官兵的阵亡或普通平民的遇害,都会直接地表现为当时中国人口数字的绝对减少,战争期间死难人数总和,即构成了我们所说的中国抗战直接人口损失中的最重要部分。

研究中国抗战人口损失,自然离不开对中国人民抗日战争基本情况的考察。人口在特定历史时期的数量存在与发展变化,是一个国家最基本的国情,它的现状、发展与变化也需要一定的存在环境。这种存在环境,具体而言即指在特定的历史时期内国家的经济社会发展水平、人口基本素质、社会稳定或动荡情形、文化传统与生育观念等因素综合作用而形成的人口赖以存在、发展和变化的基础。这里,我们将着重对 1937 年至 1945 年全面抗战 8 年间影响中国人口正常存在的社会状态,如战争规模、战祸波及区域等进行简单考察,同时适当介绍侵华日军对中国普通民众实施的反人道罪行事实,借以说明日本侵华战争给中国所造成的巨大灾难和生命牺牲,以及抗日战争时期中国人口发展所处的残酷的存在环境。

第一节　战争规模暨战祸波及区域

1931年九一八事变爆发,日本由此挑起了对中国长期的侵略战争,中国人民对日抗战同时展开。在此后不到半年时间内,日本关东军侵占中国东北三省广大国土,继而扶植伪政府,开始对东北地区人民长期实施殖民统治。1933年年初,日军攻占热河。此后,日本的侵华贪欲进一步膨胀。它不断将侵略触角伸向长城沿线和华北地区,遭到中国军民的英勇抗击。1937年7月7日,日本华北驻屯军在北平西郊制造卢沟桥事变。8月13日,日军在上海与中国守军发生冲突,八一三事变爆发。从七七事变到八一三事变,在短短的五个星期内,日本侵略者把战火由卢沟桥畔扩大到整个平津地区,又由华北扩大到华东,战争也由原来的日军局部武装挑衅和侵占发展成日本对中国的全面武装侵略战争。在日军的疯狂进攻下,中国面临存亡绝续的生死考验。中华民族开始觉醒,爱国军民奋起抗敌。由此,中国进入持续了14年之久的艰苦卓绝的抗日战争时期。

一、战争分期与称谓

目前已经成为国内外学术界基本共识的学术主张是,在中国全面抗日战争期间,存在着由国民政府组织领导的正面战场和中国共产党领导下的敌后战场。在抗日战争进程的重大阶段划分上,国民政府军事当局一般以1938年11月武汉会战结束为界,将

这场战争分为第一期和第二期,并将这前后两期分别划为不同的
阶段。具体而言,即第一期抗战自 1937 年 7 月卢沟桥事变爆发起
至 1938 年 11 月武汉会战结束,分为三个阶段:第一阶段自卢沟桥
事变起至南京失陷,时间是从 1937 年 7 月至 12 月,其间进行过两
次会战,即淞沪会战和忻口会战;第二阶段自南京失守至徐州会战
结束,时间上是从 1938 年 1 月至 5 月底,其间进行过一次大会战即
徐州会战;第三阶段自放弃徐州至武汉会战结束,时间上是从 1938
年 6 月至 1938 年 11 月底,亦经一次大会战即武汉会战。第二期抗
战自武汉会战结束后之 1938 年 12 月至抗日战争胜利时之 1945 年
9 月,亦分为三个阶段:第一阶段自岳阳失陷至 1939 年冬季攻势结
束,时间是从 1938 年 12 月至 1940 年 2 月底,其间经过南昌会战、
第一次长沙会战、随枣会战、桂南战役;第二阶段自克复五原至太
平洋战争爆发前,时间是从 1940 年 3 月至 1941 年 11 月底,其间经
过枣宜会战、豫南会战、上高会战、晋南会战及第二次长沙会战;第
三阶段自 1941 年 12 月太平洋战争爆发至 1945 年 9 月抗日战争结
束,其间经过第三次长沙会战、浙赣作战、鄂西会战、常德会战、豫
中作战、第四次长沙会战、衡阳会战、桂柳会战、湘西会战及豫西鄂
北会战等。国民政府军事当局这种对战争时期与阶段的划分,可
具体见诸战后不久由何应钦和陈诚主持编写的有关抗战历史的著
作之中。①

　　1938 年 5 月,毛泽东发表了著名的《论持久战》一文,对中国抗
日战争战略发展阶段作出了自己的划分与估计。毛泽东认为:中

---

① 何应钦:《日军侵华八年抗战史》,《附表二:抗战期间我陆军大小战斗次数统计表》,台
　　北:台湾黎明文化事业公司 1982 年版。陈诚:《八年抗战经过概要》,《附表第九:抗战
　　各时期敌我使用兵力及伤亡人数一览表》,国防部史料局 1946 年编印。该书后所附
　　《中日战争会战经过概见表》,亦按此划分战争时期及不同阶段。

国抗日战争"不能速胜,而只能是持久战",且"这种持久战,将具体地表现于三个阶段之中。第一个阶段,是敌之战略进攻、我之战略防御的时期。第二个阶段,是敌之战略保守、我之准备反攻的时期。第三个阶段,是我之战略反攻、敌之战略退却的时期"。[①] 1949年中华人民共和国成立后,国内学者一般是按照毛泽东《论持久战》中的主张,把中国人民抗日战争进程表述为战略防御、战略相持和战略反攻阶段,前两个阶段一般也都是以武汉会战结束、广州失陷为分界,后一阶段却似乎没有一个明确的时间起点,大体是以1944年以后中国共产党领导下的华北、华中和华南地区的敌后抗日根据地的局部反攻为战略防御与战略反攻两阶段的界限。进入1990年代以后,随着中国抗日战争史研究的深入展开和研究视角的切换,这种划分法已渐渐不再成为抗战史研究者所必须遵从的主张了。

二、战争的规模

我们前文中曾经说过,抗日战争是当时中日两国几乎倾尽举国之力进行的一场大较量,战争在中国境内持续时间之长久、战斗战役规模之巨大、波及范围之宽广、战争激烈程度之剧烈、战争伤害之惨重,在 20 世纪中外战争史上都是少见者。仅从国民政府主持领导的对日正面战场作战来看,按照国民政府军事当局战时战后所作的统计,在抗日战争各个阶段中,中日两国投入的军队人数,都是十分庞大的。

[①] 毛泽东:《论持久战》(1938 年 5 月),《毛泽东选集》第二卷,北京:人民出版社 1991 年第 2 版,第 462 页。

表1-1　抗战各期正面战场中日双方投入兵力人数

时期			我方兵员数	敌方兵员数
第一期	第一阶段	自卢沟桥事变至南京失守止	1 700 000	700 000
	第二阶段	自南京失守后至徐州会战止	2 173 000	950 000
	第三阶段	自徐州放弃后至武汉会战止	2 251 000	1 000 000
第二期	第一阶段	自岳阳失陷后至二十八年冬季攻势止	2 685 000	1 200 000
	第二阶段	自克复五原后至太平洋战争爆发止	3 171 000	3 864 000
	第三阶段	自太平洋战争爆发至抗战胜利止	3 534 027	2 246 000

资料来源:本表据陈诚著《八年抗战经过概要》之《附表第九:抗战各时期敌我使用兵力及伤亡人数一览表》重新编制。

　　表1-1是根据战后不久陈诚所著的《八年抗战经过概要》所附统计表重新编制,反映了在中国抗战各个时期的不同阶段,正面战场中国军队的兵员投入数量,以及对日军于不同时期在中国战场投入兵力情况与数量的研判与统计。表中的数据显示,抗战时期在国民政府对日作战正面战场上,在中国抗战第二期第三阶段中,中方投入的兵力最多,达到353万余人。日方在中国战场上投入兵力最多的时期为第二期第二阶段,即1940年3月至1941年11月期间,总计投入中国战场兵力达到386.4万人。其后,随着1941年年末太平洋战争爆发,日本当局为加强在太平洋战场上对抗盟军的战力,从中国战场上抽调部分兵力。因此,在自太平洋战争爆发后至1945年中国人民抗日战争取得胜利和世界反法西斯战争

最终结束这一期间,日方在中国战场上投入的兵力,反较此前数字有所减少。

在敌后战场上,中国共产党领导下的抗日武装部队主力,在1945年上半年达90万兵员以上。据档案资料的统计,敌后战场抗击着60余万日军和63万伪军的进攻。① 中国共产党领导的敌后抗战及人民抗日民主武装力量,一直是不为国民政府当局所正式承认的,所以,敌后战场的抗日武装力量的投入,也就不可能体现在陈诚上表的统计之中。抗战期间,中国共产党坚持全面抗战的路线与全民抗战的方针,在华北、华中、华南广大地区,广泛发动民众参加抗战,作为抗日根据地人民武装力量重要构成部分的民兵,其数量最多时达200万人以上。所以有人在论及中国抗战规模时称:"就作战规模而言,中国的抗战是在长达5 000公里的正面战场和幅员130余万平方公里的敌后战场进行的,中国投入的兵力,最多时军队近500万人,民兵约200万人;日本投入的兵力,最多时日军近200万人,伪军约100余万人。双方使用总兵力高达1 000万人。"②这当然还不免泛泛而论,但考诸上表所列正面战场不同时期不同阶段的战场兵力投放及敌后战场的人民民主武装抗战兵力的发展与使用情况,那么在抗日战争期间,中国方面最多时投入战场的兵力应达500万以上;日方在中国战场投入的兵力,加以被其裹胁的百余万伪军,合计亦接近500万人。因此,论者所称最多时双方使用兵力达1 000万,应该算是接近历史事实的。而且,我们还应该看到,战场最多投入兵力与战区最多保有兵员数,并非同一概

---

① 《抗日战争八年敌我兵力损失统计》(1945年),中国人民解放军档案馆藏,2—23—10。

② 郭汝瑰、黄玉章主编:《中国抗日战争正面战场作战记》上,南京:江苏人民出版社2002年版,第21页。

念。不论是战场投入兵力还是战区保有兵员，也都不是整个抗战期间，两国国民作为兵员走上战场的全部。因为在整个战争期间，敌我双方的兵员都会在激烈的战斗战役中因伤亡、疾病和失踪等因素发生减员与损耗，或随着战争规模的扩大而需要补充，所以，战时中日两国各自投入战场的兵员总数，是逐年累计增加的，并不只是表现为某一时间节点上的最高数字。换言之，当我们注意到中日两国投入战场的最多兵力共计可达1 000万人时，我们还要注意到，在整个抗战期间，两国总计投入战争的兵力，要比这个最高数高出很多。

　　再就战斗次数统计来看抗日战争的规模。根据何应钦著《日军侵华八年抗战史》所载，抗战期间正面战场陆军共对日进行过22次重大会战、1 117次重要战斗、38 931次小规模的战斗。[1] 合空军整个抗战期间出击4 375次共21 597架次[2]，则正面战场对日作战战斗次数为4.4万次左右。对这4万多次规模不等的战斗在中国抗战正面战场不同时期不同阶段的分布情形，国民政府军政部曾经作过统计，具体情况可如下表1-2所示。中共领导下的敌后战场对日军大小战斗更达12.5万次。[3] 同样，敌后战场抗敌作战次数，也没有被国民政府军政部统计在内。

---

[1] 何应钦：《日军侵华八年抗战史》，《附表二：抗战期间我陆军大小战斗次数统计表》，台北：台湾黎明文化事业公司1982年版。

[2] 此数据陈诚著《八年抗战经过概要》之《附表第四：抗战第一期空军作战次数及成果表》及《附表第六：抗战第二期空军作战次数及成果表》相关数字累计而得。

[3] 转据孟国祥、喻德文：《中国抗战损失与战后索赔始末》，合肥：安徽人民出版社1995年版，第7页。

表 1-2　抗战期间国民党陆军大小战斗次数统计表

时期				战斗次数			
				会战		重要战斗	小战斗
				名称	次数		
总计					22	1 117	38 931
第一期	第一阶段	自卢沟桥事变起至南京失守止	二十六年七月至十二月底止	淞沪	2	83	
				忻口			
	第二阶段	自南京失守至徐州会战止	二十七年一月至五月底止	徐州	1	91	
	第三阶段	自徐州放弃后至武汉会战止	二十七年六月至十一月底止	武汉	1	102	
第二期	第一阶段	自岳阳失陷后至二十八年冬季攻势止	二十七年十二月至二十九年二月底止	南昌	4	163	9 492
				长沙第一次			
				随枣			
				桂南			
	第二阶段	自克复五原至太平洋战事爆发	二十九年三月至三十年十一月底	枣宜	5	333	11 846
				豫南			
				上高			
				晋南			
				长沙第二次			
	第三阶段	自太平洋战事爆发至三十四年九月受降止	三十年十二月至三十四年九月止	长沙第三次	9	345	17 593
				浙赣			
				鄂西			
				常德			
				豫中			
				长衡			
				桂柳			
				湘西			
				豫西鄂北			

资料来源:何应钦:《日军侵华八年抗战史》,《附表一:抗战期间我陆军大小战斗次数统计表》。表后"附记"称:"本表系根据全国各部队所报而统计之。"

如果我们简单地合计正面战场和敌后战场对敌作战不同规模的战斗次数,则约达 17 万次之多。按年分之,每年作战达两万多次;按月计之,每月作战几达两千次;按日核之,每日对敌作战达450 次之上;按小时算,每小时中国境内对敌作战近 20 次。敌我之间大小战斗发生的密集程度,真是难以想象。

三、战祸波及范围

如此大规模的、长期的战争和数量如此庞大的战斗次数,其所波及的地域范围必定是非常广阔的,这一点是不难想象的。1931年九一八事变之后,东北地区近 150 个县市尽数沦陷。1933 年 2月上旬,日军攻占热河,全境 15 个县 20 个旗也基本上全部沦陷。合前项数,在全面抗战前中国至少已有 185 个县级市沦陷。1937年 7 月全面抗战爆发至抗战结束,中国国土沦陷及遭日军窜扰、日机空袭的范围更大。战时,国民政府有关部门会随时对国土沦陷范围和沦陷程度等情况进行监测统计。抗战胜利后,国民政府也曾在《中国抗战时期财产损失说帖》中对国土区域在战时各时期不同阶段所蒙受战祸情况进行过统计。说帖认为:战火所及,"自七七事变至武汉会战为第一期,计一年四月,已遍及十三省,北起黄河流域察、绥、晋、冀、鲁、豫六省,中达长江流域苏、浙、皖、鄂、赣五省,南及珠江流域粤、闽二省。经过剧战的地方达二百五十六市县。第二期起自二十七年秋末,截至三十二年七月六日,计时总达四年八月。战场仍以第一期被侵占各省为主,另增湘、桂、滇三省,各省遇战县数多少不一,山西省特多,计六十一县。次则浙、鄂、粤、赣四省,均在三十处以上。再次如豫、桂二省,亦各有约二十处,其他皖、湘、苏、闽、鲁、绥、滇、冀八省,则有十五处至一处不等。合计十五省共有二百九十五市县。第三期自三十二年七月六日起至三十四年八月十四日止。敌后游击为制敌有效战术之一,自僻野山谷以至城市据点,经常皆在战斗中。概言之,山西境内不独争斗频繁,规模亦特巨大。其次冀中及冀西地带,每为敌军扫荡中心。余若鲁南、豫北、苏北、淮东,乃至地形复杂区域,如苏浙皖边区,豫鄂皖边区及太湖等处,亦为互争之地。择其较著者计八十四市县作为游击战场。计黄河流域五十处,长江流域三十二处,珠江流域二处。八年来全国曾蒙战祸区域共四百六十七市县。"①国民政府还在《中国对日要求赔偿的说帖》中指出:"溯自一九三一年九月十八日,日本在中国东北发动有计划侵略,以迄日本投降日止,中国为维护主权与领土之完整,并为保障世界正义与安全,艰苦抗战历十五年之久。中国之作战期间,实远较任何同盟国为长久。在此期间,中国被侵占地区之广大,占全亚洲沦陷地区百分之四十五。拥有全国人口百分之八十地区,均遭日军破坏蹂躏。"②

在现代国际法意义上,国土即是一个国家的领土。领土是一个主权独立国家最主要的存在要素,领土完整及维护其不受侵害与分裂是一个独立国家的根本主权。无论什么时候,领土遭到侵占、分割,领土完整也就无从存在,也就意味着一个国家的主权独立被严重损害甚至丧失。国土对于国家生存的意义还不仅限于此,国土同时还是一个主权独立国家实际存在的空间基础,在它上面承载着同样作为独立国家存在根本要素的国民及其社会政治经济生产活动,在它下面还埋藏着丰富的矿产资源和其他物质财富。在战争状态下,这一切又都构成了主权国家抵抗外部侵略的兵员

---

① 秦孝仪主编:《中华民国重要史料初编——对日抗战时期》第 2 编,"作战经过"(4),台北:"中国国民党中央委员会党史委员会"1981 年印行,第 31—32 页。

② 秦孝仪主编:《中华民国重要史料初编——对日抗战时期》第 2 编,"作战经过"(4),第 44 页。

来源、物质基础和战略展开的凭据与纵深，甚至一定程度上决定了
战争的胜败结局，决定了已经遭到破坏的领土完整和主权独立能
否恢复。因此，在抗日战争进行期间，国民政府有关机构即随时据
战区各省县市的关于县政情况的报告，由行政院统计室编制《战区
县政情况表》，并随时在国民政府主计处编印的《统计月报》上发
表。据此，我们编制出《表 1-3：1939—1942 年战区县况及沦陷情
形统计表》，借以反映当时中国国土沦陷之一斑。

表 1-3　1939—1942 年战区县况及沦陷情形统计表

时间	甲	乙	丙	丁	戊	被战及沦陷县数	材料来源
1939 年 1 月	670	37	261	14	56	368	《统计月报》第 38 号
1939 年 2 月	676	27	264	7	64	362	《统计月报》第 38 号
1939 年 3 月	629	27	324	6	52	409	《统计月报》第 38 号
1939 年 4 月	611	29	335	12	48	424	《统计月报》第 38 号
1939 年 5 月	581	37	354	16	50	457	《统计月报》第 39 号
1939 年 6 月	580	39	359	15	45	458	《统计月报》第 39 号
1939 年 7 月	538	36	403	21	40	500	《统计月报》第 39 号
1939 年 8 月	532	39	362	23	82	506	《统计月报》第 39 号
1940 年 6 月	579	43	445	36	50	574	《统计月报》第 49、50 号合刊
1940 年 7 月	571	40	448	34	60	582	《统计月报》第 49、50 号合刊
1940 年 8 月	565	38	352	29	39	458	《统计月报》第 51、52 号合刊
1940 年 9 月	567	36	340	30	50	456	《统计月报》第 51、52 号合刊
1940 年 10 月	568	37	337	29	52	455	《统计月报》第 53 号

续表

时间	甲	乙	丙	丁	戊	被战及沦陷县数	材料来源
1940 年 11 月	567	36	337	31	52	456	《统计月报》第 54 号
1940 年 12 月	475	35	385	29	50	499	《统计月报》第 56 号
1941 年 1 月	474	31	326	30	63	450	《统计月报》第 56 号
1941 年 2 月	473	31	324	35	61	451	《统计月报》第 57、58 号合刊
1941 年 3 月	473	30	322	37	62	451	《统计月报》第 57、58 号合刊
1941 年 4 月	476	29	320	37	62	448	《统计月报》第 59、60 号合刊
1941 年 5 月	458	30	338	39	59	466	《统计月报》第 59、60 号合刊
1941 年 6 月	459	31	335	40	59	465	《统计月报》第 59、60 号合刊
1941 年 7 月	456	32	336	44	56	468	《统计月报》第 61、62 号合刊
1941 年 10 月	458	35	329	45	56	465	《统计月报》第 66 号
1942 年 1 月	459	33	324	49	59	465	《统计月报》第 69 号
1942 年 4 月	457	29	330	50	58	467	《统计月报》第 70 号
1942 年 7 月	432	28	367	48	49	492	《统计月报》第 73、74 号合刊
1942 年 10 月	445	28	352	48	51	479	《统计月报》第 77 号

　　材料来源:行政院统计室报告。

　　说明:(1)县况:甲,为县区完整者;乙,为县长虽驻县城但县境已有一部分沦陷者;丙,为县城沦陷县长迁乡办公者;丁,为县长移驻邻县但仍能行使职权者;戊,为县长完全不能行使职权者。

　　(2)北平、天津、上海、青岛、南京、杭州、济南、汉口、广州及厦门市未列入。

　　(3)有未按时报告县况者,姑据以前之报告。①

　　资料来源:

――――――――――――

① 本书表格项下所列"材料来源""说明"等项,一般为原资料所附内容照录。

　　1. 本表系据国民政府主计处统计局编印:《统计月报》第 38 号至第 77 号各号所载之《战区县政》之各月总计栏重新编制,原表皆有战区各省县况详数,本表未录。
　　2. 本表之"被战及沦陷县数"为笔者据前乙、丙、丁、戊四项累计所得。①

　　表 1-3 中所载战争期间不同时期的全国各省县境沦陷数字有所变化,这是由战局战况的变化引起的。从数字上看,当时战区各县沦陷情形,以 1939 年 7、8 月和 1940 年 6、7 月较为严重,统计数最高时,不同情形之沦陷县数达 582 个,超过安全县数目。下表 1-4 反映的是 1940 年 6、7 两月沦陷各县的地区分布情形。

表 1-4　1940 年 6、7 两月战区县况及沦陷情况统计表②

省别	1940 年 6 月					1940 年 7 月				
	甲	乙	丙	丁	戊	甲	乙	丙	丁	戊
总计	579	43	445	36	50	571	40	448	34	60
江苏	6②	2②	47②	—	6②	6	2	39	1	13
浙江	60	—	15	—	—	60	—	15	—	—
安徽	35	6	19	2	—	60	—	15	—	—
江西	69	3	10	1	—	69	3	10	1	—
湖北	26	12	28	4	—	30	8	27	5	—
湖南	73	—	2	—	—	73	—	2	—	—
河北	4①	—	99①	1①	26①	4①	—	99①	1①	26①
山东	3②	—	87②	6②	11②	4	—	90	5	8
山西	13	8	71	13	—	8	9	75	13	—
河南	68②	5②	28②	5②	5②	68	4	34	1	4
福建	61	—	—	1	—	61	—	—	1	—

---

① 本书表格项后所列"资料来源",一般为作者所加,用以说明表格内容所据的资料出处。
② 本书所征引之统计表格,或因当年制表者之疏失,或因取舍口径不一,或因手民之误,偶见统计数据计算讹误。涉关键处,则于文中辨证,余者一般仍其旧貌,以存资料原始。全书同此。

续表

省别	1940 年 6 月					1940 年 7 月				
	甲	乙	丙	丁	戊	甲	乙	丙	丁	戊
广东	62	5	26	3	1	61	5	26	4	1
广西	96	2	1	—	—	89	3	7	—	—
绥远	3②	—	12②	—	1②	3	—	5	—	8

材料来源：行政院统计室报告。

说明：(1)县况：甲，为县区完整者；乙，为县长虽驻县城但县境已有一部分沦陷者；丙，为县城沦陷县长迁乡办公者；丁，为县长移驻邻县但仍能行使职权者；戊，为县长完全不能行使职权者。市及设治局未列入。

(2)有未按时报告县况者，姑据以前之报告，其所属月份之记载如下：① 二十九年一月，② 二十九年五月。

资料来源：国民政府主计处统计局编印：《统计月报》第 49、50 号合刊，《统计资料·行政·表一：战区县政（民国廿九年六月至七月）》，第 9 页。

实际上，即便是表 1－3 中沦陷县数之最高时即 1940 年 7 月的 582 县，也不是当时中国沦陷区域的实际数字。首先，该数字明确注明"市及设治局未列入"。实际情况是，当时战区各大城市如北平、天津、青岛、济南、上海、南京、杭州、厦门、广州、芜湖、徐州、蚌埠、武汉等，几乎全数陷敌。其次，这个数字中并未将抗战全面爆发前尽数陷敌的东北和热河地区约 185 县市计入。这个数字只是当时行政院依据其所定立的战区县况标准，对当时期的战区各省沦陷县数的统计，反映的是当月苏、浙、皖、赣、湘、鄂、冀、鲁、晋、豫、闽、粤、桂、绥 14 个省域内各县沦陷的情况。再其次，这个数字更不能反映当时中国遭遇或曾经遭遇战祸的实际范围，因为它只将当月完全沦陷或部分沦陷的县数计入，却并未将此前曾经沦陷复经收复但事实上已经被战祸波及的县数计入，甚至亦未将曾经日军窜扰之县计入，更未将战区之外后方诸省遭到日军飞机轰炸的县数计入。抗战期间，中央研究院的韩启桐著成《中国对日战事损失之估计(1937—1943)》一书，他利用各方统计资料，曾编制出《六年来各省遭遇主要战祸市县数分类统计》表，兹亦照录如下。

表1-5　六年来各省遭遇主要战祸市县数分类统计

区域	原辖市县数	被战市县数	按政区分类			按战情分类（市县数）			
			院辖市	省会或省辖市	县	经过多次战役且兼有大战者	经过一次大战者	经过多次普通战事者	经过一次普通战事者
总计[1]	1 277	467	4	16	447	108	295	15	49
黄河流域	469	219	2	6	211	48	154	4	13
绥远	17	10		1	9		10		
察哈尔	16	8		1	7		8		
河北[2]	111	48	1	1	46	1	47		
山西	105	73		1	72	31	26	3	13
山东	109	32	1	1	30	3	28	1	
河南	111	48		1	47	13	35		
长江流域	434	185	2	6	177	45	117	5	18
江苏	64	26		2	24	5	18		3
浙江	76	49		1	48	3	33	5	8
安徽	62	26		1	25	9	12		5
湖北	72	39		2	37	15	22		2
湖南	76	11		1	10	7	4		
江西	84	34		1	33	6	28		
珠江流域	261	61		4	57	14	23	6	18
广东	99	36		2	34	7	11	2	16
广西	99	19			19	7	12		
福建	63	6		2	4			4	2
云贵高原	113	2			2	1	1		
云南	113	2			2	1	1		

　　注(1)本表所列各数多未能与正文所举二期统数完全吻合，盖有若干地区兼有多次或多型战役，本表予以分别记录，而正文则合并记录，此其差异所在。

　　注(2)冀东21县系于七七事变前陷敌，本表未予列入。

　　资料来源：韩启桐编著：《中国对日战事损失之估计(1937—1943)》，中央研究院社会科学研究所1946年印行，第8页。

　　韩启桐此表认为,1937—1943 年抗战 6 年中,中国除东北地区遭遇战祸之县市数为 467 个,且此数在战后被国民政府误用为整个抗战时期"全国曾蒙战祸区域"。① 但事实上,这个数字更不可靠。因为我们从上表 1 - 3 中可看到,国民政府行政院统计的 1940 年 7 月全战区沦陷或部分沦陷之县数已高达 582 个。那么到了1943 年,当要考察 6 年间中国战区各省曾遭沦陷和曾经战祸之县市数时,就绝不可能少于此数。好在,韩启桐氏随后又在同书中编制了《各省沦陷区统计》表,对当时中国战区各省沦陷城区数重新作了统计,见下表 1 - 6。

表 1 - 6　各省沦陷区统计

区域	原辖总数	沦陷城区数	遭遇主要战斗城区数	未遇主要战斗而城区即告沦陷城区数(3)—(4)
(1)	(2)	(3)	(4)	(5)
总计	1 369	751	445	306
黄河流域	561	415	214	201
绥远	17	17	10	7
察哈尔	16	16	8	8
河北	111	111	48	63
山西	105	101	72	29
山东	109	106	32	74
河南	111	63	44	19
陕西	92	1		1
长江流域	434	263	175	88
江苏	64	63	26	37
浙江	76	58	48	11

① 见上文揭引之《中国抗战时期财产损失说帖》。

续表

区域	原辖总数	沦陷城区数	遭遇主要战斗城区数	未遇主要战斗而城区即告沦陷城区数（3）—（4）
安徽	62	49	26	23
湖北	72	52	38	14
湖南	76	7	6	1
江西	84	33	31	2
珠江流域	261	71	54	17
广东	99	45	31	14
广西	99	17	17	
福建	63	9	6	3
云贵高原	113	2	2	
云南	113	2	2	

资料来源：韩启桐编著《中国对日战事损失之估计(1937—1943)》，第 10 页。

在上表 1-6 中，韩氏统计截至 1943 年 6 月中国战区沦陷或蒙受战祸的县数为 751 个"沦陷城区数"，其中"遭遇主要战斗城区数"为 445 个，"未遇主要战斗而城区即告沦陷城区数"为 306 个。他这一统计所涉的战区范围"原辖总数"是 1 369 个。也就是说，在韩氏统计所及的区域内，曾经遭到战祸波及的县城区数，大大超过了半数。就整个抗战时期中国国土沦陷区域和战祸波及区域而言，我们认为至少还应该在韩启桐 1943 年统计所得之 751 个县市数的基础之上，再加上战后国民政府统计中所指出的 1943 年 7 月以后至抗战结束时曾经作为游击战场的 84 处区域，前文我们粗略估算的东北四省约 185 个市县，在 1944 年 1 月日军为打通大陆交通线而发动的为期 8 个月的豫湘桂战役中沦陷的近 150 处，韩启桐表（表 1-6）中未计入的贵州遭日军窜扰祸害的孟定、三合、荔波、八寨、独山、三都、丹寨、匀明等 8 处[1]，以及后方四川、云南、贵州、西康、青海、宁夏、甘肃、陕西等省及战区诸省沦陷区域之外曾遭日军飞机空袭的地方。后方诸省曾遭日军飞机轰炸的县市数，向无准确统计，现据所能搜罗到的相关资料作一基本估计：四川省至少有重庆、成都、万县、奉节、温江、松潘、合川、泸县、乐山、自贡等 52 县市[2]；贵州至少有贵阳、清镇、独山、八寨 4 县，其中独山、八寨 2 处与上文所提 8 处日军空中窜扰重复；云南省至少有昆明、蒙自、滇南、西畴、富宁、开远、个旧、保山、文山、马关、安宁、建水、广南、大理、祥云、盈江等 16 市。另外，云南在韩表中只计入 2 县沦陷，其实自 1942 年起，云南至少有德宏、龙陵、松山、泸水、腾冲、盈江、片马等 7 个县沦陷或遭日军窜扰，除去其中盈江与上文所说的日机轰炸县市重复外，较韩氏表中至少多出 4 个沦陷地区。陕西省抗战期间遭日机轰炸者，根据有关资料，至少有潼关、府谷、保德、南郑、宝鸡、渭南、西安、榆林、延安、华县、石泉、高陵、蒲城、神木、安康、洛南、咸阳、韩城、澄城、凤翔、延长、西乡等 22 市县。另外，还至少有府谷、平民、吴堡等处遭日军侵占窜扰，除府谷与日机轰炸县重复外，亦较韩氏表中陕西省沦陷数多出 1 个。甘肃省则至少有兰州、榆中、靖远、平凉、永昌、泾川、固原、天水、陇西、武威、临洮、临夏、灵台、武都等 14 市县遭日机轰炸；宁夏则至少有中卫 1 县遭日机轰炸。[3] 另据韩启桐所制之《敌机袭扰后方各地统计（自民

---

① 章伯锋、庄建平主编：《抗日战争第 7 卷·侵华日军暴行日志》，成都：四川大学出版社 1997 年版，第 518—520 页。

②《四川抗日战争时期日寇空袭损失统计》，《四川档案史料》1983 年第 3 期。

③ 后方各省遭日机轰炸县市数，据章伯锋、庄建平主编《抗日战争第 7 卷·侵华日军暴行日志》第 511—536 页资料统计。

国 26 年至 30 年)》,则青海、西康两省至少各有 1 县遭日机轰炸。[①]
以上合计,抗战时期整个中国境内沦陷或曾经战祸之市县数至少
达 1 281 个。至于战区各省境内的沦陷市县之外遭日机轰炸的县
市数,以目前所有的资料来看,尚无法作出准确的统计,甚至也不
能作出如上述战区之外各省受日机轰炸县数的简单列举累加数
字,因而在上述总数中无法对之明确区别并加以反映。

　　总体而言,如果我们以省级行政区域论,在当时中国 28 省及 7
个院辖市中,除西藏、新疆两单位未直接遭受战祸摧残外,其余 26
省及 7 个院辖市皆曾或全土沦陷,或部分沦陷,或局部遭日军窜
扰,或遭日军飞机狂轰滥炸。战祸所及,若按当时中国人口分布
论,占当时人口区域之 90% 以上,要远远高出国民政府战后不久在
《中国对日要求赔偿的说帖》中估计的占“全国人口百分之八十
地区”。

　　1997 年吉林人民出版社出版的由罗元铮总主编的《中华民国
实录·文献统计(1912.1—1949.9)》卷中,载有《抗日战争时期各
主要县(市)沦陷时间表(1937 年 7 月 7 日—1945 年 8 月 15 日)》一
表,按各县市战时沦陷时间顺序,列举了中国全面抗战 8 年间,沦
陷的县市名、沦陷时间及部分今属地区。根据该表,全国县市战时
沦陷按年度分别约略为:1937 年沦陷 216 县市,1938 年沦陷 235 县
市,1939 年沦陷 136 县市,1940 年沦陷 49 县市,1941 年沦陷 45 县
市,1942 年沦陷 41 县市,1943 年沦陷 19 县市,1944 年沦陷 101 县
市,1945 年沦陷 27 县市,合计 8 年共沦陷 904 县市。同时,该表在
“注”中声明:“1. 本表收录的县(市)沦陷时间范围为 1937 年 7 月
至 1945 年 8 月间,此前沦陷的东北地区及日本操纵建立伪政权的

---

① 韩启桐编著:《中国对日战事损失之估计(1937—1943)》,第 11 页。

冀东地区、蒙疆地区均未列入表内……4. 因资料不全,加之档案资料时间久远,字迹模糊不清,错漏在所难免。"①该表列举 8 年间中国主要县市沦陷时间名称,较前文所引各档案或著作都为具体,且数字远较韩氏战时所统计数为多且更精确,足补前人研究之不足,也从一个侧面,再一次显示日军侵华带来的战祸在中国国土上分布之广。如果我们以此统计数为基础,加上东北四省沦陷县市数、日军飞机窜袭带来损害的县市数目等,那么在全面抗战期间,中国受战祸波及的县市数目可能又会超过前面我们通过简单列举累加计算所得到的 1 281 个。而且,我们在这里必须说明的是,上文所讨论的战祸波及或蒙受战祸区域,只是就所能找到的资料,大致列举累计县市以上行政区划单位数,这些区域内的战灾情形并不完全相同。我们也一直强调抗日战争是几乎倾尽中国人物、物力、财力的一场捍卫国家主权独立、争取民族解放的反侵略战争,不论是从空间范围或时间长度来看,还是从对社会人力资源和物质财富的消耗来说,或从对中国整个经济社会发展进程来讨论,其所产生的影响都是非常巨大深刻的。如果我们从这个角度来看,战时的整个中国都在蒙受着战争的灾难,而不仅仅限于上文所列的 1 281 个县市。

第二节　侵华日军在华反人道罪行述略

战争规模巨大激烈,战事时间持续长久,战祸波及区域辽阔,这便是抗战时期中国人口发展所处的大环境。一方面,在这种环

---

① 罗元铮总主编:《中华民国实录·文献统计(1912.1—1949.9)》,长春:吉林人民出版社 1997 年版,第 4222—4250 页。

境中,中国人口的存在与发展不可避免地受到日本侵华战争的严重影响;另一方面,中国抗战人口损失又恰是这种严重影响的直接表现。

我们在前文中曾明确地提出,就战争造成的人口损失而言,它不仅仅直接表现为抵抗日军侵略而在战场上英勇作战的中国抗日官兵的阵亡,同时还直接表现为广大沦陷区及作战区境内因日军种种残酷杀戮或迫害而造成的普通民众的死亡,以及日军对战区之外区域的城镇乡村实施无差别轰炸所造成的中国普通民众的死亡。我们同样知道,日本侵华战争造成中国社会人口的伤残,必然也会造成广大民众生命价值的受损。如果把这个因素计算在内,那么在人口死亡即社会人口保有数的绝对减少之外,受伤人口也应该被看作是中国抗战人口损失的一个方面。因此,我们在后面的讨论中,会将在中国抗战中军民因战争因素而导致的伤残情况一并加以考察,并引入中国抗战人口伤亡的概念,即合中国抗战期间社会人口因日本侵华战争造成的非正常死亡和伤残两方面的内容加以讨论。而且,当我们试图从考察人口伤亡比例的角度讨论中国抗战人口直接损失等问题时,对战时中国人口的伤残情况进行讨论,同样也是必不可少的。

在近代历史上,日本对中国发动了一次又一次的侵略战争。中国的国家主权和领土完整一次又一次地遭受侵略者的严重破坏,社会物质财富一次又一次地遭到劫掠,文化遗产遭受巨大损失。从 19 世纪 70 年代日本武装侵略中国台湾开始至 1945 年中国人民抗日战争胜利,一部长达 70 年的中日近代关系史,同样也是一部持续 70 年之久的日本侵华史,是一部日军官兵对中国民众进行大规模屠杀的历史,是一部用中国普通民众与抗战官兵们的鲜血涂写而成的中华民族悲惨苦难史。从历史的角度来看,凶残屠杀中国无辜居民、屠杀中国非战斗人员,逐渐成为日本一项基本的侵略政策,为日本战争指导者和侵华日军当局长期地奉行着,并在中国的大地上毫无忌惮地实施着。

抗日战争期间日军的残酷杀戮所造成的中国普通民众的死难,与中国抗战阵亡官兵一样,是中国抗战人口损失的重要组成部分。战争期间,日军官兵在中国土地上对中国人民所犯下的残暴罪行,种类繁多,难以计数。简而言之,大致可分为大屠杀、大轰炸、大焚掠、大奸污,以及对中国儿童的残害,强掳和酷虐中国劳工,违反国际法实施细菌战、毒气战,等等。每一种类型的残酷暴行,都造成了无数中国普通和平民众的伤亡,这些伤亡当然也都被视作日本侵华战争造成的中国人口损失的一种直接的表现形式和构成部分。这充满着杀戮、奸污、焚掠与各种非人道罪行的情形,同样也是当时中国人口存在环境之恶劣的实况。

一、延绵不绝的大屠杀

从 1874 年第一次侵略中国领土台湾并大肆屠杀当地少数民族开始,侵华日军对中国人民血腥屠杀的历史便拉开了残忍序幕。此后至 1937 年七七事变发生,中国全面抗日战争爆发,侵华日军在中国的台湾、东北三省、华北大地制造了数十起大规模屠杀中国和平居民的血案。在这些血案中,无数的中国和平居民惨死在日军的屠刀之下,宝岛南北血迹斑斑,长城内外白骨累累。

在全面侵华战争期间,日军官兵在战场之外依然持续不断地对中国民众实施肆无忌惮的血腥屠杀,犯下累累罪行,制造了数千起乃至上万起的残害屠杀中国平民的暴行血案。其中,较大规模的杀人血案有四五千起之多。笔者曾于 20 世纪 90 年代中期参加过大型史料丛刊《抗日战争》的编辑工作,这部资料集的第 7 卷为

《侵华日军暴行日志》。该卷是一部反映日本军队在华暴行的史料简集,它把日军在其铁蹄所至或飞机窜袭所达的 26 个中国省份内制造的血腥惨案,分别省区并按时间先后次序,择其规模巨大、极端残忍者汇集在一起,编成一卷。书中收录了侵华日军杀害中国无辜民众的屠城、屠村、屠镇等重大暴行血案 4 000 多起。在每一起血案中,惨遭日军屠杀的中国无辜居民,少则三五十人,多则成百上千人,更甚者乃至数千人、数万人。在这些血腥的暴行中,难以计数的中国无辜百姓被日军官兵以各种超乎人类理性所能想象的罪恶手段加以杀害。

当我们论及侵华日军对中国人民的大规模屠杀时,最令世人震惊、最能表现日军官兵残暴本性,同时也是最具典型性的侵华日军反人道罪行事件,是发生在 1937 年 12 月 13 日至 1938 年 2 月间侵华日军对沦陷后的南京城内中国居民和放下武器的中国军人有计划、有组织的大屠杀。在这一惨绝人寰的大屠杀事件中,攻占南京的日军以各种手段残杀中国同胞 30 万人以上,强奸妇女数万人,焚毁城市建筑三分之一以上,制造了人类文明历史上罕见的暴行。这一大屠杀事件在战后经远东国际军事法庭审判认定,被当作日本军队在华暴行、日本侵华战争罪恶的标志性事件。

同时,我们还应该注意到,南京大屠杀事件既不是偶然发生的,也不是侵华日军对中国人民唯一的大规模屠杀。它是日本在近代侵华史上一贯实行的对中国人民疯狂残杀之国家政策的必然产物,同时也是侵华日军在中国土地上长期地对中国人民肆无忌惮地实施暴行、残杀无辜的罪恶实践的必然结果,是自日本挑起全面侵华战争后日军在华北和华东地区由东向西进攻过程中,在南北两条线上大规模屠杀中国居民的暴行活动的极端发展的结果。在南京大屠杀事件发生之前、之后,伴随着侵华日军的铁蹄所经、战车所过、炮口所向、飞机所至,日本侵略者一直在持续不断地大规模地屠杀着中国民众、随时随地制造着令人发指的暴行,直至日本全面侵华战争的最后败亡。

　　在七七事变爆发后,至南京大屠杀事件发生之前,随着日军在华北和华东地区由东向西军事进攻的展开,侵华日军同样在长江沿岸南北两线上,对中国无辜的和平居民展开了血腥的大规模屠杀。而在南京大屠杀这一震惊当时整个东西方世界的极端事件发生,日军残暴行径受到世界舆论强烈谴责之后,其对中国无辜民众的大屠杀,并未由此停止,仍然在随时随地发生着。在日本全面侵华的 8 年之间,日军在中国制造了数以万计的杀害中国和平居民的血案,其中,较大规模的屠杀血案有四五千起之多。这四五千起大屠杀暴行血案,除较少一部分发生在 1937 年 12 月南京沦陷之前,其余绝大多数则是发生在南京大屠杀之后。这些暴行案件,已被我们记录在《抗日战争第 7 卷·侵华日军暴行日志》中,厚厚的一册,是真正用血肉粘连起来的历史。①

　　侵华日军当年在中国犯下的血腥罪行,从地域分布来看极其广泛,遍布当时中国的 20 多个省份,几乎覆盖中国三分之二的国土范围;从时间延续上来讲也极其长久,涵盖了从日本全面武装侵华战争开始到其败亡的整整 8 年。我们可以毫不夸张地说,日本发动全面侵华战争的 8 年,也正是日本军队在中国极端残酷、大规模地虐杀中国无辜民众的 8 年。中国人民在这 8 年之间所付出的生命牺牲,是人类文明发展史上的大悲剧,同时也是近代日本对外侵略之反人道罪恶的永恒证据。

---

① 章伯锋、庄建平主编:《抗日战争第 7 卷·侵华日军暴行日志》,成都:四川大学出版社 1997 年版。

每一个遭日军屠杀致死的中国民众,都会直接体现在中国抗战人口损失之中。日军以大规模的屠杀剥夺中国民众的生命,正是中国抗战人口损失的一个十分突出的方面,也是其一个十分重要的表现形式。日本侵华战争对中国人口发展造成严重的负面影响,也在这样一种形式的人口损失中得到充分的体现。

二、无差别的狂轰滥炸

在全面侵华战争期间,日本军队除在战场上凭借其空中优势,动用大批飞机投入战斗,造成中国无数抗战官兵死难受伤外,还严重违反国际法,派出飞机对中国战区及后方城镇乡村实施无差别的轰炸。空袭轰炸除作为战斗手段外,又成为日军大规模屠杀中国后方城镇无辜民众、摧毁中国国民经济和国防战备重要设施的一种手段。

抗战期间,在日军疯狂的大轰炸下,无数的中国城镇化作一片瓦砾,无数的中国居民被炸致伤、致残,甚至失去生命。其中,尤以抗战爆发初期日军飞机对上海、南京等地的轰炸,以及在抗战中期日机对作为国民政府战时首都的重庆市及西南云贵各省的轰炸最为惨烈。在日军飞机的狂轰滥炸下,上海、南京等地区民众的生命、财产遭到极其惨重的损失。

以上海为例。淞沪会战期间,日军飞机对上海的轰炸,不仅密度极高,时间持续长久,而且轰炸范围也极为广泛。不论是市镇、乡村、华界、租界,也不论是民房、店肆、车站、学校,皆遭轰炸。由于日机轰炸主要以车站码头、火车轮船、民宅商肆、学校工厂为目标,每次日机过后,中国民众伤亡人数都十分巨大,少则数十人,多则成百上千人;建筑群落、公共设施也尽被炸成瓦砾废墟。1937年8月14日,日军飞机轰炸南京路与黄浦滩,炸死729人,炸伤865

人。同一天,日机轰炸爱多亚路和虞洽卿路,炸死 1 011 人,炸伤 1 008 人。8 月 23 日,日机轰炸同济大学,该校校舍等各项建筑物及所有教具设备全遭炸毁,损失无计。同日,日机轰炸上海公共租界和江西路一带,永安、先施两公司及邻近各商店多被炸毁,市民死伤达 700 人以上。8 月 28 日,日机 12 架轰炸上海南北两个车站,投弹 8 枚,炸死难民与居民七八百人,伤者不计其数。8 月 31 日,日军飞机轰炸世行汽车站,炸死候车离沪的难民、伤兵 200 余人。9 月 5 日,日机空袭北新泾、周家桥地区,致 300 余人死伤。9 月 8 日,日机猛炸松江火车站,一列难民客车亦被炸,死 300 余人,伤 500 余人。9 月 10 日上午,5 架日机轰炸龙华镇,投弹 30 余枚,炸毁房屋 80 余间,龙华寺 500 尊罗汉尽化为劫灰,死伤五六十人。9 月 13 日下午,日机在虞姬墩吴淞江上空投弹 4 枚,炸沉上海驶往嘉兴的 3 只难民船,死伤 300 余人。9 月 24 日,日军飞机结队滥炸交通设施,沪杭铁路西门站建筑被毁过半,炸死乘客 300 余人。10 月 18 日,日机三次轰炸难民车,死伤妇幼 700 余人。同日,日机轰炸虹桥镇,炸死炸伤 100 余人,炸毁虹桥桥梁和 30 余间民房。10 月 28 日和 29 日,日机向松江县城厢投弹 200 余枚,毁屋极多,炸死炸伤平民 400 余人。11 月 1 日,日机对松江县钱泾桥、小仓桥一带进行猛烈轰炸,西门外北起菜花泾,西抵小仓桥均落有炸弹,死伤 200 余人。11 月 7 日晨,日军飞机数十架次,轮番投弹轰炸朱泾。接着日军冲进市镇,放火焚烧,有 78 个隐匿在家中的居民被屠杀,全镇 2 460 余幢房屋尽成瓦砾。经此浩劫,上海市工厂、建筑等遭到极严重的损失,人员伤亡情况也非常严重。①

　　再来看战争期间日机对中国战时首都重庆市的轰炸。从 1939

---

① 章伯锋、庄建平主编:《抗日战争第 7 卷·侵华日军暴行日志》,第 157—162 页。

年年初开始,日军出动飞机数千架次,对重庆市实施了长期的狂轰滥炸。1939 年 5 月 3 日下午 1 时许,日机 26 架空袭重庆,投弹 100 余枚,大梁子、苍坪街、左营街、陕西街等地均被炸起火,炸死炸伤居民近千人。[①] 5 月 4 日,日机 27 架再度空袭重庆,市区发生大火,市区 27 条主要街道有 19 条被炸为废墟,大火多日不熄,全市约有三分之一的建筑遭到毁损,居民死 2 000 人左右,伤 3 300 余人,全市约有 30 万人被此次空袭波及受难,驻重庆的英、法、德使馆均无幸免,人员亦各有伤亡。此次日机空袭重庆,为卢沟桥事变以后,日军飞机对中国重要城市最猛烈的轰炸。[②] 5 月 25 日,日本海军飞机继续轰炸重庆,造成的损失更为严重。据国民政府官方之《陪都空袭救护委员会关于敌机空袭伤亡损失的通报》称,日机此次空袭所造成的死伤约达 2 万人以上。[③] 1940 年至 1943 年间,日军飞机几乎无日不以上百架次轰炸重庆。以 1940 年 6 月为例:6 日,117 架次空袭重庆,炸毁民房 100 余栋;10 日,129 架次分 4 批空袭重庆,投弹数百枚,毁房约 60 栋;11 日,126 架次分 4 批空袭重庆,投弹 200 余枚,市民死伤 60 余人,炸毁房屋 70 余栋,苏联驻华使馆,德、法两国驻渝通讯处亦中弹;12 日,154 架次空袭重庆,投弹 480 枚,死伤 200 余人,毁房屋 300 余栋;16 日,117 架次分 4 批空袭重庆,投弹 300 枚,炸毁房屋 371 栋,死伤 400 余人;24 日,117 架次分 4 批空袭重庆,在市区及江北、北碚投弹 400 余枚,炸毁房屋 50 余栋,英、法使领馆均中弹;25 日,125 架次分 4 批空袭

[①] 重庆市地方志编纂委员会总编辑室编:《重庆市志》第 1 卷,成都:四川大学出版社 1992 年版,第 160 页。

[②] 重庆市地方志编纂委员会总编辑室编:《重庆市志》第 1 卷,第 160 页。另据《档案史料与研究》1990 年第 3 期,第 14 页。

[③]《档案史料与研究》1990 年第 3 期,第 15 页。

重庆;26 日,90 架次空袭重庆,死伤 30 余人,苏、德大使馆被炸,沙坪坝学校被炸毁校舍数十栋;28 日,90 架次空袭重庆;29 日,90 架次分 4 批空袭重庆。[①] 1941 年 6 月 5 日,日机夜袭重庆,导致校场口和平大隧道大惨案,当时避难躲于隧道中的上千名中国民众窒息而死。[②]

西南云贵地区也遭到了日军飞机的狂轰滥炸,人民生命财产遭受巨大损失。贵州省贵阳市,仅在 1939 年 2 月 4 日一天,即遭受日军飞机 18 架次投弹 200 余枚的轰炸,民众被炸死 488 人,被炸重伤者 735 人,轻伤者不计其数,民房被炸毁 1 326 间,财产损失按当时调查统计在 3 380 万元以上。[③] 在云南省,省会昆明、蒙自和保山等县城先后多次遭日机轰炸。1939 年 12 月 4 日,日机空袭蒙自县城,炸死民众 186 人,炸伤 185 人,炸毁房屋 1 285 间;1942 年 5 月 4 日、5 日,日机轰炸保山县城,并投下燃烧弹,整个城区房倒屋塌,烈焰熊熊,血肉横飞。据《保山县志》记载,保山县全城除东北角外,被炸区域有 90 多处,所有繁华街道、机关学校、店铺商肆及其他公共设施等无一幸免。保岫公园内的中山礼堂、图书馆、阅报室均被炸毁,嵌于壁间和展列于入口处的历代石碑无一完整,公园内被炸死的观众 300 余人,学生 100 余人。太保山麓的元代建筑法明寺,只留下一堆废墟和七八个弹坑。吴家牌坊中弹后毁坏,因石块飞落压死 10 余人。上巷街孔宪章家中燃烧弹,除孔宪章及子孔庆余外出幸免于难外,在家 10 人均被火焚而亡。云集于环城公路一线的汽车、摊贩、修车工死伤两三千人,其中多数为南亚归国华侨。

---

① 重庆市地方志编纂委员会总编辑室编:《重庆市志》第 1 卷,第 170—171 页。

② 重庆市地方志编纂委员会总编辑室编:《重庆市志》第 1 卷,第 181 页。

③ 章伯锋、庄建平主编:《抗日战争第 7 卷·侵华日军暴行日志》,第 518 页。

华侨中学遭第一批日机轰炸,师生死伤 100 余人,占该校师生人数的一半左右。省立保山中学校舍全部被炸毁,大殿后的操场上,30多名学生被炸死。保山县立中学男生部校舍被炸毁过半,教务主任雷祖荫和 30 多名学生被日机炸死在校内。位于马里街的女生部校舍中燃烧弹全毁,100 多名女学生葬身烈火,前往参加运动会的学生更是死伤无数。此后,日机又先后于 5 月 13 日、23 日、24 日数次轰炸保山县城。据当时的调查统计,日机在保山县城先后炸死平民和学生计 3 828 人;云南省会昆明市,从 1938 年 9 月至 1943年 12 月,先后遭日机 67 次、1 311 架次、投弹 1 742 枚的轮番轰炸,无辜民众被炸死者 1 430 人,被炸受伤者 1 717 人,民房被炸毁 14 990 间。[1]

中国西北内地,同样遭到日军飞机的猛烈轰炸。据不完全统计,全面抗战 8 年间,陕西省仅西安市及周围各县即遭受日机 200多次、投弹 2 200 多枚的轰炸,当地民众被炸死炸伤 6 000 多人,民房建筑被炸毁者更是无法统计。[2] 又据 1947 年甘肃省政府的不完全统计,在 1937 年 11 月至 1941 年 8 月期间,日军飞机先后出动38 次共 1 700 架次,对甘肃各地的城镇乡村实施轰炸,炸死炸伤当地民众 1 343 人,其中被炸死者 663 人,人民财产的直接损失按1947 年 8 月份兰州市批发价折算,高达国币 64 789 亿元。[3]

侵华日军利用飞机飞出战场之外实施的无差别轰炸,究竟炸死了多少中国无辜平民百姓,造成了多少财产损失,时至今日人们尚未作出相对准确的估计。但其作为侵华日军对中国民众所犯

① 章伯锋、庄建平主编:《抗日战争第 7 卷·侵华日军暴行日志》,第 521—525 页。
② 章伯锋、庄建平主编:《抗日战争第 7 卷·侵华日军暴行日志》,第 527 页。
③ 章伯锋、庄建平主编:《抗日战争第 7 卷·侵华日军暴行日志》,第 534 页。

反人道罪行之一种,严重违反了国际法基本准则与战争法规,应该永远受到人类正义的谴责。同时,日军飞机大轰炸所造成的成千上万中国普通民众的伤亡,与日军大规模屠杀所造成的中国人民伤亡一样,都会直接反映在中国抗战直接人口损失之中。日机大轰炸造成的中国平民严重伤亡,同样也作为中国抗战人口损失构成的一个重要方面和表现形式,对当时中国人口发展产生了恶劣的、直接的影响。此外,日机轰炸还摧毁了战区或后方地区无数的民用设施。日军空袭之后,城镇乡村化作废墟,战争时期已然处于极为悲惨境地的民众,复以住房被毁、生产生活等基本条件丧失而陷入更加悲惨的境地。在极端恶劣的生活境况中,因饥寒交迫而复死难者,又不知凡几,这也同样是日机轰炸对中国人口造成损失的一个重要方面。

三、肆无忌惮的焚烧劫掠

侵华战争期间,日军官兵在中国境内,除用手中的战刀、枪炮和天上的飞机,制造成千上万起大规模屠戮中国无辜民众的血腥惨案,致使数以千万计的中国民众伤亡外,还对中国实施了疯狂的大焚烧和大劫掠。日军铁蹄所过,中国无数的城镇乡村、商肆民宅、古刹名寺尽被纵火烧作一片废墟,无数的财富物品、文物图书、家畜粮食也尽被抢走;即使抢运不走,也被日军临离时付之一炬。侥幸从日军屠刀下逃生苟活的广大民众,又会因为失去家园、缺衣无食而长期过着饥寒交迫的苦难生活。甚至等待他们的往往是日军再一次的侵扰、屠杀、焚烧和抢掠。因此,日军侵华期间在中国实施的大焚烧和大劫掠,同样是其在华所犯罪行的重要类型之一,给中国人民带来了无穷无尽的苦难。

杀人放火是最无耻的强盗行径。在武装侵华期间,日军更是把这种强盗行径表现得淋漓尽致，在时间上持续了整整 14 年，在地域上覆盖了大半个中国。在整个战争期间，侵华日军所制造的焚掠事件，遍布中国大江南北、长城内外。日军在每一次"扫荡""讨伐"之际，在每次屠城、屠镇、屠村的同时，都会伴以疯狂、贪婪的抢劫和掠夺，都会继以灭绝人性的焚城、焚镇、焚村。因此，我们同样可以说，侵华期间日军在中国制造了多少起暴行，就会有多少起肆无忌惮的抢劫和掠夺，也往往会伴随着多少起纵火破坏。在日军这种极端的暴行之下，中国人民所遭受的生命牺牲和财产损失，更是无以尽书，难以计数。下面，我们再以全面抗战初期上海、南京所遭浩劫为例，来说明日军大焚掠的野蛮与疯狂。

八一三淞沪会战期间，侵华日军在上海以极为凶残的手段对中国人民的生命、财产进行了毫无人性的破坏和摧残。在以枪击刀刺、炮轰空袭等恶劣手段大肆屠杀上海民众的同时，日军到处纵火，焚毁无数民宅、工厂、商店、仓库，造成数十万难民无家可归，流离失所，过着饥寒交迫的悲惨生活。1937 年 8 月 27 日，日军侵入闸北后，大举纵火，一时烈焰冲天，连绵数里，日夜延烧，至 30 日未熄，全区民房及其他建筑、财产，几乎被焚一空，整个市区变成一片焦土。据《立报》1937 年 10 月 31 日的粗略统计，此一地大火所造成的损失至少在 2 万万元以上。[①] 11 月 12 日，日军占领南市后，一路纵火，大火整整烧了 5 天。繁华街市顿化火海，无数店肆全成灰烬。在上海市郊农村，日军同样肆意纵火，所经之地，无一例外。据不完全统计，在八一三淞沪会战期间，日军在上海市郊纵火，仅蕴藻浜以北各乡就被日军烧毁房屋 87 700 间，占原有房屋总数的

① 上海社会科学院历史研究所编：《"八一三"抗战史料选编》，上海：上海人民出版社 1986 年版，第 109 页。

81.42%。境内疮痍满目,元气大伤。罗店、吴淞、大场、杨行、刘行等地及宝山城厢外围遭日军轰炸、炮袭、纵火,房屋大部分被毁。罗店被烧房屋 7 258 间;罗泾在日军小川沙登陆时被烧毁房屋10 948 间;大场在战争中屡遭日机猛烈轰炸和炮袭,落下的炮弹、炸弹达 160 吨之多。大场镇东起康家桥、西至西街马路桥长约 500 米的整条大街以及浜南的房屋,几乎全部被夷为平地。在金山地区,日军仅在金山卫一处即烧毁房屋 3 059 间;山阳地区被焚房屋4 269 间。金山全县共有 19 个乡镇遭到日军的大焚烧,被焚毁的房屋共达 26 418 间。①

攻占上海后,侵华日军沿沪宁线挥刀西向,冲向南京,一路之上,残虐地实施杀光、抢光、烧光政策。在其途经的常熟、太仓、苏州、江阴、无锡、常州、丹阳、句容、镇江等市县及沪宁间的大片乡村土地上,日军一路杀人放火,在其身后留下了成百上千处黝黑的焦土和无数中国死难民众的尸体。1937 年 12 月 13 日,日军攻占南京。在此后的约六个星期的时间内,日军在这里制造了震惊世界的南京大屠杀惨案。在对手无寸铁的南京市民和放下武器的中国军人大规模屠杀的同时,日军还在南京市郊和城内肆意抢掠、到处纵火。南京城厢内外,烈焰冲天,浓烟蔽日,无数房屋、粮食、家具、财物、牲畜,尽在火海中化为灰烬,市区内无数公司机关、学校商店的建筑皆付之一炬,无数公私财物、文物古董、衣物粮食、书籍字画尽遭抢掠或被焚毁。经此浩劫,整个南京城被日军杀成了一座死城,抢成了一座空城,烧成了一片废墟。对于日军在南京大规模纵火的罪行,战后中国审判战犯军事法庭在《战犯谷寿夫判决书》中判定:"日军锋镝所至,焚烧与屠杀常同时并施,我首都为其实行恐

① 章伯锋、庄建平主编:《抗日战争第 7 卷·侵华日军暴行日志》,第 158—162 页。

怖政策之对象,故焚烧之惨烈,亦无与伦比。陷城之初,沿中华门迄下关江边,遍处大火,烈焰烛天,半城几成灰烬。我公私财物之损失殆不可以数字计。"日军"至 12 月 20 日,复从事全城有计划之纵火暴行,市中心区之太平路,火焰遍布,至夜未熄。且所有消防设备,悉遭劫掠,市民敢有营救者,尽杀无赦"。[①] 战后远东国际军事法庭亦在其审判日军南京大屠杀案的判决书中称,"在日本兵抢劫了店铺和仓库以后,经常是放一把火烧掉它。最重要的商业街道太平路被火烧掉,并且市内的商业区一块一块地,一个接一个地被烧掉了。日本兵毫无一点理由地把平民的住宅也烧掉了。这类放火就像按照预定计划似的继续了六个礼拜之久。因此全市约三分之一都被毁"。[②]

　　日军在上海、南京城内或市郊进行的大焚烧、大劫掠,绝不是一时一地的偶发现象。在整个侵华战争期间,日军制造的焚凉事件,遍布日军铁蹄所到之处,遍布中国的大江南北、长城内外。14 年间,中国大地上火海遍地,强盗横行,生活在这块土地上的广大民众,生计断绝,境况悲惨,直是在死亡线上艰苦地挣扎。在日军这种极端的罪行之下,中国人民所遭受的生命牺牲和财产损失,无法用数字作出精确统计,也无法用语言准确地加以描述。由此所导致的人口减损,同样作为中国抗战人口损失的一种表现形式,反映了日本侵华战争对中国人口发展所产生的巨大消极影响。

① 《战犯谷寿夫判决书正本》,国防部 1947 年版,第 2 页。
② 《远东国际军事法庭关于日军在南京进行大屠杀的判决》(1948 年 11 月 4 日),章伯锋、庄建平主编:《抗日战争第 2 卷·军事》上,成都:四川大学出版社 1997 年版,第 378 页。

四、对中国妇女的残害

妇女是人类的母亲，歌德在其不朽名篇《浮士德》的最末章曾高唱："永恒女性自如常，接引我们向上。"①但在人类的文明史上，在战争期间，妇女往往会沦为"最大的受害者"，成为各种极端反人道罪行的无辜受害者，成为侵略者残酷杀戮与蹂躏的对象。抗日战争时期，中国妇女同胞同样遭到侵华日军残酷的蹂躏和疯狂的屠杀。14 年间，日军铁蹄所至，屠刀所向，无数中国无辜百姓成为冤魂。在这些遇难的中国居民中，有着大量的中国妇女同胞。

在对中国人民实施的残杀暴行中，日军几乎用尽了所有能够想象出来的残忍手段。本人曾经作过粗略统计，侵华战争期间日军官兵对中国民众所采取的残杀方法在 250 种以上，其中绝大多数都超出了人类正常理性想象，超出人性所能容忍的程度。所有这些残杀手段与方法，其中大多数也都曾被日军在中国妇女同胞身上实施过。在这 250 多种残害方法中，又有几十种是日军官兵专门施于中国妇女同胞身上的暴虐手段，每一种都极其残酷，令人发指。中国妇女同胞有的遭日军强奸、轮奸致死，有的被奸后杀死，有的孕妇被日军用刺刀剖开腹部挑出胎儿，有的被砍头割乳，有的被撕作两半，有的被斩指切肉，有的被开膛挖心，有的被肢解尸身，有的被剥皮抽筋……

战时日本军队作为一个"兽类的集团"，在对中国民众进行残酷杀戮的同时，还对中国妇女同胞进行了空前规模的大奸污，无数的中国妇女遭到日军官兵无耻的强奸、轮奸。

在全面侵华和太平洋战争期间，日本军方在最高当局的纵容、

①［德］歌德著，董问樵译：《浮士德》，上海：复旦大学出版社 1983 年版，第 694 页。

许可下,在中国和东南亚地区有组织、有计划地策划并实行了军中
"慰安妇"制度。在中国境内,日军在上海、南京、天津、山东、安徽、
江西、山西、河南、海南,在每一块日军的占领区内,几乎都设置了
规模大小不同、名目不一的"慰安所"。日军通过诱拐、强征、抓捕
等各种非法手段,把无数的中国妇女羁押在"慰安所"里,充当日本
官兵的性奴隶。不论是从历史事实还是从逻辑上来讲,"慰安妇"
制度的普遍实行,都是出于日本国家战争指导者和日本侵华最高
军事当局的蓄谋和安排,是日本军方有组织、有意识的犯罪行为,
是日本及其军人对人类文明犯下的最严重的反人道罪行之一。换
言之,"慰安妇"制度是日本侵略当局有意确立下来并组织其数百
万军队官兵对被其侵略的亚洲邻国妇女进行的大规模强奸犯罪的
制度,是人类历史上最丑恶的军中制度和国家政策。

在这种国家政策与军中制度的导向下,日本军队一踏上中国
土地,其官兵对中国妇女的性暴力犯罪事件就层出不穷,为日本军
方所无法控制,亦无意控制,强奸几乎成了日本军队"特许"的事
情。全面侵华期间,在日军所到的每一处中国的城市、每一处村
落,都发生着大规模的日军对中国妇女的强奸犯罪。有学者估计,
战争期间,约有二三十万中国妇女被日军强征为"慰安妇",被羁押
在"慰安所"中,遭到日军官兵的肆意蹂躏。与此相比,在日军"慰
安所"之外遭到日军任意强奸的中国妇女人数,可能要比这个数字
高出许多。有无数的资料证明,伴随着日军在中国境内的每一次
军事行动、日军对中国乡村城镇的每一次"扫荡"、日军在中国所制
造的每一起血腥惨案,也都同时发生着日军对中国妇女的强奸犯
罪。我们也可以说,在日本侵华期间,几乎每一天都发生着日军官兵
对中国妇女的强奸罪行。14 年间,在日军铁蹄所到的每一块中国土
地上,都留有日本军队凶残罪行的记录。中国妇女同胞在 14 年间所

遭到的残害与蹂躏,罄南山之竹无可尽书,倾东海之涛难濯其辱。

受到残酷凌辱的中国妇女,在当时和后来都是弱者,战后幸存下来的人,也一直生活在苦难与耻辱的阴影之中。在汗牛充栋的史料文献中,能够反映这一部分弱者的苦难与声音的资料,却又少得可怜。有些资料保存在口述史料,或中华人民共和国成立之后各地各级的政协文史资料或地方史志的相关篇章记载中。通过它们,我们可以对日军在战争期间对中国女性的残害情况稍有了解。下面,我们就从无数日军强奸、性奴役中国妇女的案例中择取极少一部分,借以说明侵华日军在有组织有系统地设置的"慰安所"之外对中国妇女同胞所犯下的严重侵害罪行。

据统计,在上海,1937年11月6日,日军在金山县亭林镇四乡大肆淫杀,杀害百姓152人,强奸妇女195人[①];从1937年8月至1945年8月,日军仅在青浦县境就奸污妇女1 540人。[②]

在江苏,1937年11月13日一天时间内,日军仅在常熟吴市一带,就奸污妇女374人[③];11月23日,日军在无锡东亭强奸妇女504人[④];12月1日,日军攻陷江阴,8年之间,日军杀害江阴平民2万多人,强奸妇女无以数计[⑤];1937年12月9日,日军侵入镇江市区后,凡山洞、地下室,一律以机枪扫射,避难妇女,均惨死其中。"日寇狂肆兽欲,见妇女不问老幼,不问病人与产妇,均无幸免,被

---

① 上海市金山县县志编纂委员会编:《金山县志》,上海:上海人民出版社1990年版,第371—372页。
② 上海市青浦县县志编纂委员会编:《青浦县志》,上海:上海人民出版社1990年版,第532页。
③ 常熟市地方志编纂委员会编:《常熟市志》,上海:上海人民出版社1990年版,第693页。
④ 《无锡文史资料》第2辑,江苏省无锡县政协文史资料研究委员会1981年编印,第65页。
⑤ 《江阴文史资料》第6辑,江苏省江阴县政协文史资料研究委员会1985年编印,第39页。

轮奸致死者极多。仅红十字一机构收尸共 3 000 具，男尸多在途中，妇尸多于床榻。之后，日军在旧武庙医院内设立关东武妓院，供军官泄欲之需，士兵仍在四乡淫掠。"①

　　1937 年 12 月 13 日，日军攻陷南京，制造了震惊中外的南京大屠杀惨案，超过 30 万的中国军民惨遭杀害。同时，日军在南京犯下了史无前例的对中国妇女的大规模强奸罪行，在不到 5 个星期的时间内，大约发生了 2 万多起日军侵犯中国妇女罪案。关于日军官兵在南京强奸中国妇女同胞的丑行，《拉贝日记》附件中记载颇多。当时的日本第 114 师团一等兵田所耕三也供称："女人是最大的受害者，不管是老的还是年轻的，全都遭殃。从下关把女人装上煤车，关到村庄，然后分给士兵。一个女人供 15 至 20 个人玩弄。在仓库周围选个有阳光的好地方，用树叶之类铺好。士兵们拿着有中队长印章的纸，脱下兜裆布，等着轮到自己。""没有不强奸的士兵，大部分强奸完了就杀掉。往往是强奸完后一撒手，女人就逃跑，便从后面向女的开枪。因为不杀的话会给自己惹麻烦……尽管不想杀，但还是杀了……虽然在南京几乎没有宪兵。"②12 月 16 日，日军侵占仪征县城，仅据不完全统计，在日军侵占仪征之初，城乡居民就有 400 多人被杀害，200 多名妇女遭到日军强奸。③ 1938 年 2 月 19 日，日军再次侵入江苏溧阳县，四处掳掠，恣意蹂躏妇女。日军将其抓捕到的妇女就地轮奸后，又带至驻防地，强迫脱光衣服，裸体禁闭于一处空房内，到夜间任由日兵入内奸宿。在一旬之内，仅此一处空房内，就禁闭了被掳的中国妇女 50 多人，不久这些

① 孙震编：《暴行——侵华日军罪恶实录》，海口：三环出版社 1991 年版，第 77 页。
② ［日］小俣行男著，周晓萌译：《日本随军记者见闻录——南京大屠杀……》，北京：世界知识出版社 1985 年版，第 55—56 页。
③ 仪征市市志编纂委员会编：《仪征市志》，南京：江苏科学技术出版社 1994 年版，第 465 页。

妇女全遭日军官兵奸杀或溺毙。[①]

　　1938年,日军在江苏盱眙掳掠1 000多名中国妇女,以铁丝洞穿手掌,鱼贯押送到蚌芬军,夜间供日军官兵淫乐,违者以刺刀剖腹,死者累累[②];1940年5月,日军在龙华镇扫荡,从天主堂内抓去20多个妇女,关在一间屋子里,晚间由日军官兵任意轮奸,其中有一个13岁的女孩,被几个日军轮奸后,又被刺两刀,抛到半山草丛中致死[③];仅自1943年4月至1945年5月,日军在江苏启东县东南地区一带强奸妇女871人[④];8年间,日军在江苏武进县强奸妇女2 570余人[⑤],在盐城县境内强奸妇女500多人[⑥],在建福县境内强奸妇女986人。[⑦]

　　在浙江,1937年11月5日,日军在杭州湾金山咀登陆,当天即在白沙湾全公亭沿海一带强奸妇女200多人[⑧];1939年6月23日,日军侵入舟山,侵占定海6年,杀害居民900多人,奸污妇女无数。仅在城内光裕里即设"慰安所"多处,掳掠中国妇女100多人在里边供日军淫乐。[⑨] 1942年5月17日,日军侵扰建德县长乐镇,一天

---

① 《野兽在江南》,前线日报社1938年。转引自章伯锋、庄建平主编:《抗日战争第7卷·侵华日军暴行日志》,第180页。

② 章伯锋、庄建平主编:《抗日战争第7卷·侵华日军暴行日志》,第187—188页。

③ 孙震编:《暴行——日军侵华罪恶实录》,海口:三环出版社1991年版,第2页。

④ 启东县志编纂委员会编:《启东县志》,北京:中华书局1993年版,第29页。

⑤ 江苏省武进县县志编纂委员会编:《武进县志》,上海:上海人民出版社1988年版,第670页。

⑥ 盐城市郊区地方志编纂委员会编:《盐城县志》,南京:江苏人民出版社1993年版,第517页。

⑦ 建湖县地方志编纂委员会编:《建湖县志》,南京:江苏人民出版社1994年版,第618页。

⑧ 浙江政协文史资料委员会编:《铁证——侵华日军在浙江暴行纪实》,《浙江文史资料》第56辑,杭州:浙江人民出版社1995年版,第273页。

⑨ 浙江定海县志编纂委员会编:《定海县志》,杭州:浙江人民出版社1994年版,第634—636页。

时间内强奸妇女 100 多人①；在汤溪县境，8 年间日军强奸妇女
1 805 人；在龙游县境，强奸妇女 1 820 人；在金华县，仅 1942 年下
半年时间，就有 1 370 多名妇女遭日军强奸②；1942 年 7 月 7 日，板
垣师团侵入青田县境，此后 40 多天内，日军在该县境内强奸妇女
334 人。③

　　在江西，1939 年 3 月 9 日靖安沦陷，至 8 月 1 日，日军在该县
境内强奸妇女 100 多人④；1942 年 5 月日军侵占鹰潭后，中国妇女
深受荼毒，许多中国妇女被日军蹂躏后又惨遭杀害。5 月 12 日，日
军在东溪村抓到 7 名妇女，赤身裸体地绑在树上，然后进行轮奸。
6 月 1 日，一队日军在流源彭家、余项、虎岭奸污妇女 24 人。在鹰
潭路上，日军当众强奸 2 名青年姑娘后，又将其当成活靶子开枪打
死。5 月至 6 月，日军三次窜扰江上艾家等地，奸淫妇女 34 人，奸
后还用竹竿插入下体杀害。⑤ 1942 年 5 月，盘踞南昌的日军侵入
余江县，在不到 4 个月的时间内，强奸该县妇女 4 000 多人⑥；同年
6 月 8 日，日军攻陷崇仁，在其侵占崇仁期间，杀害中国百姓 320 多
人，强奸妇女数百人，仅奸后被杀的中国女学生即有 30 多人⑦；
1944 年 6 月、7 月，日军两次侵犯萍乡，造成当地人口死亡达 29 017

---

① 建德县志编纂办公室编：《建德县志》，杭州：浙江人民出版社 1986 年版，第 362 页。
② 浙江政协文史资料委员会编：《铁证——侵华日军在浙江暴行纪实》，第 300—301 页。
③ 青田县志编纂委员会编：《青田县志》，杭州：浙江人民出版社 1990 年版，第 535 页。
④ 章伯锋、庄建平主编：《抗日战争第 7 卷·侵华日军暴行日志》，第 281 页。
⑤《鹰潭文史资料》第 1 辑，鹰潭市文史资料研究委员会 1988 年编印，第 55 页。
⑥ 江西省余江县志编纂委员会编：《余江县志》，南昌：江西人民出版社 1993 年版，
　　第 211 页。
⑦《崇仁文史资料》第 1 辑，江西省崇仁县政协文史资料研究委员会 1988 年编印，
　　第 57 页。

人,妇女被日军强奸者达 6 389 人。①　从 1939 年至 1945 年,日军在江西高安县强奸妇女 15 300 余人②;抗战期间日军三次进犯清江,奸污妇女 1 083 人。③

　　在河南,1937 年 11 月日军侵占安阳,屠杀城内无辜居民 2 000多人,被日军搜出的妇女,从 10 多岁到 70 多岁,均遭奸污,稍有反抗,立即砍死。临走时,日军还掳走两汽车妇女,强迫她们充当性奴隶④;8 年间,日军在巩县奸污妇女 480 多人;1938 年 2 月 8 日,日军侵占濮阳县城,晚上,日军三五成群地在城内各地寻找追逐妇女,进行强奸。妇女婴儿的惨叫声彻夜不息,有的幼女被奸后不能行走,有的被奸后昏迷不醒⑤;同年 2 月 24 日,日军侵占淇县县城,在城内大肆淫暴,很多未及躲避的青年妇女遭到强奸。城北下关有位青年妇女,被堵在屋内,在刺刀的逼迫下,遭 9 名日军士兵的强奸,该妇女含恨自杀⑥;沦陷期间,河南温县共有 3 663 名妇女遭到日军强奸⑦;1944 年日军攻占许昌县,至抗战结束,日军在该县境内强奸妇女 8 868 人⑧;8 年间,日军在通许县强奸妇女 1 288 人。⑨

　　在广大的晋冀鲁豫边区,日军所犯罪行更是亘古未有。仅以

① 《萍乡文史资料》第 1 辑,江西省萍乡市政协文史资料研究委员会 1984 年编印,第 110—112 页。
② 江西省高安县史志编纂委员会编:《高安县志》,南昌:江西人民出版社 1988 年版,第 387 页。
③ 清江县志编纂委员会编:《清江县志》,上海:上海古籍出版社 1989 年版,第 405 页。
④ 中共河南省委党史工作委员会编:《侵华日军在河南的暴行》,郑州:河南人民出版社 1989 年版,第 23 页。
⑤ 中共河南省委党史工作委员会编:《侵华日军在河南的暴行》,第 89 页。
⑥ 中共河南省委党史工作委员会编:《侵华日军在河南的暴行》,第 94 页。
⑦ 中共河南省委党史工作委员会编:《侵华日军在河南的暴行》,第 121 页。
⑧ 许昌县志编纂委员会编:《许昌县志》,天津:南开大学出版社 1993 年版,第 268 页。
⑨ 《通许文史资料》第 1 辑,通许县政协文史资料研究委员会 1989 年编印,第 4—5 页。

其强奸中国妇女同胞一项，即骇人听闻。8 年间，日军在边区奸淫妇女达 36.3 万人，仅太行区即有 10 万余人，太岳区 4.29 万人，被日军强奸后患性病的中国妇女，在全边区共计有 12.2 万人。[1]

在湖南，1942 年 10 月 19 日，驻岳阳日军制造了洪山惨案，7 天之内，残杀洪山、昆山等 10 多个村庄村民 1 800 多人，奸污妇女 600 多人[2]；1943 年 5 月 9 日，日军在汉寿县厂窖地区进行 4 天大规模的屠杀和奸淫，共杀害中国军民 3 万多人，强奸妇女 2 000 多人[3]；据不完全统计，在常德争夺战期间，日军残杀常德市民 3 300 人，奸淫妇女 5 000 多人。在常德四周各县境，日军强奸妇女 35 180 余人，其中有 4 200 多人被强奸致死[4]；1944 年 6 月 21 日，湘乡沦陷，在 1 年 2 个月时间内，日军在该县境内强奸妇女 1 655 人。[5]

在海南，1939 年 2 月 14 日，日军在三亚登陆，攻占崖县城。至 1945 年日本投降，日军在该县强奸妇女 774 人，并在崖县 10 多处日军据点设立"慰安所"，从海南各地农村抓来 320 多名妇女充当"慰安妇"，以供日军官兵宣淫[6]；1942 年 7 月，日军侵占屯昌县乌

---

① 《日寇侵华暴行录》，联合出版社 1951 年版。转引自章伯锋、庄建平主编：《抗日战争第 7 卷·侵华日军暴行日志》，第 115 页。

② 《岳阳文史资料》第 6 辑，湖南省岳阳市政协文史资料研究委员会 1987 年编印，第 129 页。

③ 湖南省政协文史资料研究委员会编：《湖南文史资料选辑》第 18 辑，长沙：湖南人民出版社 1984 年版，第 67—75 页。

④ 禹硕基等主编：《日本帝国主义在华暴行》，沈阳：辽宁大学出版社 1989 年版，第 266—267 页。

⑤ 《湘乡文史资料》第 1 辑，湖南省湘乡县政协文史资料研究委员会 1986 年编印，第 50 页。

⑥ 符和积主编：《铁蹄下的腥风血雨——日军侵琼暴行实录》，海口：海南出版社 1995 年版，第 440—441 页。

坡墟,3 年之间,日军在这里强奸妇女 433 人[①];1939 年 7 月,日军侵占牙县,6 年间,日军在该县强奸妇女 7 560 多人[②];在临高县,被日军强奸的中国妇女数以千计,日军并在新勇、临志、加来设立 3 个"慰安所",先后强迫当地妇女数百人充当其性奴隶……

以上所列,仅是侵华期间日军残害中国妇女罪恶事件中极小的一部分。至于日军在其所到的每一块中国土地上,在每一个村舍或每一个城镇,对中国妇女所实施的无休止的性暴力侵害罪行,同样也是无可胜计的,时至今日也无法相对准确地加以统计或记录,而且,随着时空间隔的拉大,这种统计更加不可能实现,进而可能永久地陷入历史迷雾的深处,再也无法显现其真实的样态。侵华日军对中国妇女同胞大规模的残暴侵害行为,对战时中国人口发展的影响是直接的、显见的。因为妇女是人类社会人口再生产的直接承担者,被日军屠杀致死及奸杀的中国妇女,不仅作为直接死亡人口体现在中国抗战人口直接损失之中,同时这种妇女人口数的减损也意味着社会人口再生产能力的降低,进而间接影响中国社会的人口发展。大批沦为日军性奴隶以及难以计数的惨遭日军蹂躏的中国妇女,在身遭惨劫之后,或含冤自尽,或染病身亡,与被日军直接残杀及被奸杀的妇女一样,构成中国抗战人口损失的一个部分。此外,即使有些受辱妇女幸免于死难,但多含羞忍辱,染疾患病,衔恨苟活。这些受难女性大多毕生生活在苦难的阴影与悲惨的境况之下,很大一部分终生不能生育或不再婚育。这本身也同样会造成中国社会人口的再生产能力的直接减损,从而会在宏观上导致整体的中国抗战人口损失数量的增加。因此,对中

---

① 符和积主编:《铁蹄下的腥风血雨——日军侵琼暴行实录》,第 297—301 页。
② 符和积主编:《铁蹄下的腥风血雨——日军侵琼暴行实录》,第 623 页。

国妇女同胞在战争期间所受迫害进行考察,同样可以使我们理解抗战期间中国人口损失巨大之所由来,并对中国人口在抗日战争时期所处的极端残酷与恶劣的存在环境能够有更深刻的理解与把握。

　　日军侵华期间在华所犯下的反人道罪行,除上述的大屠杀、大轰炸、大焚掠和大奸污外,还有日军对中国少年儿童灭绝人性的残害,日本侵华当局强掳、奴役上千万中国劳工并对其实施的惨无人道的虐待和迫害,侵华日军在哈尔滨、北平、南京、广州等城市及各级部队中以中国民众为实验材料进行的细菌试验、活体解剖和日军在中国东北三省、山东、浙江、湖南和云南等地所实施的大规模的细菌作战,日军严重违反国际法在战场上对中国抗日官兵和在广大乡村对中国无辜村民残酷实施的毒气战和化学战等类型的罪行,等等。所有这些类型的反人道罪行,同样都造成了中国民众极大的生命牺牲,并体现在中国抗战直接人口损失之中。中国全面抗战 8 年间,数以百万计恶魔般的侵华日军官兵,肆无忌惮地撕咬着中华民族的肌体,吞噬着中国同胞的无辜生命,给中国人口造成巨大而直接的损失,给中国经济社会发展造成重大阻碍,使中国人口陷入恶劣而残酷的生存环境之中。本章上文所列举的日军在中国境内的大屠杀、大轰炸、大奸污、大焚掠等各种类型的残酷罪行,以及由这种种罪行所造成的中国人口死亡,都是日本侵华战争造成中国人口损失的典型表现形式,也是抗战期间中国人口所处发展环境之恶劣的直接反映。至于抗战时期数以百万计的日军在中国残害多少无辜民众,直接造成中国人口多么严重的损失,这些人口损失的时空分布、伤亡比率、性别构成等情况,正是本书的研究核心,我们将在后续相关章节中进行探讨。

第二章　抗战人口损失调查的展开

　　中国抗战人口损失情形、数量及类型结构诸问题,是中国抗战损失问题研究的一个重要组成内容,同时更是本书所要探讨与研究的核心内容。在抗日战争期间,对中国人口损失的调查统计工作,即被作为整个中国抗战损失调查工作的一个方面,与财产损失等调查工作同时进行。中国抗战损失调查工作,从领导和组织者而言,主要是在国民政府与中共领导下的抗日根据地民主政权的分别主持下进行;从参与调查研究的人员、机构而言,则有在战时成立的专门调查机构、国民政府中央统计机关、地方省市县乡镇各级地方政权组织、军事机关、学术研究机构、人民团体、个人及一些外国在华人士;就调查所及范围而言,举凡抗战时期沦陷区、战区、大后方以及中共领导下的抗日根据地内因日军军事进攻、武装窜扰、飞机轰炸等行为造成的财产损失、设施毁损、人员伤亡、资源破坏,皆被网罗其中。因本书主要是以抗战时期中国人口损失情形及其结构组成为主要研究对象,所以在后续的讨论与分析时,我们将会把重心放在有关人口损失调查方面。日本侵华给中国造成的物质财富损失,与抗战大局、国家建设、战时人民生活及人口质量等方面的关系极为密切,当然也是无法完全回避的。但就本书而言,我们将着重围绕抗战人口损失及其结构为中心展开研讨,以期重点突出,目标明晰。另外,由于我们认为抗战时期不论是军人还是普通民众因战争因素造成的伤残,首先直接表现为中国人口质量的损失,同时也必将导致中国人口数量的减损,它不仅是中国抗战人口损失的一个重要方面,更是研究中国抗战人口损失不可绕开的问题。因此,本书下文在讨论战时、战后中国抗战人口损失调查统计以及中国抗战人口损失估计时,都将受伤人口作为一个重要的方面加以关注与讨论,行文中也将会出现"中国抗战人口伤亡"这一概念,在不同的讨论视角与研究目的下,与"中国抗战人口损失"这个概念一起,或分别使用,或互相联系着使用。

第一节　全面抗战初期的人口伤亡损失调查

战时国民政府政权所及区域内的中国抗战损失调查工作以及其中的人口损失调查工作,以 1939 年 7 月初国民政府行政院颁布《抗战损失查报须知》为分界,从时间上大体可分为两个阶段:在前一阶段,对日军军事进攻及各类罪行所造成的中国人口伤亡的调查、记录与揭露,总体上呈现出一种零星的、自发的、不系统的特点,其实施的主体,主要包括当时报刊等新闻媒体的记者、参与对日抗战的国民党军队官兵、幸存的日军暴行惨案的目击者、战区内的一些外国媒体记者、国际救济机构、某些学术机构及部分地方政府机关等;在后一阶段,中国抗战损失调查工作是在国民政府直接领导和主持下,由行政院调制、颁发抗战损失查报的相关法规、调查办法、填造表式,通令中央各部会及其所属机关和全国省、市、县等各级政权组织及政府机关,按照规定的时间、程序、表式、方法,对战区、沦陷区以及后方的所有公私机关、团体或人民遭日军进攻、日机轰炸等受到的财产损失及人口伤亡,进行系统追查、调查、统计、填报,进而经各级政府机关层层汇计、转报,最后由国民政府主计处或行政院、抗战损失调查委员会等相关机构负责汇总,制成全国抗战损失总表等,同时并辅以有关学术机构的调查研究。

在日本挑起全面武装侵华战争伊始,国民政府有关部门、人民团体、学术机构、新闻媒体等,便对战争给中国造成的财产损失及人员伤亡情况予以高度关注,随时进行调查统计并及时在报刊上公布。军事机关也在每次小的战斗、大的战役之后,逐级统计兵员伤亡,层层转报汇总,并于合适的时候向外界公布。整体而言,抗战期间及战后初期,逐渐形成了关于中国抗战损失的调查、统计、研究、公布的系统,所有目前我们所能见到的相关的档案资料等文字记载,大部分皆源于这一系统,这些档案文献资料,也成为我们当前研究中国抗战损失和中国抗战人口损失最基本的、最重要的基础资料。

战争必然带来灾难,战争伴随着生命的死亡与财富的毁灭。1937年7月7日卢沟桥事变爆发,日本挑起全面武装侵华战争。8月13日,日军大举在上海地区发动武装进攻,中国方面调集重兵抗战,淞沪会战全面展开。会战期间,日军炮火把上海市区内无数建筑物炸成废墟,日军流弹、飞机造成上海市区及周围地区重大人员伤亡。当时在上海的新闻记者们顶着日军的枪林弹雨,采写了大量有关日军进攻造成财产损失与人口伤亡的新闻报道,并及时发表在《立报》《救亡日报》《申报》《新闻报》上;一些外国驻上海机构也比较注意日军进攻造成的经济损失与人员伤亡,并在其相关报告中加以记录,或随时发回本国向其上级主管部门汇报。如上海公共租界工部局即曾在其 1937 年的年报中,记录了淞沪会战时发生在上海市区内由日机轰炸成的重大惨案的时间、地点、人员死伤数目以及被完全毁损的 905 家工厂的情形。①

1937 年 11 月 12 日,上海沦陷。接着,日军沿沪宁线对中国军队展开追击,一路烧杀,逼向国民政府首都南京,在其身后,留下了无数中国无辜死难者的尸体和化为废墟的村庄。12 月 13 日,日军攻陷南京。在此后约 6 个星期内,日军在南京进行了长时间、大规模的屠杀、奸淫、抢掠、焚烧,制造了令世人震惊的南京大屠杀惨案,造成了南京地区极为惨重的人员伤亡。

当时留在南京的多名中外人士,根据自己亲身经历及耳闻目睹,记录并向外界报道了大量日军在南京所犯下的骇人听闻的残暴罪行。其中,当时由中国亲历者撰写的揭露日军南京大屠杀暴行者,较为著名的人士及其著作有:郭岐,南京保卫战时任国民政府守军某营营长,南京沦陷后避入难民区约 3 个月,逃离南京后写成《陷都血泪录》,1938 年 8 月连载于西安《西京平报》。蒋公穀,民国时期著名军事理论家蒋百里之侄,1937 年淞沪会战期间,由亢州至上海参与红十字会的救护工作,后至南京野战救护处担负城防救护军医,自 1937 年 12 月 13 日起,身陷南京近 3 个月,至 1938 年 2 月 27 日始脱险境,1938 年他“凭着记忆,用日记体裁”,著成《陷京三月记》,记录了他 1937 年 12 月 1 日至 1938 年 3 月 8 日在南京的经历及耳闻目睹的日军暴行。在该书的“序三”中,蒋公穀写道:

① 上海科学院历史研究所编:《“八一三”抗战史料选编》,第 74—117 页。

"为了纪念,我凭着记忆,用日记体裁,粗枝大叶地写了出来,也就顾不得文笔的拙劣,不能尽量描摹当时的情景于万一。惟所记的事实,都是真实不虚,不敢犯妄语的大戒,那是我可以自信的。"[1]李克痕,沦陷时为南京某文化机关职员,1938 年 6 月始逃离南京,撰文《沦京五月记》,记载自己身陷南京 5 个月间的艰苦经历及耳闻目睹的日军在南京的暴行,同年 7 月间连载于汉口《大公报》。[2] 此外,还有一些逃出的佚名的被俘军人或记者撰写的文章,如发表在1938 年 2 月 7 日汉口《大公报》上的《京敌兽行目击记》一文,即由一个从南京逃出的被俘中国士兵所写[3];收录于《敌军暴行记》中的《在黑地狱中的民众》一文,则是由一位佚名记者所撰,记录其所目击的日军在南京的"禽兽盗贼行为"[4];《地狱中的南京》一文,系一位于南京沦陷后避入南京难民区的人士,以日记和书信的形式著成,记载了其亲眼看见日军在难民区内对中国人民所实施的罪行,该文发表在《半月文摘》上。[5] 此外,还有一些记者根据自己对从南京逃出的人士的采访写成纪实报道。如范式之于 1938 年据其对自南京逃出的萧某、王某的采访,撰成《敌蹂躏下的南京》

---

① 蒋公穀:《陷京三月记》,"序三","南京大屠杀"史料编辑委员会、南京图书馆编:《侵华日军南京大屠杀史料》,南京:江苏古籍出版社 1985 年版,第 63 页。

② 李克痕:《沦京五月记》,"南京大屠杀"史料编辑委员会、南京图书馆编:《侵华日军南京大屠杀史料》,第 101 页。

③ 佚名:《京敌兽行目击记》,"南京大屠杀"史料编辑委员会、南京图书馆编:《侵华日军南京大屠杀史料》,第 127 页。

④ 佚名:《在黑地狱中的民众》,"南京大屠杀"史料编辑委员会、南京图书馆编:《侵华日军南京大屠杀史料》,第 131 页。

⑤ 佚名:《地狱中的南京》,"南京大屠杀"史料编辑委员会、南京图书馆编:《侵华日军南京大屠杀史料》,第 134 页。

一文,发表于《武汉日报》,揭露日军在南京犯下的罪恶,告诫那些
"因为思乡念切的原因,反步上回乡的旅途"的流亡难民,认清敌
人对中国人民所采取的残酷杀戮、蹂躏的政策,以免"再平白地陷
入敌人的掌握,供敌人的驱策,无形中增加敌人继续犯我的力
量"。① 林娜则根据自己对一位由南京逃出的覃姓难民的采访,写
成题为《血泪话金陵》的采访纪实,发表在《宇宙风》杂志 1938 年 7
月第 71 期,记述了日军在南京的残酷暴行、红卍字会收埋死难者
尸体以及南京民众对日军暴行的反抗等情况。佚名采写的《失守
后的南京》纪实,发表于 1938 年 1 月《闽政与公余》杂志第 20 期,也
对日军在南京的屠杀、纵火、奸淫、掳掠等各种暴行,进行了记录与
揭露。②

　　当时的一些报刊编辑社,在淞沪会战、日军南京大屠杀期间或
结束后不久,便编辑出版了许多专门刊物,记录、报道淞沪会战中
中国军民抗战、日军在沪造成的财产损失及人员伤亡、日军在南京
的残虐暴行等方面的情形。如战争丛刊社 1937 年 12 月编辑出版
了《倭寇残酷行为写真》,新新印刷社 1938 年 1 月 1 日编辑出版了
《沪战写真》,上海抗战编辑社 1938 年 3 月编辑出版了《沦亡区域同
胞的惨状》,华美出版公司 1938 年 7 月 15 日、1939 年 3 月 10 日分
别编辑出版了《中国全面抗战大事记》《上海一日》,等等。

　　南京沦陷时,有 20 余位外籍人士基于人道主义的信念留在南

---

① 范式之:《敌蹂躏下的南京》,"南京大屠杀"史料编辑委员会、南京图书馆编:《侵华日
　军南京大屠杀史料》,第 119 页。
② "南京大屠杀"史料编辑委员会、南京图书馆编:《侵华日军南京大屠杀史料》,第 141、
　148 页。

京,组织国际安全委员会,建立国际安全区,救助苦难的南京人民。① 他们和一些英美等国的记者,依据自己的亲身经历与耳闻目睹,或是通过日记、新闻报道,或是向本国政府部门提交报告,或是给家人朋友私信,或是在事件后组织调查形成调查报告,甚至是用摄影机拍摄图片或动态影像,用各种形式与方法,记录了大量的日军在南京的残酷罪行。其中较为著名的有拉贝日记、马吉牧师日记及摄影带、贝德士日记、魏特琳日记、田伯烈的《外人目睹中之日军暴行》等,以及 1939 年由徐淑希据当时南京国际安全委员会秘书史迈士每日就日军暴行向日本大使提出的抗议书中所附日军暴行事件而编成的《南京安全区档案》,1938 年 3 月至 6 月由时任国际安全委员会秘书、金陵大学社会学系教授的史迈士主持调查南京附近灾情而编成的报告《南京地区的战争损害》②等。

　　此外,一些日军随军记者及日军官兵也据自己的亲历和见闻,对日军在南京地区的行径进行了报道或记录。在侵华日军第十六

---

① 这 20 余位当时留在南京的外籍人士,据《拉贝日记》所载,他们是:约翰・H. D. 拉贝(德国,西门子洋行〈中国〉),克里斯蒂安・克勒格尔(德国,礼和洋行),爱德华・施佩林(德国,上海保险公司),A. 曹迪希(德国,基斯林-巴德尔糕饼店),R. 黑姆佩尔(德国,北方饭店),R. R. 哈茨(奥地利,安全区机械师),克拉・波德希沃洛夫(白俄罗斯,桑格伦电器商行),A. 齐阿尔(白俄罗斯,安全区机械师),查尔斯・H. 里格斯(美国,金陵大学),M. S. 贝茨(美国,金陵大学),刘易斯・S. C. 斯迈思(美国,金陵大学),C. S. 特里默(美国,大学医院),罗伯特・O. 威尔逊(美国,大学医院),格雷斯・鲍尔小姐(美国,大学医院),伊娃・海因兹小姐(美国,大学医院),詹姆斯・麦卡勒姆牧师(美国,基督教布道团),明妮・魏特琳小姐(美国,金陵女子文理学院),W. P. 米尔斯牧师(美国,北方长老会传教团),休伯特・L. 索恩牧师(美国,金陵神学院),乔治・菲奇(美国,基督教青年会),欧内斯特・H. 福斯特牧师(美国,圣公会),约翰・马吉牧师(美国,圣公会),等等。参见[德]约翰・拉贝:《拉贝日记》,南京:江苏人民出版社、江苏教育出版社 1997 年版,第 304—305 页。
② 在中译本中,此项调查报告又被称作《南京战祸写真》。参见"南京大屠杀"史料编辑委员会、南京图书馆编:《侵华日军南京大屠杀史料》,第 262—365 页。

师团长中岛今朝吾的日记、第十六师团第三十旅团长佐佐木到一的自传、第十六师团第二十联队第一大队第三中队第三小队士兵东史郎的日记中,都有关于第十六师团大规模地集体屠杀俘虏及在南京烧杀淫掠的记录。① 这些记录和报道虽然不能被视作人口损失调查,但系由侵华日军官兵自己亲笔记录,可以算是施恶者的自供状,更直接地证明了侵华日军在南京所犯下的严重罪行,为我们研究当时南京地区的人口损失实况,提供了许多可靠资料与有力证据。

关于日军南京大屠杀的罪行,战后不久成立的远东国际军事法庭、南京特别军事法庭都已作出过严正的判决;有关日军南京大

---

① 中岛今朝吾在其日记中写道:"大体上我们没有留置俘虏的打算,当逐一加以收拾。"据其所记,仅第十六师团所属部队,"佐佐木部队解决的约15 000名,守备太平门的第一中队长解决的约1 300名,还有七八千名集结在仙鹤门附近,陆续来降⋯⋯要处理这七八千人,必须有相当大的沟壕,实在很难寻觅,打算把这一些人分成100、200,引诱至适当地方下手"。参见日本《历史与人物》增刊,1984年169号,转引自章伯锋、庄建平主编:《抗日战争第2卷·军事》上,第306—307页。佐佐木到一则称:"当日,在我支队作战地区内,敌遗尸已达一万数千具,加上装甲车击毙在江上的敌军及各部队的俘虏,仅我支队就解决了2万以上敌人⋯⋯此后陆续来降的俘虏达数千人。情绪激昂的士兵,上级制止都不听,把他们一个个全都杀光。"佐佐木曾于战后写成回忆录,1967年以《佐佐木到一》为名由日本劲草书房出版。参见天津编译中心编:《日本军国主义侵华人物》,北京:中国文史出版社1994年版,第324—327页。东史郎在1937年12月18日的日记中称:"我们在广场集合,正在安排哨兵和分配宿舍时,突然来了让我们去收容俘虏的命令。据说俘虏约有两万人。我们轻装急行军⋯⋯走了三四里路时,看见了无数时隐时现的香烟火光,听到蛙声般的嘈杂声,大约七千名俘虏解除了武装,在田间坐着⋯⋯第二天早晨,我们接到去马群镇警戒的命令。在马群镇警戒的时候,我们听说俘虏们被分配给各个中队,每一中队两三百人,已自行处死。据说他们中间惟一的军官因为知道支队军藏粮食的地方,上面命令把他养了起来,我们不清楚为什么杀掉这么多的俘虏⋯⋯七千人的生命转眼之间就从地球上消失,这是不争的事实。"参见[日]东史郎:《东史郎日记》,南京:江苏教育出版社1999年版,第202—204页。

屠杀的资料、文献、档案的整理工作以及专题研究,历来颇受学术界的关注,已有的成果极为丰富。研究表明,在日军攻陷南京后 6 个星期的时间内,日军在南京城厢实施了有计划、有组织、大规模、长时期的大屠杀、大焚烧、大奸污、大掳掠,造成了至少 30 万中国军民的死亡、数万中国妇女被污辱、近三分之一南京城区建筑被焚毁,这已基本成为学术界的共识与定论。在后文有关章节中,我们还会对这一数据的来源进行简单的介绍与分析。

从国民政府系统方面而言,在抗战全面爆发之初,就开始关注对中国抗战损失的调查,特别是对日军暴行和日军飞机轰炸所造成人口损失的调查。国民政府内政部、实业部等机关,曾先后颁布训令、调制表式,通令各省市政府遵式填造,对由日军进攻、空袭所造成的财产损失与人口伤亡损害进行调查与统计,并定期公开在媒体上发表,以向世人揭露日军的反人道罪行。1937 年 10 月,国民政府实业部调制《各地工厂遭受敌人损毁情形报告表》,颁行各省建设厅,通令电报各地工厂、矿厂、电厂因日军飞机轰炸所受损失。此后,为了全面调查当时中国经济事业因战事遭受的直接、间接公私损失,该部又调制了农、矿、商业损失调查表,通令各省建设厅依式填报。此为国民政府第一次针对当时中国经济事业遭受的直接、间接公私损失进行的专项调查。① 国民政府内政部更早在抗战爆发之初的 1937 年 8 月,即针对日军飞机空袭中国不设防城市的暴行,通令各省市政府及时调查日机轰炸损害情况,搜集证据,呈报至部。至 1938 年 8 月,国民政府内政部据各省市县损失报告,编制了 1937 年 8 月至 1938 年 5 月底《各省县市被空军侵袭所受损

---

① 黄菊艳:《抗战时期广东经济损失研究》,广州:广东人民出版社 2005 年版,第 67 页。

失统计》。[①] 据该表统计,在此期间日军飞机对中国城乡空袭计2 204次,投弹 26 951 次,炸死 10 482 人,炸伤 13 319 人,炸毁房屋 42 087间(栋)。[②] 在此前的 1938 年 7 月,上海文化界国际宣传委员会也根据各省市的调查及各种报纸所载的材料,统计编制了《一年来敌机轰炸不设防城市统计》,其统计结果如表 2 - 1。

表 2 - 1　一年来敌机轰炸不设防城市统计(1937 年 8 月—1938 年 5 月)之一

省名	飞机数	次数	投弹数	受伤人员	死亡人数
江苏	2 379	408	5 489	5 420	4 183
浙江	1 091	195	2 186	2 897	2 484
安徽	357	74	1 132	738	953
江西	1 203	122	2 961	668	348
福建	363	68	948	298	235
广东	6 492	903	11 801	8 901	4 845
河北	86	26	191	1 031	1 012
山东	249	37	565	195	183
山西	53	9	204	20	24
湖南	100	15	369	241	160
湖北	497	44	1 572	1 082	821
甘肃	20	2	15	1	28
广西	87	18	238	22	18
河南	501	88	1 131	478	573
四川	20	2	14	6	
陕西	219	32	1 050	100	96
交通线	2 993	429	3 326	654	571
总计	16 710	2 473	33 192	21 752	16 532

资料来源:江西省政府秘书处统计室编印:《江西统计月刊》第 1 卷第 7 期,1938 年 7 月号,第 60 页。

---

① 中国第二历史档案馆藏,12/2/967。

② 江西省政府秘书处统计室编印:《全国各地空袭损失统计表》,《江西统计月刊》第 1 卷第 8 期,1938 年 8 月号,第 44 页。

　　从上表中的数据来看,1937 年 8 月至 1938 年 5 月,日机对中国境内 16 省境和交通线的空袭次数为 2 473 次,投弹数量 33 192 枚,造成的人口死亡数字为 16 532 人,受伤为 21 752 人。这一组数据,较内政部的统计,除空袭次数相对接近外,其他各数要高出很多。在时间范围上,该表与内政部基本是相同的,但在空间覆盖上,两表之间并不具有可比性,这可能便是数据之间差别巨大的主要原因之一。这一时期,日机轰炸波及范围及分布情形,按照上海文化界国际宣传委员会的调查统计,则约略如下表 2 - 2。

表 2 - 2　一年来敌机轰炸不设防城市统计(1937 年 8 月—1938 年 5 月)之二

省名	被轰炸城市及交通线名称	数目
江苏	枫泾　周泾港　青德　宜兴　金坛　南通　徐州　上海 南京　镇江　吴县　无锡　武进　江阴　阳山　刘堤圈 旧县　萧县　丹阳　平望　真如　句容　新安镇　海州 如皋　浦东　江都　常熟　淮阴　运河站　连云　溧水 昆山　南翔　吴江　六合　戚墅堰	38
浙江	杭州　鄞县　衢州　诸暨　丽水　玉环　永嘉　义乌 金华　临浦　瑞安　兰谿　建德　镇海　富阳　萧山 王店　绍兴　嘉善　嘉兴　硖江　长安　临平　桐乡 崇德　闸口　艮山门	28
安徽	合肥　广德　蚌埠　宿县　六安　蒙城　符离集　安庆 南陵　舒城　桐城　寿县　永城　津浦县　阜阳　曹县 大通　武城　和县　含山　枣树庄　贵池　繁昌　东流 至德　铜陵　黄山　正阳关　徽州	29
江西	九江　弋阳　吉安　马当　南城　玉山　赣县　南昌 永丰　新淦　彭泽　星子　湖口　广昌　龙南　乐安	16
福建	漳州　石龙　福州　长乐　厦门　泉州　建瓯　浦城 漳浦　古田　澳门　龙岩　王庄乡	13

续表

省名	被轰炸城市及交通线名称	数目
广东	广州　汕头　新会　北浦　石臼　蕉岭　惠阳　南海 黄埔　清远　海口　顺德　中山　白博赞港　马尾 石岐　梅县　长堤　曲三灶岛　潮安　高要　翁源 虎门　博罗　佛山　樟木头　南雄　洪山　从化　增城 韶关　容可　龙市尾　北海　府城　市桥　太平　乐昌 源潭　西塘翔　饶平　阳曲　宝安	44
河北	北平　天津　保定　大名　赤城　固安　卢沟桥　青县 廊坊　通县　顺德　琉璃河	12
山东	王庄　莒县　沂水　曲阜　蒙阴　台儿庄　兖州　宁阳 枣庄　德州　济宁　济阳　两下店　临城　临沂　鄂城 巢县　滕县　桑梓店　福兴集	20
山西	大康　晋城　芮城　垣曲	4
湖南	长沙　衡阳　醴陵　株洲　新桥　耒阳　奉化	7
湖北	武昌　汉口　濮阳　襄阳　孝感　宜昌	6
甘肃	兰州	1
广西	石龙　桂林　梧州　柳州　南宁	5
河南	郑州　兰封　安阳　洛阳　淮阳　新乡　珠玑里　汴城 商丘　永城　杞县　南阳　漳河头　氾水县　孝义 密县　八海　信阳　许昌　洧川　驻马店　赵口	22
四川	重庆　安县	2
陕西	西安　潼关　偏关　陕县　朝邑　咸阳　华阴　阌乡 清水河	9
交通线	粤汉路　广九路　宝太路　潮山路　广济路　省港路 平汉路　津浦路　陇海路　广花公路　平绥路　同浦路 宁阳路　京沪路　粤桂交通路　沪杭路　苏嘉路 浙赣路	18
总计		274

资料来源:江西省政府秘书处统计室编印:《江西统计月刊》第1卷第7期,1938年7月号,第60—61页。山东省原数表记12,应为20,径改。然表中地名于省区之分布似有不确者,如"山东"栏内之巢县、鄂城,"湖南"栏中之奉化,"湖北"栏内之濮阳等.唯原表如此,或为当时制表者所误,仍之以存其原。

　　从上述国民政府内政部和上海文化机构两种不同机构的统计来看,关于同一时期日军飞机空袭的次数、投弹数和造成的人口伤亡损失,统计结果是不尽一致的。细究其原因,大约是因为国民政府内政部所据资料全系来自各省县市的调查统计的垂直报告与汇总,但在此期间,经过战争初期多次重大会战,华北、华东地区大片国土已经沦丧,许多县市已不在国民政府权辖范围内,或县市政府治所已处在流亡状态,对日机空袭所造成的损害来不及查报,或查报不尽周全;而上海文化机构的统计,则有可能在内政部公开发表的各省市查报汇总数据的基础上,增加当时各种报纸的报道,其覆盖区域较国民政府内政部的统计相对宽广,其所得之损害统计结果亦较前者更为严重。即便如此,上面的两表也很难准确地反映在战争第一年内日军飞机空袭造成的人口伤亡损失的全貌。

　　国民政府内政部的统计数字不会凭空产生,而是来自各省市县的调查统计结果的汇总。全面抗战初期,部分省市按照国民政府训令,对辖境内的抗战损失进行过一定规模的调查。如广东省曾于1937年10月即由省政府调制《广东省各县市抗敌战事损失调查表》,通令各县市依式查报填造;1938年4月又颁定《广东省各县市政府各局对抗敌战事调查报告报法》,同时制订《广东省抗敌战事调查表》甲、乙两种,《轰炸弹破坏情形调查表》和《沿海渔村渔船被敌损害情形调查表》等表式,电令各县市填报呈报省政府。[①] 湖北省也曾逐年对各种战争损失进行调查与估计,且此项工作一直持续到抗战胜利。1939年年中,湖北省政府首先编成《抗战两年来湖北省公私损失统计》一书,并于同年10月16日呈送军事委员会政治部。湖北省政府于同日致军事委员会政治部之公函中称:

　　　　查自抗战迄今已逾两载。本省第一、二、三区及第四区之

---

① 黄菊艳:《抗战时期广东经济损失研究》,第65—66页。

沔阳、潜江等三十四县暨武阳汉三镇先后沦为游击战区。其余后方各县市镇亦多被敌机轰炸，人民之伤亡公私财产之损失，均属惨重。本年二月间，本府曾奉行政院令，饬查报抗战期间公私损失，当经制定表格，转饬各县政府切实查填。时逾数月，迄未据报前来。八月间复奉行政院令，发抗战损失查报须知及式式。本府亦经饬属遵照办理在案。兹为亟供各方参考起见，特饬由本府秘书处设法搜集材料，分数编制抗战两年来湖北省公私损失统计。现已出版，惟上项统计内容关于公有损失，多有可靠材料用资根据，其余各类多系初步估计数字，拟俟各县查报齐全，再行分别补充修正，以征翔实。①

从这份公函中我们可以知道，在 1939 年 2 月间，行政院曾令各省查报抗战期间公私损失，到同年 8 月，又复颁布《抗战损失查报须知》和各表式，令各省市县调查造报。这与我们后文所继续讨论的事实是基本相符的。当此之时，江西省政府也对境内因抗日战事导致的损失逐月填造损失调查表，并及时向军事委员会呈报。江西省政府在呈送 1938 年 6 月《江西省抗敌战事损失调查表》致军事委员会公函中称："查江西省抗敌战事损失调查表，业经填送至本年五月份在案。兹将六月份江西省抗敌战事损失调查表编缮完竣，相应检同该表一份，随函送请察收为荷。"②浙江省从 1938 年 5 月起至 1945 年抗日战争胜利，由该省防空司令部逐年逐月按照浙江省县别详细记录统计了日军飞机空袭该省每一县境的时间、架次、投弹枚数、造成的人员伤害程度等，这种工作在 1939 年 7 月《抗

①《湖北省政府为呈送抗战两年来湖北公私损失统计致军事委员会政治部公函（省秘特施字第 788 号）》（1939 年 10 月 16 日），中国第二历史档案馆藏，抗战损失调查及空袭损失统计（1938—1944）卷，772/614。

② 江西省政府编印：《江西省抗敌战事损失调查表》（1938 年 6 月），中国第二历史档案馆藏，抗战损失调查及空袭损失统计（1938—1944）卷，772/614。

战损失查报须知》颁布后也未中辍,浙江省档案馆藏有三卷浙江省防空司令部有关日机空袭该省各县的统计表,至为珍贵。① 此外,当时沦陷区域的伪政府组织也曾对所辖境内的战争损害进行过局部性的调查。如伪江苏省政府二科曾在 1938 年 12 月编制了《江苏省各县灾况调查统计图》,伪吴县知事公署曾在 1939 年 3 月编制了《事变损害统计表》,分别对江苏省境内和吴县城乡全面抗战初期人口伤亡、财产损失等情况进行了局部统计。

表 2 - 3　江苏省各县灾况调查统计表

县别	死亡人数	难民人数	失业人数
共计	76 941	3 921 335	327 288
嘉定	12 888	242 542	40 696
金山	9 997	155 415	4 820
松江	7 900		
吴县	6 795	388 104	17 401
武进	4 842	200 573	40 466
丹徒	4 524	478 786	53 973
江宁	4 201	180 082	13 242
丹阳	4 036	496 817	29 809
句容	1 983	179 250	2 123
青浦	1 950	199 890	22 000
江浦	1 925	56 975	5 616
常熟	1 400	638 407	56 590

---

① 浙江省档案馆所藏三卷浙江省防空司令部有关日机空袭该省各县的统计表,分别为 L17.61:《浙江省防空司令部为调查一九三八年至一九四〇年度空袭被损害与投弹率情况统计表》、L17.62:《浙江省防空司令部为调查一九四一年至一九四五年度空袭被损害与投弹率情况统计表》、L17.63:《浙江省防空司令部为调查一九三八年至一九四五年度空袭被损害与投弹率情况统计表》。

续表

县别	死亡人数	难民人数	失业人数
昆山	1 223	117 807	6 080
如皋	239	12 011	330
无锡	223	16 410	300
吴江	206	501 802	1 293
南通	9	830	500
金坛		48 724	32 050

　　资料来源：据伪江苏省政府二科 1938 年 12 月制《江苏省各县灾况调查统计图》摘要重制。转据中共江苏省委党史工作办公室编、陈鹤锦、孙宅巍主编：《侵华日军在江苏的暴行》，北京：中共党史出版社 2001 年版，第 388 页。原表中另有财产损失、被毁房屋、被毁农具、耕牛损失、农作物损失等栏，今从略。

　　考察全面抗战爆发后至 1939 年 7 月 1 日内政部《抗战损失查报须知》颁布之前的中国抗战人口损失调查情况，可见其无论是在组织上还是在实际查报工作中，都呈现出几个显著的特点：

　　第一，在这期间还没有形成全国范围内统一的调查统计主管机关或组织机构，也没有制订出全国各地一致遵循的统一的查报规则。调查主体在政府系统中，中央层级多由内政部主持，地方上则由各级政府机关主持。实际上，在全面抗战爆发之初，由于全国上下忙于应付对日战事，各级政府对于抗战损失调查工作给予的关注程度不尽相同，花费的精力也不一样。加以无章可循，各地方在主管机关、调查范围、使用表式、呈报对象、递转渠道等方面，也都不尽一致。民间个人的记录或文化团体机构的调查统计，与官方的政府机关又不属于同一个系统，其调查范围、统计方法、关注重点也多不相同。

　　第二，在这一时期，对战争损失的认识还未趋一致，调查统计的重点相对偏重于日军飞机空袭造成的公私损失和人员伤亡，对日军残暴罪行造成的大范围的、大规模的平民伤亡关注得不够。而且，关于人口损失的调查也只是作为抗战损失调查的一个构成内容,不具备相对的独立性。这一特点在后续的抗战损失调查中也还一直存在着,但随着《抗战损失查报须知》的颁行,有关抗战人口损失的调查,还是逐渐地被中央级的抗损失调查主管机关通过其制订的相关规程,赋予了一定的独立性。到目前为止,有关这一时期各地抗战人口损失调查统计的档案资料,比较少见。

第三,这一时期调查所及的空间范围相对狭小,统计结果与实际情况悬殊。由于这一时期战役规模巨大,战况激烈,国土大面积沦丧,国民政府中央军政机关和各大部会都忙于统筹全国抗战,战区各省县市政府机关往往因逼近战场被迫迁徙办公,对辖境的损失调查既无暇支应,事实上也几乎无从办到。目前我们所能见到的资料,也反映了全面抗战之初各省抗战损失调查覆盖范围的狭小。除前文所列数省之外,其他各省这一期间抗战损失的调查统计资料,很少见到。即使是上文提到的广东、浙江、江西、江苏等省的调查统计,也多属局部性的调查,或偏重于某一方面的损失,或偏重于某一地区的灾害,有的省则呈现我们仅知其进行过调查但尚未能发掘出原始档案资料,因而无从进行深入研究的情况。

大体上来讲,从全面抗战爆发到1939年7月初《抗战损失查报须知》颁行之前,这一时期中国抗战损失及人口损失调查,尚处于初始阶段,社会各界关注程度不尽一致,思想认识也未统一,调查方法与规则尚未定型,统计数据片面不全,形成的资料既不规范,也不系统,只能局部性地反映某些方面或某些地区的战争伤害,远远不能完整反映全面抗战初期的中国抗战人口损失的实际情况。

第二节　《抗战损失查报须知》的颁布及修订

1938年10月28日至11月6日,第一届国民参政会第二次大会在重庆召开。黄炎培等在大会上提出议案称："抗战已及十六个月,公私损失不可以数计。到战争结束时,一、必须向敌方提出赔偿问题;二、未来之国史,必将此空前惨痛之事迹,翔实记载,昭告天下及后世。凡此皆须有正确之数字为根据。爰建议办法如下:一、中央政府从速设立抗战公私损失调查委员会;二、由该会从速进行调查前方后方直接间接公私损失,填具表式,报告政府;三、该会组织及其施行办法,由政府制定之。"①

这个提案由当时的国防最高委员会交由大会讨论通过,并交由国民政府办理。② 延至 1939 年 7 月 1 日,行政院始以"吕字 7434号"训令,颁布《抗战损失查报须知》,通令各部会及省市按规定及时查报抗战损失。其训令称:

查前以抗战迄今,前方后方直接间接公私损失,亟应详细调查,经通令各省市调查二十七年以前损失情形具报,以后每三个月呈报一次在案。兹经改定为以后各地方每遇敌军进攻或遭敌机轰炸一次,即应将人口伤亡及财产直接损失查报一次,其二十八年六月底以前,迭次所受损失,亦应分次追查补报,中央各部会所属机关学校及国营事业之财产损失,应由各部会查报,以期分工合作,并经制定表式二十九种及查报须知,除分令外,合行检发表式及须知令仰遵照办理,并转饬所属一体遵照办理。此令。

计发抗战损失查报须知一份及表式二十九种。③

这一训令是整个战时中国抗战损失调查与汇报的最基本的政

<hr>

① 转据迟景德:《中国对日抗战损失调查史述》,台湾档案部门 1987 年印行,第 6—7 页。
② 台湾档案部门藏,273 - 2503,典藏号:018000037318A。
③《抗战损失查报须知》(1939 年手刻油印本),中国第二历史档案馆藏,12/6/4037。

策凭据,此后多年间,国民政府中央部会或地方省市的抗战损失调查统计业务,不论是初创或是重启,都每每以这一训令为依据。虽然它是为颁布《抗战损失查报须知》而发出,但从中我们还可以知道,在《抗战损失查报须知》颁布之前,行政院即曾通令各省市对1938年以前的损失情形进行调查汇报,并曾规定每隔3个月须向中央汇报一次。另据1939年9月6日浙江省教育厅为抄发《抗战损失查报须知》之"教字第8329号"代电,行政院曾于1939年1月16日以"吕字第460号"训令,要求各省市着手调查"前方后方直接间接公私损失",浙江省政府接到该令后,以该训令所开列之调查范围"过于广泛",曾"电请行政院规定标准,以资遵循。并于各机关呈报到府,指饬应俟行政院核复后,另令饬遵"。① 也可见在《抗战损失查报须知》颁布之前,行政院确曾颁令调查抗战损失,唯以没有颁制统一标准,各省市县觉得无从遵循,此或许即促使行政院制订该《须知》及统一调查表式的重要原因。同时,此次"吕字第7434号"训令所规定的在追查补报1939年6月底以前各项损失的同时,各省市每遇敌军进攻或遭敌机轰炸一次,即应查报一次的规定,已经是查报期限的一次较大变化了。

　　这次颁布的《抗战损失查报须知》,主要内容有以下12个方面的具体规定:(一) 人口伤亡查报方法;(二) 公私财产直接损失分类;(三) 财产直接损失查报办法;(四) 布告人民报告损失;(五) 追查补报;(六) 间接损失之分类;(七) 间接损失查报方法;(八) 盟旗地方之损失查报;(九) 旅日华侨损失之查报;(十) 土地沦陷克复之登记;(十一) 价值之计算及其单位;(十二) 查报各表纸幅。从内容上看,《抗战损失查报须知》所规定的损失调查范围涉及人口

---

① 《浙江省教育厅抄发〈抗战损失查报须知〉代电(教字第8329号)》(1939年9月6日),
　　浙江省档案馆藏,56/6/18。

伤亡,各类公私财产之直接、间接损失。其中与人口损失直接相关者,为该《须知》之第一款"人口伤亡查报办法",规定如下:

> 人口伤亡,除伤亡将士由军政部督同各部队调查外,概由各市县政府每遇敌军攻击或遇敌机轰炸后,由派员督同该管警察及保甲长,依照行政院颁发之《人口伤亡调查表》(表式1),逐户调查,据实填载,报由县市政府于同一事件人口伤亡查齐后,填列《人口伤亡汇报表》(表式2),连同调查表呈院,并另缮汇报表一份呈送该管省政府备查。①

按此规定,则当时负责人口伤亡查报者,军事部门伤亡将士由军政部督同各部队调查,其余平民伤亡则一概由各市县政府派员督同遭遇伤亡地方的警察及保甲长负责办理。查报之法,则是按照院颁之《人口伤亡调查表》逐户填造,并由县市政府就同一事件进行汇总,填列《人口伤亡汇报表》。呈报程序及资料备份则是由县市政府将《人口伤亡汇报表》连同《人口伤亡调查表》直接呈送行政院,同时将《人口伤亡汇报表》另缮一份呈送所属省政府,各类财产损失之呈报程序及资料备份与此相同。从这个规定程序来看,各县市的调查统计汇报表,在当时至少会形成一式两份:一份直接呈送行政院,一份呈送省政府。此时负责全国抗战损失资料收集汇总的机关是行政院。如果各地方当时能够严格按照行政院的训令和《抗战损失查报须知》规定的程序办理的话,则各县市抗战损失查报的档案资料,就应该在行政院档案、各省政府档案中保存下来。另外从常理上讲,调查的直接执行者即县市级政府也会在向省政府和行政院呈报统计资料时,对原始调查资料进行一定程度的汇总、整理与备份。那么,在许多县市级的档案馆中,也就有可

---

① 《抗战损失查报须知》(1939年手刻油印本),中国第二历史档案馆藏,12/6/4037。

能保存有当年形成的有关中国抗战损失的地区性原始档案资料，这些或许至今仍在尘封中静静地等研究者去发掘利用。

关于抗战损失查报时限问题，该《须知》的第（五）款"追查补报"规定：

> 除自二十八年七月一日以后，各地方每遇敌军攻击或遭敌机轰炸，所有伤亡人口及公私财产所受之直接损失，应由各部会及各省市县政府督饬所属，依（一）（三）两条之规定，于事变发生后即行查报外，其自抗战发生之日起，至二十八年六月底止，历次伤亡之人口及公私财产所受之直接损失，则应由各地部会及各省市县政府，督饬所属限于奉到此项须知后一个月内，追查明确，仍依（一）（三）两条之规定，分别填具单表补报。其地方现已沦陷者，应由各部会及各省市政府饬令撤退之机关、学校、事业之原主办人员，及县政府临时办事处，负责办理追查补报事宜（沦陷区域人口伤亡及公私财产损失，亦只就为敌人杀伤之人口及所破坏掠夺之财产查报，并非将敌人占领区内之人口、财产全数列作损失）。①

也就是说，各省市政府不仅须在该《须知》颁布之后在所辖地方每遇敌军攻击或遭敌机轰炸造成人口伤亡及公私财产损失时及时查报外，还须在奉到此项《须知》后的 1 个月之内，将自全面抗战爆发至 1939 年 6 月底的历次人口伤亡及公私财产直接、间接损失追查补报。该项规定的意旨，显然是希望将自全面抗战爆发以来的各种人口伤亡及财产损失查报完备，无使遗缺。

《抗战损失查报须知》所附之 29 种表式分别为：

---

① 《抗战损失查报须知》（1939 年手刻油印本），中国第二历史档案馆藏，12/6/4037。

表式 1《　　市县人口伤亡调查表》

表式 2《　　市县人口伤亡汇报表》

表式 3《　　财产损失报告单》

表式 4《　　财产直接损失汇报表（机关）》

表式 5《　　财产直接损失汇报表（学校）》

表式 6《　　营事业财产直接损失汇报表》（农业部分）

表式 7《　　营事业财产直接损失汇报表》（矿业部分）

表式 8《　　营事业财产直接损失汇报表》（工业部分）

表式 9《　　营事业财产直接损失汇报表》（公用事业部分）

表式 10《　　营事业财产直接损失汇报表》（商业部分）

表式 11《　　营事业财产直接损失汇报表》（金融事业〔不包含银行业〕部分）

表式 12《　　营事业财产直接损失汇报表》（银行部分）

表式 13《　　营事业财产直接损失汇报表》（铁路部分）

表式 14《　　营事业财产直接损失汇报表》（公路部分）

表式 15《　　营事业财产直接损失汇报表》（航业部分）

表式 16《　　营事业财产直接损失汇报表》（民用航空部分）

表式 17《　　营事业财产直接损失汇报表》（电讯部分）

表式 18《　　营事业财产直接损失汇报表》（邮务部分）

表式 19《人民团体财产直接损失汇报表》（文化团体部分）

表式 20《人民团体财产直接损失汇报表》（宗教团体部分）

表式 21《人民团体财产直接损失汇报表》（慈善团体部分）

表式 22《人民团体财产直接损失汇报表》（其他公益团体部分）

表式 23《住户财产直接损失汇报表》

表式 24《税收损失报告表》

表式 25《振济费支报告表》

表式 26《财产间接损失汇报表》

表式 27《‌‌‌‌‌‌‌营事业财产间接损失报告表》

表式 28《‌‌‌‌‌‌‌民营事业财产间接损失报告单》

表式 29《‌‌‌‌‌‌‌省市土地沦陷及克复情形登记表》①

这 29 种表式中,除表式 1、表式 2 与调查人口损失直接相关,表式 29 为调查各省市土地沦陷及克复情形者外,其余 26 种表式均为调查各类公私财产之直接、间接损失而设计。可以看出,虽然《抗战损失查报须知》首列"人口伤亡查报办法",所附表式也以《人口伤亡调查表》和《人口伤亡汇报表》两表居首,但在当时国民政府当局的心目中,其所欲进行的抗战损失调查,主要侧重于对各类公私财产直接、间接损失的调查与统计。这固然有当时平民伤亡情形复杂、战时状态下无暇周全、人的生命价值无法如财产价值容易判明等因素的影响,但毋庸讳言的是,这也体现了当时的抗战损失调查主持者和设计者们,甚至是抗战损失调查工作的督导者和执行者们对人的生命价值的认知和尊重存在着某种程度的欠缺。或者干脆一点来说,国民政府官方对于国民所遭受生命牺牲的关心,远不及其对于财产物资损失的重视程度。

尽管如此,《人口伤亡调查表》和《人口伤亡汇报表》还是成为此后一段时间内各省县市调查统计中国抗战人口损失的重要表式,同时各省县市所填报的调查表、汇报表也是此后国民政府行政

---

① 《抗战损失查报须知》(1939 年手刻油印本),中国第二历史档案馆藏,12/6/4037。另,江西省政府秘书处统计室编印之《江西统计月刊》第 2 卷第 11 期(1939 年 11 月号)第 53—80 页的"统计法规"专栏中,载有《抗战损失查报须知》,与此相同。此外,浙江省档案馆藏 56/6/18 号卷宗中,亦有此文件,为手刻油印本,唯只附有表式 8 种:《‌‌‌‌市县人口伤亡调查表》(表式 1)、《‌‌‌‌市县人口伤亡汇报表》(表式 2)、《财产损失报告单》(表式 3)、《‌‌‌‌财产直接损失汇报表》(表式 4,5)、《人民团体财产直接损失汇报表》(表式 19 文化团体部分)、《住户财产直接损失汇报表》(表式 23)和《财产间接损失报告表》(表式 26)。

院、主计处或抗战损失调查委员会等主管机关借以汇总全国人口损失的重要依据，因此其于中国抗战人口损失之调查关系直接，意义颇大。因此，我们依其型制，将此两个表式照录如下。

表 2 - 4　人口伤亡调查表

————————————市县人口伤亡调查表（表式 1）

事件[1]：

日期[2]：

地点[3]：

填送日期：　　年　　月　　日

姓　名	性别	职　　业[4]	年龄	最高学历[5]	伤或亡[6]	费用（元）	
						医药	葬埋

调查者 ————————————

（职务）　　　（姓名）　　　（盖章）

说明：

1. 即发生损失之事件，如日机轰炸、日军进攻等。

2. 即事件发生之日期，如某年某月某日，或某年某月某日至某年某月某日。

3. 即事件发生之地点，如某市某县某乡某镇某村等。

4. 可分(1)农业，(2)矿业，(3)工业，(4)商业，(5)交通运输业，(6)公务，(7)自曰职业，(8)人事服务，(9)无业。视伤亡者属于何业，即填其代表记号。如为律师属于目由职业，即填(7)，如为学生，即填(8)。

5. "学历"分(1)大学，(2)中学，(3)小学及(4)其他，视伤亡者最高学历属于何种，即填其代表之记号。如为大学或相当于大学之专门学校学生，即填(1)，如为小学即填(3)。

6. "伤或亡"分为三种，即(1)轻伤，(2)重伤，(3)死亡。所谓"重伤"即(子)毁败一目或二目之视能，(丑)毁败一耳或二耳听能，(寅)毁败语能、味能或嗅能，(卯)毁败一肢以上机能，(辰)毁败生殖之机能，及(巳)其他与身体或健康有重大不治或难治之伤害。"轻伤"则为不成为重伤轻微伤害。视伤亡者如为死亡即填(3)，如为卯种重伤即填(2 卯)。

7. 如伤亡者姓名不知，即画一"△"[①]形符号代之，其他各项有不明者仿此。

————————————

① 原表式此符号内尚有一小"▽"号，暂以△代替，谨注。

表 2-5 人口伤亡汇报表

市县人口伤亡汇报表（表式 2）

事件：

日期：

地点：

填送日期：　年　月　日

	重　伤	轻　伤	死　亡
男			
女			
童[1]			
不明			

附人口伤亡调查表　　张
报告者[2]

说明：

1. 十六岁以下者。

2. 应由汇报机关长官署名并加盖机关印信。

资料来源：表 2-4、表 2-5 均据中国第二历史档案馆藏《抗战损失查报须知》所附原表型制复制。

　　上表 2-4、表 2-5 两表"说明"各项，实则为填造该二表的具体办法。《人口伤亡调查表》又是《人口伤亡汇报表》的依据。仅就此二表所涉及的调查内容来看，两表设计还算得上合理，基本上顾及人口损失调查的一些最基本的信息要素，诸如时间、事件、地点、姓名、性别、年龄、职业、轻伤、重伤、死亡等项。如果在战时各地各级政府能够认真地按照这两个表式对抗战人口损失进行及时调查、填报、汇总，所能形成的资料必定是十分系统准确的，对于我们目前研究中国抗战人口损失问题更是极为珍贵的。从这两个表式的设计项目来看，二者之间具有极为密切的关系，简单地说，表式 1《人口伤亡调查表》是表式 2《人口伤亡汇总表》的造报基础。也就是说，在实际调查工作中，表式 1 调查获得的数据，是造报表式 2 必不可缺的资料基础与数据来源,如果没有表式 1 的数据,也就不可能填造出表式 2 的汇总数据。表式 1 反映的是一个个具体的受害人的实际情况,表式 2 反映的则是一个县市在特定时间段内人口损失的总体情况。从我们所能见到的档案材料看,目前除少数省区的市县尚能找到一部分《人口伤亡调查表》外,《人口伤亡汇总表》其实是我们研究中国抗战人口损失总体情况的重要资料,但该表设计所包含的信息却相对较少,且其"童"项不分性别,以"十六岁以下者"为童也未见得合理,其"不明"项下也不分性别、年龄,同样也显得过于笼统,这样的汇总结果,把《人口伤亡调查表》中的大量信息忽略了。在我们不能发掘出作为人口汇总表数据基础的调查表的情况下,汇总表的这种疏略确实是十分可惜的。

行政院训令各部、会、省、市在一个月内把自全面抗战爆发至 1939 年 6 月底以前的全国抗战公私直接间接损失调查完毕汇报到院的想法,显然是把抗战损失调查想象得太简单了。同年 10 月 2 日,国民政府行政院又为查报抗战公私损失事,颁布训令。其令称:"调查抗战公私损失,前经本院制定表式廿九种及查报须知,于本年七月一日,以吕字第七四三四号训令通饬遵照办理,并饬冷二十八年六月底以前损失,于一个月内追查补报在案。现在期限已逾,尚未据查报到院,合行令仰遵照前令,迅将二十八年六月底以前损失,分次追查明确,填表补报。以后每遇有损失,即时查报,并转饬所属一体遵照。"①显而易见的是,到了 10 月初,逾查报期限已两月有余,而各地调查汇报并不理想,所以行政院不得不再次训令催办。此后不久,蒋介石又以行政院院长的身份发出训令,催促财政部等迅即遵前令办理:"查关于调查抗战期间直接间接公私损失

---

① 台湾档案部门藏,273 - 2503,典藏号:018000037318A。

一案,前经本院于本年七月一日,以吕字第七四三四号训令,检发表式二十九种及查报须知,令仰遵办,并转饬所属一体遵办在案。兹已为日甚久,迄未据该部填报到院,殊属不合,合行令仰迅即遵照前令办理。"①

经行政院和蒋介石三令五申地督催,财政部等中央部会和各省地方政府,乃开始着手调查统计,填造表格,并向行政院汇报。这些调查统计资料汇报到院后,即转至国民政府主计处负责全国性的数据整理与汇总。但毕竟事属初创,各方统计方法不一,数据口径互歧,故国民政府主计处乃于1940年1月1日训令称,国民政府令饬主计处对各机关汇报之抗战损失调资料"负审核编之责。本处以为,查报或估计之先决问题,在于如何取得可靠之资料,私方财产损失之实数,固有待于直接登记与调查,而政府机关之财产损失,则当以各机关之财产明细分类账簿为重要根据……"要求各部会详拟财产损失估计之方法等项。②

《抗战损失查报须知》颁行两年后,行政院复于1941年7月19日训令颁行《修正抗战损失查报须知》:

　　查关于抗战损失查报之资料,系由主计处负责审核汇编。当二十八年本院行知所属各机关造具此项抗战损失报表时,曾颁订《抗战损失查报须知》通饬如式呈院,然后由院送主计处,主计处对于所送资料有须指正者,亦即函由本院转令各原报机关,于更正后由本院照转。兹为节省辗转邮递手续起见,仰以后将抗战损失资料,径送主计处。原颁《抗战损失查报须知》之"呈院"等字句,即改为"送国民政府主计处"等字样。合行检

---

① 台湾档案部门藏,273－2503,典藏号:018000037318A。
② 台湾档案部门藏,273－2503,典藏号:018000037318A。

发《修正抗战损失查报须知》一份,令仰遵照并转饬所属遵照。①

此次训令颁行的《修正抗战损失查报须知》较1939年7月1日颁行的《抗战损失查报须知》,所附之29种表式几无一字变化,唯《须知》文本中个别字句如上引行政院训令中所提到的那样,将字句中"呈院"改为"送国民政府主计处"字样,其余有关款目、损失调查者、资料之备送等项皆依原样。② 但这一寥寥数字的变动,标志着抗战损失调查统计资料和数据的呈递转报手续及程序的变动,即由原来的各市县政府向行政院呈报,改为各市县政府向国民政府主计处报送,其间省却了原来的待行政院收到各市县报来的材料后再向国民政府主计处转送的中间环节。在专门的抗战损失调查主管机构未成立之前,这种变动对于减少调查材料递转的中间环节,从而利于材料报送的及时快捷并减少递转途中的遗漏缺失,无疑是有益的。

行政院此次在颁行《修正抗战损失查报须知》的同时,还制订颁行了《填造抗战损失报表应行注意要点》,内容分为:一、一般方面;二、人口伤亡调查表(表式1);三、人口伤亡汇报表(表式2);四、财产损失报告单(表式3);五、各种财产直接损失汇报表(表式4至表式23);七、民营事业财产间接损失报告表(表式28);六、税收报告表(表式24)。对各县市在进行抗战损失调查时填造《须知》所附各表式的方法和应注意事项,进行了认真细致的规定。其于"一般方面"的规定为:

1. 各表式上所列之事件、日期、地点等三项,须确实填写,不可漏填；

2. 各财产直接损失汇报表表式上所规定填写之机关名称、学校名称、国营、某省营、某省某县营、某省某县民营等，均须确实填写，以便整理分析；

3. 各报告表字迹须端正清楚，以便认识而免误解；

4. 数字须排列整齐，同单位之数字须排列于同一直线上，如有小数点时，则宜确实对正小数点，以免误会而利整理；

5. 各表填送日期不可遗漏；

6. 各省县所报表格项目多寡不一（如有仅报告人口伤亡，有仅报告某种财产直接损失），不悉所报项目之外有无损失。兹为便利检查造报材料之全缺计，订由汇报机关来文中略加说明，即全无损失之县份，亦应来文说明其无损失，以便利整理工作之进行；

7. 查报表报告单位中数字与汇报表中之数字，须详为校核，以免错误。①

对于与抗战人口损失调查直接相关的《人口伤亡调查表（表式1）》的填报，《注意要点》规定得也十分详细：

1. 表中各栏均应确实填写，如有某项确系无法查明者，则可填△符号表示其为不详，切不可漏填；

2. 职业栏填写法，表式一说明第四条已有详尽之规定，惟查各地所报表格，尚未能完全依照此种规定办理。有将职业栏完全漏填，有填写不合于规定之字句，例如中年妇女除从事其他职业或有特殊原因无职业者外，多系在家中料理家务，可

① 《填造抗战损失报表应行注意要点》（1941年7月手刻版），浙江省档案馆藏，35/1/60。

以符号(8)表示之,而不应将其完全漏填。又如拉车为交通运输业之一种,应以符号(3)表示,而不必填列文字;

3. 最高学历栏,表式一说明第五条规定学历为四种,其中第四种系不属于大学、中学、小学之学历,例如曾入私塾者均可以符号(4)表示。若确无学历者则可以"无"字表示之,不详者以△符号表示之,不可漏填,亦不必填写其他文字;

4. 伤或亡栏之填列法,表式一说明第六条曾有详细之规定,轻伤者以符号(1)表示,重伤者按重伤情形以(2 子)(2 丑)(2 寅)(2 卯)(2 辰)符号表示,死亡者则以符号(3)表示。此栏各种符号之填写,关系于整理结果极巨,应确实按照规定施行,不可遗漏。

惟查各地所报表格,未按照此种规定者办理尚多,兹将应注意修正各点列举如下:甲、以文字填写者应改用规定之符号填写。乙、仅填一"伤"字而不注明其为轻伤或重伤者,应改填代表符号,并注意轻重伤符号之分别。丙、仅填符号中之一部分,如"子"、"丑"……等而将其前列之"2"字遗漏者,应改填全部代表符号。丁、不按照规定方法填写而用文句描写其受伤情形,整理时极为困难,应改用规定符号填写。戊、以符号"1伤"表示者,仍须依照规定办理,以省手续;

5. 费用一栏,系填写费用之实数,如不详者则以△符号表示,不可漏填。至于"自理"等字样,则非该栏之答案;

6. 人口伤亡调查之主要目的,在确知伤亡人口之总数,故对于姓名、性别、职业、年龄、最高学历各栏均不详悉之伤亡人口,亦须详细填列其数量于调查表之上,以便确知全国伤亡人口总数;

7. 人口伤亡调查表为人口伤亡汇报表之根据，不可遗漏。①

关于填造《人口伤亡汇报表（表式2）》时应行注意事项，该《注意要点》也作了清晰的规定：

1. 人口伤亡汇报表，系根据人口伤亡调查表整理之结果，故汇报表中重伤、轻伤、死亡之男、女、童、不明等栏之人数，应与人口伤亡调查表所填情形完全相符，总和相等；

2. 人口伤亡调查表中如有错误，汇报机关应即查明校正。如人口伤亡调查表伤或亡栏中伤之情形填写不清或仅填一"伤"字，则整理者必无法整理，汇报者亦无法汇报，势必先行查明更正，分别其为（1）或（2）之后，方可整理汇报；

3. 整理汇报表须详细校对，以免错误。目前各地所报表格中，毫无讹误者固属不少，但有差误者亦甚不鲜。如（1）轻伤重伤死亡人数与调查表不符者；（2）调查表未载明轻伤或重伤而汇报表中分划其轻伤若干、重伤若干者；（3）童与成年男子分划有误者。均应注意修正。②

这份《填造抗战损失报表应行注意要点》，显然是国民政府主计处在调制《抗战中人口与财产所受损失统计》时，根据其利用各市县报送之材料时所遇到的报表填造、数据统计、表式等方面的问题，有针对性地制订出来的。从上列各项有关人口损失调查填表的规定来看，此前各县市报送行政院的材料，不仅残缺不全，而且在填造时也未严格遵照院颁《须知》和所附各表式后"说明"的各项

---

① 《填造抗战损失报表应行注意要点》（1941年7月手刻版），浙江省档案馆藏，35/1/60。
② 《填造抗战损失报表应行注意要点》（1941年7月手刻版），浙江省档案馆藏，35/1/60。

规定,致使主计处在汇总数据时遇到很大的麻烦,甚至使很多原始调查表或汇报表不可利用。所以,这份《注意要点》对《修正抗战损失查报须知》所附各种表式的填造办法、应注意的各重点、书写规范等方面,都不厌其烦地作出了细致的规定和说明。这也说明,在当时战局紧张、社会动荡的情况下,从事中国抗战损失和人口损失的调查统计工作,所遇到的困难的确是很多的,国民政府行政院和主计处等中央机关,为着手进行这样一项艰难的工作,也确实付出过很大的努力与耐心。虽然由于当时处于战争状态,所能据以利用的材料受到较大局限,且繁杂不规范,其统计所得结果不尽令人满意,但这些机构所付出的劳动、所进行的艰辛努力还是值得我们肯定的。同时,他们的这些工作也并非全部是无用之功,这些工作为此后进行全面的抗战损失调查做了前期的、基础性的、规范性的准备工作与教育工作。而且,也正是在这种一次次不厌其烦地说明、规定、督责的工作过程中,这些设计者与督导者们,在各省县市政府的抗战损失调查者的身上和心中,传递、播撒了规范、科学的精神,为抗战胜利后进一步深入进行全国性的抗战损失调查建立了规则,培育了人才。

1943 年 11 月 17 日,蒋介石以国民政府主席"机秘甲字第 8188 号"手令训令行政院:"自九一八以来,我国因受日本侵略,关于国家社会公私财产所有之损失,应即分类调查统计,在行政院或国防最高委员会组织机构,切实着手进行,勿延。"①在蒋介石严令督责下,行政院开始切实筹备成立专门的抗战损失调查机构。1944 年 2 月 5 日,行政院公布《抗战损失调查委员会组织规程》,抗战损失

---

① 台湾档案部门藏,064 - 2185:行政院档,抗战损失调查委员会组织规程卷;又见 271 - 2686:抗战损失调查,典藏号:119000003036A。

调查委员会亦于同日成立,委员名单如下:

抗战损失调查委员会委员名单:

翁文灏	张伯苓	陈　行	曾养甫	虞和德	钱永铭	陈立夫
卢作孚	范　锐	沈鸿烈	秦德纯	王芃生	陈树要	贺衡夫
何　键	陈其采	吴铁城	熊式辉	俞鸿钧	陈　仪	傅汝霖
吴国桢	许世英	陈绍宽	马超俊	王晓籁	邹作华	莫德惠
蒋廷黻	王家桢	张厉生	王正廷	陈济棠	刘文岛	刘鸿生
郭泰祺	贝祖诒	贺耀组	刘风竹	赵丕廉	高惜冰	马　衡
谢冠生	康心如	杜月笙①				

《抗战损失调查委员会组织规程》凡九条,第一条明确抗战损失调查委员会成立旨趣称:"为调查自民国二十年九月十八日以后因敌人侵略直接或间接所受损失向敌要求赔偿起见,设立抗战损失调查委员会。"这是在抗日战争期间,国民政府首次明确将抗战损失调查的时间上限规定为自1931年九一八事变开始。这一变化尤其值得注意。第二条调查事项则规定了抗战损失调查委员会所应主持调查的各类公私财产损失、人民生命损失及对调查材料的整理与审查,凡十目,其中与抗战人口损失调查直接相关系者仅一目:"八、人民团体及个人产业之损失。"其余各条则规定抗战损失调查委员会的隶属关系、机构设置、人事职务以及会议事项等。该委员会设秘书处和四个组,秘书处掌管"关于设计、统计、编辑、会议及不属于其他各组事项";第一组职掌"关于教育及文化事业损失调查事项";第二组职掌"关于公私财产损失调查事项";第三组职掌"其他损失调查事项";第四组职掌"关于敌人在沦陷区内经

① 台湾档案部门藏,271－2686:抗战损失调查,典藏号:119000003036A。

营各种事业之调查事项"。①

抗战损失调查委员会成立后,原拟于 2 月 11 日召开第一次会议,计划讨论的事项拟有"议案目录",列有:"一、调查工作进行计划如何拟订案;二、抗战损失查报须知应再否修正案(廿八年七月一日通行,卅年五月十四日修正);三、军队方面及军事机关方面之损失应否一并调查案;四、九一八事变后至七七事变之期间内损失如何调查俾臻完备案;五、敌人在沦陷区域经营各种事业如何调查翔实案;六、本会会议规则及办事细则如何拟订案;七、临时议案。"但在 2 月 9 日,临时通知"奉谕改期"。② 2 月 12 日,在前列 40 余人的委员名单中,翁文灏、俞鸿钧、吴国桢、贺衡夫、王晓籁、康心如、杜月笙等 7 人,由蒋介石亲令派任为抗战损失调查委员会常务委员。2 月 25 日,蒋又增派周锺岳为委员。同日下午 2 时,抗战损失调查委员会在行政院会议所召开,由孔祥熙主持,除沈鸿烈由钱天鹤代、王晓籁由谢冠生代、陈立夫由顾毓琇代外,其余委员都出席了会议。经过讨论,会议对会前拟订的"议案目录"中所及事项分别作出了决议:一、关于如何拟订调查工作进行计划,决议"交常务委员会研究拟订,各委员如有意见,亦于最近期间内送会,用备采择";二、关于《抗战损失查报须知》应否再予修正案,决议"原则上认为有修正必要,请各委员于会后加以审查,并将应行修正意见于一星期内送会,以便汇集修订";三、关于军队方面、军事机关方面之损失应否一并调查案,会议决定"军事机关财产之损失,应包括于本会调查范围之内,关于其他军务方面之损失应行赔偿及抚

① 台湾档案部门藏,271-2686;抗战损失调查,典藏号:119000003036A。
② 台湾档案部门藏,064-2377;行政院档,抗战损失调查委员会卷,典藏号:01400009811A。

恤者,由军事主管机关(军事委员会)负责调查";四、关于九一八事变后至七七事变之期间损失如何调查俾臻完备一案,会议决定"交常务委员会研究办理";五、关于敌人在沦陷区域经营各种事业如何调查翔实案,决议"交常务委员会拟具办法,并望各委员尽量发抒意见,送会备采";六、关于"本会会议规则及办事细则如何拟订案",决议"交常务委员会"。

在讨论临时议案时,王正廷发言称:"抗战损失调查委员会外,还有一个敌人罪行调查委员会,这两个会在调查上有相同的地方,就法律上讲,一个是民事,一个是刑事,互有连系。本席觉得两个会的秘书处应取得联系,以便利工作的推行。"还有人说:"本委员会调查损失,除了要求敌人赔偿之外,还有一种意义,即是表示我们抗战重大的牺牲和损失,现在华盛顿方面已有救济总署的设立,将来战胜国都要向敌要求赔偿,我们为表示重大的牺牲与损失,所付的代价甚巨,这也是向外宣传的资料,后方所得的资料一定很少,在沦陷区域政府应用方法让一般人民知道此种工作,多收集些材料,将来人民也可以得到一点赔偿,这个本应该注意的。"由于会议记录的缺失,我们暂时无法知道这是哪一位委员的发言,但很显然,他的意见超越了单纯的对敌索赔、对受害者赔偿的调查目的,注意到宣示国家抗战的重大牺牲与代价,以及对外宣传中国抗战意义的问题。

孔祥熙最后说:"抗战损失,中央无非是总其大成,各省政府、各党部应该负责。我们今天要联合党政军去做。今年预算通过后,不许增加新机关与追加预算,因为一个机构成立,若薪俸计算有十万,其他米代四十万也不够。本会调查损失要派人出去,现在交通困难,旅费太多,还是请地方政府查报为宜……至于人民填报损失要确实,将来是否如愿赔偿,尚难断定。假若人民这个报告损失三万,那个写五万,将来若是空头支票,人民又怨恨政府,与敌人算账,一旦政府不能拿到,恐怕政府还要拿一部与人民。将来如有赔偿,当先交人民。所以在调查的时候,不必过于宣传,这点也是应该注意才是。"①与蒋介石的一再督促不同,孔祥熙作为此时的行政院院长,是抗战损失调查委员会的直接主管首长,对抗战损失调查显然持一种消极的态度,这对中国抗战损失调查工作的推行,究竟产生了怎样的影响,其实是值得认真研究的。

3月3日,抗战损失调查委员会常务委员会召开第一次会议。其后又多次召开常务委员会议,讨论抗战损失调查委员会业务问题及与中国抗战损失查报相关事件。5月9日,蒋介石又增派冯玉祥为委员。②

抗战损失调查委员会既经成立,便成为直接隶属于国民政府行政院的负责抗战损失调查的专门机构,举凡与抗战损失调查相关系的业务皆归其职权范围,此前负责整理、汇总各省县市呈报的损失调查资料的国民政府主计处便在该会成立后不久,即将其所经办的损失调查统计资料及相关案卷移交。计移交案卷 458 宗,未归卷者 83 件。③

不论是在战时还是在和平时期,任何一项事业的开展都离不开人力与物力。当 1939 年 7 月初行政院训令进行抗战损失调查时,只是要求各省市县政府负责督导与调查工作,调查表汇总到行政院或主计处。但是,在 1944 年抗战损失调查委员会成立之前,在中央层级,数年之间并未成立专门的主管机关,甚至没有专门的

---

① 台湾档案部门藏,064 - 2377:行政院档,抗战损失调查委员会卷,典藏号: 01400009811A。

② 台湾档案部门藏,271 - 2686:抗战损失调查,典藏号:119000003036A。

③ 转据迟景德:《中国对日抗战损失调整史述》,第 11 页。

办事机构、办事人员、办公地点和办公经费,这可能也是虽经蒋介石、行政院三令五申,但调查工作始终无法切实推行的一个重要原因。因为在战时日军各种伤害行为普遍发生,造成的财产损失与人口伤亡也无处不有,如果地方各级政府认真按行政院的训令执行调查工作的话,所形成的各式调查表、登记表、汇报表、汇总表和证明材料,卷帙之庞大繁杂,不可以数量计。其直接呈报或层转汇报,道途遥远,邮传每隔,任一环节出现问题,都可能使某一县市省的调查统计资料无法传递到主计处。而且,从我们目前通过档案材料所熟知的情况看,即便是在战争状态下,国民政府系统公文层转行咨过程中的"文牍主义"仍然极端严重,一份损失调查报表在从县政府经省政府到主计处的层转过程中,又会产生无数纸质公函文书,这些文书几乎将来自数据源头的损失调查表深深掩埋而难以被发现。国民政府主计处虽然负有数据审核与表格调制之责,但若想让其在浩若烟海的纸堆中一一挑出有用的原始调查表,再按地区、部门、类型归类分析,审核汇总,制表公布,其工作量之巨大,可以想见。这又可能是战时主计处历次所调制的全国损失总表数据严重不全的重要原因。

抗战损失调查委员会成立后,常务委员、委员们多系中央各部会首长、各省市长官、金融工商界领袖等,其职责在于策定重大方针,督导调查工作进行。但有关抗战损失调查的具体的事务性工作,这些大员们断无一人会直接动手去做。因此,"抗战损失调查委员会四月十三日签呈称,查本会业于二月二十五日成立,并已开始办公,计编置预算,职员为三十七人,工役十二人。因经费及生活补助费暨平价米、代金年度预算尚未编竣,而各员工及家属食米,所需甚急亟,除调用人员不领米金外,拟自四月份起,预借食米八石(斗),代金十二石,由院令饬粮食部转知陪都民食供应处,照数先行垫发,以济需要。嗣后再行结算"。为此,蒋介石以行政院院长训令粮食部"照办"。① 其后,行政院又训令粮食部转饬陪都民食供应处,自 5 月起按月按量支发抗战损失调查委员会平价米面。②

1944 年 8 月 11 日,抗战损失调查委员会第二次委员会通过了《抗战损失调查办法》,并修正通过了《抗战损失查报须知》。

《抗战损失调查办法》共八条,其一般规定中与中国抗战人口损失相关系者为第一条:"自九一八事变日起,凡在中华民国领土内,后方、战区或沦陷区,所有中国之公私机关、团体或人民,因抗战被敌强占、夺取、征发、破坏、轰炸或杀戮、奸掳等暴行遭受之损失,或中国在敌国领土及其占领区内遭受之损失,应由中央及地方有关机关依左列各款调查具报行政院抗战损失调查委员会,并得委托其他机关或延聘中外人士担任查报与通讯。"该条下列十六项各类公私损失,皆在调查范围之内,列于首项者即"人民伤亡之损失"。第二、三条规定,对于各项应予调查的损失,"应由各主管机关督饬所属,切实调查登记",并"由主管机关依照《抗战损失查报须知》附表分类填报","层转行政院抗战损失调查委员会审核汇编,于每年一月、七月为呈报之期","前项所称主管机关在中央为各部、会、署、处,在省(市)为省(市)政府"。第四条规定:"本办法施行前,如各机关查有属于第一条各款损失之资料,应由该管主管机关总汇送行政院抗战损失调查委员会核编。其未经查报或查报不完全者,应于奉到本办法后五个月内调查具报。以后遇有损失并须于事件发生后两个月内调查具报。如有特殊情形,得呈请该

---

① 台湾档案部门藏,272-445:抗战损失调查委员会食米,典藏号:119000004521A。
② 台湾档案部门藏,272-445:抗战损失调查委员会食米,典藏号:119000004521A。

管主管机关核准延期,并转报行政院抗战损失调查委员会备查。"
第五条:"各机关为办理查报损失之便利,得斟酌当地实际情形,依
本办法制定必要之章则。前项章则应呈由该管主管机关核转行政
院备案。"第六条:"属于军事范围之抗战损失调查办法另定之。"①

《抗战损失调查办法》再一次强调了抗战损失调查的时间范围
上限始于 1931 年 9 月 18 日,在空间上也明确了凡是在中华民国领
土内的任何区域遭受日军军事进攻和各种暴行所造成的损失皆属
调查之范围。同时,该办法还第一次明确规定了抗战损失调查的
各级主管机关,并且把追查补报的时间由原来《抗战损失查报须
知》规定的 1 个月为限改为奉到办法后 5 个月内查清,其后遇到损
失由原来的随时查报改为 2 个月内调查具报,调查资料呈报手续
及递转程序,也由原来的由各市县政府依式填造各表随时直接送
国民政府主计处,改为由各级主管机关依据《修正抗战损失查报须
知》表式分类填报,分级层转汇报,每年一月、七月为向抗战损失调
查委员会呈报之期。所有这些,与抗战损失调查委员会这一专门
机关成立之前相比发生了重大的变化,当然,所有这些也都是因应
抗战损失调查委员会的成立而发生的变化。

从《修正抗战损失查报须知》的规定来看,上述各种变化的脉
络更为清晰:

一、抗战损失查报之范围。"包括自九一八事变起,凡在中华
民国领土内,后方、战区或沦陷区,所有中国之公私机关、团体或人
民,因抗战被敌强占、夺取、征发、破坏、轰炸或杀戮、奸掳等暴行遭
受之损失,或中国与友邦在华之公私团体机关或人民,在敌国领土

---

① 《抗战损失调查委员会组织规程·抗战损失调查办法及查报须知》,行政院抗战损失
　调查委员会 1944 年 8 月编印,第 3—6 页。

及其占领区内遭受之损失。其时期之分划如左：（一）前期：自民国二十年九月十八日起，至二十六年七月六日止；（二）后期：自民国二十六年七月七日，至战争结束止。"这一条为此前两次颁行《抗战损失查报须知》所未列，它不仅如上文所征引《抗战损失调查办法》一样，明确规定了抗战损失调查的时间范围、空间范围，而且还首次把进行调查的时期以1937年全面抗战爆发为界划为前、后两期。

二、人口伤亡查报方法。"人口伤亡，除伤亡将士由军政部督同各部队调查外，概由各市县政府每遇敌军攻击或遇敌机轰炸后，由派员督同该管警察及乡镇长，依照《人口伤亡调查表》（表式1）逐户调查，据实填载三份，报由县市政府抽存一份，以二份转呈省政府，抽存一份，一份转送行政院抗战损失调查委员会。"此条之规定，也与此前的《抗战损失查报须知》相比有所变化：其一，取消了原来的《人口伤亡汇报表》，基层调查人员及县政府只需填造《人口损失调查表》；其二，材料呈报递转手续再次发生变化，从原来由县政府直接向行政院或主计处呈报改为分级层转，即由县市政府呈上级主管机关省政府，再由省政府转送行政院抗战损失调查委员会；其三，调查材料备份要求发生变化，原来只要求各县政府填造《人口伤亡调查表》并《人口伤亡汇报表》直送中央，同时将《人口伤亡汇报表》另缮一份送省政府备查。现改为将《人口伤亡调查表》填造一式三份，县市政府抽存一份，省政府抽存一份，送抗战损失调查委员会一份。其余关于公私财产直接间接损失之调查的呈报手续、资料备份，也与此条相同。

三、公私财产直接损失之分类。"公私财产直接损失，除关于军事方面者，统由军政部督饬所属机关部队查报外"，余者共分十六类，首列"人民伤亡之损失"。

四、财产直接损失查办方法。其第五条为新增内容,规定:"凡在机关学校或公营事业内服务员工及经营农工商业加入职业团体者,如家属有伤亡、私人财产有损失,均可填具表单(表式 1 及 2),由服务之机关学校或团体等转报。其余人民仍应自行向县市政府或乡镇公所呈报。原籍沦陷者可向寄籍地市县政府或乡镇公所具报,惟均须注意不得重报。服务机关学校团体之主管人及县市政府、乡镇公所等,应负审查之责。"第六条也是新增加的内容:"呈报人口伤亡及财产损失表件时,应尽量附呈证件,由县市政府乡镇公所等查验盖章发还,并在表上加以注明,重要证件,便于附送者,应送行政院抗战损失调查委员会。"

此外,修正后的《须知》尚列有布告人民报告损失、间接损失之分类、间接损失查报方法、盟旗地方之损失查报、华侨损失之查报、沦陷区损失之查报、价值之计算及其单位、查报各表纸幅等项,取消了原《须知》中的第五条"追查补报"。

《修正抗战损失查报须知》所附之表式仅有 22 种,较此前的 29 种表式减少了 7 种。具体而言,取消了原先的表式 2《　　　市县人口伤亡汇报表》、表式 19《人民团体财产直接损失汇报表》(文化团体部分)、表式 20《人民团体财产直接损失汇报表》(宗教团体部分)、表式 21《人民团体财产直接损失汇报表》(慈善团体部分)、表式 22《人民团体财产直接损失汇报表》(其他公益团体部分)、表式 23《住户财产直接损失汇报表》、表式 24《税收损失报告表》、表式 25《振济费支报告表》、表式 29《　　　省市土地沦陷及克复情形登记表》等 9 种表式,表式编号依序上推。另新设计增加了表式 21《沦陷地区损失情形报告表》和表式 22《克复地区内损失实情清查报告表》2 种表式。对应于《修正抗战损失查报须知》新增之第六条呈报人口伤亡等损失时,"应尽量附呈证件","并在表上加以注明"的规定,新的表式 1《＿＿＿市县人口伤亡调查表》在原表基础上,最后增加"证件"一竖栏。①

抗战损失调查委员会成立后公布的《抗战损失调查办法》和《修正抗战损失查报须知》所体现出来的较此前抗战损失调查规则、程序等方面的变化,具有很大的实际意义。其一,明确了抗战损失调查的各级主管机构,从而使各级政府职有专属,任务明确。其二,由过去越级直接向中央机关汇报变化为逐级汇总层转呈报,最终汇总于抗战损失调查委员会,这也更进一步明确了各级主管机关的实际业务与职责,同时,这种层转汇报方式,使调查资料的递转有专门程序与途径,且在逐级呈报过程中,上一级主管机关负有审核之责,调查材料及统计结果中出现的问题就有可能在基层得到相对直接而及时的修正,进而也在一定程度上免去了中央级主管机关和抗战损失调查委员会在汇总全国性资料时,遇到问题无从修正,数据资料无法利用,发回审核浪费时日,降低材料可信度和可用性等方面的弊端。其三,追查补报时间的延长,以及改变过去的随时调查直报为每年 2 次的定期呈报,也使得调查资料在地方各级主管机关能够相对从容地汇总,免去了以往匆忙应付和支离零乱的情形,显现了中国抗战损失调查工作逐渐走向成熟与务实。

总而言之,从《抗战损失调查办法》和《修正抗战损失查报须知》所作的各种规定与调整来看,上述诸方面的变化,对于当时中国抗战损失调查工作的进行,在可操作性上无疑有所增强。唯其取消了原先的表式 2《人口伤亡汇报表》,则未见是明智之举。因为

---

① 《抗战损失调查委员会组织规程·抗战损失调查办法及查报须知》,行政院抗战损失调查委员会 1944 年 8 月编印,第 7—44 页。

进行抗战人口损失调查,在《人口伤亡调查表》规整收齐后,必然要进行资料的分类整理和数据的统计、汇总与分析,那么原先的《人口伤亡汇报表》中所列诸栏目,则为进行这项工作不可缺少的必要内容。从我们掌握的档案材料看,该《汇报表》虽被取消,但抗战后期各县市人口损失调查时却并未弃用此表式;抗日战争胜利后各县市奉令深入统一进行抗战人口损失调查时,在进行资料整理和数据统计汇总时,也依旧普遍地利用该表式,即使是各省在对所辖各县的人口损失调查资料进行整理汇总或抗战损失调查委员会对全国范围内的人口损失数据进行汇总统计时,依然是循着该《人口伤亡汇报表》表式的设计思路进行的。

第三节　《抗战损失查报须知》颁行后的人口损失调查

1939 年 7 月 1 日,《抗战损失查报须知》暨所附表式经行政院颁令通行后,从制度法规、调查办法、材料呈报手续、资料整理、数据统计方面,为中央各部会所属机关、各县市进行抗战人口损失和财产损失调查确定了一般性准则和工作依据。部分机关、省、县、市也确实开始依循该《须知》的各项规定,着手进行抗战各类损失的调查统计工作,包括抗战人口伤亡损失的调查工作,并不时将调查所得之材料呈报行政院。但从总的调查情况看,直到抗日战争结束之际,多数省县市皆不能如行政院在《抗战损失查报须知》中所要求的那样,在奉到该《须知》后 1 个月内,把自抗战爆发至 1939年 6 月间由侵华日军之军事进攻、飞机轰炸、暴行等所造成的各类公私直接间接损失调查清楚,造表呈报。至于《须知》中所要求的,每遇损失发生,县市政府须及时督同相关人员等调查造表具报的规定,在此后数年间也未得严格执行。各省部分县市虽然陆续有依式造送《人口伤亡调查表》和《人口伤亡汇报表》至行政院或国民政府主计处者,但调查范围狭小、资料零星不全,不堪利用。

这种情形,国民政府主计处在 1940 年初次试编《全国抗战中人口与财产所受损失统计》时便有明确觉察,故其在同年 9 月 19 日致行政院"渝字第 1527 号"公函中称:"兹据试编结果,遵照贵院所定查报办法,应报未报之机关甚多,沦陷区之地方机关查报者亦仅有数处,现时所收到者大都系后方各地受空袭之损失,即此项数字亦不齐全,重要城市之空袭损失,竟然无一字报告,是项查报办法似尚未能普遍遵行。诚恐延宕愈久,补报愈难,而益失其统计之价值。拟请贵院迅速通饬所属各机关暨各省市,将二十八年六月以前所有损失情形,尽本年底以前补报到院,二十八年七月以后之损失情形,亦应按照规定从速填报。"①

在这一公函中,主计处特别强调了数据不全的情况:首先,各地各机关应报未报情况极其严重;其次,呈报前来的数据多系后方遭敌机空袭数据,且不齐全,重要城市所受空袭损失,竟无一字之报;沦陷地区的查报,更只有数处。主计处判断认为,出现这种情况,可能是由于抗战损失查报的相关规定与办法,还没有完全在全国各有关机关和地方施行。主计处更警告称,此项调查汇报,时效性极强,越往后延宕,补报即越难,数据也越难精确,因而也会失去数据统计的价值。因而要求行政院督催各地,限于 1940 年年底之前将 1939 年 6 月底以前的损失情形汇报到处。显而易见,到 1940 年 9 月,距行政院颁布《抗战损失查报须知》已逾 1 年有余,各机关

①《国民政府主计处致行政院公函(渝字第 1527 号)》,中国第二历史档案馆藏,12/6/4037。该函亦见于台湾档案部门藏,国民政府档案,抗战损失调查,(一),典藏号:001-072510-0001。

并未如行政院训令当初要求的那样,在 1 个月内调查造表汇报。即便过了 1 年多,造送报表者仍然为数寥寥。对此,蒋介石曾于 1940 年 12 月 10 日以行政院院长的身份,以"阳统字 25057 号"训令要求各市县,"统限将二十八年六月以前之所有损失情形,尽本年底以前呈院,二十八年七月以后之损失情形,应遵照规定从速填报"。[①] 1941 年 1 月,主计处复据截至 1940 年 12 月底收到的各地呈报材料,再次调制《全国抗战中人口与财产所受损失统计》时,情况似并未得到改善。据其 1941 年 3 月 21 日致国民政府文官处的公函称:"惟此项材料,系属累积性质。本年一月本处复将二十九年七月至十二月底所收到是项查报表,加以整理,并将两次整理结果合并,另加入交通部估计国营交通事业之损失材料,编成抗战中人口与财产所受损失统计⋯⋯此次整理汇编结果,二十九年下半年收到之查报表,较前充实,但缺漏仍多,尤以沦陷区域之地方机关为甚。是项查报办法似尚未能普遍遵行。拟请贵处转知国府直辖各机关暨行政院以外各院及所属,将二十九年十二月以前所受损失尚未填报者,从速补报。至三十年一月以后之损失,亦应按照规定赓续填报,不得延搁。"[②]

在各省市县呈报的各类公私财产损失调查报表中,于财产账目的整理、器物折旧的计算、损失价值的估计、间接损失中岁入减少额的估计等方面,以无统一标准和办法,各处呈报时办法歧异,币值混乱,也让主计处汇总数据、调制总表时无所措手。于是,主计处复于 1941 年 3 月致函行政院称:"查政府机关抗战损失之查

---

① 《行政院训令(阳统字 25057 号)》,中国第二历史档案馆藏,12/6/4037。
② 《国民政府主计处致文官处公函(渝统字第 371 号)》(1941 年 3 月 21 日),台湾档案部门藏,国民政府档案,抗战损失调查,(一),典藏号:001 - 072510 - 0001。

报,过去以关于损失财产账目之整理、折旧之计算、损失价值之估计、岁入减少额之估计等方法,未有划一之标准,致各机关查报时,办法纷歧,实有从速制定划一办法之必要,俾查报机关有所遵守而使抗战损失之统计,益臻准确。本处爰于本年二月第一次全国主计会议提出划一抗战损失财产账目之整理、折旧之计算、损失价值之估计、岁入减少额之估计方法一案,并拟具办法四条,经决议通过,兹将该项办法四条抄送贵院察正后,拟请令饬所属各机关暨各省市政府遵照办理。"①

行政院接函后,即以"勇会字 5547 号"训令颁行了《划一抗战损失财产账目之整理、折旧之计算、损失价值之估计、岁入减少额之估计办法》四条,要求各地查报时遵照办理。②

1941 年 7 月,行政院在颁行《修正抗战损失查报须知》时,仍然要求各市县于 1 个月内追查补报自全面抗战开始至 1939 年 6 月底因敌各类暴行造成的前方后方、公私、直接间接财产损失及人民生命损失,1939 年 7 月 1 日之后发生的损失须随时查报。国民政府主计处为规范各种损失报表填造,还特意制订了《填造抗战损失报表应行注意要点》,一并颁发,已于前文所详述。主计处在据各县市呈报资料汇编全国抗战财产及人口损失统计表时,也对所收到的各地调查材料加以审核,并曾于 1942 年 4 月 15 日致函行政院,要求其训令颁发《主计处审查意见表》,供各地调查填造时参考:"查关于调查抗战公私损失一案,前经本处将贵院暨国民政府文官处陆续转到之各机关查报,详加审查,先后汇编统计三次,函

---

①《国民政府主计处致行政院公函(渝统字第 395 号)》,中国第二历史档案馆藏,12/6/4037。

②《行政院训令(勇会字 5547 号)》,中国第二历史档案馆藏,12/6/4037。

送查照在案。兹后将民国三十年七月至十二月底收到之资料,加以审查整理并将四次整理之结果,合并编成《全国抗战中人口与财产所受损失统计》一册,连同《审查意见表》一份,随函附奉,至祈察正,并请将审查意见,分别令饬各机关知照。"5 月 4 日,行政院以"顺统字 8267 号"训令各省市县及各部会机关,抄发《审查意见表》,令各机关"知照"。①

主计处编制的《审查意见表》型制如下表 2‐6 所示。

表 2‐6　主计处审查意见表

第　　页

收文日期	造报损失机关名称	损失者之类别	造报情形				审查意见				备注
			汇报表及报告表		调查表及报告单		报表项目方面	报表格式方面	报表数字方面	其他方面	
			项目	份数	项目	张数					
七月廿二日	内政部警察总队	机关损失	损失统计表	4	财产损失报告单	44	汇报表缺	尚妥	各计数字无误	—	系改正报表(汇报表已代填造)

资料来源:《行政院训令(顺统字 8267 号)》,中国第二历史档案馆藏,12/6/4037。

鉴于各省市县之抗战损失查报不能及时全面,行政院先后于 1942 年 5 月 4 日和 1943 年 7 月 14 日两次训令各机关迅速办理、切实查报。其 1942 年 5 月 4 日"顺统字 8268 号"训令称:"查抗战损失之查报,极为重要,由经本院制定《抗战损失查报须知》及应用表式,令饬自廿六年发动抗战时起,切实查填,径报国民政府主计

---

①《行政院训令(顺统字 8267 号)》,中国第二历史档案馆藏,12/6/4037。

处在案。近悉各级机关遵照查报者固多,其未报或造报不全者,亦复不少,合再令饬经意检查,凡以前未报部分,概应赶速补报,将来如有损失,更应随时查报,不得缺漏,仍径报国民政府主计处,仰即切实遵照并饬属遵照为要。此令。"①次年 7 月 14 日复以"仁捌字16057 号"训令,重申该项要求:"查本院前以各机关对于抗战损失查报不全,经上年五月四日以顺统 8268 号训令,凡以前未报部分,概应补报,将来如有损失并应随时查报,不得缺漏,仍径报国民政府主计处在案。兹查各机关仍有未遵办者,合再饬令注意切实遵照前令办理,并转饬所属一体遵办。"②至 1944 年 1 月 31 日,行政院又下达"义统字第 2020 号"训令各省及各机关称:"查抗战期间公私损失之查报,至关重要,迭经本院令饬依照前颁表单随时填报在案。兹准国民政府主计处函送各级机关造送抗战损失报告情况,请转饬各未报机关,从速补报;已报机关,仍赓续造报等由。合将该省政府及所属机关过去造报情况列表,随令附发,除以后损失仍应随时查报外,凡以前未报部分,均应从速补报,径送国民政府主计处汇编。合行令仰切实遵办,并转饬所属切实遵办为要。"③训令再次督促要求各省各级机关切实补报、随时查报各项损失,同时要求报告各地查报情况,填表呈报。

各省及各部会自 1939 年 7 月 1 日奉到行政院训令后,也曾多次转饬所属切实办理抗战损失查报事宜。如浙江省政府即于 1939

---

① 《行政院训令(顺统字 8268 号)》,中国第二历史档案馆藏,12/6/4037。
② 《行政院训令(仁捌字 16057 号)》,中国第二历史档案馆藏,12/6/4037。
③ 《浙江省政府代电(循字 1992 号)转引》(1944 年 4 月 24 日),浙江省档案馆藏,35/1/60。

年 8 月 12 日以"秘一保永"代电向各厅及市县转发《抗战损失查报须知》，要求各级机关"一体遵照办理"。① 内政部曾于 1942 年 5 月 4 日奉到行政院同日训令后，即时发布训令，要求所属各机关，将"尚未呈报之抗战时期财产直接间接损失，依照行政院令颁之查报抗战公私损失表式，迅即造报，以凭分别汇转"。② 振济委员会也先后于 1940 年 1 月 6 日以"第 00277 号"训令、7 月 17 日以"第 12502 号"训令，要求各省振济会切实办理所属抗战损失调查造报事宜。复因"迄今未据查报者尚属不少，以致无法汇编"，乃于奉到行政院之"仁别字第 16057 号"训令后，于 1943 年 9 月 8 日以"渝统字第 029505 号"训令，要求各省振济会"切实遵照办理，限于文到十日内从速补报，并饬属一体遵办为要"。③

在《抗战损失查报须知》颁行后，一些省份如广西、广东、浙江等的部分县市也确实依照《抗战损失查报须知》所规定的办法和表式，对境内损失进行了查报。现仅就人口损失调查情况，简单予以考察。

1939 年 11 月，日军在钦州登陆，广西省桂南一带十九县沦陷。至 1940 年 11 月，日军在中国军队的进攻下撤退，桂南十九县遭日军盘踞一年之久。沦陷期间，十九县遭敌洗劫，人民被敌杀害与财产损失为数巨大。敌退后，广西省当局随即进行灾情调查，调查结果由省政府编成《桂南沦陷十九县灾情统计》。其"人

---

① 《浙江省教育厅抄发〈抗战损失查报须知〉代电（教字第 8329 号）转引》(1939 年 9 月 6 日)，浙江省档案馆藏，56/6/18。
② 《内政部训令（□□字 0445 号）》，中国第二历史档案馆藏，12/6/4037。
③ 《振济委员会训令（渝统字第 029505 号）》，浙江省档案馆藏，35/1/60。

口伤亡"部分,编制出 3 种统计表:甲、《人口伤亡统计总表》,乙、《焚杀伤亡统计》,丙、《空袭伤亡统计》。其中《人口伤亡统计总表》如表 2-7 所示。

表 2-7　桂南沦陷十九县人口伤亡统计总表(1939 年 11 月至 1940 年 11 月)

项别	死亡人数			受伤人数			失踪人数
	计	焚杀死亡	空袭死亡	计	轻伤	重伤	
总计	11 147	9 922	1 225	2 161	1 287	874	3 986
男	5 500	4 897	603	1 181	689	492	556
女	3 347	2 896	451	721	430	291	156
幼童	1 405	1 262	143	206	142	64	73
未明	897	867	28	53	26	27	3 201

注:
一、十岁以下之小孩为幼童,不分男女。
二、重伤:一、损失视、听、味、嗅觉;二、损失一肢以上之肢能及生殖技能;三、其他重大不治或难治之伤害。
三、轻伤:系不成为重伤之轻微伤害。
资料来源:《广西省抗战损失调查统计》,《桂南十九县沦陷损失·(1)人口伤亡》,广西省政府统计室 1946 年 12 月编印,转引自秦孝仪主编:《中华民国重要史料初编——对日抗战时期》第 2 编,"作战经过"(4),第 335 页。

桂南十九县损失调查中涉及人口伤亡的统计,其乙表和丙表分别为《焚杀伤亡统计》和《空袭伤亡统计》,按总计、男、女、幼童、未明等项目,分列死亡、受伤、失踪等不同情形损失人数。此二表的主要数据,均含在上列总表之中,唯总表中受伤人数与失踪两项的统计数字,未作焚杀伤亡和空袭伤亡的区别。表中显示,在 1939年 11 月至 1940 年 11 月桂南十九县沦陷期间,日军造成当地民众死亡计 11 147 人,其中男 5 500 人,女 3 347 人,幼童 1 405 人,未明者 897 人;造成轻重伤害者计 2 161 人,其中轻伤 1 287 人,重伤

874 人,伤者之中,男 1 181 人,女 721 人,童 206 人,未明者 53 人。伤亡合计 13 308 人,另有失踪者 3 986 人。关于此次调查实施的更详细的情形,在其"(2)财产损失"下的"甲、财产损失统计总表"中说明道:"民国二十八年十一月十五日,敌寇发动兵力,企图切断我国际交通线,在钦州登陆后,继续北犯,十八日窜入本省邕宁县境。二十五日攻陷县城,并分兵窜扰武鸣、上林、宾阳、永淳、横县、扶南、绥渌、上思、思乐、明江、上金、宁明、凭祥、龙津、崇善、左县、同正、迁江等十九县,二十九年冬,敌不堪我军压迫,开始撤退,迨十一月十四日全部光复。各县收复后,由省振济会办理调查沦陷期间一切损失,整理结果,曾刊载于《广西统计月刊》第一卷第五期,以供当局及各省人士参考,俾明了桂南沦陷损失情形。"[1]这个说明告诉我们,当敌寇退兵后,桂南当地即进行过抗战损失调查统计,主持调查与统计工作的主体是省振济会。而且,其调查结果,早在整理完成之初,就公开发表在有关刊物上。[2]

　　桂南沦陷十九县之人口损失调查,以其是在日军撤退后即有组织地展开,且以日军在此盘踞仅止 1 年,调查时距损失发生时间不远,故易着手。从其统计总表来看,这次调查也相当规范,所用表式显然已受当时行政院颁布的《抗战损失查报须知》的影响。因此,有人认为:"桂南战时损失调查实为我国抗战期间最详细、最准

---

① 秦孝仪主编:《中华民国重要史料初编——对日抗战时期》第 2 编,"作战经过"(4),第 335—337 页。

② 这也给我们一个不小的启示:每当我们在研究中国抗战损失感到搜集资料困难时,或觉得许多资料数据因远离其发生时代可信度降低时,如果我们把搜集资料的目光投向当时全国各级政府主办的统计月刊、统计年鉴等官方书刊中,或许会有不少有益的发现。

确的局部损失调查。"①

　　广东省也曾在一些重大战役后,对沦为战区的各县损失进行
过调查。如在 1939 年 12 月至 1940 年 1 月的第一次粤北战役后,
广东省政府专门成立了由民政厅、财政厅、建设厅、省政府秘书处、
省银行、省振济会、地政局、省党部等机关人员组成的广东省政府
战区各县调查团,从 1940 年 1 月 25 日开始,对在第一次粤北战役
期间沦为战区或遭日军窜扰的英德、清远、佛冈、新丰、花县、从化、
龙门、增城、翁源等粤北 9 县灾情进行调查,至 2 月 23 日结束,其调
查结果编成《广东省政府战区各县调查团报告书》。据调查,此次
粤北战役 1 个月时间内,9 县遭日军烧杀所致人口伤亡失踪者分别
为:英德 349 人,清远 1 003 人,佛冈 158 人,从化 772 人,龙门 307
人,新丰 358 人,翁源 236 人,花县 300 人,增城未详,合计 3 483
人。广东省政府还遵照行政院颁布的《抗战损失查报须知》要求战
区各县及省府各级机关查报此次战役所造成的损失,各县奉令后
对本县之损失也都进行了调查,调查结果由广东省政府秘书处统
计室汇编成《粤北受敌窜扰各县死伤及失踪人数暨房屋耕牛损失
统计表》,其中人口伤亡失踪情况为:英德 387 人,清远 1 003 人,佛
冈 158 人,从化 772 人,龙门 307 人,新丰 358 人,翁源 236 人,花县
300 人,增城未详,合计 3 521 人。此外,广东省政府还组织赈济工
作总队赴战区各县散赈,赈济队除办理赈务外,沿途还对该 9 县损
失情况进行了调查。据其统计,粤北 9 县在此次战役中,合计死亡
人口 4 062 人,伤 900 人。上述 3 种来源的统计数字互有歧异,原
因是前两者的统计结果中未含从化、花县、增城等县当时尚未收复

----

① 孟国祥、喻德文:《中国抗战损失与战后索赔始末》,合肥:安徽人民出版社 1995
　年版,第 63 页。

乡镇的损失。又如 1941 年年初,日军多次侵犯广东省南部沿海各县,给这里的人民造成重大伤亡,广东省政府也对当时受到侵犯各县的损失进行了调查。据广东省政府统计室 1941 年 1 月的统计结果,粤南数县遭日军侵略而造成的人口伤亡情形为:台山 342 人,新会 50 人,赤溪 2 人,电白 132 人,阳江 278 人,合浦 705 人,遂溪150 人,总计 1 659 人。① 1941 年年初,日军对广东沿海实施封锁作战,给粤南各县造成重大人口与财产损失。据广东省政府统计室统计,截至 1941 年 3 月,粤南各县人口损失共计 1 659 人,其中台山 342 人,新会 50 人,赤溪 2 人,电白 132 人,阳江 278 人,合浦705 人,遂溪 150 人。② 另据当时新会县长的报告,该县有 90 余乡遭日军洗劫,全县死伤民众即达 800 余人,则又比广东省政府统计室的统计高出许多。③

　　浙江省政府也曾多次通令所属各机关及各县按《抗战损失查报须知》要求及时办理损失调查统计工作。据 1943 年 12 月 25 日浙江省社会处致该省驻渝办事处"幕字第 7075 号"代电称,该处"前奉部令,即经转饬各县市依照《抗战损失查报须知》及附表式廿九种查填",截至此前之 11 月 3 日,"已据呈报到处十二县人口伤亡灾害损失",并据此编成《浙江省各县(市)抗战以来人口伤亡灾害损失汇报表》。④ 兹照录该表如表 2 - 8。

---

① 以上广东省之数次调查情况,均参考黄菊艳:《抗战时期广东经济损失研究》,第101—103 页。

② 广东省政府统计室编:《广东统计季刊》,1941 年第 1 期。转引自黄菊艳:《抗战时期广东经济损失研究》,第 109 页。

③ 黄菊艳:《抗战时期广东经济损失研究》,第 108 页。

④《浙江省社会处致重庆浙江省政府驻渝办事处代电(幕字第 7075 号)》,浙江省档案馆藏,伪社会处抗战各种损失调查表卷,35/1/60。

表 2-8　浙江省各县(市)抗战以来人口伤亡灾害损失汇报表

县市别	人口伤亡 （单位：人）	财产损失 （单位：元）	备注
总计	12 910	283 270 491	46 286
宣平	57	2 524 762	抗战以来敌寇流窜及敌机轰炸
玉环	141	6 105 250	……，又毁屋 2 685 间
永康	673	12 375 000	……，又毁屋 2 919 间
庆元			该县抗战以来尚无损失
景宁			……
开化	131	11 751 665	抗战以来敌寇流窜及敌机轰炸， 又毁屋 3 040 间
诸暨	7 387	137 587 000	抗战以来至本年六月止，又毁屋 28 744 间
黄岩	35	6 677 322	抗战以来所有损失
龙泉	15	未列	抗战以来所有损失，又毁屋 633 间
长兴	4 152	97 027 421	抗战以来所有损失，又毁屋 53 667 间
桐庐	232	估计困难，未列	
磐安	87	9 220 271	抗战以来所有损失，又毁屋 2 938 间
永嘉		633 600	
镇海			前任未移交
临海	93	109 050	

1943 年 11 月 3 日

资料来源:《浙江省社会处致重庆浙江省政府驻渝办事处代电（幕字第 7075 号）》，
浙江省档案馆藏，伪社会处抗战各种损失调查表卷，35/1/60。

另据《龙游县三十三年衢龙会战敌灾损失调查统计表》所载，
龙游县 16 个乡镇呈报 1944 年伤亡人口为:死亡 68 人,伤 5 人,被

掳 48 人。① 但是,上述浙江省之部分县市的损失查报是极不完整
的。为此,1944 年 4 月 24 日,浙江省政府在奉到行政院 1944 年 1
月 31 日"义统字第 2020 号"训令后,以"循 1992 号"代电抄发《造报
抗战损失情况表》,要求各厅处、各署、各县机关"遵照将以前未报
部分,从速补报主计处汇编,并分报本府。以后所有抗战损失并应
随时切实查报为要"。② 根据该要求,浙江各县市将历年造报抗战
损失情况汇报省政府,由省政府编制成截至 1943 年 6 月的《浙江省
各县市造报抗战损失情况表》,如表 2-9。

表 2-9　浙江省各县市造报抗战损失情况表

年别	造报情况
二十六年	宁海、淳安已报一个月,诸暨已报四个月,浦江已报六个月,其他七十二县及一市均未报。
二十七年	淳安、分水已报一个月,诸暨、浦江已报十二个月,其他七十二县及一市均未报。
二十八年	云和已报一个月,诸暨、浦江已报十二个月,其他七十二县及一市均未报。
二十九年	缙云已报一个月,诸暨已报十个月,浦江已报十二个月,其他七十三县及一市均未报。
三十年	浦江、易溪、淳安、寿昌、缙云已报一个月,其他七十一县及一市均未报。
三十一年	淳安已报三个月,其他七十五县及一市均未报。
三十二年(1—6月)	全省七十六县及一市均未报。

资料来源:浙江省档案馆藏,伪社会处抗战各种损失调查表卷,35/1/60。

①《龙游县三十三年衢龙会战敌灾损失调查统计表》,浙江省档案馆藏,伪社会处抗战各
种损失调查表卷,35/1/60。
②《浙江省政府代电(循字 1992 号)转引》(1944 年 4 月 24 日),浙江省档案馆藏,35/
1/60。

从表 2-9 来看，浙江省各县市全面抗战期间对抗战损失进行认真调查、及时呈报者，为数寥寥。反映在前文《表 2-8：浙江省各县（市）抗战以来人口伤亡灾害损失汇报表》中，则其数据之严重缺失，不能真实反映该省抗战损失情况，也就根本无法避免了，这也与前文所引国民政府主计处致行政院公函中所称"沦陷区域抗战损失查报者极少"的情况是吻合的。当然，这种情形的出现，有其客观原因。在整个抗日战争期间，浙江省境的局势极为复杂，国、共、日、伪等多方势力互相交错，许多县市政府被迫迁徙办公或流亡异地，其自身处境既属窘困异常，生存已是万难，自是无暇花大精力进行自己权辖区域的抗战损失调查。甚者，以其流亡离境，则更无从在异地遥制本境相关调查统计、汇总造报工作了。

就行政院、国民政府主计处历年收到的全国各县市的损失调查报表的情况来看，其他各省的抗战损失调查进行得也极不理想。自《抗战损失查报须知》颁行后，各省陆续有市县依式造送《人口伤亡调查表》和《人口伤亡汇报表》至行政院或国民政府文官处。从1940 年开始，国民政府主计处便据由文官处或行政院转来的各省市县的人口伤亡调查表和汇报表，调制出截至该年 3 月底、6 月底、9 月底和 12 月底所收到材料的人口伤亡总表，并以"原因别""区域别"和"时期别"等形式分别调制成一总表，进行简单分析。以笔者所见，这种全国性的人口伤亡总表，最早的一份是主计处据截至1940 年 12 月底收到的行政院转送的材料所编制，最后一份则是据截至 1943 年 12 月底收到的材料所编制。从表中的统计数据看，各省查报的情况皆不完备，查报的覆盖面都很狭小，统计结果当然就不能反映战时中国人口伤亡的真实情况。如 1940 年 12 月国民政府主计处调制的人口伤亡总表，从其"总计"一栏的数据来看，伤亡合计仅统计出 16 687 人，其中死亡仅 9 617 人，重伤 3 260 人，轻伤

3830人。事实上,到这时抗日战争已经打了3年多,战争规模和战祸波及面积日趋扩大,日军在其所及区域内对中国民众无时无刻不在实施着大规模屠杀。该表的统计结果,几乎不及任何一个遭受战祸波及省份的人口伤亡的实际情况。从该表《②地域别》一表之《查报县市数》中看,此次汇总,各省查报汇呈的县市数也多寡不一,分别为浙江省1,安徽省13,江西省9,湖北省5,湖南省2,四川省1,河南省27,陕西省2,福建省17,广东省11,广西省13,云南省1,贵州省1,西京1,共计查报县市数仅为104个,而在全面抗战初期作为主要战场蒙受巨大人口伤亡的江苏、山东、河北、山西等省,竟无一县据报。① 到了1943年12月底主计处调制截至该月材料的人口伤亡总表时,这种情形并没有得到些许改观。从这一次汇总表的"总计"栏中来看,其统计结果,伤亡合计仅106586人,其中死亡60780人,重伤17939人,轻伤27867人。江苏、山东、河北等省依然无一县据报,山西省虽列入《区域别》一表中,但作为华北抗战主要省区之一,遭受敌灾极为惨重的该省仅报伤亡7人,至为荒唐。② 广西省邕宁、龙津等桂南沦陷十九县灾情统计,如前文所述,早有结果且被后人誉为精确,但直到1943年12月底主计处调制全国人口伤亡总表时,桂南十九县的人口伤亡情况却未得体现:该次人口伤亡总表之《②地域别》一表的广西省数据为:伤亡合计5256人,其中死亡2431人,重伤997人,轻伤1828人。桂南十九县人口伤亡调查在敌退后即切实进行,其统计结果在2年之后尚不能反映在主计处调制的全国人口伤亡总表中,那么其他战区诸

---

① 《抗战中人口与财产所受损失统计》(止于1940年12月底),中国第二历史档案馆藏,4/16/728。
② 《抗战中人口与财产所受损失统计》(止于1943年12月底),中国第二历史档案馆藏,6/2/246。

省沦陷各县,未见得皆如桂南十九县一样,能够于敌退后及时全面调查,则其人口伤亡在主计处汇总表中无法及时反映,显然也是大有可能的了。

其实,出现这种情形的原因很好理解。行政院颁行《抗战损失查报须知》及表式,虽经三令五申督责催办,但各地实际查办具报者寥寥。所以,当《抗战损失查报须知》颁行之初的一段时间内,行政院的训令与督责,从某种意义上来说,只是为进行抗战损失调查而做的基础性的和规则性的准备工作,当时全国并未成立如黄炎培等人在国民参政会上提议的诸如抗战损失调查委员会之类的专门机构,行政院仍训令各市县政府督同事件发生地点的警察、保甲长等办理抗战损失调查。广大的战区诸省、沦陷各县,以当时战乱极重,人民迁徙流离,政府工作重点也不可能在损失调查,要求各市县进行像桂南十九县那样的全面的、实地的调查,客观上不具备条件,事实上也几无操作可能。所以,虽然行政院曾多次训令各级市县政府及时查报损失,各市县于实际执行过程中,格于种种实际困难,基本上无法完成命令任务,故上报者或支离零星,或只限于狭小区域范围,甚而仅以估计数上报塞责。另如江苏、山东、河北、河南、山西等省份,当时或全境或大部沦陷,国民政府对这些地方县市等基层政权的权辖效力几乎丧失尽净,所以也就很难指望这些地区能够按照行政院的要求,按时按式调查造报抗战损失结果了。但像桂南十九县这种损失调查进行得既早,统计结果也较准确,且早已公开发表,何以在2年之后都不能在主计处调制的全国人口伤亡表中反映出来,倒确实是有些令人不解了。

除各省县市依《抗战损失查报须知》进行查报外,其他一些军政部门也曾进行过专项的损害调查统计。如航空委员会防空厅消极防空处曾调制出1937年8月至1940年5月间全国各地遭日军飞机空袭的损害统计情况,如表2-10。

表 2‑10　全国各地空袭损害统计表(1937 年 8 月—1940 年 5 月)

年月		空袭次数	投弹枚数	人员死伤		房屋损毁间数
				死	伤	
总计		6 830	136 366	56 474	72 270	222 102
二十六年	八月	148	716	322	627	1 384
	九月	249	1 751	1 758	2 104	2 696
	十月	425	3 308	409	1 338	809
	十一月	254	2 765	198	430	948
	十二月	193	2 200	835	753	527
二十七年	一月	168	2 311	337	490	1 219
	二月	297	3 328	406	496	1 253
	三月	173	2 569	308	430	1 001
	四月	138	2 823	670	925	835
	五月	162	5 180	5 229	5 726	31 415
	六月	344	7 173	2 972	7 343	4 229
	七月	255	6 598	2 225	3 152	4 572
	八月	289	5 107	2 665	4 141	4 297
	九月	267	6 225	1 444	1 812	8 180
	十月	70	2 475	838	908	3 386
	十一月	123	4 506	2 360	3 085	5 363
	十二月	49	1 459	431	992	2 084
二十八年	一月	162	3 923	1 549	1 409	3 855
	二月	126	2 951	1 921	3 473	5 616
	三月	196	5 097	2 587	2 623	4 350
	四月	235	5 236	3 253	3 461	13 398
	五月	282	4 828	5 846	5 038	20 213
	六月	211	4 686	3 971	3 422	13 289
	七月	190	3 830	1 577	2 379	8 895
	八月	266	4 516	2 609	2 986	12 715
	九月	248	5 031	1 571	2 019	9 541
	十月	290	8 310	1 755	2 237	11 172
	十一月	194	4 358	868	1 131	4 162
	十二月	203	7 408	956	1 368	23 965

年月		空袭次数	投弹枚数	人员死伤		房屋损毁间数
				死	伤	
二十九年	一月	100	2 759	559	640	2 872
	二月	92	1 939	550	542	2 168
	三月	97	2 103	635	692	3 862
	四月	147	3 486	853	887	3 898
	五月	187	5 413	1 997	3 211	3 933

　　附注：本表所列数字，仅系包括各后方城市乡镇之损害，至于战区附近之损害，虽属无法统计，但衡其数字，亦必与后方之损害相等也。

　　资料来源：江西省政府秘书处统计室编印：《江西省统计月刊》第 4 卷第 1 期，1941 年 1 月号，第 77 页。此表亦见诸安徽省防空司令部编：《防空月报》（防空节纪念专刊），1941 年 11 月号，表中个别数字微有差异。

　　这张表中数据可能并不完全，这由战时局势所决定，当时编制者在附注中即已意识到这一点。但这张表逐月统计了从 1937 年 8 月至 1940 年 5 月间日军飞机轰炸后方城市乡镇的情况，包括空袭次数、投弹枚数、死伤人数、屋舍毁损等统计数字；而且它所统计的日机空袭及造成的人口损失数据，具有时间的延续性，记录的是一个动态过程，反映了日机轰炸的时间分布。通过其中数据，我们可以分析由日机空袭造成的人口伤亡这一种类型的损失的时间分布，这一点确实是十分难得的。此外，还有我们前文中曾提及的浙江省防空司令部在 1938—1945 年间对各县因日军飞机轰炸而致之人口伤亡等情形，按县别逐年逐月进行过登记，形成厚厚三大册统计表。下表 2-11 即是据《浙江省防空司令部为调查一九三八年至一九四五年度空袭被损害与投弹率情况统计表》中各县总计部分摘要重新编制，从中可以看出全面抗战期间日军飞机轰炸浙江省各县情况及人员伤亡的大致情况。

表 2–11　浙江省敌机空袭统计表（1938 年 5 月—1945 年 8 月）

空袭地点	空袭次数	敌机架数	投弹枚数	被害情形			
				房屋		人口	
				炸毁	震倒	死	伤
丽水	85	425	2 160	6 106	1 528	287	322
衢县	67	447	1 638	1 704	1 067	210	308
诸暨	66	184	725	1 578	647	166	276
金华	61	321	1 515	4 489	692	385	590
永嘉	54	153	541	1 454	1 164	257	387
义乌	41	149	743	1 895	74	181	145
临海	42	160	405	871	416	119	137
嵊县	39	95	470	6 201	273	118	131
鄞县	35	114	407	2 110	1 058	274	646
乐清	34	135	191	409	545	58	86
镇海	33	244	785	891	466	66	102
临安	31	84	492	448	147	104	129
萧山	28	91	411	530	395	160	152
平阳	25	79	284	1 567	1 099	70	45
兰溪	23	112	633	3 172	677	265	311
新登	20	79	395	381	134	59	52
富阳	20	72	375	624	265	136	218
奉化	19	63	219	618	201	68	120
桐庐	17	70	225	349	123	27	74
瑞安	17	49	94	674	346	39	68
绍兴	17	36	117	292	292	64	150
浦江	15	60	227	292	201	91	90
余姚	15	47	96	280	132	46	64

续表

空袭地点	空袭次数	敌机架数	投弹枚数	被害情形			
				房屋		人口	
				炸毁	震倒	死	伤
龙泉	12	48	415	566	170	10	11
东阳	12	40	111	937	69	40	46
宣平	12	12	49	45	27	4	1
新昌	11	29	138	4 231	963	58	16
永康	10	81	450	2 737	236	127	234
温岭	11	39	72	657	111	32	14
江山	10	105	121	213	46	71	45
云和	9	26	92	133	13	21	19
天台	9	20	40	13	8	3	8
开化	8	15	48	237	31	37	12
于潜	8	11	33	40	12	5	14
黄岩	7	32	78	365	212	77	81
汤溪	6	28	129	231	33	86	50
安吉	6	26	159	68	25	24	37
象山	6	18	32	798	67	33	40
上虞	6	15	196	134	544	53	93
寿昌	5	44	126	223	20	11	11
龙游	6	23	69	208	44	26	21
慈溪	5	17	40	128	10	23	39
孝丰	4	19	105	116	6	13	17
青田	5	24	54	71	16	26	28
武义	3	40	96	270	195	28	37
缙云	8	31	101	88	114	15	47

空袭地点	空袭次数	敌机架数	投弹枚数	被害情形			
				房屋		人口	
				炸毁	震倒	死	伤
建德	3	5	19	31	14	11	8
分水	3	5	15	27	17	2	4
宁海	2	8	14	37	18	18	17
仙居	2	7	6	12	3	1	3
昌化	2	4	17	3	4	4	6
松阳	2	4	10				
淳安	1	9	18	9		12	15
玉环	1	7	14		4	3	6
海盐	1	5	11			20	9
常山	2	6	10	31	10		6
德清	1	3	20				
遂安	1	3	4				
遂昌	1	1	4	5	2	1	6
庆元	1	6	5				
总计	1 006	4 085	15 671	49 601	15 133	4 146	5 605

资料来源:据浙江省档案馆藏《浙江省防空司令部为调查一九三八年至一九四五年度空袭被损害与投弹率情况统计表》(L17.63)第27、28页表总计部分重新绘制,但无法全面反映抗战时期敌机空袭浙江各地的细节、全貌与动态。

　　1944年安徽省政府编印的《安徽概览》中,收录有《敌机空袭概况》一节,对1937年8月至1943年12月间日军飞机历年空袭该省情形及造成损失情况进行了统计。据记载,各年度被日机轰炸的地区分别是:"二十六年度,怀宁、芜湖、广德、宣城;二十七年度,桐

城、怀宁、六安、合肥、立煌；二十八年度，桐城、至德、青阳、宣城、亳
县、东流、无为、广德、南陵、铜陵、太湖、宿松、贵池、怀宁、潜山、望
江、立煌、泾县、太平、宁国、全椒、来安、繁昌、定远、六安、舒城、天
长、郎溪、临泉、凤台、怀远、合肥、阜阳、歙县、黟县等三十五县；二
十九年度，无为、宿松、太湖、潜山、青阳、望江、太和、东流、贵池、怀
宁、至德、桐城、宣城、南陵、涡阳、休宁、泾县、广德、太平、绩溪、石
埭、歙县、宁国、临泉、霍山、六安、霍邱、郎溪、铜陵、合肥、繁昌等三
十一县；三十年度，怀远、亳县、太和、阜阳、颍上、寿县、全椒、立煌、
霍山、桐城、庐江、歙县、贵池、宿松、潜山、休宁等十六县；三十一年
度，立煌、全椒、广德、南陵、含山、巢县、合肥、宁国、宣城、歙县、绩
溪、阜阳等十二县；三十二年度，宁国、宣城、怀远、涡阳、亳县、青
阳、太平、歙县、合肥、寿县、六安、桐城等十二县。综观以上所列被
炸地区，本省六十二县各重要城镇固难幸免，即穷乡僻壤亦莫不波
及，足证敌寇残暴行为之一斑。"①空袭所造成的损害情形如次："本
省自二十六年八月间敌机首次轰炸广德后，其他各地相继被袭，兹
将各年度损害情形分列于次：二十六年八月至十二月敌机在本省
各地共投弹 1 973 枚，我方死伤 816 人，损毁房屋 17 386 间，平均每
百枚炸弹死伤 41 人，毁房屋 881 间；二十七年敌机在本省各地共投
弹 9 017 枚，我方死伤 8 093 人，损毁房屋 89 056 间，平均每百枚炸
弹死伤 90 人，毁房屋 987 间；二十八年敌机在本省各地共投弹
2 281 枚，我方死伤 2 026 人，损毁房屋 6 588 间，平均每百枚炸弹死
伤 88 人，毁房屋 289 间；二十九年敌机在本省各地共投弹 2 420
枚，我方死伤 1 387 人，损毁房屋 6 896 间，平均每百枚炸弹死伤 57

---

① 安徽省档案馆、蚌埠市档案馆编：《日本侵华在安徽的罪行》，皖内部图书 95 - 034 号，
　　第 59 页。

人,毁房屋 285 间;三十年敌机在本省各地共投弹 1939 枚,我方死伤 1 713 人,损毁房屋 4 974 间,平均每百枚炸弹死伤 88 人,毁房屋 256 间;三十一年敌机在本省各地共投弹 388 枚,我方死伤 173 人,损毁房屋 1 920 间,平均每百枚炸弹死伤 44 人,毁房屋 495 间;三十二年敌机在本省各地共投弹 761 枚,我方死伤 204 人,损毁房屋 1 531 间,平均每百枚炸弹死伤 27 人,毁房屋 201 间。总计六年零六个月,敌机在本省各地共投弹 18 779 枚,我方死伤 14 412 人,损毁房屋 128 351 间,平均每百枚炸弹死伤 76 人,毁房屋 683 间,其财产损失,当不可数计。"[①]

1936 年至 1943 年 7 年间日军飞机空袭安徽省情形,也曾被编制成表,其型制与航空委员会所制《全国空袭损害统计表》相类,今据以将因敌空袭所致人口伤亡和房屋损毁等项摘编附于后,如下表 2 - 12。

表 2 - 12　安徽省七年来敌机空袭损失统计表(1937 年 8 月—1943 年 12 月)

年月		空袭次数	敌机架数	投弹枚数	人员死伤		房屋损毁	
					死	伤	炸毁	震倒
总计		1 513	6 070	18 783	7 962	6 460	104 826	22 220
二十六年	计	105	574	1 093	445	371	16 984	402
	八月	14	125	137	80	38	167	3
	九月	11	67	128				
	十月	24	132	368	94	139	566	48
	十一月	18	89	766	84	62	1 670	
	十二月	38	181	574	187	111	14 581	190

[①] 安徽省档案馆、蚌埠市档案馆编:《日本侵华在安徽的罪行》,第 59—60 页。

续表

年月		空袭次数	敌机架数	投弹枚数	人员死伤		房屋损毁	
					死	伤	炸毁	震倒
二十七年	计	761	3 290	9 017	4 801	3 292	71 134	17 922
	一月	47	140	475	153	140	910	60
	二月	46	137	408	243	186	962	133
	三月	29	57	146	46	80	310	16
	四月	62	261	463	343	301	1 181	419
	五月	174	573	2 553	1 585	824	46 769	10 384
	六月	61	280	1 265	1 084	682	2 743	4 783
	七月	87	464	1 162	280	328	1 886	29
	八月	85	362	847	433	258	3 377	1 566
	九月	68	544	676	405	281	10 395	122
	十月	36	164	175	59	57	347	18
	十一月	56	281	656	141	119	2 056	306
	十二月	10	27	171	29	36	198	86
二十八年	计	226	801	2 281	987	1 039	5 075	1 513
	一月	12	30	111	52	44	66	
	二月	8	27	65	40	51	12	
	三月							
	四月	17	89	143	40	46	72	
	五月	27	58	127	122	74	501	321
	六月	27	91	218	143	206	610	53
	七月	21	128	379	201	226	629	841
	八月	25	62	220	59	97	730	141
	九月	4	28	153	80	40	447	42
	十月	29	117	286	110	120	1 349	22
	十一月	17	43	137	28	33	127	34
	十二月	39	148	442	112	96	502	59

续表

年月		空袭次数	敌机架数	投弹枚数	人员死伤		房屋损毁	
					死	伤	炸毁	震倒
二十九年	计	182	578	2 420	722	663	4 742	2 154
	一月	32	45	160	100	109	761	490
	二月	26	74	466	154	101	611	273
	三月	11	88	394	72	66	1 015	800
	四月	26	72	272	149	95	505	227
	五月	1	2	17	1	1	3	
	六月	10	33	61	27	51	250	7
	七月	4	10	24	2	7	87	12
	八月	21	46	119	36	49	220	2
	九月	9	24	65	7	7	265	20
	十月	21	136	670	120	114	791	261
	十一月	10	34	73	43	37	168	38
	十二月	11	34	104	11	28	66	24
三十年	计	163	530	1 939	839	876	4 974	
	一月	22	44	122	16	41	331	
	二月	22	65	371	298	261	39	
	三月	20	66	271	64	65	215	
	四月	18	55	235	85	74	985	
	五月	13	66	323	66	81	1 125	
	六月	23	89	241	50	72	628	
	七月	26	74	240	220	202	1 138	
	八月	15	56	128	26	24	431	
	九月	1	5	30	5	45	35	
	十月							
	十一月	1	1	8	4			
	十二月	2	9	24	7	6	47	

续表

年月		空袭次数	敌机架数	投弹枚数	人员死伤		房屋损毁	
					死	伤	炸毁	震倒
三十一年	计	40	133	392	99	84	523	142
	一月							
	二月	8	18	68	38	21	124	
	三月	14	54	220	36	24	285	142
	四月	1	1	5				
	五月	11	34	44	15	19	2	
	六月	5	25	51	7	13	87	
	七月							
	八月							
	九月							
	十月							
	十一月	1	1	4	3	7	25	
	十二月							
三十二年	计	36	144	761	71	137	1 444	87
	一月	3	17	68	13	18	137	
	二月	7	30	177	21	36	231	55
	三月							
	四月							
	五月	11	34	207	1	3	453	32
	六月							
	七月	13	59	301	35	73	621	
	八月	1	3	6	1	3	1	
	九月							
	十月	1	1	2			1	
	十一月							
	十二月							

　　资料来源:安徽省政府编印:《安徽概览》(1944年),转据安徽省档案馆、蚌埠市档案馆编:《日本侵华在安徽的罪行》,皖内部图书95-034号,第60—64页。原表有"交通工具损毁数"栏,内分"民船""汽船""汽车""其他"四小目,以及"财产损失估计"栏,以其数据极不完整,今略。

　　通过以上考察,我们对战时中国抗战人口损失调查工作进行情况或许能有大体的了解。总体来说,一方面,在全面抗战期间,由于时局紧张,形势动荡,战争时间持续延长,战争规模不断扩大,沦陷区域及遭日军飞机空袭城乡范围也日益扩大,日军实施的暴行在时间和空间上也步步扩张,加上战区各省地方政权自身处境艰窘,组织力量有限,所以抗战损失调查工作在当时进行得十分有限,调查所得的结果与战时中国实际遭受的损失,相差极大。另一方面,从我们上文中所征引的部分省市县之调查情况,国民政府行政院、主计处等中央机关的督责工作来看,当时国民政府的相关机构,也确实为调查包括抗战人口损失在内的中国抗战损失做了大量的工作,付出了艰辛的努力。其所取得的成果虽然不能令人满意,但这些工作毕竟为抗战胜利后全面深入地进行抗战损失调查做了大量的准备工作,其功亦在不小。另外,从他们的艰辛工作中,我们也能够深切感受到,在当时战争不息、国土沦丧的情况下,进行任何一项事业的艰辛与困难。由此角度视之,我们对他们的努力应该予以充分的肯定和应有的尊重。他们工作的成果,又正是目前我们从事相关专题研究所必不可少的宝贵的资料基础。如果没有战时艰难的调查工作的推进,今天我们想研究中国抗战损失问题,将更加无从下手。

第三章　抗战胜利后的人口损失调查与估计

1945 年 8 月 15 日,日本宣布无条件投降,中国人民经过 14 年浴血奋战,终于取得了抗日战争的伟大胜利,并且与世界上和平正义的人士一起,取得了世界反法西斯战争的最后胜利。中国抗战人口损失的调查统计工作,作为中国抗战损失的重要构成部分,在战时调查工作的基础上,于抗战胜利后不久,得以在全国大部分地区全面深入地展开。

第一节　调查机构的变迁

1944 年 1 月间成立的行政院抗战损失调查委员会,是在 1938 年 11 月黄炎培等人在国民参政会上提出应由中央政府从速成立专门抗战损失调查委员会提案 5 年多之后,经蒋介石严令督责,在战争后期成立的中国抗战损失调查专门机构。如上一章所述,行政院抗战损失调查委员会成立后,在颁行《抗战损失调查办法》《修正抗战损失查报须知》、接收由国民政府主计处转来的前期调查材料、接收各省呈报调查材料、督促各省进一步追查补报和及时查报新发生的抗战损失等方面,曾经做过许多工作。此外,在它成立后的一段时间内,各省呈报到会的调查资料仍呈现出支离零碎的特点,缺漏极多,汇总统计的结果几乎完全不能反映中国抗战损失的真实情况。显然,该会主持的抗战损失调查工作仍格于战争状态,不能有效地展开。

至 1945 年年初,中国抗日战争和世界反法西斯战争接近尾声,局势日渐明朗,胜利已在意料之中,世界反法西斯统一战线阵营内诸盟国,已确立战争结束后要以战胜国资格对敌国要求战争赔偿等问题的基本原则。中国抗战损失调查统计,作为战后向日本进行战争损害索赔的基本数据凭据,此时益显出其重要性和急迫性。蒋介石曾明确要求:"目前进行调查敌军罪行之工作,务希于八月以前办竣。又,战时公私财产损失调查,亦希令各有关机关迅即会同办理,并将现在办理情形查报为要。"[1]1945 年 2 月 20 日,行政院第 687 次会议决议将行政院抗战损失调查委员会"改隶内政部"。[2] 4 月 26 日,行政院明令行政院抗战损失调查委员会改隶内政部。5 月 29 日,行政院又指令内政部,要求重新拟定抗战损失调查委员会组织规程。6 月 19 日,内政部向行政院拟呈《抗战损失调查委员会组织规程》。7 月 13 日,行政院以"平捌字第 14849 号"训令内政部,将该部所呈《抗战损失调查委员会组织规程》易名为《抗战损失调查委员会组织条例》,经行政院 7 月 10 日第 703 次会议议决通过,送立法院审议。据该《组织条例》规定,该会以内政部部长兼任主任委员,不置副主任委员和常务委员,委员会会议每月召开一次。设秘书室及第一、二两组,其分工为:秘书室掌理机要文书、会议、总务、人事、会计及不属其他各组事务;第一组掌理公私财产事业损害之调查及有关统计之编制,报告、文件的编译事

---

① 台湾档案部门藏,273-2459:财政部档,抗战损失调查表卷,典藏号:01800003727274。
② 台湾档案部门藏,273-2459:财政部档,抗战损失调查表卷,典藏号:01800003727274。

项；第二组掌理教育文化事业损害、医院及慈善事业损害及其他损害的调查，并敌人在沦陷区域经营各种事业的调查，及有关统计的编制，报告、文件的编译事项。内政部抗战损失调查委员会的职责，与其前身行政院抗战损失调查委员会一样，仍是督导调查1931年九一八事变后至战争结束整个抗战期间日本侵华战争给中国造成的各种公私、直接间接财产损失与人口伤亡损失。其《组织条例》一如此前行政院颁《抗战损失调查委员会组织规程》一样，规定军事方面的抗战损失，由军政部督饬所属机关查报；蒙古各盟旗地方损失，由蒙藏委员会饬各盟旗长官督责查报；旅外华侨损失，由侨务委员会委托侨团调查填报。

8月16日，内政部在立法院通过《抗战损失调查委员会组织条例》后，分别致函国民政府主计处、外交部、军政部、财政部、经济部、教育部、交通部、社会部、司法行政部及其他委员会等机关，要求各该部会机关指定人员以备抗战损失调查委员会聘为委员。旋内政部即以各部会推荐人员组成该委员会。其主任委员及各委员分别为：主任委员由内政部部长张厉生兼任。委员有国民政府主计处主计官、统计局局长吴大钧，经济部工业司司长欧阳崙，外交部专员朱庆儒，财政部统计长杨寿标，军事部中将参议李华英，教育部社会教育司司长黄如今，交通部代统计长钱仪贵，社会部统计长汪龙，农林部之李立纲，粮食部之杨映寰等。至此，内政部抗战损失调查委员会正式成立。①

经过14年艰苦卓绝的抗战，中国人民终于将日本侵略者逐出国门，取得伟大胜利。当中国人民流着激动的泪水欢庆胜利时，他

---

① 《抗战损失调查委员会工作进行概况》，台湾档案部门藏，内01.5－2，典藏号：00□－050001－0001－003A。

们同时也面对着已被日本侵略者践踏得满目疮痍、体无完肤的国家,各项事业百废待兴,抗战损失调查工作亦属如此,且关乎国家利益极大。在日本宣布投降 2 天后,蒋介石即于 1945 年 8 月 17 日手谕文官长吴鼎昌谓:

> 庆祝胜利日,国府应有下列命令:
>
> (一)战死官兵由各战(区)司令长官部限令各军各师于十月十日以前查明其籍贯与家属亲系等,详报军政部,照例抚恤;
>
> (二)对各地方殉难同胞,限接收地方之半年内,由各省市县政府查明姓名、事迹,呈报内政部奖恤;
>
> (三)对阵亡将士家属及残废官兵,照例优待与抚慰,并定保障其生活规律;
>
> (四)对全体官兵明令嘉奖与赏给,其赏给办法应即与军委会行政院会同议拟呈核可也。[1]

同一天,蒋又以国民政府军事委员会"侍秘字第 29027 号"代电形式向内政部等训示:"敌人投降后,关于抗战损失调查工作,应加紧进行,务于最短期内办理完竣,以便据以对敌清算。"督促内政部及各级机关从速办理抗战损失调查工作,并限期完成。[2] 很明显,战后进行的中国抗战损失调查工作,已带有明显的对日清算的实际目的。

内政部抗战损失调查委员会成立后,即着手展开工作;各省市

---

① 王正华编:《蒋中正"总统"档案·事略稿本(1945 年 8 月至 9 月)》62,台湾档案部门 2011 年印行,第 217—218 页。

②《行政院赔偿委员会工作报告案》,台湾档案部门藏,行政院赔偿委员会档,卷号 8。转据迟景德:《中国对日抗战损失调查史述》,第 31 页。

政府,也奉令迅速组织专门调查机构或指派专门调查人员,深入所辖区县,实地进行抗战损失调查,并将调查结果及时汇编成帙。由于抗战损失调查工作的主管机构有所调整,调查材料汇转程序再次发生变化。1945年8月28日,国民政府主计处以"渝统字第570号"致函社会部统计处:"查抗战损失调查,现由内政部抗战损失调查委员会统筹办理。现抗战结束,所有抗战损失资料,亟应搜集整理,以便提供政府应用。仰该处将以往搜集之抗战损失资料,即日着手加以整理,听候所在机关汇送内政部抗战损失调查委员会。"①也是在同一天,为回复蒋介石8月17日的代电要求,内政部特别向蒋呈报《抗战损失调查委员会工作进行概况》,据称:"查本部奉令接办抗战损失调查委员会事务后,经拟订内政部抗战损失调查委员会组织条例草案,呈奉行政院指令核定,并转咨立法院审议在案。本部以是项调查业务,急待赓续进行,为迅赴事机计,特先函请有关机关,依照该条例草案之第三条之规定,派定委员人选,早日组织成立。普通业务仍照常处理。近以收复区各省市政府次第复员,特分电赶速进行调查,以最迅速方法报部。现在该会工作进度,关于后方各省市抗战损失情形,已报据表资料加以整编,阙略之处,随时督促补报;惟沦陷区省(市)县政府多因情形特殊,不能执行职务,此项调查工作须俟行政机构恢复后,始能进行,势不得不稍宽程限。"②各省也在本省各县市抗战损失调查完毕、汇总成册后,尽可能及时地将材料报呈内政部抗战损失调查委员会。

　　抗日战争胜利后,汇总中国抗战损失调查统计数据,并据以对

---

① 《关于各省抗战损失调查表之来往函件》,中国第二历史档案馆藏,社会部档,11/6827。

② 《抗战损失调查委员会工作进行概况》,台湾档案部门藏,内01.5-2,典藏号:001-050001-0001-003A。

日本提出战争赔偿要求成为当务之急。1945 年 9 月 20 日,国民政府主席蒋介石以"府交字第 289 号"代电,要求国防最高委员会"将行政院呈送关于战时公私财产损失及人口伤亡数目报告表加以审核,并研拟索取赔偿具体办法"。① 为此,国防最高委员会召集行政院、内政部、经济部、外交部等相关部会代表,两度召开国际问题讨论会,认为关于中国抗战各项损失,"兹者复员开始,调查较易着手,自可从速进行",会议拟定《关于索取赔偿与归还劫物之基本原则及进行办法》,其"基本原则"中"甲、索取赔偿"项下认为:"中国受日本蹂躏最久,受害区域最广,公私财产损失最大,人口伤亡最多,故对日本索取各项赔偿应有优先权。"其"进行办法"则拟定,"由行政院及有关部会或一专设委员会,尽速研拟下列各项呈核:(子)我方人口伤亡数字以及公私财产损失之估算数字",等等。讨论结果于 1945 年 11 月 8 日由国防最高委员会秘书长王宠惠以"国秘 834 号"呈文报告蒋介石。吴鼎昌亦在 11 月 13 日签呈该报告时认为:"查本案系经王秘书长约集行政院等有关机关缜密研讨,所拟关于索取赔偿与归还劫物之基本原则及进行办法,尚属妥切可行……兹拟如拟照办。"蒋介石阅后批示"如拟"。②

　　11 月 13 日,由外交部主持召集军政部、内政部、财政部、交通部、经济部、教育部、司法行政部、侨务委员会等中央部会代表,召开对日要求赔偿准备会议。会议针对国防最高委员会国际问题讨论会所拟《关于索取赔偿与归还劫物之基本原则及进行办法》,将"进行办法"第一条"由行政院有关部会或一专设委员会"改为"将

---

① 秦孝仪主编:《中华民国重要史料初编——对日抗战时期》第 2 编,"作战经过"(4),第 17 页。
② 秦孝仪主编:《中华民国重要史料初编——对日抗战时期》第 2 编,"作战经过"(4),第 17—20 页。

'内政部抗战损失调查委员会',更名为'赔偿调查委员会',改隶行政院(仍由原有人员主持)"。针对美国将遣其战争赔款专员保里来华商讨有关日本赔偿事宜的问题,外交部此次会议还决定:"由各有关机关提供赔偿数字资料,以便与保里专员进行商讨,经决定办法三项如次:(一)由抗战损失调查委员会将各项赔偿数字资料迅即送交外交部;(二)由各有关机关,将未送抗战损失调查委员会之各项补充数字资料,迅即送交外交部;(三)由各机关准备向日本要求赔偿损失之数字及方案,迅即送交外交部。"[1]会议结果议定通过了《关于索取赔偿与归还劫物之基本原则及进行办法(修正稿)》,在其"基本原则""甲、索取赔偿"第二条中,依旧强调:"中国受日本蹂躏最久,受害区域最广,公私财产损失最大,人口伤亡最多,故对日本索取各项赔偿,应有优先权";于"进行办法"中规定,"将内政部抗战损失调查委员会,更名为赔偿调查委员会,改隶行政院",并由该机构负责调查研拟以下各事项:"(子)我方人口伤亡数字,以及公私财产损失之估价数字;(丑)日本目前应立即赔偿我方及以后应分期赔偿我方实物之种类、品质、数量以及交付之方式与期限等等;(寅)关于伪钞及日本在中国境内发行军用票等之数字,以及日本应分期偿还之方式与期限等等;(卯)日本应归还自中国夺去之一切公私财物清单等等;(辰)我国已接收之日本公私财产。"[2]11月19日,外交部将此次会议讨论结果函呈行政院,旋经行政院第722次会议决议通过,并又经行政院第723次会议通过赔偿调查委员会人事一案,由行政院秘书长蒋梦麟兼任赔偿调查委

---

[1]《抗战损失调查委员会工作进行概况》,台湾档案部门藏,151-4593,典藏号:02200004612A。

[2] 秦孝仪主编:《中华民国重要史料初编——对日抗战时期》第2编,"作战经过"(4),第21—27页。

员会主任委员。但在实际上，直到 1946 年 10 月 1 日，行政院赔偿委员会成立，11 月 9 日行政院明令将内政部抗战损失调查委员会归并入该会，行政院赔偿调查委员会除仅设置主任委员及委员外，既未颁布组织条例，也未设置处、组。内政部抗战损失调查委员会实际并未改组成行政院赔偿调查委员会，此段时期内全国抗战损失调查工作，仍然由其主持进行。[①]

　　鉴于战后由中、美、英、苏、法、荷、加、澳等 11 国组成的远东委员会内已经成立赔偿委员会，为求中国赔偿调查机构与远东委员会内所设的赔偿委员会机构名称一致，外交部复建议成立行政院赔偿委员会，将原行政院赔偿调查委员会归并，负责对日要求赔偿之最高原则的确定、索赔方案的编制、中国抗战损失统计及派员分赴各地调查视察等事项。经行政院训令赔偿调查委员会切实办理改组，1946 年 10 月 1 日，行政院赔偿委员会成立。10 月 29 日，该会《组织条例》亦经立法院通过，公布施行。该会置主任委员，先后由翁文灏、王云五、张厉生、吴铁城等人担任；副主任委员则先后由龚学遂、秦汾等担任；委员由中央各大部会部长、委员长或专门代表担任。设秘书室及第一、二组，分别职掌：第一组负责关于抗战公私损失的调查统计事项；第二组负责关于赔偿方案的编制及赔偿物资的审议支配事项；秘书室负责关于文书、庶务、会计、人事及其他不属于各组事项。

　　行政院赔偿委员会成立后，按照既定前案，将内政部抗战损失调查委员会改组归并于其中。1946 年 11 月 9 日，行政院以"京捌字第 18898 号"训令内政部："查中央前为调查我国公私因敌人侵略所受损失，经设置抗战损失调查委员会，隶属内政部，专司其事。

---

① 迟景德：《中国对日抗战损失调查史述》，第 32—34 页。

该会组织条例,并经国民政府公布施行在案。兹查对敌要求赔偿,国际方面设有赔偿委员会,为谋与国际机构名称一致,暨便于向敌索赔起见,前项抗战损失调查委员会业经决定改称赔偿委员会,直隶本院,并拟定该会组织条例,完成立法程序,报经国民政府于本年十月二十九日公布施行。除分令外,合行抄发该条例,令仰知照,并转饬所属一体知照。再,以后关于抗战损失,并仰径报该会核办。"[①]

至此,"抗战损失调查委员会"名称退出历史舞台,其所负责主持的中国抗战损失调查事宜,尽悉归由行政院赔偿委员会接办。

实际上,内政部抗战损失调查委员会存在的 1 年多时间,是抗战胜利后中国进行抗战损失调查工作最为集中的时期,战后国民党统治区域内关于抗战时期公私财产直接、间接损失及人口伤亡损失的调查,都是由内政部抗战损失调查委员会主持,并由其督责,经各省、市、县政府等相关机构调查办理的。战后至今关于中国抗战期间的各项财产损失及人口伤亡的统计数据,也大多来自这一时期的调查统计。行政院赔偿委员会成立后,工作虽有督促核办各地抗战损失的进一步调查统计之责,但其工作重心实际上已经转向对日索赔。同时,由于战后中国国内形势的急剧变化,从 1946 年 6 月起内战爆发,应该继续由行政院赔偿委员会负责办理的中国抗战损失调查工作,实质上再也无法进一步深入进行,无形中陷于终止。再者,战后的国际局势也发生深刻变化,美国基于自身在亚太地区战略利益与布局的考虑,在战后不久,将其对日政策与态度作出重大调整,由美国主导的国际社会对日索赔工作也渐形中辍。

[①] 迟景德:《中国对日抗战损失调查史述》,第 39—40 页。

　　据秦孝仪主编的《中华民国重要史料初编——对日抗战时期》第 2 编"作战经过"（4）所录外交部档，该会曾拟订《抗战损失赔偿办法纲要草案》，规定抗战期间损失，"以自九一八事变起至抗战胜利之日止，凡在中华民国领土内所有中国之公私机关、团体或人民，抗战被敌强占、夺取、征发、轰炸、杀戮、奸掳或其他暴行遭受之损失，或在敌国领土及其侵领区内遭受之损失，经依照规定调查办法于行政院命令规定期限内，报经行政院赔偿委员会审查登记有案，并取得适当凭证可资认定损失属实者为限"。损失的时期，分为："前期：自民国二十年九月十八日起，二十六年七月六日止。后期：自民国二十六年七月七日起，至三十四年九月三日止。"该《纲要草案》还详细将各类公私、直接间接财产及人口伤亡损失进行了划分，其于"人口伤亡损失"区分为："甲、属于公务人员者：子、直接参加作战伤亡将士已由政府给予抚恤者；丑、协同作战伤亡人员已由政府给予抚恤者；寅、各级机关公教人员因抗战伤亡已由政府给予抚恤者。乙、属于私人者：子、因被敌机轰炸、杀戮以及强奸陷害等暴行而致死亡者；丑、因被伤害而致身体残废者；寅、因战争以致流离失所冻馁或疾病而致死亡或致残废者。"并且规定，"凡合于本纲要之规定，属于人民之损失，应于我国所得日本全部赔偿总额之三分之二拨充赔偿，其余三分之一，作为赔偿国家及公有财产之损失"，于人口伤亡损失赔偿方面，"依伤亡与残废情形分类、分级，订定支给标准"。但这份档案在后来编辑发表时并未标识形成的时间。①

　　我们在台湾档案部门所藏资源委员会档案里，发现一卷《抗战损失赔偿办法纲要草案》，其形成的经过约略是，赔偿委员会拟订

---

① 秦孝仪主编：《中华民国重要史料初编——对日抗战时期》第 2 编，"作战经过"（4），第 71—75 页。

《抗战损失赔偿办法纲要草案》后，呈行政院核示："查抗战期间全
国各地公私损失之查报工作，除绥靖区外，均已申报到会。日本赔
偿之先期拆迁物资，亦正在陆续接收运回。关于国内公私损失如
何赔偿，前奉钧令饬拟具办法呈核，自应及时准备，以便将来实施。
兹经本会参照各方提供意见，审慎研究结果，拟具《抗战损失赔偿
办法纲要草案》一种，全文者十四项，是否可行，理合缮具草案一
份，备文呈请鉴核示遵。"行政院于 1948 年 5 月 29 日以"院长谕"的
行式，令"交内政、财政、经济、教育、交通、国防、外交、司法行政八
部及资源委员会议复"。从行政院赔偿委员会的呈文和行政院的
谕令来看，这份《抗战损失赔偿办法纲要草案》的拟订，应在 1948
年 5 月 29 日之前，其时全国各地的抗战损失调查工作，除所谓的
"绥靖区"外，都已基本结束，调查报表都已据报到会。且此时，日
本赔偿物资也已开始拆迁接运。另外，该卷档案中附有草案文
本，内容与上文所引秦书所录外交部档略同，其重大差别在于第
五条规定："凡合于本纲要规定之公私损失，应于我国所得日本全
部赔偿总额内支配赔偿之。"另有关于在国外侨民损失赔偿的规
定。对于这个草案，资源委员会于同年 6 月 28 日的议复意见是：

> 　　战时公私损失赔偿委员会历年虽经办理登记，以我国幅
> 员之广大，战事期间之攸长，受害人民之众多，尤以间接损失
> 各项，恐挂漏之处，势所难免。事先调查登记，既难周详，直接
> 分别赔偿，如何得其翔实与公平，实为一大问题。
>
> 　　日本赔偿问题，迄今联合国未获协议，将来究能赔偿若
> 干，如何赔偿，目前亦难单独臆断。纵有相当数额，如一一作
> 价赔偿于私人，恐所得甚微，补偿亦极有限。且计算标准，范
> 围确定，分配比例，事之繁剧，无以复加，稍失周密，恐亦徒滋
> 纷扰。

现时国家财政极端拮据，战后建设百端待举，以其赔款移作复兴重建之用，迅速充实国力，增加人民收益，较之直接赔偿于私人，更有意义。现赔偿办法未定，该案若先予公布，深恐将来格于事实，不克见诸实施，失信于民，似有未妥。

按第一次欧战同盟国虽曾多有战争损失之调查与计算，其目的重在作为索取赔款之根据，并未直接赔偿私人之损失。法国政府尤声明不负赔偿私人损失之意。此次战胜各国，亦尚未见制订此项法令，亦堪参考。

基于上述意见，故本案原则上实有充分再加研究之必要。①

显然，资源委员会的意见是不同意将日本赔偿物资作价用于私人损失赔偿。其所存草案文本与外交部档中所存内容差别，或可能体现了不同部会有关此项赔偿办法草案的不同态度与意见。

从战时到抗战结束后不久，抗战损失调查委员会进行抗战损失调查的目的，皆明确为清楚掌握日本侵华战争给中国造成的公私各类损失，以为战争结束后对日要求战争赔偿的依据。此次行政院赔偿委员会拟订的《抗战损失赔偿办法纲要草案》中，第一次明确规定了将从日本对中国的战争赔偿总额中，划拨出三分之二的份额，或全部份额，折价作为国家给予国民为抗战遭受的财产及生命损失的赔偿。此种规定，于人道原则上或许值得称赞，但正如资源委员会的意见，该项规定在实际操作上，难度极大。事实上，这个草案后来显然没有公布，所谓对人民的赔偿成了空话。对于国民捍卫民族尊严、国家主权与领土安全而参加抗战所付出的巨大财产损失和生命牺牲，作为国家所应支付的赔偿，国民政府并未

_____

① 《抗战损失赔偿办法纲要草案》，台湾档案部门藏，典藏号：001-010309-0500。

切实认真地办理和执行过。勤劳坚忍的中国普通民众,在战时默默地为中国抗战事业作出了自己力所能及的贡献,在战后也默默地承受着战争给自己和亲人们带来的灾难,义无反顾,无怨无悔。

至 1949 年年初,中国人民解放军大举南进,国民党政权在大陆的统治败局已定,行政院赔偿委员会乃将历年来各机构抗战损失调查材料文卷整理装箱,随行政院南迁广州,复于国民党大陆政权败亡后,再迁于台湾。由此,造成了中国抗战损失调查中央层面的档案资料,分散藏于台湾档案部门和中国第二历史档案馆各大部会全宗案卷中的局面。

第二节　国统区抗战人口损失调查与统计

第二次世界大战结束后,世界反法西斯统一战线阵营内盟国成员即着手展开对敌国要求战争赔偿事宜,中国亦不例外。唯此项工作进展,须以战时损失调查统计数据为基本依据。抗日战争结束后不久,国民政府主席蒋介石在 1945 年 9 月 25 日又一次手令行政院,要求"将战事公私财产损失调查报告于二星期内呈阅,并将目前进行情形查报"。[①] 行政院奉令后,交由内政部办理呈复。旋内政部复呈云:"查关于抗战损失之调查,前经制定各种调查表式,分颁中央各部、会、署及各省、市政府,就民国二十年九月十八日起,迄战事结束之日止,所有因敌人侵略遭受之人口伤亡及公私财产损失,逐级调查填表汇报。截至目前止,关于资料统计方面,除属于军事部分、盟旗地方及旅外华侨者,系分由军政部、蒙藏委

---

① 秦孝仪主编:《中华民国重要史料初编——对日抗战时期》第 2 编,"作战经过"(4),第
　　11 页。

员会及外交部与侨务委员会调查汇报,尚未送到,正派员催办外,所有自二十年九月十八日起,迄卅三年十二月止,各项表报及搜集之损失资料,经整理统计,成为战时公私财产损失暨人口伤亡调查报告表各一种,附呈。至沦陷省(市)县政府过去对于公私财产数字,本无完备之登记;沦陷时期,又以环境关系,不能执行任务,势不得不于收复之后,开始办理。兹为因应事机,经决定参照第一次大战时英、美前例,先就已有之资料,推算未报损失之数字,编制一种估计性质之报告,一面仍加紧实际调查,现正在加紧赶办。"①

10 月 12 日,行政院将此内政部复呈经行政院秘书长蒋梦麟签核后,连同内政部调制的《财产损失报告表》和《人口伤亡报告表》报呈蒋介石。② 其《人口伤亡报告表》中统计各省战时伤亡人口情形,如表 3 - 1。

表 3 - 1　人口伤亡报告表

地域别	共计	重伤	轻伤	死亡
总计	516 690	57 851	62 272	396 567
江苏	290	130	10	150
浙江	1 320	1 732	2 286	4 202
安徽	208 277	2 964	1 904	203 409
江西	46 506	10 242	8 520	27 744

---

① 秦孝仪主编:《中华民国重要史料初编——对日抗战时期》第 2 编,"作战经过"(4),第 11 页。
② 蒋介石 1945 年 9 月 25 日的手令和行政院 10 月 12 日的复呈,亦见载于王正华编:《蒋中正"总统"档案·事略稿本(1945 年 8 月至 9 月)》62,第 669—671 页。唯附表略且文字有细微差别。

续表

地域别	共计	重伤	轻伤	死亡
湖北	1 262	178	212	872
湖南	22 615	3 364	6 393	12 858
四川	8 688	2 317	2 753	3 618
河北	334	172	5	157
山西	46 918	77	175	46 666
河南	7 351	1 455	1 350	4 546
陕西	342	66	83	193
福建	5 058	904	1 131	3 023
广东	8 845	1 339	1 925	5 581
广西	5 819	1 077	1 952	2 990
云南	239	68	75	96
贵州	1 677	85	953	639
绥远	120			120
宁夏	639	129	102	418
南京	3 192	23	29	3 140
上海	3 123	1 963	19	1 141
西京	1 419	250	312	357
重庆	20 421	34	11 729	8 658
不能分区	34 958	15 431	641	18 886
未详	80 377	13 815	19 713	46 813

说明:

一、本表系根据各省市政府暨县政府直接报送之资料所编制;

二、本表系自二十六年抗战开始起,截三十四年九月止;

三、沦陷地区如江苏、河北等省在三十三年以前之人口伤亡,多数未据查报;

四、将士因作战伤亡者,由军政部汇编,未列入本表;

五、表内"不能分区"一栏,系指省区不能区别者,如平汉路人口伤亡;

六、表内"未详"一栏,系指报送之表内未写明省县别者。

资料来源:秦孝仪主编:《中华民国重要史料初编——对日抗战时期》第 2 编,"作战经过"(4),第 15—16 页。

　　表 3-1 中有关中国抗战时期的人口伤亡统计数据,也恰如我们在前文中所曾提到的抗战期间国民政府主计处历次调制中国抗日战事所受财产与人口伤亡总表一样,内政部只是据各省市县政府战争期间直接报送的有限的调查资料编制,根本不能反映抗战时期中国人口伤亡实情,如江苏省只报死亡 150 人,南京只报死亡 3140 人,河北省只报死亡 157 人,湖北省只报死亡 872 人,山东省则根本未报一人,其他有些省份抗战期间曾进行过局部调查,统计结果本已十分精确,但在此报告中仍未得到体现。其数据疏漏谬误,非常明显。对此,内政部在致行政院呈文中曾明确加以说明,蒋梦麟也在呈送内政部报告签呈中称:"谨按,所呈《财产损失报告表》,其资料来源与统计方法,大体均属妥当,惟《人口伤亡报告表》虽据称若干地区未报送齐全,但其总数字恐与事实相去甚远(据列伤亡合计仅五十余万人)。"并拟暂时性的处理意见:"(一)《财产损失报告表》送国防最高委员会审核,并据以研拟向敌国索取赔偿之具体办法;(二)《人口伤亡报告表》部分,姑先作为第一部分索取赔偿,保留继续调查汇送权利。一面通饬继续调查报核。"蒋介石对此报告,批示同意蒋梦麟所拟处理办法,同时批曰:"南京人口死伤只报三一九二,则其大屠杀之人数,当不在内,为何不列入在内?"[1]很显然,他对这个报告表里的统计结果甚不满意。

　　此前 9 月 20 日,蒋介石亦曾令国防最高委员会对内政部的损失报告详加研究审核。11 月 8 日,该委员会邀集相关部会召开两次国际问题讨论会,由秘书长王宠惠以"国秘 834 号"文向蒋介石

---

[1] 秦孝仪主编:《中华民国重要史料初编——对日抗战时期》第 2 编,"作战经过"(4),第 12 页。蒋梦麟 1945 年 10 月 12 日的签呈和蒋介石同日的批示,亦见载于王正华编:《蒋中正"总统"档案·事略稿本(1945 年 8 月至 9 月)》62,第 672—673 页,文字亦有细微差别。

报告对内政部损失报告的审核意见,称参加国际问题讨论会的行政院、内政部、外交部、经济部等各部代表,皆认为"该表所列之损失及伤亡数目,因调查尚未完竣,仅系初步性质,不能概括全部"。[①]

1945 年 11 月 22 日,行政院训令颁行《抗战损失调查实施要点》,明确划分中央各部会及地方各省市县机关关于抗战损失调查的职责、调查事项,并限各级机关于 3 个月内调查呈报完毕。[②] 各省在奉到行政院三令五申之后,乃开始着手切实进行调查统计工作。后文中,我们将视资料情形,对部分省份战后有关抗战损失调查工作的进展情况及抗战人口损失统计结果,分别予以简单介绍。

一、上海市抗战人口伤亡估计

1939 年 7 月行政院颁行的《抗战损失查报须知》及 1941 年 7 月颁行的《修正抗战损失查报须知》,都没把 1937 年 7 月 7 日以前中国因日本侵略所受的损失列入抗战损失查报范围。1944 年 8 月,行政院抗战损失调查委员会成立并再次修正通过《抗战损失查报须知》,首次明确规定抗战损失查报的时间范围分前后两期,即 1931 年九一八事变至 1937 年 6 月底之间为前期,1937 年 7 月 7 日全面抗战爆发至抗战胜利之间为后期。1946 年 10 月,行政院赔偿委员会成立后,也在它颁布的《抗战损失赔偿办法纲要草案》中作出同样的规定。因此,本书的研究对象在时间概念上虽然主要局限在 1937 年至 1945 年 8 月全面抗战期间的中国人口损失,但对某些较为特殊的地区或方面,如上海市、东北地区、长城抗战及劳工

---

① 秦孝仪主编:《中华民国重要史料初编——对日抗战时期》第 2 编,"作战经过"(4),第 17 页。

② 转据孟国祥、喻德文:《中国抗战损失与战后索赔始末》,第 66 页。

等方面的人口伤亡损失，也就是 1931 年九一八事变至 1937 年 6 月之间的中国某些局部地区或特别方面因日军侵略而造成的人口损失，也力争予以适当关注。

1932 年 1 月末，日军在上海地区悍然挑起"一·二八"事变，发动侵略战争，遭中国驻沪第十九路军爱国官兵的英勇抵抗。至 3 月 14 日，中日双方在国联及英、美、法等国的调停下开始停战谈判。5 月 5 日，双方签订《淞沪停战协定》。在长达 3 个多月的淞沪抗战期间，日军对上海市区及周围城厢进行了狂轰滥炸，给当地民众造成巨大的生命牺牲及财产损失。由于后续关于中国军队抗战伤亡的损失统计，只计入了七七事变之后国共两军的伤亡，所以"一·二八"淞沪抗战期间中国守军的伤亡数应独立考察，计入中国抗战人口损失数字中。据有关档案资料记载，在"一·二八"淞沪抗战期间，第十九路军、第五军等中国守军共计伤亡 14 104 人，其中阵亡官兵 4 274 人，受伤官兵 9 830 人；第五军阵亡 1 825 人，受伤 3 487 人。[①]

在平民伤亡方面，据 1932 年 3 月 20 日中央统计局代局长吴大钧所作的《沪变损失初计》所载，淞沪抗战期间，上海全市被侵占面积约为 474 平方里，受直接损害人民为 180 816 户，8 148 084 人，占全市华界人数的一半。其中上海市四、五区死亡者 6 080 人，受伤者为 2 000 人，失踪者为 10 400 人。[②] 据战后调查，江湾区共计死亡 376 人，失踪 95 人，受伤 43 人。其中集镇人口伤亡情况为死亡 67 人，失踪 25 人，受伤 6 人。乡村死亡 309 人，失踪 70 人，受伤 37 人；彭浦区

---

① 《淞沪抗战作战纪要》，中国第二历史档案馆藏，787/4125。转引自孟国祥、喻德文：《中国抗战损失与战后索赔始末》，第 17 页。

② 吴大钧：《沪变损失初计》，《申报》，1932 年 3 月 20 日。又见《上海市区内沪变损失初计》，中国第二历史档案馆藏，2/2889。

死亡 35 人；殷行区死亡 47 人，失踪 14 人，受伤 11 人；教育局统计的人口伤亡情况为死亡 13 人，失踪 79 人，受伤 30 人。此外，上海周围时属江苏辖县的太仓、嘉定、宝山等县，受沪战战火波及，亦分别遭到人员伤亡。其情形分别为：太仓县浏河区战前人口为 39 062 人，战后人口为 38 846 人，人口减少 216 人；嘉定县人口战前为 244 551 人，战后为 236 468 人，减少 8 083 人。确定死亡者共计 464 人；宝山第一区死亡 230 人，失踪 47 人，受伤 109 人。第二区"死伤人民三百余"，统计全县人民"死亡伤害，达千人以上"。[①] 为简明直观起见，兹将上列淞沪抗战期间中国军民伤亡各数，列如表 3－2。

表 3－2 "一·二八"淞沪抗战期间上海市及周围县人口伤亡损失情况表

区域	死亡	受伤	失踪	合计	备考
中国守军	4 274	9 830		14 104	第十九路军及第五军等伤亡合计
四五区	6 080	2 000	10 400	18 480	
江湾区	376	95	43	514	
彭浦区	35			35	
殷行区	47	11	14	72	
教育局统计	13	30	79	122	
太仓县浏河区			216	216	失踪数为人口减少数
嘉定县	464		8 083	8 547	失踪数为人口减少数

[①] 上海撤兵区域接管委员会编：《上海撤兵区域接管实录》，1933 年刊行。转引自张铨、庄志龄、陈正卿：《日军在上海的罪行与统治》，上海：上海人民出版社 2000 年版，第 38—39 页。

区域	死亡	受伤	失踪	合计	备考
宝山一区	230	109	47	386	
宝山二区				300 余	伤亡未分
宝山全县				1 000 人以上	伤亡未分
总计	11 519	12 075	18 882	42 876	伤亡总计为 24 208 人

资料来源:本表系据上文所引各资料汇编而成。

　　合表 3 - 2 中数字统计,则"一·二八"淞沪抗战期间,中国守军、上海市区及周围江苏辖县共计死亡军民 11 519 人,受伤 12 075 人,失踪 18 882 人,伤亡总计 24 208 人,合失踪人数,共计达 42 876 人。这是"一·二八"淞沪抗战期间上海市区及周围县区人口伤亡损失的最基本统计,但还不包括真如、南市、特区等处伤亡人口数字,所以有人估计:"此次日军侵沪期间上海平民死亡人数即至少达万人以上。"[1]对于上表数据,因无汇总时重复累计之嫌,故军民合计,不复区分。

　　1937 年 7 月 7 日,日军制造卢沟桥事变,发动全面武装侵华战争,全面抗战爆发。月余之间,日军将战火由华北引向华东地区,上海发生八一三事变,全面抗战初期的中日淞沪大会战全面展开,中日双方进行了 3 个多月的激烈战斗。11 月 12 日上海沦陷,中国守军沿沪宁线后撤。会战期间,中国守军官兵、上海市及周围各县居民在日军飞机的狂轰滥炸、日军的残酷虐杀及流弹毙伤下,再次遭受巨大的人员伤亡。前文中我们已多次提及,在全面抗战爆发后中国抗战军人的伤亡数字向有系统统计,将于后文计入中国抗

---

[1] 张铨、庄志龄、陈正卿:《日军在上海的罪行与统治》,第 39 页。

战军人伤亡损失统计之中,此处先不作单独考察和统计。此外,上海市周围的上海县、金山、宝山、嘉定、川沙、松江、青浦、崇明、南汇、奉贤等县,以按当时中华民国行政区划归江苏省所辖,各县抗战期间人口遭敌残害所致伤亡各数亦将于后文考察江苏省人口损失情形时加以讨论,并将结果计入江苏省战时人口伤亡估计中,在这里我们也暂时不予考察。本节我们将主要考察上海市区内淞沪会战及整个抗战期间的平民伤亡情况。我们先据相关档案资料、当时报刊、地方史志所载,汇编成《1937 年淞沪会战期间上海市平民伤亡情况一览表》,如表 3-3。

表 3-3　1937 年淞沪会战期间上海市平民伤亡情况一览表①

时间	事件	地点	死亡	受伤	合计	资料出处
8.13—10.12	流弹	公共租界	2 046	2 919	4 965	立报,1937 年 10 月 21 日,不含外籍人士
8.14	轰炸	南京路、黄浦滩	729	865	1 594	1937 年上海公共租界工部局年报,187 页
8.14	轰炸	爱多亚路、虞洽卿路	1 011	1 008	2 019	1937 年上海公共租界工部局年报,187 页
8.17	轰炸	闸北			70 余	日军在上海的罪行与统治,126 页
8.17—8.30		闸北地区			200 余	日军在上海的罪行与统治,127 页
8.18	轰炸	北火车站等处			100 余	日军在上海的罪行与统治,126 页
8.18—10.28		沪西北			100 余	日军在上海的罪行与统治,127 页

① 本书中涉及人口伤亡类汇总、增补诸表,由于原始数据多有虚数、余数、伤亡未分等情况,故合计项与分计项多有不合,间有取舍。全书同此。

时间	事件	地点	死亡	受伤	合计	资料出处
8.18—11.8		沪南			240余	日军在上海的罪行与统治,127页
8.23	轰炸	南京路、浙江路	215	570	785	1937年上海公共租界工部局年报,187页
8.23	轰炸	公共租界、江西路			700余人	"八一三"抗战史料选编,77—78页
8.23—11.10		浦东			300	日军在上海的罪行与统治,127页
8.28	轰炸	南北火站			700—800	立报,1937年8月29日
8.28	轰炸	麦根路			多人	日军在上海的罪行与统治,126页
8.28	轰炸	世行车站	200		200	"八一三"抗战史料选编,90页
8.28—10.28		沪东			130余	日军在上海的罪行与统治,127页
9.2		虹口、杨树浦	711		711	日军在上海的罪行与统治,128页,公共租界工部局处理尸体
9.5—11.2		沪西			1 700	日军在上海的罪行与统治,127页
10.12	轰炸	闸北共和路、宝山路	100余		100余	日军在上海的罪行与统治,126页
10.14	轰炸	麦根路、昌平路	12	20	32	1937年上海公共租界工部局年报,187页
10.22	轰炸	新闸路、梅白格路	5	48	53	1937年上海公共租界工部局年报,187页
10.27	轰炸	沪西工业区			200余	日军在上海的罪行与统治,127页

时间	事件	地点	死亡	受伤	合计	资料出处
"八一三"期间		上海市	1 155	248	1 403	日军在上海的罪行与统治,128 页
"八一三"战后		沪市四郊	2 582		2 582	日军在上海的罪行与统治,129 页,世界红十字会掩埋尸体
"八一三"战后		南市收容所	2 465		2 465	日军在上海的罪行与统治,129 页,世界红十字会掩埋尸体
1937 年年底		公共租界内	35 171		35 171	1937 年上海公共租界工部局年报,305 页

资料来源:本表系据章伯锋、庄建平主编《抗日战争第 7 卷·侵华日军暴行日志》第 157—163 页所载上海市部分资料,张铨、庄志龄、陈正卿著《日军在上海的罪行与统治》第 126—129 页所载各表,《近代史资料》编辑部等编《日军侵华暴行实录》(3)第 1—45 页(北京:北京出版社 1997 年版),上海社会科学院历史研究所编《"八一三"抗战史料选编》第 74—89 页所载资料汇编而成。

　　表 3-3 所列的淞沪会战期间上海平民死亡受伤人数,只是据已公开出版的有限的文献资料所作的零星汇编,表中数据既不称全面,又复有交叉可能,基本不可能据以汇总会战期间上海市区平民伤亡的实际情况。不过,有的学者还是依据这些统计数据,结合当时相关记载,估算认为"八一三战争期间上海死亡平民约 10—15 万人"。[①] 若仅就上表中所列的战后慈善机构及上海公共租界工部局几次较大规模的尸体处理统计情况看,平民死亡于战祸者即达 5 758 人。相对完整的统计,应该是上海公共租界工部局 1937 年年底的统计,即上海公共租界内华人死亡数为 35 171 人,这一数字中绝大多数当死于这场战争,若再合上表中所记上海四郊由世界红

———————

① 张铨、庄志龄、陈正卿:《日军在上海的罪行与统治》,第 130 页。

十字会掩埋之 2 582 具尸体则为 37 753 人。此数当为淞沪会战期间上海市平民死亡的最低数字。上表 3－3 中计有未分伤亡之损失数 4 000 余人,取其半合受伤数,则淞沪会战期间,上海平民受伤数至少在 7 700 余人。

　　至于八一三淞沪会战后至抗战结束止,上海市内中国平民伤亡,亦无完整统计。唯上海公共租界工部局历年年报中,对当年界内中国平民死亡数字,有较确切的统计。如上表中所列 35 171 人之数,即系由公共租界工部局据普善山庄等慈善机构收尸数字统计所得,关于此数说明,《1937 年上海公共租界工部局年报》称,至 1937 年年底,"确经记录之死亡华民数达 35 171 人,死亡之最大原因为横死及患传染病。暴露之尸体约占华人死亡数百分之六十"。此后 1938 年至 1940 年,上海公共租界工部局同样于历年年底形成的年度报告中,对此项数字皆有统计:1938 年界内华人死亡数为 55 609 人,暴尸者占 68.2％;1939 年统计的华人死亡数为 34 959 人,暴尸者占 64.1％;1940 年统计的华人死亡数为 37 440 人,死因未详者为 22 378 人,基本为露尸,占总死亡数的 53.4％。[①] 上述这些死亡的华人,死因多为横死、患病,暴尸于野者更占三分之二左右,所以我们基本可以肯定,这些人多系直接或间接受战争灾害影响的非正常死亡者。以上项 1938 年至 1940 年各数相累加,并合淞沪会战期间的死亡数 37 753 人,计为 165 761 人,若按工部局统计的暴尸占总死亡数之三分之二左右者为横死者,亦即此三年半间受战争影响非正常死亡者,约为 110 563 人。若再据此趋势保守估计 1941—1945 年约四年半间上海市非正常死亡平民数,亦当得此

[①] 上海公共租界工部局历年年报所统计的数字,均转引自张铨、庄志龄、陈正卿:《日军在上海的罪行与统治》,第 490 页。

数。则战时上海市内华人非正常死亡人数可达 22 万人许。但是，因惜于无进一步资料可资佐证，我们暂取谨慎态度，止以上项 110 563 人作为战时上海市内平民因战争死亡的基本数，合前项 1932 年"一·二八"淞沪抗战期间中国军民之死亡数 11 519 人，累计为 122 082 人，将此看作是自 1931 年 1 月 28 日至抗战结束时上海市因日本侵华战争所遭受的人口直接损失的最低限估计数字，并在后文估计全国抗战人口损失总数时予以计入。

二、侵华日军南京大屠杀死难者调查统计

1937 年 12 月，侵华日军攻陷南京，在此后长达 6 个星期的时间内，日军在南京城厢对中国的普通民众和放下武器的军人，实施了大规模、有计划、有组织的大屠杀，造成了抗战时期最大的惨案，当时即震惊了整个世界。南京大屠杀事件，在其发生之后不久，即广泛受到中外人士的同声谴责。从战后国民政府主持抗战人口损失调查到国民政府国防部审判日本战犯特别军事法庭，再到远东国际军事法庭的审判，以及中华人民共和国成立后学术界的研究成果，都对在南京大屠杀中遇难的中国军民的人数予以高度关注，进行过深入的研究，并形成较为一致的共识：即在南京大屠杀中，被日军残酷杀害的中国军民达 30 万人以上。这早已成为定论，为国人和国际社会所共知，很难人为撼改。在抗战胜利的当年，蒋介石因见内政部呈报全国人口伤亡表中的南京人口伤亡数字便生责问，也足见此事件造成的人员伤亡之巨，在当时即已形成定见。因南京大屠杀事件已成为战后至今抗战史研究中一个成果丰硕的热门专题，资料积累也非常系统全面，档案资料、证言证词、图片书录等均极为丰富，故我们不拟对南京大屠杀期间日军在每一具体地点的残杀行径作重复性的考察与描述，只是简单地摘要介绍一下抗

战胜利后,国民政府抗战损失调查机关的调查及相关军事法庭在审判日本侵华战争罪行和日本战犯时所判定的基本事实。

　　抗日战争胜利后,南京市政府曾就南京战时遭受日军暴行所致的人口伤亡进行了调查,统计结果于 1946 年 5 月 4 日由南京市抗战损失调查委员会汇总呈报内政部抗战损失调查委员会。其在呈报统计结果的代电中称:"本市自民国三十五年一月奉命成立抗战损失调查委员会以来,所有查报事项业已积极进行,关于人口伤亡部分,至四月十日止,依统计所得伤亡总计二十九万五千六百零八人,已经编制南京市遭敌寇暴行人口伤亡统计表一种。"①该项统计表系据原行政院颁《抗战损失查报须知》中所附《县市人口伤亡汇报表》型制统计,兹照录于次,如表3-4。

表3-4　南京市遭敌寇暴行人口伤亡统计表

类别	伤亡情形		
	共计	死亡	受伤
总计	295 608	295 525	83
男	224 373	224 333	40
女	65 940	65 902	38
幼童	5 295	5 290	5

　　说明:本表系据首都地方法院检察处敌人罪行调查统计表及本会截至三十五年四月十日止所收调查表之资料编制,其尚未填报者,概未列入。
　　资料来源:《南京市政府致内政部抗战损失调查委员会代电稿》(1946 年 5 月 4 日),中央档案馆、中国第二历史档案馆、吉林省社会科学院合编:《日本帝国主义侵华档案资料选编——南京大屠杀》,北京:中华书局 1995 年版,第 468 页。

----

① 《南京市政府致内政部抗战损失调查委员会代电稿》(1946 年 5 月 4 日),中央档案馆、中国第二历史档案馆、吉林省社会科学院合编:《日本帝国主义侵华档案资料选编——南京大屠杀》,北京:中华书局 1995 年版,第 468—469 页。

　　这张表可能是第一次非估计性地对南京遭日军残害死伤的中国民众作出近 30 万人的统计结果。表中数据横纵齐整，若合符契，精准到个位。这张表给人强烈的印象至少有三点：第一，死伤比例悬殊，受伤人数在统计中很少，几可忽略，这肯定与事实严重不符。出现这种情况，可能的原因有当时南京市抗战损失调查委员会的调查不周全、当年的受害者星散未归，等等。同时，这已部分地反映了在挑起全面侵华战争之初，日本侵华当局所奉行的杀戮政策，即日军官兵自己在多种场合下强调或承认的"原则上不保留俘虏"、尽量将俘虏"处理掉"的政策。第二，这张表中所列的死难者人数，男女性别比例严重失调。除调查未到的因素外，我们推测的因素可能还有，在大屠杀期间，有近 10 万参加南京保卫战未及撤退、放下武器的中国军人，大部分遭到杀戮后被统计在内，更使死难者性别比例出现极大差异。第三，幼童占比较少，不到总数的 2%，这与我们后文相关章节考察得出的未成年人伤亡占平民伤亡总数之比在 10% 左右的平均水平差别很大。这也是一个令人困惑的地方。此外，根据自 1939 年 7 月第 1 版《抗战损失查报须知》颁行以来的历次规定，任何县、市、省，乃至全国的人口伤亡总表的数据汇总，都是据一张一张具体的《人口伤亡调查表》，造填《人口伤亡汇总表》，然后由县而省，由省而至行政院，或至主计处，或至抗战损失调查委员会，或至赔偿委员会，逐级汇总，分级递转。那么，作为形成南京市的这张《遭敌寇暴行人口伤亡汇总表》的数据基础的《人口伤亡调查表》的原始档案资料，可能还深藏在某个档案馆的未被人们触碰到的角落里，同样等待着我们去发现它，利用它，以期进一步解开这尘封已久的历史之谜。当然，还需要特别说明的是,这张表是南京市抗战损失调查委会的统计表,应该是为应对蒋介石对南京战时伤亡人口数字的质疑而统计出来的、归口于抗战损失调查的统计数字,直率一点说,从这张表的成幼比例和伤亡比例来看,还是有不少令人不解、让人怀疑的地方。另外也须注意,这是一张有关战时南京人口损失的调查统计表,而不是侵华日军南京大屠杀受害人数统计表。

1946 年 7 月 1 日,在南京大屠杀敌人罪行调查委员会第二次会议上,首席检察官陈光虞说:

> 过去已有中统局、军统局、警察厅、市政府、市党部、三民主义青年团支团部、各工会、红万字会等十四机关组织调查委员会,调查有相当成绩,惟有困难数□:(一) 全家被毁,无从稽察者。(二) 有逃亡未归者。(三) 有以政府调查手续太繁不愿提出者,或者事后羞愧不愿报告者种种阻碍。但虽有此种种原因,已得一可靠之数目,即为敌人惨杀者为二十九万五千八百八十五人,其后经济总署加入对被害人家属予以救济,因之续有数百户人民申请救济,由此续得出一统计为九万六千二百六十人,共计已有三十九万余人。[①]

1947 年 3 月 10 日,南京国民政府国防部审判战犯军事法庭作出的《对战犯谷寿夫的判决书》上说,日军在攻陷南京后,展开大规模屠杀,计我被俘军民,在中华门、花神庙、石观音、小心桥、扫帚巷、正觉寺、方家山、宝塔桥、下关草鞋峡等处,惨遭集体杀戮及焚

---

① 中央档案馆、中国第二历史档案馆、吉林省社会科学院合编:《日本帝国主义侵华档案资料选编——南京大屠杀》,第 387 页。

尸灭迹者,达 19 万人以上;在中华门、下关码头、东岳庙、堆草巷、斩龙桥等处,被零星残杀,尸骸经慈善团体掩埋者,达 15 万人以上;被害总数共 30 余万人。对谷寿夫"科处极刑,以昭炯戒"。[①]

　　1948 年 11 月 4 日,远东国际军事法庭对侵华日军在南京进行大屠杀的罪行作出判决。判决书中说:

> 　　据后来估计,在日军占领后的最初六个星期内,南京及其附近被屠杀的平民和俘虏,总数达二十万人以上。这种估计并不夸张,这由掩埋队及其他团体所埋尸体达十五万五千人的事实就可以证明了。根据这些团体的报告说:尸体大多是被反绑着两手的。这个数字还没有将被日军所烧弃了的尸体,投入到长江,或以其他方法处理的人们计算在内。[②]

　　按照传统说法,在南京大屠杀惨案中,被日军残酷杀害的中国军民为 30 余万人。当年的日本外相广田弘毅似乎是我们能够查询到的首次提到在南京大屠杀中中国民众死难人数为 30 万的人。1994 年 9 月 9 日,美国国家档案馆公开了"日本外交文件——1934 年 7 月至 1938 年 7 月"3 000 余份,其中有 6 件直接与南京大屠杀有关,它们是当时日本外相广田弘毅自东京发给日本驻华盛顿大使馆的。在 1938 年 1 月 17 日的一则电文中,广田引称:

---

① 《国防部审判战犯军事法庭对战犯谷寿夫的判决书》(1947 年 3 月 10 日),中央档案馆、中国第二历史档案馆、吉林省社会科学院合编:《日本帝国主义侵华档案资料选编——南京大屠杀》,第 745 页。

② 《远东国防军事法庭关于日军在南京进行大屠杀罪行的判决》(1948 年 11 月 4 日),中央档案馆、中国第二历史档案馆、吉林省社会科学院合编:《日本帝国主义侵华档案资料选编——南京大屠杀》,第 849 页。

　　我调查了日军在南京及其他地方所犯暴行的报道。据可靠的目击者直接计算及可信度极高的一些人的来函,提供充分的证明:日军的所作所为及其暴行手段,使我们联想到阿提拉及其匈奴人。不少于三十万的中国平民遭杀戮,很多是极其残暴血腥的屠杀。抢劫、强奸幼童及其他对平民的残酷的暴行,在战事早已于数星期前即已停止的区域继续发生。这里比较优良的典型的日本平民感到深痛的耻辱——日军在各处应受谴责的行为更为日本兵在上海本地疯狂地造成的一系列地方事件而高涨。①

　　如果我们对当时南京各慈善机构掩埋死难者尸体的数字和战后个人、各机关所具证的数目稍微加以考察的话,同样也会得出一个令人震惊的数目,同时对日军在南京所犯暴行达到何种惨无人道的程度有一个较为数字化的把握。据档案材料记载,南京大屠杀惨案发生后,南京市慈善堂曾掩埋尸体 112 266 人,世界红卍字会掩埋 43 071 人,中国红十字会掩埋 23 371 人,无主孤魂碑下掩埋 3 000(以 3 000 人计)余人,下关区掩埋 26 101 人。仅此几个数目累加,即已达 207 809 人,这个数目应该是真实可信的,因为当年各慈善机构在掩埋尸体时都曾逐月填写掩埋尸体统计表,并在战后呈递政府。此外,据不完全统计,尚有个人伍长德具证的被害者 2 000 余人,鲁甦具证的 57 400 余人,芮方缘、张鸿儒等具证的 7 000 余人,中山码头遇难的 1 万余人,鱼雷营、宝塔桥等处遇难的 4 万余人,草鞋峡遇难的 5 万余人,上新河地区遇难的 28 730 余人,

---

① 《广田自东京给华盛顿电》(1938 年 1 月 17 日),《抗日战争研究》1995 年第 2 期。

共 195 130 人。这一组数目中，除了少数遇难者的尸体事后经慈善机构掩埋，与前面所得的慈善机构掩埋总数稍有交叉外，大部分为日军在江边屠杀后，或弃于江流之中冲走，或浇以汽油、煤油焚化而毁尸灭迹了。[①] 这个数目中的绝大部分，可能正是远东国际军事法庭判决书中所说的没有计算在内的"被日军所焚毁的尸体、投入到长江或以其他方法处理掉的尸体"。

日军在每进行一次集体大屠杀之后，为了毁灭罪证，总会纵火焚烧、投入江中或以其他手段对尸体进行处理，这一点，我们能够从日军随军记者、日本军人战时记述和日记，以及战后各团体及个人的呈文中得到确切证实。据日本南京碇泊场司令部少佐太田寿男笔供交代，该司令部专门负责处理中国死难者的尸体，仅在下关一带，即曾动用过 30 艘船只、10 辆卡车和负责搬运尸体的士兵 800 多人，"处理掉"尸体 10 万具。这些尸体先由日本士兵用铁钩子搭上卡车，有伤重未死者，将其打死后再拖上卡车，运至码头江边，或直接抛入江中，或搬上船只，运至江心扔下，由滔滔江水冲走。其中大多数是南京市民，男女老幼皆有。这些被江水冲走的尸体，或被日军以其他手段毁灭的尸体，在慈善机构等尸体掩埋的数目统计中是难以反映出来的，根据上述当事人的记述和供词，其数目至少在 10 万以上。[②]

如果我们把远东国际军事法庭所作出的一个不包括日军所毁弃尸体在内的数目——20 万——加上这里我们所说的被日军以各

---

① 首都地方法院检察处编：《南京慈善机关暨人民鲁甦等报告敌人大屠杀概况统计表》，中央档案馆、中国第二历史档案馆、吉林省社会科学院合编：《日本帝国主义侵华档案资料选编——南京大屠杀》，第 411 页。

②《太田寿男笔供》，中央档案馆、中国第二历史档案馆、吉林省社会科学院合编：《日本帝国主义侵华档案资料选编——南京大屠杀》，第 863 页。

种手段毁灭的 195 130 具尸体,或者,我们以有据可考的各慈善机构所掩埋尸体的统计总数——207 809 人——加以《对战犯谷寿夫的判决书》中所说的惨遭日军集体杀戮而毁尸灭迹者 19 万人,都可以得出一个与陈光虞检察官所说的十分相近的数目,即 39 万多人。在这些被害人当中,大约有 8—9 万人是放下武器的中国军人。[①] 中国抗战军人死亡及受伤人员的统计,自抗战期间以迄于战后的人口损失调查,国民政府向有明文规定由军事机关专门查报。我们出于保守的态度,相信在南京大屠杀中死难的这 8—9 万中国军人,已在军令部、军政部或战后国防部的军人伤亡调查统计数字得到反映。为避免重复累计,我们在本书后文相关章节估计中国抗战人口伤亡总数时,依然按照传统的说法,笼统地以 30 万人作为侵华日军南京大屠杀人口死难者人数,也保守地将此数作为战时南京市人口损失最低数字看待。

三、江西省抗战人口损失调查统计

江西省是在抗日战争胜利后及时进行全省抗战损失调查的省份之一。其办理经过情形,据 1946 年 4 月由江西省政府统计处编印出版的《江西省抗战损失调查总报告》称,抗战期间,江西省所受日军侵害极深,日军"窜扰及轰炸所及,达七十六县市,历时前后八

[①] 关于中国军人在南京大屠杀中的遇难人数,据日军在攻占南京后发表的战况统计称:"敌方战死 84 000 人,被俘 10 500 人。"参见中国第二历史档案馆、南京市档案馆编:《侵华日军南京大屠杀档案》,南京:江苏古籍出版社 1987 年版,第 17 页。另据章伯锋、刘萍之所著《南京大屠杀中日军第 13、16 师团杀俘问题的事实考证》一文论证,"在南京城内外被日军所俘的中国官兵至少在 8—9 万人以上……事实上日军所谓消灭的 8 万多人中,绝大多数是被俘后被日军残杀的"。参见陈安吉主编:《侵华日军南京大屠杀史国际学术研讨会论文集》,合肥:安徽大学出版社 1998 年版,第 78—79 页。

载,创巨痛深,亘古未有。本处为清算累累血债,以为对敌要求赔偿及复员善后之备,遂于三十四年七月筹划全省抗战损失总清查。八月倭寇投降,中央限期呈报损失数字,进行益感急切;乃于九月上旬奉省府核定预算后,积极进行印制表格、调派人员及召开讲习会等预备工作,齐头并进,十日完成"。为了达到"正确、划一、迅速"地完成本省抗战损失调查工作,江西省政府统计处在调查办法、调查表格选用印制、调查人员选派培训、调查区域划分、调查时间范围确定、调查日程安排等方面做了大量的先期准备工作,并请准省政府"拨款 222 万元,计印刷费 39 万元,调查人员膳宿费 183 万元",以为调查费用。从 1945 年 9 月下旬开始,"各调查专员均分途出发","十二月上旬调查工作大体完成。惟调查表格之呈送,因当时交通不便,邮资突涨,各调查专员多将其应查区域全部竣查后一并携带返省,各县表报,延至十二月底始到齐"。实际调查工作费时共 2 个月,其进展情形,可谓及时迅速。江西省当局认为当时能够迅速完此项工作的原因有四:"1. 调查专员认真工作。对时间之争取,督报方式之研究,填报方法之宣导,报表可靠度之高低,均能密切注意;2. 县政府均能重视。对调查工作之推进,如区乡镇人员、工商界人士、地方士绅及各机关首长之召集指挥等,均能迅速切实办理;3. 县统计人员竭力协助。调查专员多有函称述得当地县统计人员之协助,如表件之审核,数字之核算等,每能星夜赶办。惟于收复县份,因当时尚未设有统计人员,则以无人协办为苦;4. 设计工作周密。因有前述周密之设计,配以人事上之协调,遂能步趋紧张,节拍扣合,而收事半功倍之效。"

对于调查结果的统计工作,分作两步进行:初步整理于 1945 年 12 月 10 日开始,当时"因人手不敷,并调社会处统计室、民政厅统计室人员协同办理,并另辟办公室,集中工作。订有初步整理及审核抗战损失应注意事项一种,对整理应用之表式、审核资料之原则、审核与整理之步骤,均有具体说明。在整理过程中,因鉴于房屋、耕牛、农具等之损失,有急行明了之必要,爰复于初步整理时,一并列出。初步整理完毕,经分别缮呈行政院抗战损失调查委员会及国民政府主计处"。第二步整理工作则于 1946 年 1 月 20 日开始,"因初步整理时已及各项统计之分类,故次步工作较为简易,至省级机关、学校抗战损失资料之整理,则于各县抗战损失资料整理后继续办理。又整理时,因本省公私营事业,除省级系公营及各县市电讯部分系公营外,其他各项事业,极少有公营者,故未予划出"。调查统计结果,"计得总表六,分表二十一",于 1946 年 4 月由江西省政府统计处编印成《江西省抗战损失调查总报告》出版。

　　根据此次调查统计结果,江西省抗战期间的各类公私损失、人口伤亡大略梗概为:全省人口伤亡共计 504 450 人,占全省人口 3.8%。其中伤 191 201 人,占全省人口 1.4%。死亡 313 249 人,占全省人口 2.4%。[①] 财产损失(以 1945 年 9 月物价为准)共计 10 072 亿元,合战前 11.5 亿元;其中直接损失 6 720 亿元,合战前 7.7 亿元;间接损失 3 352 亿元,合战前 3.8 亿元;每人平均损失约 75 220 元,合战前 86 元;每户平均损失约 357 160 元,合战前 410 元。[②]

　　关于全省抗战人口伤亡总体情况,该报告书表一即《江西省抗战人口伤亡总数》,此表型制,显系 1939 年行政院颁行《抗战损失查报须知》时所附之表式 2《市县人口伤亡汇报表》,在此被用以统计人口伤亡总数。兹录原表如表 3-5。

---

① 《江西省抗战损失调查总报告》并作说明称:"据三十三年十二月查报,全省人口 13 393 511 人。"

② 江西省抗战损失调查办理情形,据《江西省抗战损失调查总报告·江西省抗战损失调查办理经过》,江西省政府统计处 1946 年 4 月编印,第 1—5 页。

表 3-5　江西省抗战人口伤亡总数

性别	共计	重伤	轻伤	死亡
总计	504 450	83 529	107 672	313 249
男	307 870	48 361	65 770	193 739
女	137 481	24 748	28 354	84 379
童	57 866	10 420	13 548	33 900
不明	1 231			1 231

资料来源：江西省政府统计处：《江西省抗战损失调查总报告》，表二，1946年4月编印，第7页。

　　至于抗战期间江西省各县因日军侵略所受之人口损失的具体数字，该报告编有《江西省抗战人口伤亡数》，兹亦照录于次，如表3-6。

表 3-6　江西省抗战人口伤亡数

县市名称	重伤				轻伤				死亡				
	共计	男	女	童	共计	男	女	童	共计	男	女	童	不明
总计	83 529	48 361	24 748	10 420	107 672	65 770	28 354	13 548	313 249	193 739	84 879	33 900	1 231
南昌市	46	33	7	6	23	17	4	2	1 225	828	250	87	60
丰城	257	118	113	26	539	256	256	27	833	578	176	79	
南昌	1 208	753	335	120	545	347	140	58	43 376	26 983	11 197	4 481	715
进贤	1 497	834	466	197	1 731	1 051	482	196	3 109	1 598	949	499	63
新建	134	111	23		102	81	21		8 480	4 180	3 825	475	
高安	5 785	2 716	2 060	1 009	6 697	3 331	2 340	1 026	36 536	17 269	11 492	7 688	87
新淦	207	140	63	4	660	346	309	5	192	135	47	10	
清江	111	86	19	6	89	62	20	7	355	229	84	42	
宜春	132	99	31	2	103	94	7	2	562	426	116	19	1
萍乡	419	327	88	4	181	127	54		1 515	1 156	240	119	
万载	2 126	1 488	531	107	3 009	2 118	757	134	1 691	1 498	152	41	
分宜	180	62	101	17	311	135	151	25	377	322	37	17	1

续表

县市名称	重伤				轻伤				死亡				
	共计	男	女	童	共计	男	女	童	共计	男	女	童	不明
上高	944	427	303	214	1 101	616	827	158	1 420	824	369	225	2
宜丰	4 362	2 081	1 511	770	4 512	2 227	1 512	773	3 221	1 744	832	641	4
新喻	2	2							21	9	8	4	
修水	27	18	9		64	54	10		514	418	93	3	
铜鼓	29	14	14	1	19	14	5		75	46	24	5	
吉安	573	355	193	25	2 093	1 772	217	104	1 191	595	527	65	4
吉水	470	320	150		524	503	21		502	411	91		
峡江	140	116	21	3	131	103	26	2	293	242	32	19	
永丰	1	1			1	1			1			1	
泰和	265	188	67	10	321	247	62	12	603	404	176	23	
万安	483	413	61	9	314	263	48	3	1 800	1 342	408	50	
遂川	168	104	45	19	125	84	30	11	814	543	220	48	3
永冈									75	21	5	49	
永新	10 413	8 759	1 470	184	20 613	15 818	3 971	824	3 842	3 573	229	39	1
莲花	105	89	16		77	57	19	1	747	604	134	8	1
安福	5	4	1		2	1		1	4	2		2	
赣县	534	366	162	6	320	200	111	9	1 070	684	278	108	
南康	100	64	25	11	127	86	31	10	732	507	167	54	4
上犹													
崇义													
大庾									345	286	59		
信丰	83	54	18	11	98	80	18		257	158	76	22	1
虔南	67	47	19	1	74	51	23		209	158	43	8	
龙南	418	281	99	38	489	282	161	46	909	554	237	116	2
定南	55	38	9	8	43	40	1	2	92	82	8	2	
安源	3	2	1		3	3			8	8			
寻邬													
浮梁	81	32	39	10	320	138	129	53	456	193	189	71	1

县市名称	重伤				轻伤				死亡				
	共计	男	女	童	共计	男	女	童	共计	男	女	童	不明
德兴													
婺源									1	1			
乐平	8	6	2		33	17	10	6	5	4	1		
鄱阳	89	58	23	8	58	42	9	7	227	166	38	23	
都昌	792	517	262	13	817	508	290	19	1 488	1 053	408	27	
彭泽	593	330	214	49					5 344	3 145	2 077	121	1
湖口	8 701	4 824	3 782	95	7 070	3 656	2 458	956	13 641	6 928	5 122	1 546	45
星子	969	644	300	55	1 685	1 121	445	119	8 316	5 794	1 925	560	37
上饶	344	225	96	23	601	396	146	59	3 501	2 387	828	286	
广丰	35	21	9	5	32	12	18	2	805	578	158	67	2
玉山	1 282	695	409	178	1 149	644	382	123	6 604	3 497	2 420	663	21
横峰	68	23	31	14	13	3	4	6	83	45	21	17	
铅山	46	24	10	3	43	14	23	6	82	41	22	19	
弋阳	52	33	16	3					314	237	59	17	1
贵溪	979	708	230	41	1 233	871	324	38	6 658	3 707	1 928	1 001	22
余江	398	200	116	82	441	224	147	70	2 336	1 449	587	298	2
万年	3	3			9	4	3	2	14	10	3	1	
余干	68	46	19	3	37	32	4	1	682	379	242	61	
南城	453	178	184	91	484	129	252	103	2 696	2 026	1 149	478	42
南丰	5	4		1	21	13	2	6	48	22	20	6	
宜黄	54	35	13	6	105	62	42	1	809	542	174	91	2
乐安					1	1			3	1	1	1	
崇仁	24	17	4	3	30	18	10	2	266	174	73	18	1
临川	4 733	2 355	1 560	818	3 323	1 564	1 178	581	15 885	9 601	4 289	1 995	
东乡	489	280	128	81	619	314	275	30	1 069	611	321	137	
金溪	253	139	89	25	116	43	49	24	798	404	227	167	
光泽	7	5	1	1	29	20	5	4	46	23	11	12	
资溪													

县市名称	重伤				轻伤				死亡				
	共计	男	女	童	共计	男	女	童	共计	男	女	童	不明
黎川	1	1			2	1	1						
宁都													
广昌					3	2	1						
石城													
瑞金	23	15	3	5	16	9	3	4	13	8	2	3	
会昌													
雩都	7	7			2	1	1		3	2		1	
兴国	272	193	79		86	38	48		57	46	11		
靖安	481	320	106	55	469	311	109	49	3 055	1 847	746	439	23
九江	1 556	1 096	421	39	3 239	2 209	916	114	23 537	22 062	1 033	442	
德安	1 464	1 010	454		744	616	128		4 872	2 891	1 981		
瑞昌	16 798	7 338	5 110	4 350	25 835	11 742	7 503	6 590	18 660	10 631	6 540	1 483	6
永修	1 893	1 644	158	91	7 689	6 784	561	344	20 523	16 505	2 620	1 398	
奉新	6 004	3 060	1 940	1 004	2 340	1 170	780	390	42 560	21 439	14 248	6 837	36
安义	2 550	1 567	615	368	3 295	2 325	659	311	8 230	6 016	1 662	518	34
武宁	605	228	294	83	642	249	304		1 566	857	662	45	2

资料来源:江西省政府统计处:《江西省抗战损失调查总报告》,1946 年 4 月编印,第 13—17 页。表中重伤、轻伤、死亡各项数据复据 1946 年 3 月善后救济总署江西分署经济技工室编制的《江西省各县市人口数抗战伤亡数及财产损失总值表》核对,中国第二历史档案馆藏,江西善救资料卷,21/2。

　　上表是我们迄今能见到的较为详细地分轻重伤、分成童、分性别、按县市对全省各县市人口伤亡情形进行统计的省级抗战人口伤亡总表之一。1946 年 9 月,江西省政府统计处将其所编印完备的《江西省抗战损失调查总报告》上呈中央相关部会,亦曾呈送行政院社会部一本。其于 9 月□日曾以"计三自字第 5608 号"代电致社会部云:"查本省抗战损失,业经调查完竣,所编《江西省抗战损失调查总报告》一种，亦已印行。兹电附一本，送请查照。"①从其所用统计表的型制看，江西省统计处在汇总各县人口伤亡数据时，依然利用了 1939 年 7 月 1 日行政院颁《抗战损失查报须知》所附之表式 2《人口伤亡汇报表》，该表虽在 1944 年 8 月由行政院抗战损失调查委员会修正通过的《抗战损失查报须知》中予以废除，但江西省政府统计处在选用统计表式时，以为"前院颁之抗战损失查报须知中有《人口伤亡汇报表》一种，对于整理汇报极感便利"，故予增入利用。② 其实，在抗战胜利后进行人口损失调查时，许多省份也都利用该一表式对本省各县人口伤亡情形进行汇总。这也说明，行政院当时行令废止这一表式确实有些考虑欠周，至少是因为调查工作没有全面实际展开，对于调查统计中可能遇到的问题和需求，也尚不清楚，难免有闭门造车的意味。当时，行政院的设想可能是，以各县市为基层调研单位，他们只需将《人口伤亡调查表》填造一式三份，按规定自留一份，经省政府抽留一份，呈院一份，最后由院或其他规定的责任机关进行全国性的汇总。岂不知，不论是县市政府，或省政府，在对本政区内的人口伤亡损失调查完毕后，也必然会对本县市或本省境的各项损失进行汇总。而且，设使各省县市严格按照行政院的规定，只把各县市的调查表一股脑地呈报到院，再由中央有关机关进行汇总、统计、核算，则工作量必然极大，可操作性也大大降低。主计处历次调制全国抗战人口伤亡表的事实证明，由中央机关汇总的统计表，其数据覆盖面极小，根本无法反映中国抗战人口损失的真实情况。

---

① 《江西省政府统计处致社会部代电(计三自字第 5608 号)》(1946 年 9 月)，中国第二历史档案馆藏，社会部档，11/6827。

② 《江西省抗战损失调查总报告·江西省抗战损失调查办理经过》，江西省政府统计处1946 年 4 月编印，第 2 页。

　　江西省在抗战结束之际,即遵行政院令,迅速批准预算,组织人员,培训业务,在全省境内及时派员深入各县实地调查,故其数据的取得,以动手调查及时、深入实地,统计结果具有很高的可靠性,对于在战后不久及时摸清该省人口伤亡损失意义重大。当然,该省实际调查一共只用2个月的时间,未免显得仓促,其实地调查是否进行得彻底,也同样令人担忧。我们愿意相信,其统计表中的数据,只是该省调查人员实际调查得到的信息的汇总,换句话说,在统计表之外,必然存在着因时间仓促等因素而导致的未被调查到的伤害存在。也就是说,表3-5统计结果,至少是该省抗战期间因日军各种罪行所造成的人口伤亡损失的最低限额。从表3-6中的统计结果看,抗战时期,江西省84县市中,仅上犹、崇义、寻邬、德兴、资溪、宁都、石城、会昌8县未遭人口伤亡损失。至于表中统计结果是否确切,无进一步证据之前,我们无从悬测。但据其他来源的资料看,江西省此次进行的抗战损失调查统计结果,也曾于1946年3月为行政院善后救济总署江西分署利用,由其经济技工室编制成《江西省各县市人口数抗战伤亡数及财产损失总值表》,该表首栏为各县之人口数,只录轻伤、重伤、死亡各数,不录男、女、童各类伤亡分组数,其数据与本书所列上表基本相同,另有财产损失、直接(财产损失)及间接(财产损失)三栏,亦显系利用江西省政府统计处关于财产损失部分内容编成。①

---

① 中国第二历史档案馆藏,江西善救资料卷,11/2。该表为江西省善后救济资料之一种,于目录中编号为25。

四、广西省抗战人口损失调查统计

广西省抗战人口损失调查工作动手得也较早，调查统计结果也曾编辑印行。除前文中我们提到的战时广西当局进行的桂南沦陷十九县灾情调查外，在抗战胜利之初，广西省政府即选派专员分赴各县市实地进行抗战损失调查。其具体办理情形，广西省政府统计室1946年12月编印的《广西省抗战损失调查统计》前附有白日新所撰《广西省抗战损失调查统计经过》一文，曾作详细说明，兹据该文简述如下：

日本宣布投降后，广西省"沦陷地区即次第光复，省政府为配合救济善后工作及备供中央根据向日寇索偿损失，并供复兴建设参考起见，乃依照内政部抗战损失调查委员会颁发的抗战损失调查办法，及抗战损失查报须知规定办法"，提经广西省政府第772次委员会议决，在全省实施抗战损失调查，由省方拨调查费用243万元，并从省政府各厅、处、会选派调查专员8人，分赴各县实地调查。调查地区原定75县市局，后又将被日军窜扰的县市列入，共为80县市局。调查专员及各自所负责调查的地区为：

雷方伯，负责平乐、昭平、恭城、富川、蒙山、钟山、信都、怀集、荔浦；

黄道辉，负责柳江、柳城、雒容、榴江、中渡、象县、修仁、永福、武宣、融县、金秀设治局；

陈应昆，负责苍梧、平南、藤县、桂平、贵县、容县、岑溪、北洋、陆川、博白；

磨金岳，负责邕宁、扶南、绥渌、上思、永淳、横县、来宾、迁江、宾阳；

莫明，负责宜山、罗城、天河、宜北、思恩、南丹、河池、忻城；

　　辛升淬,负责武鸣、上林、果德、隆山、都安、那马、隆安、同正、平治;

　　罗俊,负责龙津、凭祥、宁明、明江、上金、思乐、崇善、左县;

　　巴一挥,负责桂林、灵川、兴安、灌阳、义宁、临桂、全县、龙胜、百寿、阳朔、资源;

　　其余,兴业、郁林、镇边、靖西、三江等县,因其损失较轻,采用通讯调查。

　　各调查员于1945年8月底由百色分别出发,至11月陆续调查完竣回桂,携回大量调查资料,调查不及办竣的少数县份,资料由其办理完毕后自行寄至省政府。当调查表收齐后,11月6日成立广西抗战损失调查统计资料整理委员会,专负整理资料之责,派定苏伯强、李耀华等7人为委员,雷方伯为总干事,并互推苏伯强为常务委员。该会分总务、整理、统计三组,每组设组长1人。总务组设干事6人,办理资料收发保管及会计、出纳、庶务、文书等事项;整理组设审核干事32人,办理资料分类、编号、审核等事项;统计组设干事10人,办理统计事项。登记工作采用包办制,依广西省政府第780次省委会决议,每份表登记工资一元五角,共用登记人员300余人之多。资料整理方法,由整理组印制村街、乡镇、县市3种财产损失整理表,此3种表式项目均相同。整理时,先将各户填报的调查表交审核员审核,然后将经审核无误的各类损失调查表,分类编号,发交登记人员转录损失数目入村街整理表中,并计算村街损失总值,旋即根据汇入乡镇整理表中数据,计算乡镇损失总值,后县市损失总值整理完毕,即交统计组或分析,或综合,编制各种统计表。"当调查时,每一调查专员,须负责调查数至十数县之广袤地区,事复繁琐,以一人之力任之,自感时间不足。为求分配调查时间适当起见,调查专员在一县调查之时间不能过久,免误赴他县工作，故调查表发出后，尚有少数村街调查工作进行迟缓，未能如期完成者。调查专员不能久待而又须赴别县调查，似此情形，至整理时，少数村街仍未能将调查表寄府者，其损失总值倘有估计之依据者，则比照该县该乡损失平均数推算列入，以谋补救。"调查资料整理统计工作至 1946 年 3 月 15 日结束，统计结果由广西省政府统计室编成《广西省抗战损失调查统计》，于同年 12 月印行。战时广西当局对桂南沦陷十九县灾情调查结果，未并汇入此次调查统计结果之中，而是单独作为一节，附于《广西省抗战损失调查统计》之后。

据此次调查统计结果，抗战期间广西省损失地域范围，"计八十县市局，1 101 乡镇，9 214 村街，679 794 户，人民财产损失计 363 872 196 000 元，平均每户损失 50 余万元之巨，其中较重大者，有房屋损失 292 230 间，价值 8 693 590 万元，衣服寝具损失价值 829 242 000 元。公务员役中 48 173 人之财产损失计 14 472 033 000 元，平均每人损失 30 余万元；机关团体学校 13 128 所，直接间接损失共 138 399 621 000 元；交通事业方面，道路损失达 80%，公家及商人汽车损失 546 辆，机船 111 艘，拖渡 21 艘，民船（仅指已经航政机关登记供运输者而言，水上住房船舶未计在内）共 11 345 艘。电讯器材损失 60% 以上，合计交通事业方面损失价值共为 213 750 014 000 元；矿业方面，公私营矿厂 691 间，损失计 6 048 785 万元；工业方面，公私营工厂 234 间，损失计 21 300 332 000 元；水电公用事业方面，水厂 4 间损失计 1 105 508 000 元，电厂 15 间损失共计 4 430 111 000 元。除机关团体外，一切因战事间接之损失，如迁移、防空、疏散、救济、抚恤等费用尚未计算在内，全省公私财产损失总数已达 827 717 665 000 元，即全省沦陷区人民，无论老幼，平均每人所受损失已在 20 万元以上，且未申报或调查遗漏及三十年以后数年间,各地被敌空袭之损失尚未计入"。若加上战时桂南沦陷十九县调查结果,"故估计全省公私直接之损失总数当在10 000亿以上,倘再加抗战八年间所动员之人力、物力、财力等之间接损失,当亦不在20 000亿以下"。在该文之末,撰述者慨然而叹曰:"本省此次被敌蹂躏,所受损失既如斯之巨大,元气已被斫殆尽,是以光复以来,大部分人民仍是陷于饥馑,遍野哀鸿,问题极为严重。爰将本省抗战损失数字,汇综成册,藉供当局社会人士观览,历历血债,如在目前,深识此次浩劫之巨大,为我国民族空前之厄运,痛定思痛,时自警惕,并作救济善后及向日寇索取赔偿损失之根据,亦以志八年抗战牺牲虽然惨重,终获得最后之胜利焉。"①

　　广西省此次调查统计结果,极为完备,各种统计表基本是按照行政院抗战损失调查委员会颁行的《抗战损失查报须知》所附之22种表式型制。且十分难得的是,其调查统计结果被非常完好地保留下来,并已公布于世,使我们可以充分加以利用。就战时人口损失方面而言,与前文所述江西省的战后调查一样,广西省也制备了一张《人口伤亡统计总表》,且较江西省的总表,还多出了"患病人数""染病死亡"和"失踪人数"三项,且其"未明"项下数据也更周备,非如江西省统计总表中"未明"项只列死亡一种损失统计。兹亦将该《调查统计》的《人口伤亡统计总表》,照录如下表3-7。

---

① 白日新:《广西省抗战损失调查统计经过》,广西省政府统计室:《广西省抗战损失调查统计》,1946年12月编印。转据秦孝仪主编:《中华民国重要史料初编——对日抗战时期》第2编,"作战经过"(4),第218—220页。

表 3‐7 广西省抗战期间人口伤亡统计总表(1944 年 9 月至 1945 年 8 月)

项目	死亡人数			受伤人数			患病人数	失踪人数
	计	被敌杀害	染病死亡	计	重伤	轻伤		
总计	497 364	215 108	282 256	431 662	88 074	343 588	1 281 936	54 470
男	322 093	138 689	183 406	300 610	61 357	239 253	847 316	43 407
女	88 381	39 448	48 933	61 555	12 086	49 469	225 621	4 227
幼	63 761	27 183	36 578	44 863	9 578	35 185	159 344	5 850
未明	23 127	9 877	13 339	24 734	5 053	19 681	59 610	986

注:
1. 伤亡人口系民国三三年至三四年沦陷之八十县市局数字。
2. 因空袭被害者,包括在伤亡人数内。

从这张统计表来看,仅在 1944 年 9 月至 1945 年 8 月的一年时间里,侵华日军给广西省民众造成了极大财产损失与人口伤亡损失。在此期间,被敌杀害者即达 215 108 人,其中男 138 689 人,女 39 448 人,幼 27 183 人,未明者 9 877 人;受伤人口计达 431 662 人,其中重伤者达 88 074 人,轻伤 343 588 人,男 300 610 人,女 61 555 人,幼 44 863 人,未明者 24 734 人,以上伤亡合计则为 646 770 人。表中另计有染病死亡人数 282 256 人,合此数则伤亡合计为 929 026 人。另外,表中还记有患病人数 1 281 936 人,失踪人数 54 470 人。仅从该表来看,只在一年之间,侵华日军给广西民众造成的人口伤亡损失实属惨重。

此外,《广西省抗战损失调查统计》中还编列有《各县市人口伤亡统计》一表,将上表中的死亡、轻重伤、患病、失踪各项人口损失数据,分按县市局统计,更能反映广西省这一年时间内人口伤亡等项损失以县市局为单位的空间分布情况。我们也将该表照录,如表 3‐8。

表 3-8 广西省抗战期间各县市人口伤亡统计

县(市)别	被敌杀害人数	染病死亡人数	受重伤人数	受轻伤人数	患病人数	失踪人数
总计	215 108	282 256	88 074	343 588	1 281 936	54 470
桂林市	9 932	16 823	12 137	34 000	66 700	2 700
临桂	5 697	7 251	203	1 110	48 040	3 250
阳朔	1 528	2 072	168	672	6 560	1 050
永福	1 600	1 608	140	800	8 723	500
百寿	598	762	126	504	5 864	
义宁	1 909	1 003	428	1 714	12 453	576
临川	7 029	9 710	1 061	5 245	35 000	1 700
兴安	5 632	7 168	1 540	7 660	36 000	
龙胜	978	1 082		720	6 948	
资源	152	477	17	28	3 950	
全县	20 400	22 400	11 560	48 524	62 580	792
灌阳	2 077	2 371	94	5 375	11 497	1 651
平乐	3 520	4 480	1 400	5 600	20 454	3 900
怀集	461	478	17	67	3 670	277
信都	544	906	14	56	7 492	350
钟山	789	2 314	100	202	5 450	3 650
富川	435	1 145	42	168	4 280	
昭平	663	2 181	29	118	8 380	
恭城	420				3 270	680
蒙山	2 464	3 136	630	2 520	34 270	255
修仁	1 612	2 840	532	2 128	14 120	604
荔浦	6 600	8 400	6 804	27 216	36 362	5 500
柳江	5 095	8 672	2 776	30 602	29 754	4 350
来宾	2 640	3 360	466	8 064	24 307	198
迁江	2 540	4 960	368	7 473	16 560	1 000

县(市)别	被敌杀害人数	染病死亡人数	受重伤人数	受轻伤人数	患病人数	失踪人数
忻城	1 056	4 344	370	1 280	14 400	147
宜山	6 688	8 512	2 099	8 394	84 700	2 890
河池	5 376	6 843	1 784	7 134	14 718	383
南丹	3 352	2 948	210	1 840	5 670	
思恩	3 800	7 200	700	2 800	27 300	
宜北	1 124	959	41	162	5 480	402
天河	1 802	1 021	752	3 087	15 870	130
罗城	1 158	1 202	56	224	4 320	47
融县	2 760	3 240	336	1 344	16 840	720
三江	112	946	7	128	5 294	
柳城	1 500	1 767	126	1 250	6 328	
中渡	3 168	4 032	140	560	25 000	150
句容	1 676	2 224	210	840	8 750	
柳江	1 753	2 959	456	1 826	13 400	191
象县	176				2 140	
金秀设治局	76	224	8	34	272	
苍梧	32 937	30 142	24 000	55 632	96 060	5 350
藤县	1 352	2 448	240	760	11 200	2 700
岑溪	2 112	3 688	448	1 792	25 600	30
容县	952	2 367	11	45	8 000	
平南	10 270	8 890	699	795	43 420	900
桂平	4 063	7 081	1 351	6 404	26 714	600
武宣	2 405	3 062	272	1 086	25 370	290
贵县	3 520	4 480	280	1 620	27 041	350
兴业	1 161	2 186	35	140	9 270	800

县(市)别	被敌杀害人数	染病死亡人数	受重伤人数	受轻伤人数	患病人数	失踪人数
郁林				28		74
北流	1 404	2 515	175	672	14 800	820
陆川	1 320	3 680	168	672	8 260	
博白	3 590	4 570	4 154	16 615	29 082	180
邕宁	4 239	6 269	2 093	10 248	39 720	350
永淳	1 610	1 668	178	414	7 920	655
横县	2 792	4 008	218	874	15 870	530
宾阳	5 280	6 720	700	2 800	28 140	850
上林	2 061	3 000	329	1 316	9 650	
武鸣	2 420	2 805	97	886	7 900	510
隆山	1 290	1 870	3 080	12 320	3 400	170
都安	2 056	4 344	560	2 240	11 400	
那马	55	245	11	245	2 286	16
平治	28	236			2 700	150
果德	174	577	17	167	2 810	
隆安	317	834	42	168	4 830	
同正	274	1 349	25	133	3 350	110
扶南	501	1 638	19	73	9 740	
绥渌	816	403	140	560	3 200	30
上思					1 030	
靖西			4	17	1 625	
龙津	1 728	2 291	11	2 045	8 780	
上金	165	211	3	211	1 180	
凭祥	459	549	599	397	3 000	80
宁明	2 112	2 688	214	156	123 000	178

县(市)别	被敌杀害人数	染病死亡人数	受重伤人数	受轻伤人数	患病人数	失踪人数
明江	230	766	22	90	5 000	441
思乐	279	356	38	151	7 713	
崇善		181			4 170	163
左县	193	119	94	375	3 100	100

资料来源:表 3-8 及表 3-7 皆据广西省政府统计室:《广西省抗战损失调查统计》,1946 年 12 月编印。转据秦孝仪主编:《中华民国重要史料初编——对日抗战时期》第 2 编,"作战经过"(4),第 230—234 页。

　　很显然,这张表统计的不是广西省整个抗战期间的人口损失情况。此次广西省抗战损失调查,只局限于 1944 年 9 月至抗战结束各县市所受损失,正如白日新氏在《广西省抗战损失调查统计经过》一文中所说,在此期间内的损失统计,也可能尚有未被计入的各县市"未申报或调查遗漏者",1941 年以后至 1944 年 9 月间"各地被敌空袭之损失"亦未被计入。[①] 所以,即便合并 1940 年 11 月后广西省政府统计的桂南沦陷十九县灾情调查结果,也不能形成该省整个抗战时期的人口损失完全统计,至少还须补上 1939 年 11 月以前、1939 年 11 月至 1940 年 11 月桂南沦陷十九县之外以及 1940 年 11 月至 1944 年 9 月间因敌机空袭、日军窜扰所造成的人口伤亡数,方可能获得相对准确的有关广西省抗战期间的人口伤亡损失统计。兹据有关零星资料,对这一部分未被计入的损失作一不完全的增补,如表 3-9。

[①] 白日新:《广西省抗战损失调查统计经过》,广西省政府统计室:《广西省抗战损失调查统计》,1946 年 12 月编印。转据秦孝仪主编:《中华民国重要史料初编——对日抗战时期》第 2 编,"作战经过"(4),第 219 页。

表3-9 广西省抗战期间人口伤亡不完全增补表

年别	日期	县别	人员伤亡			资料出处
			合计	死	伤	
1938	7月31日	防城	22	6	16	防城文史资料第1辑,第3页
1938—1939		北海	310	310		北海文史第4辑,第60页
1938—1939		龙州	1 200	1 200		龙州县志,第348页
1938	12月7日	桂平	10余	10		桂平县志,第30页
1938		柳州	82	34	48	柳州文史资料第5辑,第14页
1939		柳州	961	573	388	柳州文史资料第5辑,第14页
1939		北海涠洲岛	136	136		北海文史第4辑,第32页
1939—1940		贵县	185	85	100	贵县文史第8辑,第142页
1939	6月26日	龙州	7	7		龙州县志,第348页
1939	夏	灵川	80余	80余		灵川文史第1辑,第62页
1939	8月22日	龙州	16	13	3	龙州县志,第349页
1939	9月11日	玉林	110余	30多	80多	玉林市志,第945—946页
1939—1940		防城	300余	300余		防城文史资料第1辑,第6页
1939	12月2日	平南	6	1	5	平南文史资料第5辑,第20页
1939		桂平	106	106		桂平县志,第31页

年别	日期	县别	人员伤亡			资料出处
			合计	死	伤	
1940	2 月 8 日	灵川	51	51		灵川文史第 1 辑,第 70 页
1940	2 月 14 日	那马	26	15	11	马山文史资料第 1 辑,第 114—115 页
1940	2 月 14 日	灵山	10 余	10 余		灵山文史资料第 1 辑,第 69 页
1940	2 月 19 日	隆安等地	37	22	15	隆安县志,第 534 页
1940	4 月 4 日	平马	2 100 余			田东文史资料第 1 辑,第 82—83 页
1940	6 月 2 日	马山	23	13	10	马山文史资料第 2 辑,第 45—46 页
1940	7 月 6 日	隆安	85	42	43	隆安县志,第 534 页
1940	12 月 9 日	防城	110	110		防城文史资料第 1 辑,第 7 页
1941	3 月 17 日	防城	35	35		防城文史资料第 1 辑,第 7 页
1941	11 月 30 日	防城	35	35		防城文史资料第 1 辑,第 7 页
合计			6 043	3 621	2 422	

资料来源:

1. 本表系据章伯锋、庄建平主编《抗日战争第 7 卷·侵华日军暴行日志·广西》所载内容编制,第 463—467 页。

2. 本表中数据不含 1939 年 11 月—1940 年 11 月桂南沦陷十九县及 1944 年以后之人口伤亡数字,但含 1939 年 11 月至 1940 年 11 月间桂南沦陷十九县之外部分县份所遭人口伤亡数。

3. 表中"合计"栏数据统计方法:为取保守起见,凡实数之"余"皆未计入;其中有 3 个数据未分死亡、受伤,各以半数计入死亡、受伤两数。

4. 表中数据为不完全增补。

由于上表 3 - 9 为系据部分资料的不完全增补,同时因笔者取保守态度,对各资料的统计数中有整数之"余"者,皆不敢妄测其"余"数,尽弃其余而未计入,故此表中数只能是对广西省抗战期间人口伤亡,除桂南沦陷十九县和战后广西省政府对1944年以后该省所受人口损失调查统计之外的有限增补。如将表3-9中数合以前文表3-7及表2-7(桂南十九县统计数据)两部分统计,则整个抗战期间,广西省所遭受的人口伤亡,其最低限则为:死亡人口计512 132人,轻重伤合计436 245人,伤亡合计为948 377人。此项数字中,含有广西省调查机构统计的病死人数,以在战争状态下,患病者较社会正常状态下获得救治和康复的机会要小得多,故患病致死人数中的大多数可作为战争中的非正常死亡人口数,计入抗战人口损失总数之中;但我们未将失踪人数和患病人数计入人口损失统计数中,因为平民失踪者与军人在战场上的失踪情况不尽相同,这些失踪者或迁移避祸,或为调查未及,与患病者一样,并未致使社会人口保有量的绝对减损。

五、湖南省抗战损失调查

在我们今天所能搜罗到的有关中国抗战人口损失的调查统计中,湖南省战后调查编成的抗战损失统计表,可能是最全面完整的。1946年12月,湖南省政府统计室编印《湖南省抗战损失统计》一册,对湖南省战后进行的抗战损失调查进行了说明与统计。①

---

① 1992年起,中国社会科学院近代史研究所《近代史资料》编辑部着手进行《中国近代史资料丛刊·抗日战争》资料集的编辑工作,课题由章伯锋、庄建平两位先生主持,章伯锋先生为编辑《战争损失调查》部分的内容,穷极收罗,却无意中在中国科学院图书馆中发现一本由湖南省政府统计室1946年12月编印的《湖南省抗战损失统计》。惜当时由于编辑思维的局限,《抗日战争》资料集仅录《湖南省抗战损失统计》一书中的编辑例言、人口伤亡表和全省财产损失总表等内容,其余部分概行从略。此后,中国科学院图书馆以故拆迁,全部图书装载他运,再图查阅,已属难事。2019年年末,近代史所也奉令北迁,远离故地,更与科图,有劳燕分飞之叹。今章、庄二老已归道山有年,世事变化,多难逆料,良可叹也。笔者有幸曾为上述资料集编者之一,故于此中缘由略知一二。

对于抗战损失调查目的,《湖南省抗战损失统计》在"编辑例言"中写道:"抗战八年,湖南作战最久,争夺激烈,受灾亦最重。省会长沙,曾经一次大火,四次会战,全省精华,尽化灰烬。其次常德、衡阳、湘西几次会战,时间均达数月之久,战斗亦激烈。全省 78 县市,计县城被敌沦陷者 44 县市,被敌窜扰者 11 县,被轰炸者 9 县;共计 14 县虽未遭敌骑蹂躏,而间接所受损失亦重。""损失之巨,冠于各省。1939 年 8 月,省府奉行政院训令,饬将本省抗战损失详细查报,当经转饬所属各机关切实办理。兹已全部调查完竣,为使各方明了本省抗战损失实况起见,特将各项损失数字,分类统计,编印成册,以备参考。"调查人员及统计汇编则分别"由各主管机关有关人员负责查报,省政府统计室负责办理汇编",所应用的表式,"系依照内政部抗战损失调查委员会修订之《抗战损失调查办法及查报须知》所定表式"。调查资料起讫时间,"自 1937 年 7 月 7 日抗战起,至 1945 年 8 月 15 日敌军投降止"。调查对象及资料范围,"表内所列各项数字,以本府所属机关、团体、学校事业及人民所受之损失为限,关于中央驻省各机关及国营事业之财产损失,依照规定,由各机关汇报中枢,表内概未列入"。资料汇总统计所用标准,"人之伤亡以口为单位,财产损失以元为单位;表列各项损失数字,均按损失时价,以 1945 年 8 月份(敌军投降时)物价折算汇报,俾便比较"。抗战损失调查资料的编列方法则为,"本册编列,分为沦陷及轰炸地区、人口伤亡及财产损失三大部分。财产损失之部,复分三项编列:一为全省总损失,二为省级机关团体学校及事业损失,三为县(市)级机关团体学校及事业损失。每项之前均先列总表,后列分表;表内所列各栏,在事实上无损失数字者,压横线'—'表示之,在事实上应有数字而未经查明者则用点线'……'表明之"。据其统计结果,抗战期间,湖南省"总计人口伤

亡 2 622 383 人,其中伤 1 702 298 人,亡 920 264 人;①财产损失
12 192 210 270 264 元,直接损失 11 504 405 560 497 元,间接损失
687 804 709 767 元"。② 其《人口伤亡表》按县市别,分死亡、重伤、
轻伤类别,各项之下皆又分别列合计、男、女、童各项统计数据,至
为周备。为完整保存统计全貌,亦照式附录于后,如表 3 - 10。

　　另据档案资料所记,湖南省当局在抗战损失调查完毕后,曾就
调查所得,编辑成《湘灾实录》一册,并呈送行政院社会部,唯其编
辑方法似乎不合行政院颁有关抗战损失查报方法及体例,故社会
部统计处曾于 1946 年 10 月 25 日致函湖南省政府社会处,要求依
部颁表式予以修正:"顷接贵处惠寄《湘灾实录》一册,内容充实完
备,惟其中虽有专列寇灾损失之表,然均系以县市为单位之物资损
失,无法析每一人民团体、社会福利机关、合作社及其会员、职员、
社员等财产直(间)接损失之数额,以为将来分别确定赔偿数额之
依据。兹查贵省抗战损失迄未依照本部三十四年统三戌马代电附
颁七种表式汇报,可否请查照上项代电转饬查填汇部,以便列
入统计。"③

---

① 据《湖南省抗战损失统计》中的《人口伤亡表》核算,轻重伤合计应为 1 697 298 人,死
　亡为 920 085 人,伤亡合计应为 2 617 838 人,与其"编辑例言"中总计数有些微差别。
　本书从表。
② 湖南省政府统计室:《湖南省抗战损失统计·编辑例言》,1946 年 12 月编印。转据章
　伯锋、庄建平主编:《抗日战争第 2 卷·军事》下,成都:四川大学出版社 1997 年版,第
　2551 页。
③《社会部统计处致湖南省社会处函》(1946 年 10 月 25 日),中国第二历史档案馆藏,社
　会部档,关于各省抗战损失调查来往之函电,11/6827。

表 3－10　湖南省抗战期间人口伤亡表

总　计	死　亡					重　伤					轻　伤				
	合计	男	女	幼童	不明	合计	男	女	幼童	不明	合计	男	女	幼童	不明
总　计	920 085	284 436	150 523	33 265	401 841	733 512	360 480	197 065	26 485	94 482	963 786	432 106	302 920	79 937	148 823
长沙市	36 460	20 052	7 202	3 648	5 468	9 788	10 884	3 956	1 980	2 969	36 748	20 213	7 350	3 675	5 510
衡阳市	29 482	14 608	7 571	2 761	4 540	15 225	7 984	3 992	1 330	1 919	10 205	5 323	2 661	896	1 325
浏阳县	17 842	4 518	3 289	3 562	7 473	5 009	21 146	1 625	1 097	141	20 011	1 816	1 510	1 052	15 633
长沙县	31 687	24 368	5 221	1 036	1 067	42 434	30 350	7 694	2 987	403	67 253	44 623	19 485	2 736	409
湘潭县	24 596	10 452	4 789	2 187	7 168	64 310	31 054	20 487	8 482	4 287	41 436	18 846	14 163	3 862	4 565
岳阳县	31 807	7 103	9 874	3 141	1 689	22 714	13 608	7 294	1 812	—	29 431	16 542	10 137	2 752	—
醴陵县	8 652	2 791	1 396	466	3 999	1 692	814	768	10	100	17 717	1 337	1 190	10	15 180
湘阴县	74 940	29 321	18 410	19 881	7 328	117 129	51 231	32 098	19 754	14 046	90 075	34 450	27 103	20 124	8 398
平江县	12 852	4 812	4 983	2 652	405	13 872	5 321	4 861	3 687	—	16 610	6 484	5 392	4 734	—
临江县	25 905	3 575	3 052	3 117	16 161	742	221	170	170	181	11 517	199	162	162	10 993
衡阳县	135 678	22 839	11 548	11 291	909 000	138 001	37 222	29 845	16 422	54 512	49 863	15 641	14 853	9 396	10 000
衡山县	9 872	5 787	2 659	402	1 620	12 952	8 765	779	263	3 145	35 671	18 249	3 982	1 856	11 584
耒阳县	104 680	5 880	3 785	2 845	92 170	80 280	50 309	19 564	7 506	2 407	58 868	30 757	11 085	5 243	2 183

续表

县	死亡 合计	死亡 男	死亡 女	死亡 幼童	死亡 不明	重伤 合计	重伤 男	重伤 女	重伤 幼童	重伤 不明	轻伤 合计	轻伤 男	轻伤 女	轻伤 幼童	轻伤 不明
攸县	15 463	6 963	2 349	1 872	4 279	5 684	3 578	1 462	697	7	15 500	1 860	1 226	241	12 173
茶陵县	9 440	5 410	3 005	32	993	8 645	4 331	2 869	360	1 085	8 366	745	689	346	6 586
常宁县	51 841	3 663	3 364	1 118	43 696	4 758	1 352	1 326	416	1 664	9 386	2 704	2 756	832	3 094
安仁县	13 909	2 997	2 032	526	8 354	12 526	9 146	2 909	351	120	5 232	3 830	1 036	347	19
酃县	32	16	8	—	8	7	5	1	—	1	14	6	3	5	—
郴县	4 292	920	175	117	3 080	257	146	33	—	78	5 204	197	85	—	4 922
桂阳县	3 737	1 884	1 506	347	—	2 097	832	691	354	220	965	156	337	212	260
永兴县	1 778	1 023	568	187	—	3 101	1 932	836	333	—	9 243	5 262	2 843	1 138	—
宜章县	527	281	18	6	222	83	45	20	18	—	4 860	40	28	20	4 772
资兴县	987	185	140	112	550	1 375	562	453	360	—	4 174	1 554	2 240	380	—
临武县	96	26	30	15	25	254	112	72	28	42	412	370	24	3	15
桂东县	63	63	—	—	—	25	25	—	—	—	—	—	—	—	—
蓝山县	129	112	3	1	13	320	230	40	27	23	304	170	34	5	95
嘉禾县	879	858	6	2	13	263	251	8	4	—	816	12	3	1	800

续表

县别	死亡					重伤					轻伤				
	合计	男	女	幼童	不明	合计	男	女	幼童	不明	合计	男	女	幼童	不明
常德县	25 713	18 345	8 902	3 123	343	2 592	1 543	936	67	46	1 268	718	500	8	42
澧县	7 099	5 134	1 911	54	—	1 844	1 024	812	8	—	1 054	654	318	82	
桃源县	4 579	958	326	295	3 000	653	302	185	166	—	1 302	835	286	181	—
石门县	4 226	750	685	465	2 326	1 135	531	311	293	—	176 497	97 391	78 532	574	—
华容县	14 056	2 408	848	496	10 304	1 202	688	361	153	—	1 257	723	398	136	—
南县	12 996	2 455	1 564	328	8 649	7 656	4 184	2 366	107	999	11 070	849	567	157	9 497
慈利县	543	96	38	5	404	236	78	120	15	23	344	23	37	1	283
安乡县	1 881	713	695	102	371	762	367	317	78	—	1 127	623	394	110	—
临澧县	1 486	618	424	128	316	863	499	243	121	—	940	485	315	140	—
益阳县	6 959	1 436	532	—	4 991	428	398	30	—	—	4 416	285	36	1	4 094
湘乡县	15 210	9 963	4 730	517	—	5 610	3 342	1 817	451	—	11 517	7 417	3 336	764	—
安化县	2 065	745	268	52	—	440	246	158	36	—	2 344	1 514	776	84	—
汉寿县	7 733	2 078	599	669	4 387	2 669	942	1 071	656	—	2 375	968	792	615	—
宁乡县	8 451	5 071	2 535	533	312	24 410	14 646	7 323	2 441	—	48 821	29 292	14 647	4 882	—

续表

	死亡					重伤					轻伤				
	合计	男	女	幼童	不明	合计	男	女	幼童	不明	合计	男	女	幼童	不明
沅江县	8 656	484	473	299	7 400	684	273	244	167	—	1 368	531	486	351	—
邵阳县	15 614	7 818	7 171	625	—	42 554	22 164	18 687	1 703	—	52 746	5 171	43 603	3 972	—
新化县	2 664	1 193	420	27	1 024	310	250	58	2	—	808	42	14	—	752
武冈县	5 297	5 186	75	36	—	3 778	3 633	102	43	—	2 187	1 934	218	35	—
新宁县	2 850	2 145	179	168	358	320	232	17	39	2	215	175	25	12	3
城步县	35	19	11	4	1	43	24	16	3	—	106	53	45	8	—
零陵县	59 375	12 283	7 698	8 563	30 831	23 275	8 891	6 968	5 647	1 769	25 969	13 564	10 085	467	1 853
祁阳县	19 266	9 500	5 130	3 730	906	19 430	8 642	6 795	3 874	119	19 690	6 725	7 863	4 860	242
宁远县	1 695	883	236	178	398	7 917	5 103	166	368	2 180	9 918	4 875	2 967	584	1 492
道　县	24 726	7 342	3 483	1 457	12 444	565	365	142	58	—	9 221	6 244	2 543	434	—
东安县	9 456	5 214	3 120	340	482	5 843	2 974	1 089	630	1 150	6 330	2 565	1 416	520	1 829
永明县	2 946	1 761	379	260	545	2 605	1 370	290	269	676	2 978	1 744	313	281	640
江华县	3 234	2 450	356	158	270	3 735	3 122	403	205	—	5 590	4 683	612	295	—
新田县	64	62	—	—	2	9	6	3	—	—	759	14	5	—	740
龙山县	2	2	—	—	—	—	—	—	—	—	35	7	8	—	20

续表

县	死亡					重伤					轻伤				
	合计	男	女	幼童	不明	合计	男	女	幼童	不明	合计	男	女	幼童	不明
沅陵县	953	70	150	180	553	587	28	287	272	—	523	11	232	249	31
溆浦县	264	127	123	56	318	190	85	66	12	27	8 855	136	115	43	8 561
辰溪县	580	310	240	25	5	140	70	50	15	5	280	97	73	7	103
泸溪县	122	71	22	8	21	43	21	15	1	—	54	34	19	1	—
会同县	1 802	1 383	5	3	411	1 734	1 034	692	8	—	980	842	135	3	—
芷江县	416	295	43	24	54	221	143	16	14	48	170	72	17	38	43
绥宁县	556	309	45	18	184	392	238	64	12	78	643	315	267	29	32
黔阳县	22	22	—	—	—	63	45	12	6	—	167	83	42	0	33
晃　县	305	50	34	15	206	28	9	5	3	11	46	24	6	6	14
靖　县	1	1	—	—	—	—	—	—	—	—	5	2	—	—	3
通化县	3	3	—	—	—	3	—	—	—	—	—	—	—	—	—
怀化县	1	1	—	—	—	—	—	—	—	—	—	—	—	—	—

资料来源:湖南省政府统计室:《湖南省抗战损失统计·人口伤亡表》,1946 年 12 月编印。转引自章伯锋、庄建平主编:《抗日战争第 2 卷·军事》下,第 2550—2552 页。另据中国第二历史档案馆藏《湖南省人口伤亡表》核对,11/2/278。

此后于 1946 年 12 月 30 日,湖南省社会处以"长社备统字第 11289 号"代电复社会部统计处,说明接奉前函后办理情形,及汇编成《湖南省抗战损失调查统计》一册并呈送该部,同时请求免于重填:"查本省各县市人民团体暨合作社抗战损失调查,前准贵处函以原送资料,无从明确分析,请照抗战损失汇报表式七种改以受损单位为准填报等由。经转饬遵办去后。兹据湘潭、安化等县府呈复,上项损失已照内政部原颁《抗战损失调查办法及查报须知》之规定汇办,如照奉颁表式办理,手续即涉重复,经费尤感困难。请予免填等情。查此项损失,本省省府现已照内政部原颁办法编印成册,名为抗战损失统计,有关人民团体与合作组织损失,亦已列入。如再填报,困难自属实在。除饬各县市免填外,相应检同上项抗战损失统计,电请查照参考为荷。湖南省政府社会处长社修统亥(陷)。计检送《湖南省抗战损失统计》一本。"社会部接获该代电后批示"如拟"。①

从湖南省社会处与行政院社会部统计处的这两封往还函电来看,在抗战结束后至 1946 年年底的一段时间内,在内政部抗战损失调查委员会主持督导全国各省市抗战损失调查工作时,行政院社会部及其所属统计处亦参与其事,就其职权范围,负责与各省社会处联络协调,共同督导各省相关机构切实办理抗战损失调查事宜。唯因有关资料未曾见到,行政院各大部会就抗战损失调查工作的职责划分无从明晰,故此亦不敢妄加臆测。

自武汉沦陷后,中国抗日战争进入与敌战略相持阶段,两湖地

①《湖南省社会处致社会部统计处代电(长社备统字第 11289 号)》(1946 年 12 月 30 日),中国第二历史档案馆藏,社会部档,关于各省抗战损失调查来往之函电,11/6827。

区成为中日拉锯相持的重要战场，战况极其激烈。日军在这一地区犯下的反人道罪行极为严重，给当地人民带来的灾难也极深重，造成的经济损失和人口生命的牺牲更是特别巨大。从表中数据来看，抗战期间，湖南省死于战祸人口共计 920 085 人，其中约有一半以上可统计分别出性别与成幼，即男 284 436 人，女 15 053 人，幼童 33 265 人，而无法分别性别成幼者竟达 401 841 人；重伤者共计 733 512 人，其中男 360 480 人，女 197 065 人，童 26 485 人，不明者 94 482 人；轻伤 963 786 人，其中男 432 106 人，女 302 920 人，童 79 937 人，不明者 148 832 人。轻重伤合计应为 1 697 298 人，伤亡合计应为 2 617 838 人。这一组数字所反映的湖南省抗战期间人口损失之惨重，在整个中国境内，在当时进行过系统调查并汇总得出统计数据的诸省份中，无有出其右者。

六、福建省抗战人口损失调查

与湖南省抗战人口损失调查之完备形成巨大反差者，可能要数福建省战后进行的抗战人口损失调查了，其调查结果几为最简略。1946 年 5 月，福建省政府统计室致社会部统计处公函称："本室近出版《福建省沦陷区抗战损失调查汇报》及《厦门等七市县抗战损失调查报告》各一种，兹特随函奉赠各一册。"①我们能找到的是 1946 年 1 月由福建省政府编印的《福建省沦陷区抗战损失调查汇报（包括流窜县份）》，从其内容来看，当含上述公函中所指称的《厦门等七市县抗战损失调查报告》的内容。该《调查汇报》分为"说明""各县总表""人口伤亡""财产损失"及"财产损失详表"五部

---

① 《福建省统计室致社会部统计处公函》（1946 年 5 月□日），中国第二历史档案馆藏，社会部档，关于各省抗战损失调查来往之函电，11/6827。

分内容。据其"说明"介绍,在抗战结束之际,日军溃退,福建省政府即"组织福建省抗战损失调查团驰赴各收复区及曾经日军流窜县份展开抗战损失调查工作",调查所用表式"概依行政院抗战损失调查委员会前后颁发规定办理,其汇报总表之分类亦奉颁规定整理而成",前后共调查了福州、福鼎、霞浦、福安、宁德、罗源、连江、林森、长乐、福清、平潭、厦门、金门、海澄、漳浦、云霄、诏安、东山等 18 县市,调查完毕后,将"所有按户调查之原始调查表并经整理汇计编成本报告"。虽然"本调查悉依规定办理,宣导方面调查团亦已尽其全力。但以国人旧习对调查方面仍有存畏惧之心者,尤以抗战八年,一次追查被调查者之记忆力有限,遗漏之处在所难免。另厦门方面,调查团到达时多数机关、学校均未迁回,又以抗战以来,损失者之出国甚多,返乡者无几,致多数调查对象无着落,本报告厦门所列数字仅就已调查者汇编,缺漏自多,但调查团不能常驻厦门,此项业务经移由市政府继续办理中,数字当陆续修正"。①

有关福建省抗战期间人口伤亡部分的调查统计,该《调查汇报》于"各县总表"中列有《福建省沦陷区及日军流窜县市抗战损失人口伤亡部分汇报总表》(表 1),"人口伤亡"部分,自表 3 至表 19 分别列有福州、福鼎、福安、霞浦、宁德、罗源、连江、林森、长乐、福清、平潭、厦门、金门、海澄、漳浦、云霄、东山等 17 县市"人口伤亡表",从其《人口伤亡部分汇报总表》数据来看,显系据上述 17 县市"人口伤亡表"数据汇总而成,故今只录其《汇报总表》如表 3 - 11,其余 17 县市人口伤亡分计表皆舍而不录。

---

① 福建省政府:《福建省沦陷区抗战损失调查汇报(包括流窜县份)》,"说明",1946 年 1
  月编印。

表 3 – 11　福建省沦陷区及日军流窜县市抗战损失人口伤亡部分汇报总表①

| | 伤亡人口 | | | | | | | | | 费用（单位：国币元） | | |
| | 总计 | | | 伤 | | | 亡 | | | | | |
	合计	男	女	合计	男	女	合计	男	女	合计	医药费	埋葬费
总计	4 863	3 542	1 321	977	699	287	3 886	2 852	1 034	26 069 722	7 133 655	18 936 067
福州	333	227	106	102	71	31	231	156	75	2 170 421	912 280	1 258 141
福鼎	150	126	24	70	57	13	80	69	11	474 753	239 340	235 413
霞浦	90	77	13	25	23	2	65	54	11	639 660	203 900	435 760
福安	98	73	25	32	21	11	66	52	14	636 400	133 600	502 800
宁德	133	116	17	24	22	2	109	94	15	1 024 900	218 500	806 400
罗源	51	42	9	17	15	2	34	27	7	384 100	49 900	334 200
连江	639	469	170	96	68	28	543	401	142	5 587 760	1 285 990	4 301 770
林森	334	233	101	88	75	13	246	158	88	2 493 602	735 551	2 208 051

① 本表亦见载于行政院善后救济总署浙闽分署：《善救》第 1 卷第 2 期，1946 年 3 月 15 日编印，第 41 页。

续表

| | 伤亡人口 | | | | | | | | | 费用（单位：国币元） | | |
| | 总计 | | | 伤 | | | 亡 | | | | | |
	合计	男	女	合计	男	女	合计	男	女	合计	医药费	埋葬费
长乐	276	227	49	58	39	19	218	188	30	2 141 744	357 500	17 884 244
福清	540	364	176	81	52	29	459	312	147	1 291 174	275 037	1 016 137
平潭	335	282	53	47	25	22	288	257	31	874 619	215 514	659 105
厦门	1 071	777	294	118	66	52	953	711	242	1 283 499	658 284	625 215
金门	207	155	52	103	86	17	104	69	35	1 649 620	1 139 359	510 261
海澄	177	91	86	35	19	16	142	72	70	471 200	41 300	429 900
漳浦	91	82	9	4	4	—	87	78	9	895 000	11 000	884 000
云霄	63	48	15	25	17	8	38	31	7	924 580	351 510	572 070
东山	275	153	122	52	30	22	223	123	100	2 676 690	305 090	2 371 600

附注：诏安人口伤亡未据报告，故未列入。

来源：根据各县人口伤亡表编制。

资料来源：《福建省省沦陷区抗战损失调查汇报（包括流审县份）》表1，1946年1月编印。

上表 3-11 显示,福建省在战后调查所得的抗战损失人口情况为:死者共 3 886 人,其中男 2 852 人,女 1 034 人;伤者计 977 人,其中男 699 人,女 287 人;伤亡合计 4 863 人,其中男 3 542 人,女 1 321 人。表中伤亡各项,未按院颁《查报须知》和相应表式要求区别成人、幼童,以数字计,分项合计皆相符合,故在表列各数之外,并无"不明"等类数字。且调查所及各县数字,整齐划一,严丝合缝。这本身就显得令人有些生疑。因为一般而论,战争持续时间长久,调查对象情况千差万别,事隔多年之后进行调查,有若干"不明"的情况本属正常,而无一"不明"之人数计入反而不正常了。

再就表 3-11 中人口伤亡调查统计数据而言,福建省的调查遗漏颇多,对于伤亡人数的统计,也明显与事实有较大出入。当年编印者也意识到该《调查汇报》表中存在着多方面的问题,数字不尽准确,故其在篇首"说明"中也多方加以解释,已如上述。其人口损失统计数字之不精确,固然由于编印者在"说明"所述诸种局限,此外尚有数种原因。

其一,调查时间范围的局限。从各县人口伤亡表所统计的时间范围来看,此次调查所及的 18 个县,有的县份调查统计了全面抗战 8 年时期,如厦门、金门、海澄、漳浦、云霄、东山等 9 县;有的则只调查统计了 8 年中之数年的人口伤亡,如长乐、连江县为 1938 至 1945 年,福州为 1938 年 7 月至 1945 年 5 月,林森县为 1941 至 1945 年,福清县为 1941 年 4 月至 1945 年 10 月,平潭县则为 1939 年 2 月至 1945 年 5 月;有的县份则甚至只统计了某一年几个月时间内的伤亡数字,如福鼎县为 1945 年 6 月,福安、霞浦、宁德 3 县为 1945 年 5 至 6 月,而罗源县则只统计了 1945 年 5 月的人口伤亡数字。[1] 这也许是由

---

[1] 福建省政府:《福建省沦陷区抗战损失调查汇报(包括流窜县份)》,表 3—表 19,1946 年 1 月编印,第 4—12 页。

于编印者注意到各个县的沦陷时间有先后长短,但在同一张表中,以这种时间范围的不规整、不完整,其不能调查统计出完整的抗战时期福建全省人口伤亡数字,则又是必然的。

其二,福建省抗战人口损失及财产损失调查,也受当时调查区域的局限。除《调查汇报》表中所涉及的 17 县市外,福建省在抗日战争期间受到日军进攻、窜扰或飞机轰炸的县市尚有许多,战后进行调查时,该省政府却并未派调查团到这些县市进行调查。由此,其调查的地域覆盖面则成为严重问题,不能全面反映该省抗战时期的人口及财产损失也同样是必然的。如同安、漳州、龙海、南平、惠安、上杭、连城、龙岩、武平、德化、晋江、浦城、武夷山、永泰、闽清、长汀、建瓯、永安、东山、南靖等县,抗战期间也不同程度地受到日军进攻、窜扰或日机轰炸,遭受过巨大的人口伤亡和财产损失,但该省在战后进行的抗战损失调查中,却未及上述各县市。也就是说,在我们看到的福建省政府当年编印的调查表中,对这些受到战祸侵害的各县的损失情况,曾无一字之反映。

其三,进行调查的时间仓促。1945 年 8 月中旬日本投降,至1946 年 1 月福建省政府便已完成调查,并将调查结果汇总编印成该《调查汇报》,用时至多不超过 5 个月,其调查速度之迅捷,在全国各省中当推首位。但可能恰是由于这种快速的调查,在时间上失于仓促,所以没有能够认真地设计、准备、讲习,遂使调查所及的空间及时间范围均感狭隘,统计结果也很难全面且正确地反映抗战时期该省人口损失和财产损失的实际情形。编印者虽然在"说明"中称此次调查完毕后,该省抗战损失调查业务"经移由市政府继续办理中,数字当陆续修正",但我们迄今未发现该省此后进一步调查统计的资料,其在此后是否果然进行了该项调查工作,也实在是有些令人质疑。

　　兹就相关史志资料，对当年福建省政府调查未及的伤亡情形，也作一不完全的补充，如表 3 - 12。

表 3 - 12　福建省抗战人口伤亡损失不完全增补表

年别	日期	县别	人员伤亡			资料出处
			合计	死	伤	
1937—1938		同安	161	143	18	同安文史资料第 9 辑，第 7—22 页
1938—1939		上杭	数十人	24	数十人	上杭文史资料第 2 辑，第 73 页 上杭县志，第 25 页
1938—1943		龙海	320	110	210	龙海县志，第 776 页 漳州文史资料第 9 辑，第 110 页
1939	5 月 7 日	南靖	58	28	30 余	漳州文史资料第 9 辑，第 120 页
1939—1941		南平	14	14	数十人	南平文史资料第 8 辑，第 77 页
1939	5 月 31 日	惠安	数十人			惠安文史资料第 3 辑，第 32 页
1939	6 月 22 日	连城	72	40 余	32	连城县志，第 41 页
1939	6 月 25 日	武平	68	31	37	武平文史资料第 2 辑，第 15 页
1939—1944		连江	1 780 余			连江文史资料第 4、6 辑
1939	7 月 3 日	沙县	44	20	24	沙县志，第 19 页
1939	9 月	德化	133	50	83	德化文史资料第 3 辑，第 58 页
1939	12 月 7 日	诏安	52	20	32	漳州文史资料第 9 辑，第 13 页
1940	7 月 16 日	永宁、惠安	90 余	80 余	10 余	泉州文史资料第 5 辑，第 138 页

年别	日期	县别	人员伤亡			资料出处
			合计	死	伤	
1940	7 月 16 日	崇武	105	75	30	惠安文史资料第 3 辑,第 36 页
1941—1942		浦城	210 余	210 余		浦城文史资料第 4 辑
1941	4 月 15 日	崇安	92	44	48	武夷山县志,第 33 页
1941	5、6 月	永泰	16	11	5	永泰文史资料第 9 辑
1941	8 月 6 日	龙岩	38	18	20	龙岩市志,第 21 页
1943	9 月 28 日	晋江	32	32	数十人	晋江文史资料第 1 辑,第 120 页
1943	11 月 4 日	永安	600 余	600 余		永安文史资料第 2 辑,第 41 页
1937—1945		建瓯	869			建瓯文史资料第 1 辑,第 87 页
1937—1945		漳州	406	189	217	漳州文史资料第 9 辑,第 110 页
1938—1943		长汀	452	452		长汀文史资料第 13 辑,第 47 页
1939—1944		东山	1 142	892	250	漳州文史资料第 9 辑,第 116 页
合计			6 754	4 408	2 370	

资料来源:

1. 本表系据章伯锋、庄建平主编《抗日战争第 7 卷·侵华日军暴行日志》所载福建省部分之内容编制,第 463—467 页。

2. 本表中数据除连江县外,不含战后福建省政府调查统计所及人口伤亡数。

3. 表中"合计"栏数据统计方法:为取保守起见,凡实数之"余"皆未计入;另如"数十人"之类虚指数亦未计入;其中有 2 个数据未分死亡、受伤,各以半数计入死亡、受伤两数;故伤亡合计与死亡、受伤之人数不合。

4. 表中数据为不完全增补。

表3-12中增补入的人口伤亡数据,亦仅就部分资料零散增补,且以统计时取同前一致保守态度,故伤亡合计亦必不全面。将此表数据剔除连江县重复部分,与福建省政府战后调查汇报表相关数据合并计算,则又为福建省抗战人口伤亡得出一数据:伤亡总计10 978人,其中死亡7 751人,伤3 251人。很显然,这个数字同样也很难准确反映福建省抗战时期人口伤亡实状,但较战后福建省当局所进行的调查统计,稍有增补,在时间与空间的覆盖上也有延展,故其数字或会更接近真实。

七、河南省抗战人口损失调查

抗日战争期间,河南省遭受的战争灾害极为严重。全面抗战之初,豫东、豫北部分县份即遭沦陷:1937年11月,日军土肥原第十四师团攻占安阳。1938年2月间,日军土肥原师团为策应津浦路日军作战,对豫北发动猛攻,中国守军宋哲元部第一集团军作战不利,节节败退,致黄河北岸垣曲、济源、孟县、温县、武陟、封丘、长垣、濮阳等县尽遭沦陷。5月13日,土肥原部强渡黄河,22日攻占兰封,开封、郑州面临其兵锋威胁。29日商丘失陷,兰封会战中中国军队腹背受敌。国民政府军事当局为阻日军南下西进,乃于6月6日和7日在赵口和花园口决黄河大堤,以滔滔黄汤阻日军区猛攻势。虽然从军事战术角度上讲,花园口决堤对阻滞日军的猛烈进攻起到了一定作用,给日军华北方面军的长驱南下和徐州方面日军西进造成很大困难,从而使其不得不绕道南路后向西进犯,为中国军队从容布置武汉会战争取了时间。但是,花园口决堤,黄河南岸尽成泽国,给河南、安徽、江苏三省人民带来了空前灾难。三省陆沉约2 000万亩,民众被淹毙者达百余万之众,上千万居民无家可归。同时,在抗战期间,河南全省110个县市,几无一县未遭日军烧杀,直接惨死于日军各类暴行之下的民众无可胜计。1942 年华北大旱灾,河南省灾情亦极严重,全省因灾荒饿死者几达 300 万众。抗日战争时期,河南省人口损失极为惨重。

　　抗战胜利后,国民政府机关和中国共产党领导下的抗日民主政权都曾对河南省抗战损失及人口伤亡作过一定规模的调查。但因河南省地处中原腹地,国共势力犬牙交错,调查工作并不能互相协调,两者的调查互相参差,很难分割汇总。不过,大体上来说,国民政府主持下的抗战损失调查,因其权力不及抗日民主政权实际控制下的解放区,战后之初,在行政院抗战损失调查委员会主持全国抗战损失调查时,河南省政府当局的调查员,也很难深入解放区民主政权实控区域,其对这些区域人口损失的调查统计数字,尚需与解放区的调查互相参证。这里,我们先据战后国民政府主持下的抗战损失调查,考察一下河南省抗战期间人口损失情况。

　　中国第二历史档案馆社会部档中藏有《河南省各项被灾损失总计表(1938 年至 1946 年)》和《河南省各行政区人口受灾损失统计表》等档案资料,两表中的数据大体反映了战后河南省当局抗战损失调查所及范围内的人口损失情形。据《河南省各项被灾损失总计表(1938 年至 1946 年)》所记,全面抗战期间,河南省直接因战争死亡之人口达 802 256 人,受伤者达 239 939 人,伤亡合计共达 1 042 195 人。此外,该表还统计了河南省战时逃亡人口数、土地荒芜数、人民房屋、衣物损失数等项,兹录其原表,如表 3 - 13。

表 3 - 13　河南省各项被灾损失总计表(1938 年至 1946 年)

	项目	数量	说明	材料来源
人口	战前人口数	34 439 947 人		本栏所列战前人口数,系根据民国廿五年七月及八月出版之《河南统计月报》二卷七期及八期填列。其死亡、受伤、逃亡、待救人数,系根据各县县政府历年呈报汇列统计。现有人口系根据河南省民政厅三十四年十一月调查统计之《河南省乡镇保甲户口统计表》所列填入。
	被灾受伤人数	239 939 人		
	被灾死亡人数	802 256 人		
	被灾逃亡人数	5 671 667 人	民国廿七年黄泛淹毙者卅二万人,卅一卅二两年大旱饿毙二百廿万人在内,匪灾逃亡人数在外	
	被灾待救人数	8 612 324 人	按省内外人口生殖率增加约一百五十万人,故合计如左数	
	现有人数	28 220 808 人		
土地	原有土地面积	247 712 175 亩	等于 40 823 931 英亩	本栏所列原有土地面积及战前耕地面积,系根据民国二十五年七月及八月出版之《河南统计月报》二卷七期及八期填列。现在荒地系根据历年水、旱、寇、匪等灾所废之土地统计所得。
	战前可耕面积	163 665 000 亩	…26 906 526…	
	现在可耕面积	126 580 000 亩	…20 809 752…	
	现在荒地面积	37 085 000 亩	…6 096 774…	
人民房屋衣物损失	房屋损失	6 930 930 间		本栏所列各项损失,系根据河南省抗战损失调查委员会调查制列。
	农具损失	24 995 172 件	按每套九件计算	
	牲畜损失	5 791 405 头	内有耕牛三分之二,马、骡、驴三分之一	
	衣服损失	68 889 669 件	第五行政区缺报,其他行政区合计	

续表

	项目	数量	说明	材料来源
食粮	战前正常收获量	320 210 163 担		本栏所列战前收获及战时收获及三十四年收获量各数字,系根据河南省田地管理处调查统计。 三十五年麦季收获,因本省今年被灾七十余县,收获不足战时收获十分之三,故预测如左数。 按本省现有人数每人年需粮食以五百八十四斤半计算,共需一万五千余万担,除收获外,至秋收前仍需救济粮如左数(应需救济粮食数量系根据哈里逊视察团咨询河南粮荒会议记录所列)。
	战时正常收获量	248 651 770 担		
	卅四年收获量	81 778 607 担		
	三十五年麦季收获预测	37 000 000 担		
	应需救济粮量	42 480 000 担		

资料来源:《河南省各项被灾损失总计表(1938 年至 1946 年)》,中国第二历史档案馆藏,社会部档,11/2/287。

从表 3-13 中"材料来源"的说明看,表中人口损失各数,是由历年各县政府呈报之数汇总而成,各项损失数则由战后河南省抗战损失调查委员会的调查所得。则该表当为战后河南省政府当局奉行政院相关抗战损失调查主管机关的训令,对本省抗战损失调查后汇总编制。关于战时该省人口损失的具体情形,《河南省各行政区人口受灾损失统计表》的统计相对详细一些,亦照录于下,如表 3-14。

表 3 - 14　　河南省各行政区人口受灾损失统计表

项别	战前人数 100%	受伤人数 0.70%	死亡人数 2.33%	逃亡人数 16.48%	待救人数 25.02%	现有人数 81.99%	备考
	34 421 947	239 939	801 917	5 671 667	8 612 324	28 220 808	待救人数为现有人数 30.5%
一　区	3 284 451	2 762	18 180	876 477	1 271 324	2 180 017	
二　区	2 834 020	4 188	14 697	209 932	390 000	2 362 568	
三　区	3 554 320	38 338	116 376	731 251	631 000	3 513 958	
四　区	3 158 123	127 762	396 976	888 257	949 000	2 347 952	
五　区	2 920 767	10 107	76 217	467 562	966 000	2 077 777	
六　区	5 126 997	16 425	49 651	504 491	1 141 000	4 546 583	
七　区	2 832 219	2 124	15 112	1 009 797	562 000	2 255 247	
八　区	2 790 408	712	4 597	159 162	482 000	2 546 956	
九　区	2 934 342	34 374	76 335	321 674	482 000	2 389 704	
十　区	2 464 500	759	4 703	162 206	747 000	1 714 497	
十一区	1 010 577	1 555	6 339	99 646	591 000	853 472	
十二区	1 529 323	833	23 053	191 212	400 000	1 432 077	

附注：

1. 本表所列,全以八年来因战争而死亡者为限。至本省因受匪灾所有受伤、死亡、被掳及逃亡人数,均未列入。

2. 本表所列逃亡人数,包括因三十年①旱灾而死亡之三百万人在内。

资料来源:《河南省各行政区人口受灾损失统计表》,中国第二历史档案馆藏,社会部档,11/2/287。

　　上列两表,互有关联,同时也与国民政府从战时即一再督导进行的抗战损失调查业务相关。其财产损失部分备注中明言是据河南省抗战损失调查委员会调查结果编制,人口损失数据则是据战时历年调查结果汇总编制,应该也与由行政院主持的抗战损失调

---

① 应为卅一年,即 1942 年。

查有关。但从其所用表式来看，又与《抗战损失查报须知》及所附表式不尽相同，损失项目也未尽按院颁表式列举。以人口损失而论，表中只列有伤、亡人数，既未分轻、重伤，也未分性别、成幼。表中数据约为全省各项损失之逐项总计数，出自社会部档，抑或是战后奉社会部之令调制呈报者。至若严格按院颁表式所制之汇总统计等表，或许另有所存，值得我们去搜集探寻。上表3-14与表3-13中各项数据，除死亡人数外，其合计项数均相同，显系同一机构统计汇总所得。两表死亡人数相差339人，未知何故。一般而论，同一机构或同一源处的同一种数据在不同的统计表上发生变化，是因为后续有新数据累加计入所致，由此我们大约也可以判断出两表形成的时间先后，即同一项目数据多出者一般应为后出者。上列二表，皆把1938年花园口等处黄河决堤淹死的32万多人及1942年华北大旱等灾荒时被灾饿死的300余万人计入逃亡人口，不算在战争造成的死亡人口数内。从我们的观点来看，考察抗日战争时期中国人口损失时，不仅仅指战争期间因日军之军事进攻或各类暴行所造成的人口死亡，与日本侵华战争直接相关系事件所造成的人口死亡数，也应当视作中国抗日战争直接人口损失。所以，1938年6月花园口决堤所造成的人口死亡，自当视作河南省抗战人口直接损失的一部分而计入总数。

关于花园口决堤淹毙的河南省人口数，上述表3-13中于"被灾逃亡人口数"的"说明"栏中称有32万。另据苏冠军著《1938年黄河花园口扒口情况介绍》一文中引用行政院黄泛区损害与善后救济的不完全统计资料称：在河南省黄泛区20个县范围内，共计"逃离人数1 172 639，占原人口百分之十七点三；死亡人口数325 598，占原人口百分之四点八"。[①] 又据1946年12月善后救济

---

① 苏冠军：《1938年黄河花园口扒口情况介绍》，《郑州文史资料》第2辑，转引自章伯锋、庄建平主编：《抗日战争第2卷·军事》上，第538页。

总署调查处吕敬之所撰的《河南省战时损失调查报告》中关于河南省黄泛区的灾害调查所记,黄泛区范围包括郑县、中牟、开封、通许、尉氏、扶沟、太康、西华、商水、淮阳、鹿邑、项城、沈丘、鄢陵、陈留、杞县、广武、睢县、柘城、洧川等 20 县,总计淹毙人数约 325 037人。① 黄泛区各县受灾情形,据当时调查统计,详如表 3-15。

表 3-15　河南省黄泛区损失统计

县别	人口数 (单位:人)	被淹面积 (单位:平方公里)	被冲房屋 (单位:间)	淹毙人数 (单位:人)	逃亡人数 (单位:人)
郑县	213 144	80	12 260	4 800	8 800
中牟	99 702	360	54 500	21 600	39 600
开封	460 086	280	41 430	18 800	31 100
通许	239 486	50	7 060	3 000	5 450
尉氏	290 045	360	54 000	21 600	38 520
扶沟	299 627	340	52 600	20 400	37 800
太康	524 362	880	132 600	52 800	97 650
西华	322 942	180	2 734	10 800	19 950
商水	277 609	40	6 290	2 400	4 450
淮阳	732 029	800	120 540	48 000	87 950
鹿邑	662 152	500	75 300	30 000	54 980
项城	329 444	60	8 980	12 000	6 320
沈丘	177 733	200	29 870	12 000	22 000
鄢陵	253 368	350	52 500	21 400	37 000

---

① 吕敬之:《河南省战时损失调查报告》,《民国档案》1990 年第 4 期,转引自章伯锋、庄建平主编:《抗日战争第 2 卷·军事》下,第 2579 页。

续表

县别	人口数 （单位：人）	被淹面积 （单位：平方公里）	被冲房屋 （单位：间）	淹毙人数 （单位：人）	逃亡人数 （单位：人）
陈留	122 445	360	53 800	3 600	34 000
杞县	403 398	900	137 800	49 700	90 000
睢县	332 392	18	2 240	635	4 100
广武	106 508	26	3 530	859	7 000
柘城	245 958	22	3 250	543	4 810
洧川	170 214	15	2 010	500	3 200
总计	6 197 480	5 821	877 910	325 037	631 070

资料来源：吕敬之：《河南省战时损失调查报告》，《民国档案》1990 年第 4 期，转引自章伯锋、庄建平主编：《抗日战争第 2 卷·军事》下，第 2580 页。

关于河南省黄泛区被淹毙人口数有多种不同的说法：据国民政府行政院善后救济总署编译处，河南、安徽及苏宁分署 1946 年编制的《黄泛区损失统计表》河南部分所记，该省黄泛区被淹毙人口为 325 598 人①，前文所引苏冠军文中所录数当系出于此。1947 年 3 月河南省政府社会处编印的《河南省黄泛区灾况纪实》一书载有《河南省黄泛区村庄人口损失统计表》，又记该省黄泛区死亡人口数为 434 919 人②，与通常所说的 32 万人左右相差甚大。我们这里将采用吕敬之所撰的《河南省战时损失调查报告》中所附的《河南省黄泛区损失统计》表中数据，以其统计数字相对具体，且 32 万人左右的数字，可得多方数字参证，而河南省政府社会处统计数

① 中国第二历史档案馆编：《中华民国史档案资料汇编》第 5 辑第 3 编，"财政经济"（1），南京：江苏古籍出版社 2000 年版，第 271 页。
② 河南省政府社会处：《河南省黄泛区灾况纪实》，1947 年 3 月编印，第 11 页。

字,目前尚不见旁证,故此录以备考,但在汇总河南省抗战人口损失时,暂不采用。

关于 1942 年华北大旱灾期间河南省饿毙人口数,前文表 3-13 的"被灾逃亡人口数"一栏"说明"称约为"二百廿万",而表 3-14 的附注又称有"三百万"。此二表收藏在同一卷宗之中,当皆为战后河南省政府抗战损失调查机关编制上报行政院者,但所称数目竟相差 80 万许,颇令人费解。另据吕敬之所撰《河南省战时损失调查报告》所记,"迄卅四年秋季,全省 110 县中几无一县未受敌寇侵扰,尤以廿七年之黄泛与卅一年之旱灾,全省被淹毙饿死者几达三百万人,其灾祸之重,实为全国所罕有"。即使除去调查所得黄泛区淹毙人口 32 万许,则 1942 年之旱灾所造成的该项人口死亡也当在 270 万左右。另据吕氏报告,仅在豫北 25 县,战争期间"因各种灾祸而致死亡者约计一百八十万"。[①] 据此,则一般所认为的这一时期的河南省人口因灾荒而死亡的人口在 300 万左右,则是极有可能的。取上表 3-14 及表 3-15 中所记河南省战时人口死亡数及黄河决堤淹毙之数目,简单合计,则得战后河南省当局调查所及区域内该省抗战人口直接损失数达 1 126 954 人;灾荒所致死亡人口约 300 万,反映在当时社会人口保有量上,则同样是绝对数字的减少,因此当以抗战间接人口损失计之,合此两项不计伤残,则在整个抗战期间,河南省人口损失至少在 412 万左右,其人口伤亡损失之惨、灾难之重,位于全国各省之首。

---

① 吕敬之:《河南省战时损失调查报告》,《民国档案》1990 年第 4 期,转引自章伯锋、主建平主编:《抗日战争第 2 卷·军事》下,第 2576、2581 页。

八、四川省(含重庆市)空袭损害统计

四川、陕西、甘肃、宁夏等省,以地处中国西南、西北内地,远离战区,为日军陆战部队兵锋所不及。因此,这些省份战时几乎未受到日军地面部队的军事进攻。但在抗日战争期间,侵华日军借其空中优势,对战区之外中国各省从空中长途奔袭,施以无差别的、猛烈的空袭,给当地民众的生命、财产造成巨大损失。考察上述诸省抗战直接人口损失情况,主要以战时日军飞机无差别轰炸造成的人口伤亡为主。

四川省战时遭日机空袭所致人口伤亡及财产损失,在后方各省中最为严重。仅就人口伤亡而言,据1946年8月5日内政部抗战损失调查委员会作出的《关于中国军民抗战损失说明书》中《后方各省实际报告本会空袭人民伤亡表》所记,战时四川省伤亡合计8 927人,其中死亡3 793人,重伤2 381人,轻伤2 753人;重庆市伤亡合计36 202人,其中死亡15 294人,重伤9 179人,轻伤11 729人。两者合计,则战时四川省被敌空袭所造成的人口伤亡共计为45 129人,其中死亡合计19 087人,轻重伤合计26 042人。[①] 另据相关资料,抗战期间日机历年空袭四川省情形,简如表3-16所示。

---

① 内政部抗战损失调查委员会:《后方各省实际报告本会空袭人民伤亡表》,转引自迟景德:《中国对日抗战损失调查史述》,第238—239页。

表 3 - 16　四川省抗战期间遭敌空袭人口伤亡表

年别	日机架次	投弹枚数	人员伤亡			房屋损毁
			合计	死	伤	
1938	35	199	9	3	6	9
1939	913	5 743	15 293	7 960	7 333	24 362
1940	4 667	13 495	13 787	6 272	7 515	46 106
1941	1 529	6 251	5 983	2 299	3 684	13 015
1942	2 180	5 911	5 038	2 569	2 469	7 527
1943	236	563	283	109	174	225
1944		475	31	15	16	11
合计	9 560	32 637	40 424	19 227	21 197	91 555

资料来源：据《四川抗日战争时期日寇空袭损失统计》编制，《四川档案史料》1983 年第 3 期，转引自孟国祥、喻德文：《中国抗战损失与战后索赔始末》，第 21—22 页。

又据 1945 年年底四川省抗战损失调查委员会的调查统计，战时四川省计有 53 个县市遭日机空袭，受到不同程度的人口伤亡。自 1938 至 1944 年 6 年中，全省遭日机空袭伤亡合计 4.8 万人以上，其中受伤人数 2.6 万余人，死亡达 2.25 万人。[①]

上述所征引的文献资料，对战时四川省因日机空袭所造成的人口伤亡有三种不同的统计结果，其中 1945 年年底四川省抗战损失调查委员会调查统计数中，受伤数与 1946 年 8 月 5 日内政部抗战损失调查委员会的后方各省空袭损害统计表中数几乎一致，而死亡数则较该统计表中数相差近 3 500 人，却又与表 3 - 16 中死亡数字极为相近。按理说，内政部抗战损失调查委员会统计表中的数据应该来自四川省抗战损失调查委员会的统计数据，且后者数

[①]《四川抗日战争时期人民伤亡及财产损失情况》，《四川档案史料》1983 年第 3 期，转引自孟国祥、喻德文：《中国抗战损失与战后索赔始末》，第 22—23 页。

据早出,何以未被内政部采纳,又颇令人费解。造成这种差别的原因,或许是由于四川省政府当局向内政部汇报调查结果时,四川省抗战损失调查委员会的统计结果尚未汇总,故以历年日机空袭损失统计表上报。而此后调查续有所得,未及为内政部抗战损失调查委员会汇总所用。

战时四川省被空袭损害,又以时为国民政府陪都的重庆为最重。据西南师范大学历史系、重庆市档案馆编《重庆大轰炸(1938—1943)》一书所载,抗战期间重庆遭敌机 5 967 架次空袭,投弹 20 270 枚,人员伤亡合计 20 270 人,其中死亡 10 005 人,伤10 265 人,房屋损毁计26 178 间又 8 250 栋。其历年损害情形如表 3‑17。

表 3‑17 重庆市抗战期间历年遭日机轰炸损害统计

年别	日机架次	投弹枚数	人员伤亡			房屋损毁
			合计	死	伤	
1938	36	54	50	24	26	5 间
1939	632	1 736	9 024	5 072	3 952	7 199 间
1940	3 092	7 976	6 111	2 425	3 686	723 栋 20 109 间
1941	2 180	5 911	5 038	2 469	2 569	7 527 栋 5 987 间
1943	27	98	47	15	32	77 间
合计	5 967	15 775	20 270	10 005	10 265	26 178 间 并 8 250 栋

资料来源:据西南师范大学历史系、重庆市档案馆编《重庆大轰炸(1938—1943)》之"大事记"所载资料编制,重庆:重庆出版社 1992 年版,第 183—213 页。

又据罗泰琪著《重庆大轰炸纪实》一书附录二《日本飞机空袭重庆年表》所记,战时重庆市遭日机轰炸损害则又如表3-18。

表3-18　日本飞机空袭重庆年表

年别	日机架次	投弹枚数	人员伤亡			房屋损毁
			合计	死	伤	
1938	53	65	51	24	27	7
1939	865	1 897	9 443	5 247	4 196	4 757
1940	4 722	10 857	9 560	4 149	5 411	6 952
1941	3 495	8 893	6 896	2 448	4 448	5 793
1943	348	151	39	21	18	99
合计	9 513	21 593	25 989	11 889	14 100	17 608

资料来源:据罗泰琪著《重庆大轰炸纪实》附录二《日本飞机空袭重庆年表》重制,呼和浩特:内蒙古人民出版社1998年版,第455页。

上述表3-17、表3-18两表所记统计数据,互有出入,且皆较1946年2月7日军令部第一厅所制统计表中数据要少许多,出现这种差别的原因,又可能是各自统计的空间范围不同所致。1941年6月底至8月底,陪都空袭救护委员会对2个月间日军飞机空袭重庆所造成的损失进行了及时的、逐日的通报。据其统计,仅在此2个月间,日机空袭造成重庆市3 066人的伤亡,其中死亡983人,轻重伤合计1 973人。[①] 我们据此通报编制出表3-19。

---

① 表中逐日各项数据与合计、总计各项数据并不相合。其中死亡数总计为818人,受伤数为1 747人,伤亡合计为2 565人。何以会出现如此明显的误差,无从悬测。或计其总计数字尚有表中未统计者。

表3－19　1941年6月—8月重庆遭日机空袭人员伤亡表

空袭时间	死亡	受伤	合计
6月28日	3	21	24
6月30日	162	205	367
7月4日	40	38	78
7月5日	13	51	64
7月6日	2	4	6
7月7日	18	107	125
7月8日	42	90	132
7月10日	14	25	39
7月28日	3	6	11
7月29日	32	71	103
7月30日	58	189	247
8月8日	129	201	338
8月10日	33	71	104
8月11日	102	197	299
8月13日	188	362	550
8月14日	15	47	62
8月22日	6	38	44
8月23日	22	58	80
8月30日	48	146	294
8月31日	53	46	99
总计	983	1 973	3 066

　　资料来源:本表据重庆市档案馆藏《陪都空袭救护委员会关于敌机空袭伤亡损失通报(1941年6月—1941年8月)》所载资料编制,《档案史料与研究》1994年第3期,第6—16页。

　　陪都空袭救护委员会是 1941 年 2 月由原陪都空袭服务救济联合办事处改组而成,其前身为 1939 年年初成立的陪都空袭紧急救济联合办事处,直属于军事委员会及行政院。在《陪都空袭救护委员会关于敌机空袭伤亡损失通报(1941 年 6 月—1941 年 8 月)》中,该委员会比较及时、完整、具体地统计了自 1941 年 6 月 28 日至 8 月 31 日 2 个月间日机历次空袭重庆市的地点范围、人员伤亡及财产损失情况。前表 3 - 19 中数据,即是据此《通报》中所记数字编绘,以其为当时专责机关及时调查统计,较为准确地反映了这期间的重庆空袭受害情况。① 此外,我们又可据《重庆市志》所载相关资料,对该市战时所受空袭造成的人口伤亡情况作一不完全增补,即对未在上述统计表时间范围内的日机轰炸造成的损失,可简要以表 3 - 20 体现。

表 3 - 20　抗战期间重庆遭日机轰炸之部分统计

时间		人员伤亡			房屋毁损	资料来源
年别	日期	死亡	受伤	合计		
1939	5 月 3 日			1 000		重庆市志第 1 卷,第 160 页
	5 月 4 日	2 000	3 300	5 200②	1 200 余栋	重庆市志第 1 卷,第 160 页
	5 月 25 日			20 000 余③		档案史料与研究 1993 年第 3 期,第 15 页

① 《陪都空袭救护委员会关于敌机空袭伤亡损失通报(1941 年 6 月—1941 年 8 月)》,重庆市档案馆藏,《档案史料与研究》1994 年第 3 期,第 6 页。

② 另据 1939 年 5 月 3 日、4 日大轰炸后日本侵华当局收集的情报史料所记,5 月 4 日之大轰炸造成死伤者计达 6 000 人左右,至 5 月 16 日"已判明姓氏者有二千"。《11. 渝字第二一〇三号译文(1939 年 5 月 16 日)》,重庆市档案馆编:《日本当局收集重庆大轰炸情报史料一束》,《档案史料与研究》1990 年第 3 期。

③ 据大轰炸后日本侵华当局收集的情报史料所记,"二十五日空袭,死伤约达二万以上(AM 情报)云"。《18. 渝字第二四四六号译文(1939 年 5 月 28 日)》,重庆市档案馆编:《日本当局收集重庆大轰炸情报史料一束》,《档案史料与研究》1990 年第 3 期。

续表

时间		人员伤亡			房屋毁损	资料来源
年别	日期	死亡	受伤	合计		
1939	7月24日				数十间	重庆市志第1卷,第162页
	7月31日	27	58	85	177栋	重庆市志第1卷,第162页
	8月3日	7	38	45	1 442栋	重庆市志第1卷,第162页
1940	4月25—30日	223	37	250		重庆市志第1卷,第169页
	5月				1 300栋	重庆市志第1卷,第170页
	6月			700	1 050栋	重庆市志第1卷,第170—171页
	7月9日			70	380余栋	重庆市志第1卷,第171页
	7月5日	110	210	320	600余栋	重庆市志第1卷,第171页
	7月22日	1 010	15	1 025		重庆市志第1卷,第171页
	8月17日	147	257	404	1 000余栋	重庆市志第1卷,第172页
	8月19日			100余		重庆市志第1卷,第172页
	8月20日			数百人		重庆市志第1卷,第172页
	10月6日			数十人	300余间	重庆市志第1卷,第174页
	10月17日			10余人	10余栋	重庆市志第1卷,第174页
	10月25、26日			30余人	160余间	重庆市志第1卷,第174页
1941	5月2日			数十人		重庆市志第1卷,第180页
	5月3日			50余人	50余栋	重庆市志第1卷,第180页
	5月7日			13	100余间	重庆市志第1卷,第180页
	5月9日			100余人	200余栋	重庆市志第1卷,第180页
	5月10日			10余人	100余间	重庆市志第1卷,第180页
	6月5、6日	9 000—12 000		9 000—12 000		重庆市志第1卷,第181页

时间		人员伤亡			房屋毁损	资料来源
年别	日期	死亡	受伤	合计		
1941	8月19日	130	180	310		重庆市志第1卷,第183页
	8月22、23日			数十人	100余栋	重庆市志第1卷,第183页
1943	8月23日			50余		重庆市志第1卷,第199页
合计		12 654	4 095	38 772	8 169	

资料来源:

1. 表中数据多为死伤合计约数,无法分割,故死亡数、受伤数合计栏不确。死伤合计数亦不计余数及数十、数百之类约数。1941年6月5、6两日空袭死亡数以9 000计。

2. 本表系据章伯锋、庄建平主编《抗日战争第7卷·侵华日军暴行日志》所载四川省资料编制,第511—517页。

表3-20中数字,不能算作是一项统计结果,只是据有关零星资料汇编而成,可供我们研究重庆市战时受敌空袭人口损失的一种参考。以多数数据中死亡、受伤数无法分割,故此二栏数极不精确;而于两项合计数,亦因多为约数,且另有四项约数未计入,所以也只能看作是表中涉及各数之总计数的最低数。此项伤亡合计最低数中,含1941年6月5日和6日"大隧道惨案"遇难人数,以9 000人计入。唯关于此次惨案遇害人数,历来说法不一,多者称遇难者达1万以上,少者称只数百人。徐建明曾著《重庆"大隧道窒息惨案"死亡人数考析》一文,对各种说法进行考订分析后认为,大隧道惨案遇难人数之范围应该在"1 200人左右"。① 如果徐建明氏考证正确的话,则我们当从上表合计数中减去7 800人,再加上陪都空袭救护委员会所统计的1941年6—8月间的受害伤亡合计数3 066人,则重庆市战时人口因敌空袭所致伤亡之最低数合计应为

———————————

① 徐建明:《重庆"大隧道窒息惨案"死亡人数考析》,《抗日战争研究》2001年第3期。

34 038 人,再加表 3 - 18 中被弃未计入的各项余数及约数,则其当与前文所引军令部第一厅统计数相差不大了。如果我们不完全依据徐氏文中考证,承认被减去的 7 800 死难者中有相当部分确实存在,即以半数计之,加入上述军令部的统计数中四川省人口死亡数,则其所得结果,又正与 1945 年年底四川省抗战损失调查委员会所得死亡数相差无几。因此,我们大体上还是认同四川省抗战损失调查委员会战后调查统计结果,即:抗战期间四川省因敌空袭所受人口伤亡合计约为 4. 8 万人,其中死亡 2. 25 万人,受伤 2. 6 万人。当然,对于这一统计结果的产生依据及其何以未在当时中央级的全国抗战人口损失统计中得到表达,还需要进一步发掘资料,作更深入的研究。

九、陕西、甘肃、宁夏空袭人口伤亡损失统计

　　与四川省同样,陕西省抗战期间的人员伤亡,主要也是由于日军飞机空袭。从档案材料中看,抗日战争胜利后,陕西省当局似乎也曾进行过抗战损失调查工作,并将调查结果上报国民政府行政院相关主管机关。如 1946 年 12 月 2 日社会部统计处曾以"统字第 3887 号"代电致陕西省社会处,称:"本处前于复员期间收到贵处核转之抗战损失报表,多系将若干单位之损失汇填一表,致无法分析其每一单位所受损失之确数,殊与规定不合,应请依照本部三十四年统三戍马代电颁发之七种表式,每一受损单位用一表,表头并须标明该单位或个人之名称,或姓名。"并具体指出该省所报表中存在的具体问题,故"相应检还原表,电请查照,并转饬遵照重行填报,汇转本处为荷"。[1] 惜目前有

---

① 《社会部统计处(统字第 3887 号)代电》(1946 年 12 月 2 日),中国第二历史档案馆藏,社会部档,11/6827。

关陕西省战后进行的抗战损失调查的报表等档案资料尚未见到,其关于本省战时人口伤亡统计结果不得而知。目前我们仅能就极为有限的资料,对该省战时人口伤亡情况作一简单的说明。

据 1946 年 8 月 5 日内政部抗战损失调查委员会所制《后方各省实际报告本会空袭人民伤亡表》统计,战时陕西省受日军飞机空袭所造成的人员伤亡损失情况为:死亡 1 053 人,重伤 318 人,轻伤 395 人,伤亡总计 1 766 人。[①] 如果参考散见于地方史志资料的记录,这一统计同样远不能反映抗战时期陕西省因日机轰炸所致的人口死伤情况。其实这也反映了战时或战后由国民政府行政院抗战损失调查委员会主持的抗战损失调查,不论是在时空的覆盖或是调查结果的准确性上,都普遍地存在着许多问题。下表 3-21 是据有关资料编制的陕西省抗战时期遭日机空袭所致人口伤亡表。

表 3-21　战时日机空袭陕西省及所致人口伤亡情况表

年别	日期	地点	事件	投弹枚数	死亡人数	受伤人数	炸毁房屋	备考
1937	11.7	潼关	轰炸		多人			多人
1938	2.28	潼关	轰炸		12		12 余间	
	3.5	府谷保德	轰炸	20 余			20 余间	
	3.6	府谷	杀害		38		400 多间	
	3.13	南郑	轰炸		数十人		数百间	数十人
	3—4 月	宝鸡	轰炸		100 余人			
	4 月	渭南	轰炸	4		3	13	

[①] 内政部抗战损失调查委员会:《后方各省实际报告本会空袭人民伤亡表》,转据迟景德:《中国对日抗战损失调查史述》,第 238—239 页。

续表

年别	日期	地点	事件	投弹枚数	死亡人数	受伤人数	炸毁房屋	备考
1938	7.10	潼关	轰炸		2	2	25	
	8.20	宝鸡	轰炸		20余人			
	10.12	西安	轰炸					日机20架,分三批
	10.12	渭南	轰炸	40余	4	6		
	10—11月	榆林	轰炸				6间	新旺楼巷小学
	11.20 11.21	延安	轰炸	150	152		309间	
	11.23	西安	轰炸	80余	130余		数十间	清真寺4座
	11.29	宝鸡	轰炸		17			
	12.12	延安	轰炸	48				
	12.14	延安	轰炸	约50				
	12.15	延安	轰炸					
	12月	渭南	轰炸		10余			
1939	2.21	潼关	轰炸		3	数十人	46间	
	3.9	华县	轰炸	6—7		2	8间	
	3.10	延安	轰炸	70	6		7间	
	3月	石泉	轰炸			1		
	4.2	西安	轰炸	50余	10			
	5.24	西安	轰炸	3	1 000余			西安最大惨案
	5.17	南郑	轰炸	50	8		56间	
	6.21—12月	榆林	轰炸					日机4次来袭
	7月	宝鸡	轰炸		2 000余			
	8.15	延安	轰炸	40		5	17间	
	9.8	延安	轰炸	200余	58		150间	1日3次来袭

续表

年别	日期	地点	事件	投弹枚数	死亡人数	受伤人数	炸毁房屋	备考
1939	10.11	西安	轰炸	30	12	4		一说工人死伤40余人,损失1 347万元
	10.12	渭南	轰炸					日机9架来袭
	10.13	华县	轰炸	20余	50余	40余		
	10.13	高陵	轰炸		28	27		
	10.15	延安	轰炸	225	10	37	300余间	
	10.16	蒲城	轰炸	200余	41	37	300余间	
	10.26	南郑	轰炸		100余	34		
	11月	宝鸡	轰炸		30余			
	12.9	蒲城	轰炸		8		158间	
	12.15	神木	轰炸		30余		100余处	次日再来袭
	冬	延长	轰炸		10			
1940	2.2	府谷	轰炸	80	33	50	600间	
	2.6	府谷	轰炸	60	15		50间	
	2.7	府谷	轰炸	70	7	11	170间	
	4.20	延安	轰炸	52			10间	窑4孔,房6间,马1
	5.1	安康	轰炸	180	200余		120余间	
	5.20	南郑	轰炸	40余	14	17		
	6.24	华县	轰炸			2		
	7.3	洛南	轰炸		4		数间	
	7.3	临潼	轰炸		4			
	7.3	宝鸡	轰炸		30			
	8.30—1942.12	咸阳	轰炸	125,一说200	10	数人		损失合30万元

续表

年别	日期	地点	事件	投弹枚数	死亡人数	受伤人数	炸毁房屋	备考
1940	8.31	宝鸡	轰炸	100	20—30 人		多处工厂	毁烧棉 1 000 包，一 说 2 000 包
	9.3	安康	轰炸	500	1 500	无数		
	9 月中旬	潼关	轰炸		7			毒瓦斯闷死
	9 月	潼关	炮击		8			
	11.22	韩城	轰炸		50	13		仅中山堂后展一处
	本年	西安	轰炸		200 余		寺 5 所	回族居住地区
1941	5.6	澄城	轰炸		14	数人	20—30 间	
	5.6	西安	轰炸	20				毁棉 5 000 余斤
	5.21	南郑	轰炸			30		
	5.22	宝鸡	轰炸	40 余	1	1		毁棉 1 000 包
	6.13	渭南			14			
	6 月	宝鸡	轰炸		200—300 人			
	8.4	延安	轰炸	100		6	5 间	牲口死伤 35 头
	8.22	凤翔	轰炸		21			军官学校官兵。另有死 30、37、20，死伤四五十人，死伤六七十人五说
	8.25	渭南	轰炸	6	2	5		
	8.29	华县	轰炸					日机 10 架
	8.29	南郑	轰炸	70 余				

年别	日期	地点	事件	投弹枚数	死亡人数	受伤人数	炸毁房屋	备考
1941	9月初	凤翔	轰炸		4			农民
	9.11	蒲城	轰炸	20余	5	8	8	
	12.2	西安	轰炸	4				毁棉1 456包，合100余万元
	12.4	南郑	轰炸		数十人			
1942	4月	南郑	轰炸					17日、下旬、30日4次来袭
	5月	渭南	轰炸				3间	
	6月	宝鸡	轰炸		多人		数间	
1943	2.8	西乡	轰炸	30	6	多人	无数	
1944	4.20	华县	日机扫射		1	6、7		
	8.21	渭南	轰炸	4			3	
	8.31	渭南	轰炸				11	
	10.28	西乡	轰炸			2	多间	
1945	3.31	华县	轰炸		2	10余		一死火者 死者为司机
	4.2	华县	轰炸	1				惊散村民
	7.15	西乡	轰炸	10				庄稼山林遭损
	1938.10、1939.10	固林	轰炸					平民房屋均有损失
	1938.5—1939.12	吴堡	轰炸					30次来袭，平民房屋均有损失
	1938—1942	府谷	轰炸		174		1 300余间	来袭109次
	1938—1942	延长	轰炸					来袭12次

资料来源：
　　1. 上表中人口伤亡分作死亡人数与受伤人数两栏，若原资料中死伤人数未作分割者，则于该时该地之死伤二栏合一记载。
　　2. 上表倒数之第二行府谷县人口伤亡为合计数，与前各年分列有重合，若欲计算本表之总计伤亡数，府谷县之分计伤亡数不能列入。
　　3. 本表系据《近代史资料》编辑部等编《日军侵华暴行实录》(4)所载陕西省资料(北京：北京出版社1997年版，第671—679页)编制。因资料范围狭隘，只能作一参考，尚待增补。

　　仅限表3-21所记，抗日战争时期，侵华日军飞机先后在陕西境内轰炸200多次，投弹2 200多枚，遭日军轰炸的有西安、延安、宝鸡、潼关、府谷、保德、南郑、咸阳、渭南、榆林、华县、石泉、高陵、浦城、神木、固林、韩城、吴堡、安康、临潼、洛南、澄城、凤翔、延长、西乡等25县市，炸死炸伤平民，除表中非确定数及余数，已计有6 700多人。[①] 若以前文军令部第一厅所制表中该省伤亡比例1∶1.48计，则此6 700多人中，死亡约为4 000人，受伤2 700多人。我们将此数暂作为战时陕西省人口直接损失之最低限数。

　　甘肃、宁夏两省地处中国内陆西北偏远地区，战争在域内所造成的人口直接损失，也完全是由日军飞机空袭所致。据1946年8月5日内政部抗战损失调查委员会所制《后方各省实际报告本会空袭人民伤亡表》统计，抗战时期甘肃省遭敌空袭所致人员伤亡共计1 426人，其中重伤605人，死亡821人；宁夏伤亡共计639人，其中重伤129人，轻伤102人，死亡408人。[②] 另据战后甘肃省政府于1947年所作的不完全统计，从1937年至1941年，该省各地因受

━━━━━━━━━━━━━━━━

① 另据章伯锋、庄建平主编《抗日战争第7卷·侵华日军暴行日志》第527页所载陕西省资料统计，结果与此亦大体相同。
② 内政部抗战损失调查委员会：《后方各省实际报告本会空袭人民伤亡表》，转据迟景德：《中国对日抗战损失调查史述》，第238—239页。

日军飞机轰炸所造成的人员伤亡计达 1 343 人，其中死亡 663 人。①
表 3－22 是据有关资料编制的日军飞机轰炸甘肃省境及其损害情
形不完全统计。

表 3－22　抗战期间日军飞机空袭甘肃省所致损害部分统计

年份	时间	地点	人员伤亡			损毁房屋	备考
			死亡	受伤	合计		
1937	12 月 4 日	兰州	3	2	5	55	
	12 月 21 日	兰州	3	4	7	30	
1938	11 月 15 日	靖远		10	10	70	
1939	2 月 9 日	平凉	126	51	177	156	
	2 月 12 日	靖远	3	30	33	25	
	2 月 12 日	兰州	4	3	7	11	
	2 月 20 日	兰州	25	17	42	157	
	2 月 22 日	平凉	9	2	11	140	
	2 月 23 日	兰州	26		26	780	
	3 月 7 日	平凉	7	1	8	340	
	3 月 7 日	永昌	22	11	33	35	
	3 月 15 日	平凉、泾川	6	2	8	2	
	10 月 30 日	平凉	16	14	30	126	
	11 月 27 日—12 月 1 日	兰州	82	55	137	1 756	
	12 月 26—28 日	兰州	75	55	130	7 053	

①《日军在甘肃省的暴行》，李秉新等主编：《侵华日军暴行总录》，石家庄：河北人民出版
　社 1995 年版，第 559 页。

续表

年份	时间	地点	人员伤亡			损毁房屋	备考
			死亡	受伤	合计		
1941	5月21日	兰州	1	15	16	189	
	5月22日	兰州				50余栋	
	8月31日	兰州	7	10	17	400	
1943	10月4日						日机最后一次进入甘肃境内
合计			415	282	697	11 375	

资料来源：据章伯锋、庄建平主编《抗日战争第7卷·侵华日军暴行日志》所载甘肃省资料编制，第534—536页。另，日机空袭未造成人员伤亡者未列入表内。

从表3-22中看，战时日军飞机对甘肃省境的空袭轰炸，主要集中于兰州、平凉等地，其余遭到轰炸的尚有靖远、永昌、泾川等县。抗战期间，兰州为国民政府主席西北行营驻地。特别是在抗战前期，国际社会对中国抗战给予大力支持者仅有社会主义国家苏联，甘肃省为当时苏联援华抗战物资转运的重要通道，西北行营驻兰州负责协调，战略地位十分重要，所以日本侵华当局不惜长途奔袭，对兰州等地持续进行大规模的空袭。1941年年底太平洋战争爆发后，美国等国家开始加强对中国抗战的支援力度，甘肃省作为国际援助物资通道的地位相对减轻，同时日本由于在太平洋和东南亚地区对盟军作战压力增大，逐渐停止了对甘肃省境内的轰炸。1942、1943年两年中，日军飞机曾有近20架次进犯甘肃省境，"均属侦察及骚扰性质。据现有资料看，日机最后一次进入甘肃上空的时间是1943年10月4日"。[1] 至于日机对宁夏的轰炸，以无更详细的资料可依，这里只有1946年8月5日内政部抗战损失调

———————————

[1]《日军在甘肃省的暴行》，李秉新等主编：《侵华日军暴行总录》，第560页。

查委员会所制《后方各省实际报告本会空袭人民伤亡表》中的统计数字,即伤亡共计 639 人,其中重伤 129 人,轻伤 102 人,死亡 408 人。我们将会把这组数字计入西北陕、甘、宁三省的人口损失统计之中分析讨论。

综合前文的讨论,将陕、甘、宁三省抗战期间受敌空袭造成的人口伤亡损失数字合计,战时三省被日军飞机炸死炸伤人数,至少在 8 765 人以上,其中死亡者约在 5 229 人以上,轻重伤合计约在 3 536 人以上。当然,这一组数字,只能是我们就目前所能掌握到的资料,结合战后抗战损失调查委员会、各省政府的调查统计材料和史志材料所记,对日机轰炸给三省造成的人口伤亡损失的最低数估计。未来,在进一步挖掘出更多的原始档案资料的基础上,或许会对这些数据有所补充与修正。

十、云南、贵州两省战时人口伤亡损失统计

云南、贵州两省位于中国西南云贵高原,地处偏远,相对于抗战前线的华北、华东与华南战场而言,这里原本属于大后方区域,所以在抗战全面爆发之初,华北和东部地区的部分高校机关曾内迁至此。但在太平洋战争爆发后,随着日军对东南亚地区进攻的扩大,战区由法属印度支那向西扩展至泰国、缅甸。这样,中国抗战的大后方区域,反而径变为抗战的最前线。因此,在抗战期间,这两个省份同样没有免于战火之灾,除遭日军飞机空袭外,因受战局影响,滇西、黔南部分县份复遭敌攻占沦陷。1942 年年初,为切断滇缅公路这条当时中国主要的国际通道,日军当局在占领泰国之后,1 月间发动了进攻缅甸的作战。3 月 8 日,日军攻占仰光,进而向缅北及中国滇西进犯。国民政府军事委员会为保障滇缅公路畅通,挫败日军战略企图,同时应驻缅英军当局请求,组成中国远

征军,于 1942 年 3 月开赴缅甸境内对日军作战,历时半年,转战
1 500 公里,曾给日军以沉重打击,但自身也遭到重大损失。至 8 月
间,中国远征军自缅甸撤回境内,中国军队第一次入缅作战失败。[①]
在此期间,日军第五十六师团沿滇缅公路侵入滇西松山、泸水、腾
冲、龙陵等地,在滇西地区盘踞 2 年之久,对当地人民进行了残酷
杀戮,造成巨大的人员伤亡。在 1944 年年底桂柳会战期间,侵华
日军第十一军第十三师团及第三师团于 12 月初由广西侵入黔南
独山、荔波、都匀等地,[②]大肆烧杀,给当地人民生命和财产造成巨
大损失。

　　据内政部抗战损失调查委员会 1946 年 8 月 5 日所作的《关于
中国军民抗战损失说明书》中《抗战八年各省会战、重要战斗、小战
斗次数》表中统计,战争期间,在云南省境内对日作战重要战斗 10
次,小战斗次数 583 次;贵州省境内作战次数为重要战斗 6 次,小战
斗次数 356 次。[③] 该说明书中同时估计战时两省人口伤亡损失情
况分别为:云南省伤亡合计 76 617 人,其中重伤 8 706 人,轻伤
20 104 人,死亡 47 807 人;贵州省伤亡合计 46 270 人,其中重伤
5 258 人,轻伤 12 141 人,死亡 28 871 人。[④] 此外,该说明书中还载
有《后方各省实际报告本会空袭人民伤亡表》,内记云南省战时空
袭伤亡共计 349 人,其中重伤 119 人,轻伤 126 人,死亡 104 人;贵

---

① 郭汝瑰、黄玉章主编:《中国抗日战争正面战场作战记》下,南京:江苏人民出版社
　2002 年版,第 1111—1141 页。

② 郭汝瑰、黄玉章主编:《中国抗日战争正面战场作战记》下,第 1367—1369 页。

③《抗战八年各省会战、重要战斗、小战斗次数》,转据迟景德:《中国对日抗战损失调查
　史述》,第 238 页。

④《抗战八年全国分省人民伤亡估计总表》,转据迟景德:《中国对日抗战损失调查史
　述》,第 239—241 页。

州省空袭伤亡总计 7 926 人,其中重伤 1 559 人,轻伤 960 人,死亡 5 407 人。[①]

但是,同前文我们所讨论的多个省份一样,内政部抗战损失调查委员会 1946 年 8 月 5 日的说明书中所列的各省的损失统计,多数情况下数据不够齐全;即以人口伤亡损失来说,也往往会将各省已经调查统计,甚至已经编印成册公开出版的调查统计结果遗漏或不予采纳,从而使不少省份的重大人口伤亡损失在说明书中得不到反映。我们仅就所搜罗到的资料中所记抗战时期滇、黔两省因日军飞机轰炸及日军杀害所致人员伤亡情况统计,即能看出上列内政部抗战损失调查委员会所作的各项估计或统计存在着严重的不足。表 3-23 为依据有关史志资料编制的战时云南省境内因日军空袭及进攻所直接造成人员伤亡的不完全统计。

表 3-23 抗战期间云南省人口伤亡情形不完全统计

时间	地点	人员伤亡			房屋毁损	备考
		死	伤	合计		
1938 年 9 月— 1943 年 12 月	昆明	1 430	1 717	3 147	14 990	轰炸
1939 年 4 月— 1942 年 10 月	蒙自、开远、个旧、建水	830	1 053	1 883	3 361	轰炸
1940 年 2 月— 1941 年 6 月	西畴、马关、富宁、文山、广南	347	300	647	500 余	轰炸
1941 年 7 月— 1943 年 10 月	大理、祥云、凤仪	458	409	867	60	轰炸

[①] 内政部抗战损失调查委员会:《后方各省实际报告本会空袭人民伤亡表》,转据迟景德:《中国对日抗战损失调查史述》,第 238—239 页。

时间	地点	人员伤亡			房屋毁损	备考
		死	伤	合计		
1942年5月3日后	潞西、梁河、盈江、陇川、德宏	1 359		1 359	4 865	杀害
1942年5月—1944年10月	保山	3 953	578	4 531	2 205	轰炸
1942年5月—1944年	保山	60 000余		60 000余		鼠疫霍乱
1942年5月	松山	549		549	230户	烧杀
1942年5月—1943年12月	泸水	443	2	445		杀害
1942年5月—1944年9月	腾冲	6 400		6 400	24 000	烧杀
1942年5月沦陷后	龙陵	6 814		6 814	9 816	烧杀
1943年3月1日	孟定	6		6	300余户	烧杀
合计		82 589	4 059	86 648	60 327	

资料来源:本表系据章伯锋、庄建平主编《抗日战争第7卷·侵华日军暴行日志》第521—526页所载云南省资料,李秉新等主编《侵华日军暴行总录》第1249—1261页所载《日军在云南省的暴行》等资料编制。"房屋毁损"栏中数据单位不统一,或间或户,未作划一。

　　表3-23中所记,仅日军飞机对昆明、蒙自、保山、大理等县市的轰炸所致人口损失,伤亡人数即达11 075人,其中死亡达7 018人,伤4 057人,远远高出内政部抗战损失调查委员会1946年8月5日之统计表中所记的该省战时人口伤亡数字。另内政部抗战损失调查委员会在估计云南省人口伤亡时,其死亡数显未包括保山地区因鼠疫、霍乱流行所造成的人口死亡数,但此项死亡数字系直接由日军飞机轰炸后造成的瘟疫流行,甚至是因日军细菌

战所致,当视作战时云南省抗战人口直接损失。另上表中所记伤亡数,以数据不全,不为确数,该省受伤数可取内政部抗战损失调查委员会统计数弥补。合内政部抗战损失调查委员会估计及表3-23中所记之伤亡数字,我们保守估计,抗战期间,云南省因日军烧杀、轰炸或细菌战致平民死亡合计约在 130 396 人以上,受伤约在 28 810 人以上,伤亡合计约 15 万人。

贵州省的伤亡情况,我们也据相关资料作一不完全统计表如表 3-24。

表 3-24　抗战期间贵州省人口伤亡情形不完全统计

时间	地点	人员伤亡			房屋毁损	备考
		死	伤	合计		
1938 年 9 月 25 日	清镇	1	1	2		轰炸
1939 年 2 月 4 日	贵阳	488	735	1 223	1 326	轰炸
1940 年 5 月—1941 年 6 月	贵阳、独山、八寨、三合	100 余	41	141		轰炸
1944 年 12 月 3 日—8 日	荔波	2 000	3 000	5 000		屠杀
1944 年 11 月 27 日—12 月 5 日	三都	119	180	298		屠杀
1944 年 12 月 2 日—4 日	独山	19 880		19 880	16 000	屠杀
1944 年 12 月 2 日—4 日	丹寨			100		屠杀
合计		22 588	3 957	26 644		

资料来源:据章伯锋、庄建平主编《抗日战争第 7 卷·侵华日军暴行日志》第 518—520 页所载贵州省相关资料,李秉新等主编《侵华日军暴行总录》第 1241—1246 页所载《日军在贵州省的暴行》等资料编制。以表中有伤亡数未分割者,故合计数不能与为亡分计数相合。

以所堪利用的资料不充分,表 3 - 24 同样无法全面反映战时贵州省人员伤亡情况。如上表中轰炸伤亡数合计为 1 366 人,其中死亡数为 589 人,伤 777 人,其统计所覆盖的范围显然尚不及内政部抗战损失调查委员会 1946 年 8 月 5 日所制《后方各省实际报告本会空袭人民伤亡表》,故当以后者统计数为准。就死亡人口数而论,合表 3 - 24 中的死亡数与内政部抗战损失调查委员会统计的空袭数,剔除本表中空袭轰炸死亡数,则得 27 406 人,则与内政部抗战损失调查委员会估计数已然十分相近。至于受伤数,因无更多资料可资考察,只好暂时利用内政部抗战损失调查委员会之估计数,即轻重伤合计 17 399 人。如此则该省有资料可据的战时伤亡合计为 44 805 人。另据第四战区第九十七军一六六师参谋长曹福谦在《湘桂黔大溃退目睹记》一文中所记,1944 年 11 月底至 12 月初,日军在黔南地区大肆烧杀,制造了黔南惨案,"在南丹、金城、六寨、独山、都匀等地屠杀的难民及本地居民,总数在 10 万以上"。[①] 惜其为一人之见,无调查统计资料或其他资料以供旁证,本书仅记之以为参考,冀待他日能搜寻到更多的资料加以讨论,或为有心者进一步论证。

十一、国民政府中央部会机关抗战人口损失统计

抗战期间,国民政府中央各部会也曾遵照行政院训令,依《抗战损失查报须知》规定要求,对本部会所属机关因抗日战事而遭受的损失进行过调查。这些部会由于组织系统周全、人员素质相对较高,其关于抗战损失调查的结果相对可靠得许多。同时,这些中央部会机关人员,既不分属于各省市县,也不分属于军事单位。各

[①] 曹福谦:《湘桂黔大溃退目睹记》,转引自金辉:《恸问苍冥:日军侵华暴行备忘录》,北京:解放军文艺出版社 1995 年版,第 428 页。

省县市进行抗战损失调查时,亦明确规定只注重地方损失,于中央部会所属及国营企事业单位损失,皆由各部会机关训会所属调查汇报,不由省县市政府查报。所以有关这些机关及所属战时人员伤亡情形,单独成一调查和统计管道,与各省或军事单位的统计数据交叉重复成分不会太大。故当对其作简单考察,并将其计入中国抗战人口损失的统计之中。据资源委员会、交通部、电讯总局、邮政总局、联勤总部、军医署、卫生署等六机关统计,全面抗战期间以抗日战事六机关历年动员技术员工人数为:"总计 8 797 285 人,就时期而言:二十六年 707 092,二十七年 731 829,二十八年 809 269,二十九年 825 021,三十年 877 890,三十一年 1 045 672 ,三十二年 1 133 722,三十三年1 342 330,三十四年 1 324 460 ;就业别言:除不明者 597 473 人外,计工程7 876 636,医护 320 586,其他 2 590,其中理 723,农 1 016,会计 659,工商管理 192。在动员总人数 8 797 285 人中,技术人员1 079 776 人,就时期言:以三十三年 222 879 为最多,三十四年176 504次之;就业别言,除不明者283 355 人外,计工程738 410,医护 45 421,其他 2 590。技术工人7 717 509 人,就时期言:以三十四年 1 147 956 为最多,三十年1 119 451 次之;就业别言,除不明者 304 118 人外,计工程 7 138 226,医护 275 165。"六机关全面抗战 8 年技术员工伤亡人数为:"总计 14 384 人,就时期言:二十六年 507,二十七年 844,二十八年 768,二十九年 1 546,三十年1 580,三十一年1 566,三十二年 1 402,三十三年2 883,三十四年3 288;就伤亡情形言:伤残 4 414,死亡 5 603,失踪 4 367。在伤亡总人数 14 384 人中,技术人员共 3 665 人,就时期言:以三十三年699 为最多,三十年 525 次之;就伤亡情形言:伤残715,死亡 2 421,失踪 529。技术工人 10 719 人,就时期言:三十年 2 763 为最多,三十年 2 184 次之；就伤亡情形言：伤残 3 699，死亡 3 182，失踪 3 838。"①其人员损失情形详如表 3 - 25。

表 3 - 25　抗战期间资源委员会等六机关历年技术员工伤亡人数

年别	合计	伤残	死亡	失踪
（一）总计				
总计	14 384	4 414	5 603	4 367
二十六年	507	294	207	6
二十七年	844	270	566	8
二十八年	768	220	533	15
二十九年	1 546	369	554	623
三十年	1 580	327	612	641
三十一年	1 566	413	719	434
三十二年	1 402	237	640	525
三十三年	2 883	418	843	1 622
三十四年	3 288	1 866	929	493
（二）技术人员				
总计	3 665	715	2 421	529
二十六年	127	55	68	4
二十七年	314	72	236	6
二十八年	277	59	206	12
二十九年	318	76	184	58
三十年	413	65	260	88
三十一年	499	81	368	50
三十二年	493	93	342	58
三十三年	699	124	389	186
三十四年	525	90	368	67

① 社会部统计处：《社会行政统计》第 28 号，1947 年 1 月编印，第 34 页。

续表

年别	合计	伤残	死亡	失踪
（三）技术工人				
总计	10 719	3 699	3 182	3 838
二十六年	380	239	139	2
二十七年	530	198	330	2
二十八年	491	161	327	3
二十九年	1 228	293	370	565
三十年	1 167	262	352	553
三十一年	1 067	332	351	384
三十二年	909	144	298	467
三十三年	2 184	294	454	1 436
三十四年	2 763	1 776	561	426

　　材料来源：劳动局统计室根据资源委员会、交通部、电讯总局、邮政总局、联勤总部、军医署、卫生署等机关所报材料编送。

　　附注：

1. 其他机关 2 590 人中，包括理科 723，农业 1 016，会计 659，工商管理 192。

2. 交通部所报动员技工人数中受伤 1 657 人，死亡 422 人，因未注明年期，统列入三十四年内。

　　资料来源：社会部统计处：《社会行政统计》第 28 号，1947 年 1 月编印，第 42 页。

　　表 3－25 所记，仅是资源委员会、交通部、电讯总局、邮政总局、联勤总部、军医署、卫生署等六个部会机关及所属单位的人员伤亡统计，当然不是中央部会机关系统战时人口伤亡损失的全部。

　　我们在台湾档案部门所藏档案中，曾发现有行政司法部"所属抗战损失汇报表暨查报须知卷"①，载有若干该部在战后调查汇报所属机关抗战损失的原始档案材料。材料显示，早在抗战胜利后不久，行政司法部即曾电令其直辖各机关赶编抗战损失"检发表

① 台湾档案部门藏，151－4593，典藏号：022000004612A。

式"。1945年9月13日,该部以"电(统)字第1607号"代电致各省高院院长、首检及该部直辖机关,称:"抗战损失前经本部迭次令、电,严限造报各在案。现日本已投降,抗战结束,除业已呈报者外,其余未曾呈报之抗战损失,仰该院长、首检迅即饬属,限于文到十日以内,一律漏夜赶编,航寄呈部汇编总报告表,以作同盟国会议时,提出损失赔偿之参考资料。并检发抗战损失调查表格式四份。"从这里,我们知道,行政司法部曾在于抗战期间,迭次电令其直辖机关及各省高等法院等,遵式查报本系统的抗战损失。至抗战结束之际,其所辖之各机关,有已造报者,也有尚未呈报者,故于抗战胜利后不久,该部即再次电令,严限速报。随这一代电还附了一份《各级法院造报抗战损失调查表注意事项》,兹照录如下:

一、各省高等法院汇办抗战损失,须汇编总表,应予总计再行呈部;

二、所属各级法院,如呈报抗战损失,不拘动产或不动产,呈报人或机关,均须列以金额数字,或酌量实际情形,估计价额编列,不得以"房屋一栋"或"法院全院""监察全部""文卷藏物""衣被书物"全部分或一部分被毁等语列报,无法汇编,各高院如发现所属机关报表有上项情形,应即予发还补正,再行呈部;

三、表列金额以一元为单位,不及一元者,可用四舍五入法归并之。元以下数字,无须再列,以资划一;

四、各级法院或县司法处呈报表报,应在各表之上端,须填明系何省、县、年、月,俾便汇编统计时折开,分省、分年度之参考。

　　1945 年 10 月 26 日，内政部抗战损失调查委员会召开会议，讨论相关事项。司法行政部亦派专员马志振与会。会后，马志振于当天写成签呈报告此事，称当天会议讨论事项甚多，"关于本部者有三：（一）本部直属机关之损失须早日调查齐全补报，收复区各级法院应于接收完毕后三个月内将一切损失查报；（二）战时损失应照民国二十六年上半年之法币物价会计，再折合当年美金价值计算；（三）各处所查报之损失，若欲赔偿，在法律上应有何种根据，何种证明，请本部提供意见"。11 月 13 日，马志振复代表司法行政部参加了外交部召集的对日要求赔偿准备会议，会议由外交部次长甘乃光主持，"先讨论国防最高委员会所拟《关于索取赔偿与归还劫物之基本原则及进行办法》，再通过议案数起"。其中有关司法行政部抗战损失查报业务者有："（一）向外交部报告本部战争期间所受损失之数字，并提供关于日本侵略损害赔偿之意见；（二）本部应将所需要之各种实物，开具清单报告赔偿调查委员会，及外交部。"11 月 19 日，外交部致函马志振称："十一月十三日对日要求赔偿准备会议，关于应如何请各有关机关提供赔偿数字，以便与保里专员进行商讨案，经议决：（一）由抗战损失调查委员会将各项赔偿数字资料，迅即送交外交部；（二）由各有关机关将未送抗战损失调查委员会之各项补充数字资料，迅即送交外交部；（三）由各机关准备向日本要求赔偿损失之数字及方案，迅即通知外交部。以上三项决议，均经记录在案……相应函请查照将有关损失估计数字、要求赔偿实物之种类与数量，及其他有关资料，于本星期内，迅送过部，以便汇办。"至 12 月 5 日，司法行政部函送外交部各省司法机关历年抗战损失总表与本部办理全国司法机关因抗战公私损失节略及要求赔偿方案。在其致外交部的公函中，司法行政部称："全国司法机关抗战公私损失调查数字，迭经本部先后办理四次，均已分送贵部及主计处、内政部各在案。兹值美国赔偿专员保里来华商讨赔偿事宜,相应检同抗战损失总表与本部办理全国司法机关因抗战公私损失节略及要求损失赔偿方案各一份,送请查照汇办。"关于保里来华商讨赔偿事宜,我们在前文中曾经提到。从司法行政部致外交部的公函中可以看出,该部曾先后四次办理全国司法机关抗战损失调查,且汇总数字皆先后报送过外交部、主计处和内政部等机关。

司法行政部此次向外交部函送的抗战公私损失总表、办理调查损失经过情况节略和要求赔偿损失方案,皆很难得地保留在同一案卷中,借此我们可以了解该部战时、战后主持督导全国司法系统进行抗战公私损失调查的工作情形。据其节略称,关于抗战损失调查事宜,该部曾先后四次奉令办理,其约略为:

第一次　本部于二十八年十二月奉令开始办理。自奉令以后,乃拟定调查表格五种,1. 全国各级法院及县司法机关财产损失调查表、2. 全国监狱及看守所财产损失调查表、3. 全国司法人员私人损失调查表、4. 司法行政部直属各机关财产损失调查表、5. 司法行政部直属各机关私人财产损失调查表(如最高法院检察署法医研究所等),通饬所属机关切实调查填报。其属于各省者限期呈送各该省高等法院转呈本部汇编。本部依据各机关呈送之损失调查资料,编成总表五份,于二十九年五月十日呈送司法院转送外交部;

第二次　查第一次所编之抗战损失调查表,其损失期间系自二十六年抗战之日起至二十九年度止者。嗣后本部重申前令,严饬所属继续填报,所以第二次所编之调查表损失期间为自三十年起至三十一年十二月止,此次编制总表五份,函送外交部及主计处;

第三次　迄至三十三年一月，行政院成立抗战损失调查委员会，所有因抗战公私损失调查事项移送该会办理，一切调查表格，重新拟订，本部又将新订表格颁发所属，遵式填报，一面整理已收到之三十二年一月至三十四年所有司法机关呈报之因抗战公私损失。汇编总表四份，函送该会办理；

第四次　查此案经本部先后汇编因抗战公私损失总表三次，分送外交部、主计处及抗战损失调查委员会各在案。嗣后准内政部函，"案奉令移交本部办理，请将司法机关历年因抗战公私损失资料移送汇办"等由，本部于三十四年一月又将历年全国司法机关一切公私损失汇编总表一册，函送内政部，此为本部办理此案经过情形也。①

从司法行政部的这份节略来看，自 1939 年 12 月开始，该部即开始办理本系统抗战公私损失查报汇总，在抗战结束之前，曾先后四次编制汇总报表，且分别移送至外交部、主计处、抗战损失调查委员会和内政部等机关。而且，这则节略还透露出了战时中国抗战损失调查汇报的一大弊病，即每次主管机关变化时，主管者都会重新向该部移文要求移送历年调查统计报表资料等项。这说明，在抗战损失调查主管机关或名义发生变化时，相应机关之间的资料移送情况并不理想，接办机关不得不再向原始的调查机关要求汇送。从节略来看，司法行政部战时损失调查进行得比较系统规范，且每次都按时按要求向抗战损失调查主管机关和外交部报送汇编材料，但当该项业务移至内政部时，内政部复又向其要求移交历年资料，外交部也一而再，再而三地向其要求造送汇报表。司法行政部所面临的情况如此，则其他各部会、各省市历年报送的资

---

① 台湾档案部门藏，151-4593，典藏号：022000004612A。

料,又会面临怎样的处理,也是令人生疑的。由此我们也可以想象,战时战后,中国抗战损失调查的主管机关及其上级机关,隶属关系多次变动,名称、名义、目的、规章也多有变化,那么,在每次变化中,在前后主管机关职权移交过程中,如果此前历年的调查资料不能完整地移交,则该项业务的进展,其效率之低下,工作之重复,数据之不齐全,准确度之降低,都是不可避免的。这也是我们在研究过程中所遇到的该项业务的档案资料零碎、分散、混乱等情况形成的直接原因。

全国司法行政系统的损失情况,该部在同一份节略中记为:"自二十六年抗战起至三十四年十月止,本部所调查本部及全国司法机关之抗战公私损失数字分别列于后:1. 被难人口总计数,共计贰千贰百三十五人(内含男性一千二百三十六人,女性九百九十九人);2. 公私财产损失估计金额:(甲)公家损失四千六百五十三万一千八百一十一元,(乙)私人损失十一万万五千四百八十七万零九百零三元;3. 文卷簿籍损失,卷三十万零二百四十五宗,文八万五千六百六十八件,又文六十六束;4. 物品,谷九十石。"这一组调查汇总数字,司法行政部在致外交部的函文材料中,曾编制有相对详细的统计表,表中同时列有"受损失人口数,6 464"。① 在该部的公文或表式说明中,并未详细解释"受损失人口数"和"被难人口"两项的确切含义。但细审该部所致外交部的抗战公私损失汇报统计总表,则知其所谓的"被难人口",即指战时死难人口;其所谓的"受损失人口数"则是指战时该司法行政系统中曾经遭到财产损失的人口数。

如果将司法行政部全面抗战 8 年"被难人口"2 235 人,以死亡

① 台湾档案部门藏,151－4593,典藏号:022000004612A。

数与前述资源委员会等六机关历年技术员工伤亡数合计,则可得该七机关战时人口伤亡合计为 16 619 人,其中死亡人数为 7 838 人,伤残人数为 4 414 人。至于其他各大部会,战时亦难免会有人员伤亡,因未掌握确切资料,我们暂时也就无法悬测了。

十二、南洋等地华侨人口伤亡统计

抗日战争期间,荷属东印度、英属马来亚、菲律宾、暹罗、安南、缅甸等地的海外华侨,在祖国遭到日本侵略者残酷蹂躏之际,曾大批地回到国内,与祖国的抗日军民一道,英勇抗击侵略者。1941 年年末太平洋战争爆发后,日军大举南进,入侵南洋各地。当地华侨各界随即勇敢地拿起武器,武装自己,与侨居地人民一起,与入侵的日军展开浴血奋战。1942 年 2 月间日军占领南洋各地。此后,日本占领军当局对南洋地区实施残暴的法西斯统治,给当地民众造成深重灾难。当地的华侨也与中国国内民众一样,遭到日军的残酷蹂躏和血腥屠杀,人员伤亡也极为惨重。

在战争时期,国民政府一直高度关注南洋等地海外华侨遭受的财产与人员损失。1941 年 7 月颁布《修正抗战损失查报须知》时,曾专门增加一款:“旅日华侨,因抗战遭受之损失,由侨务委员会制定表式,委托侨团调查填报。”①1944 年 8 月 11 日,行政院抗战损失调查委员会修正通过《抗战损失查报须知》时,也同样规定:海外华侨因抗战遭受损失“由侨务委员会制定表式,委托侨团调查填报”。② 抗战胜利后,国民政府侨务委员会对南洋等地华侨战时遭

①《修正抗战损失查报须知》第 11 款,中国第二历史档案馆藏,12/6/4037。
②《抗战损失调查委员会组织规程·抗战损失调查办法及查报须知》,行政院抗战损失调查委员会 1944 年 8 月编印。

受的财产及人口损失进行了调查统计,据其调查,"太平洋战争发生,日本军队南下,不数月间南洋各地相继沦陷,直至日本投降时,其盘踞时间达三年之久。在此时期,我各地侨民损失重大,包括地域计有菲律宾、越南、缅甸、暹罗、新加坡、槟榔屿、吉隆坡、苏门答腊、爪哇、西里伯斯、北婆罗洲、帝汶、新几内亚、毛里西斯等地"。①华侨受害情形,"因华侨人数之众,财产之富,日军侵占地区之广,劫掠破坏之大,所致受财产损失,包括房屋、器具、衣物、珠宝、金饰、营业货物等项约达六亿余美元(菲律宾受损失者,达一万二千余家,暹罗达一千七百余家,槟榔屿达二百家,新加坡达七千三百余家)。人口伤亡各地多寡不等(见附表),遭受损失之情形:则或直接失于炮火之下(如马来亚、荷印、缅甸),或由于日军劫掠(各地一律)、虐杀(如北婆罗洲)及征用强占(各地一律),或由于战争后期盟军飞机之轰炸(如暹罗)"。②

1945 年 11 月 24 日,国民政府侨务委员会据其对日本及南洋等地华侨的财产与人口情况的调查,按照战时情况下的损失比例计算,编成《海外华侨战时损失初步估计》表。据其所载,战时南洋等地华侨因抗日战事所受的财产损失,估计累计价值达 2 231 930 000 美元,财产损失占华侨原有财产总额的 50%,其中又以日本、缅甸和菲律宾等地华侨财产损失为最严重,高达 90%;死亡人口共计 25.3 万人,占原有华侨人口总数的 3%,其中同样以日

---

① 中国第二历史档案馆编:《中华民国史档案资料汇编》第 5 辑第 3 编,"外交",南京:江苏古籍出版社 2000 年版,第 185 页。
② 秦孝仪主编:《中华民国重要史料初编——对日抗战时期》第 2 编,"作战经过"(4),第 42 页。

本、菲律宾和缅甸等地华侨人口死亡率为最高,达10％。① 其具体
情形如表3-26。

表3-26　海外华侨战时损失初步估计

侨居地	华侨原有人数	华侨原有财产（单位:美元）	华侨因战事所受之损失			
			按原有财产价值损失之百分率	共计损失财产价值（单位:美元）	原有人数之死亡百分率	共计死亡人数
荷属东印度	1 344 809	116 656 700	40	466 627 000	2	27 000
英属马来亚	2 358 355	924 031 000	50	462 015 000	3	71 000
菲律宾	117 463	356 381 000	90	320 743 000	10	12 000
暹罗	2 500 000	879 588 000	40	351 835 000	3	75 000
法属越南	462 466	444 340 000	50	222 170 000	2	9 000
缅甸	193 594	115 800 000	90	104 220 000	10	19 000
英属北婆罗洲	68 034	40 800 000	40	16 320 000	2	1 000
香港	923 584	554 400 000	50	277 200 000	4	37 000
日本	20 000	12 000 000	90	10 800 000	10	2 000
总计	7 988 285	4 493 907 000	50	2 231 930 000	3	253 000

说明:
一、本表系根据战前调查华侨财产数估计而得;
二、本表所用损失百分率系按战事环境及交通情形推算之;
三、本表财产所用单位为美元;
四、将来如获得更详确之材料再行更正。
资料来源:国民政府侨务委员会1945年11月24日"侨务秘统字1629号"公函附表,中国第二历史档案馆编:《中华民国史档案资料汇编》第5辑第3编,"外交",第184—185页。

---

① 如严格以地域论,战时海外华侨的人口损失纳入本书研究范围似乎应该遭到质疑。但从本书研究主题的角度,即从抗战时期中国人口损失研究的角度,我们认为确应将海外华侨的人口损失纳入其中。且此项人口损失,虽发生于中国境外,但华侨作为中国人的事实不容置疑,其战时所受人口损失更与抗战直接相关,故本书后文将其计入中国抗战直接人口损失总数中。

　　从上表 3 - 26 中的数据情况来看,除"华侨原有人数"一项外,
其余各项数字都比较整齐划一,可以判断该表中华侨人数除暹罗
和日本两地为估计数外,其他地方华侨数当为调查数;至于表中其
他各项如原有财产数、损失百分率、损失财产数、死亡百分率和死
亡数等项,显然都是按一定规则估计所得,并非是如抗战损失调查
委员会战时战后所期望的那样,由侨务委员会委托当地侨团调查
填报。因此,这张表中所列各项数据,很难反映战时海外华侨所受
的财产与人员损失的真实情况。但是,在战争期间,南洋等地的华
侨在侨居地遭到日军的残酷杀戮与疯狂掠劫,遭受到惨重的人员
伤亡与财产损失,则是不争的事实。一方面,广大海外华侨热情支
持祖国抗战及在侨居地对日武装抗战的英勇壮举,为中国和世界
人民取得抗日战争和反法西斯战争的最后胜利,作出了巨大贡
献。① 其在战时遭受的巨大财产损失与人口损失,同样以血的事
实,证明了日本侵略者的残暴本性。另一方面,在战争时期,由于
时局的极端动荡与残酷,我们也不能奢望当地侨团能从容进行华
侨的人员伤亡与财产损失的调查统计。战争结束后,往往又时过
境迁,死难者已矣,幸存者星散,虽欲详细调查,已不可得。所以,
当抗战胜利后,国民政府相关机关汇总中国抗战人口损失时,以一
定的比率,结合调查数据,对华侨人口与财产损失进行估计,既是
无奈之举,也是可行之法。因此,在没有获得更精确的数据材料之
前,我们就以表 3 - 26 中 25.3 万人的估计数字,暂作海外华侨战时
人口损失数字,并视作中国抗战人口损失的一个重要组成部分。

---

① 黄小坚等:《海外侨胞与抗日战争》,北京:北京出版社 1995 年版。

第三节　苏浙皖鄂粤五省战时人口伤亡估计

我们在前文中考察的部分省区平民人口损失情况及统计,多系以战时或战后国民政府行政院抗战损失调查委员会等机关的调查统计资料为基础进行分析与讨论,部分后方省份则辅以若干史志文献资料,以期对战时和战后之初进行的调查有所补充,从而更接近真实地反映中国战时的人口伤亡损失情况。但是,由于战时和战后局势的局限,并不是所有的后方和战区省份,都对各自的人口伤亡情况作过系统仔细的调查,并根据行政院颁令表式与查报须知,进行了认真的统计与造报。有的省份或进行过认真的查报,但种种原因造成资料的散佚,或数据的不齐全,致使我们今天在研究这一问题时,依旧面临着不少省区系统全面的抗战损失调查资料缺失的问题。如江苏、浙江、安徽、湖北、广东等部分省市,在战争期间,沦陷时间较早较久,区域面积巨大,域内战事亦较频繁,普通民众受战祸之害极残酷,境内平民人口伤亡损失也极严重,同样也是中国抗战人口损失不可或缺的重要组成部分。所以,不能因为我们没有找到相对全面系统的战时或战后的调查统计资料以供考察分析,便将其付之阙如,不予讨论。我们受韩启桐氏和内政部抗战损失调查委员会估算方法的启发,曾尝试利用有限的统计资料、地方史志中的部分记载,结合设计一种估算办法,对上述这些不具有系统调查统计资料的省市的战时人口伤亡,分别进行估算,以期构建中国抗战人口损失的分区域统计的数据基础。

一、关于估算方法的说明

关于抗战人口损失的估计方法,韩启桐于其所著《中国对日战事损失之估计(1937—1943)》一书中,在估计沦陷区平民被害情况时,据其所搜罗到的全国71市县全面抗战前6年期间平民死亡、受伤、被掳等遇害人数统计资料,结合分析各地遭遇的战争状况,计算出在不同类型的战情之下,各地人口死亡、受伤、被掳人数及原有人口每千户的伤亡率;同时据71市县统计资料中列有男女伤亡分计数据的43处人口伤亡统计,计算出人口伤亡的性别比率。然后结合这两项基本数据,应用于沦陷区各省,与各市县原辖户数相乘,计算出伤亡总数。韩氏介绍称:"关于陷区平民伤亡情形,现有四项记录。据南京市及其附近5县灾情调查,死伤人数共达37 820人。敌于桂南盘踞一年,共计伤损我方平民15 442人,湖北省政府估计该省受灾39市县合共伤亡65 004人。今将其中空袭部分除外而专计其被敌陆军杀害之数,则战区7县合共伤亡平民24 246人。作者曾就主计处统计局所存损失报告单,选出战区7省39县人口伤亡统计加以计算,合共伤亡16 827人。综计上列各地,计有70县1市,共计伤亡平民94 335人。"据此,韩氏将战情分为四类,并结合71市县战前原辖户数,分别计算每千户伤亡比率(千分率,即每千户伤亡人数):"遇战多次或城区陷克逾二次者",伤亡比率为40.29,死亡比率为30.65,受伤比率为8.91,被掳为0.73;"剧战一次或城区陷克二次者",伤亡比率为24.71,死亡率为17.75,受伤率为3.27,被掳为3.69;"曾经次要战事或城区陷克一次者",伤亡比率为18.98,死亡比率为17.84,受伤率为0.26,被掳为0.88;"其他"情况下,伤亡比率为2.76,死亡比率为1.34,受伤率为1.44,被掳为0.01;"总计"则伤亡率为22.24,死亡率为16.70,受伤率为3.45,被掳为2.08。

　　韩氏同时指出,"三点值得注意:第一,各地伤亡程度与战情有

关。观合计一栏,战况特别繁剧地区伤亡比率最高,每千户伤亡 40
人,遭遇一次剧战或城区陷克二次地区,每千户伤亡 25 人,曾经次
要战事或城区陷克一次地区,每千户伤亡 19 人,而以仅经小战或
城区仍能保持未陷地区之损伤最轻,每千户不及 3 人。分别观察
死亡、受伤及被掳各项比率,各区伤亡程度,除少数特殊例子以外,
仍与战情有密切关系;第二,言其伤亡分配,就 71 县市总数予以分
析,内中死亡人数最多,占总数百分之 75,负伤人数居次,约占百分
之 16;而以被掳人数为最少,仅占百分之 9;第三,如以列有男女人
数之 43 处人口伤亡统计为准,其中包括男子 26 771 人,女子 9 631
人,据此算出伤亡性别比例(每百伤亡女子所当伤亡男子数)约为
278,换言之,男子伤亡程度约近于女子的三倍"。然后,韩氏依据
上项伤亡比率数,结合陷区各省县市战况情形,将之分别与各该省
市县原辖户数相乘,得出各地区各省人口伤亡损失估计数,合计得
出沦陷区平民被敌伤害人口总数为 1 381 865 人,其中死亡者为
1 073 496 人,受伤者 237 319 人,被掳者 71 050 人。[①]

　　到 1946 年 8 月间,内政部抗战损失调查委员会在估算全国平
民伤亡时,所用的方法是从战区 12 个省在战后所汇报的人口损失
调查统计中,选出 31 个县的人口伤亡统计数据,分别男、女、童、不
明,按重伤、轻伤、死亡,计算出 31 县平民伤、亡的平均数,视为境
内遭遇每一次普通战斗时平民伤亡的代表数;再据军令部关于全
面抗战 8 年国民党军队对日战斗次数统计,分会战、重要战斗、小
战斗三种,以上项普通战斗平民伤亡代表数的 10% 数为每一次小
战斗平民伤亡代表数,以普通战斗平民伤亡代表数的 10 倍数为每

---

① 韩启桐编著:《中国对日战事损失之估计(1937—1943)》,第 20—21 页。

次重要战斗平民伤亡的代表数,以普通战斗平民伤亡代表数的 100 倍数为每次大会战的平民伤亡代表数。再据各省全面抗战 8 年所经会战、重要战斗、小战斗的次数,分别乘以上述方法所得各种战斗的代表数,再分别计入各省实际报告抗战损失调查委员会的遭受日机空袭伤害统计数,即各该省全面抗战 8 年间人口损失的轻伤、重伤、死亡各数,各省合计则为全国平民抗战伤亡数。①

　　从估算方法的原理上讲,内政部抗战损失调查委员会的估算方法,基本上与上述韩启桐的方法是一样的。我们承认上述韩氏及内政部抗战损失调查委员会所采用的估算方法都有一定的合理性。同时,我们也认为,不论以上列哪一种方法估算出来的全国人口损失统计数字,都未必能够经得起严格推敲。因为韩启桐利用其所掌握到的 71 市县不完全统计数据,内政部抗战损失调查委员会甚而只利用 31 县统计数据,计算出一个平民伤亡的基数,再以一种固定的比率,推定出某种类型的战事状况下平民伤亡的基数(或是代表数,或是比率数),再以此不同基数,或乘以原有人口户数,或乘以各省区境内遭遇战斗次数,以计算得出平民伤亡估算数。这样的估算方法,一定存在着多方面的问题,使估计数的准确性受到质疑。因为,以这种方法计算得出的平民伤亡基本代表数,因所取利用的统计数据范围极度狭窄,且统计数据本身又多是不完全统计,也就是说,作为计算代表数或基本比率数的数据来源本身,即不能完全反映损失的真实情况。那么,在这种残缺不全的数据基础上得出的计算参数或代表数,代表性和准确性必然十分令

---

① 《查报损失办法规则案》,《行政院赔偿调查委员会呈行政院文(调京安第 0189 号)》(1946 年 8 月 12 日),台湾档案部门藏,行政院赔偿委员会档,档号 a05849 - a05846,卷号 20,转据迟景德:《中国对日抗战损失调查史述》,第 229—242 页。

人怀疑。如果再以此基本的代表数结合利用相关的规则进行计算，所得出的各种类型战事状况下的平民伤亡代表数，必然会因其是出自机械性的倍数计算，造成结论的不准确性与所用的数值反比例放大。也即是说，由于代表数本身的准确性可能严重不足，那么其使用范围越大，运用情形越特殊，乘的数值越大，则最后得到的结果数据的准确性与可靠性就会越差。当然，这种情况的出现，并不仅仅发生在上列二种有关中国抗战时期人口损失的估算方法设计上，而可能出现在任何一种企图以机械的数学方法计算复杂的人类社会行为造成的结果的尝试上。进而言之，韩启桐利用其所计算出来的不同战区每千户平民伤亡率，与各省市县原辖户数相乘，以求各省市县平民伤亡数，还算是顾及了战区各地原有人口规模及密度；而内政部抗战损失调查委员会却只利用其推算出的各类战斗下平民伤亡代表数与域内发生的战斗次数相乘，以求平民伤亡数，却是只顾及战争战事情形，似乎对战区内不同级别的行政区内的人口多寡、密度、分布等情形未予关注。而且，它对于战况情形的顾及也表现出简单机械的倾向。因为战争给某一省区造成的人口伤亡，不能完全仅视其境内发生过的会战、重要战斗及小战斗次数而定，且所谓的会战也各不相同。例如淞沪会战，中日鏖战 3 个整月，中国方面先后投入 32 个军，日军先后投入约 10 个师团，双方投入兵力合计可达 100 万人；比之南昌会战，时间仅从 1939 年 3 月 17 日持续到 3 月 29 日，前后 10 余天，中方投入兵力约 12 个军，日方投入约近 4 个师团。此两次战斗对于平民造成的伤亡，绝不能相同视之。但在内政部抗战损失调查委员会的估计中，这两次战斗造成的平民伤亡数都是48 400 人。仅以常理观之，便让人觉得十分荒谬。

　　然而,我们虽然明知这种估算方法存在着严重的不足和巨大的数据失误风险,但在掌握到最基本的原始调查统计资料之前,如果我们还想对此问题作一些探讨的话,就得另辟蹊径。学问之道,本当钩沉索隐,广征博引,循名责实,言而有据,有言其有,无则付阙。本课题的目的是讨论中国抗战时期人口损失总体情况及其结构情形,如果直接将不能找到系统调查统计资料的诸如江苏、浙江、安徽、湖北、广东等几个战区大省径置阙如的话,自是难免有缺憾太大之嫌。所以,我们也将尝试设计使用一种估算方法,对这些重要省区的战时人口伤亡损失进行估计。因韩启桐及内政部抗战损失调查委员会的估算办法,有我们在前文中所揭示的令人质疑的地方,所以我们只好放弃套用或仿用的打算。

　　那么,我们就必须另辟蹊径,尝试设计新的方法。在自然科学研究界,方法论极受重视。每当着手进行特定的、重大科学研究项目之前,研究者必须要确立的是该项目的研究方法,并对此方法的提出、步骤、操作、预期结果、容错等,进行前期的证明。在人文社会科学领域,特别是历史学相关课题的研究领域,我们对方法论的重视却一直是不充分的。或者说,我们只习惯于历史学分析方法、资料分析研究法等,而对解决某一专项问题的实际操作方法,由于没有得到专门的训练,往往会避实就虚,或者干脆视若无睹,绕道而行。这无疑是一种鸵鸟战术,无助于问题的解决。

　　言归正传。我们拟采用的估算方法,基本原则和思路是:综合考虑各省沦陷范围、境内战事烈度、人口规模、人口密度,利用邻近相类似省区的民众伤亡统计数据作为参考,对各该省人口伤亡损失进行估计。具体操作方法是:其一,取地理位置接近、战事烈度相近且有较全面系统的 1937—1945 年人口伤亡损失统计的省区的伤、亡等各数据，作为估计本省战时人口伤亡损失的参考基数，以 L_1 表示伤、亡等各数的基数。[1]　其二，我们认为，战争造成的平民伤亡，在同等战争烈度下，与省境之内人口规模成正相关。由此，亦取本省人口规模与上项基数省的人口规模比为一参数，以 R_1 表示。[2]　其三，我们还认为，战争造成的平民伤亡，在同等战争烈度下，与省境内人口密度成正相关。此项人口密度参数与人口规模参数设置的意义不同，人口密度参数反映着同量人口伤亡可能性的不同。据此，亦取本省人口密度与基数省人口密度之比为一参数，以 R_2 表示。其四，我们也认为，战争造成的各省平民伤亡，与该省遭遇战事及沦陷区域大小成正相关。据此，我们取所考察本省与基数省沦陷区域及遭遇战事区域所占本省辖区比重之比为一参数，以 R_3 表示。当然，我们也注意到，各省境内战争规模、战斗次数的多寡与各该省平民伤亡有密切关系。但会战、重要战斗及小战斗虽然可以次数论，但其规模大小和烈度强弱，差若天壤。各省境内战况和战地面积也难期划一，几乎不具有计算的可操作性。所以我们不像前文所引内政部抗战损失调查委员会那样以各省境内战斗次数论战斗规模，也不会以战斗规模设参数。因为，我们既用沦陷范围程度设参数，其意也正在修正不设战斗规模参数造成的误差。

　　另外，我们在选取用作参考基数省者，亦尽量以地壤相接、战事相连、战争烈度大体相当且原始调查数据相对系统完整者，这一点亦可对上项可能产生的误差予以某种程度的修正。若以各项参数依次与基数项相乘，则又有重复、机械之嫌。因人口规模、人口

---

[1] L，取英文词 Lose 之首字母，表示"损失"义。
[2] R，取英文词 Rate 之首字母，表示"比率"义。

密度及沦陷区域的大小,三者本系密切不可分,为达到上述三种参数皆对估算结果产生作用,但同时又要避免其中任何一种参数对估算结果发生绝对作用,三者必须发挥互相影响同时互为平衡的作用。所以,我们乃以上列 3 项指数之积,复开 3 次方为总参数 R,以之与所预选定省份人口伤亡损失的各项参考基数相乘所得之积,即我们所考察之该省份的人口伤亡各项估算数。以 L 表示各该项伤亡估算各数,若以公式表示,则为:

$$L = L_1 \times R$$

亦即:

$$L = L_1 \times \sqrt[3]{R_1 \times R_2 \times R_3}$$

其余各分计估算数,亦分别以各分计估算之参考基数值与上项总参数值(R)之积,也就是说,这个公式可以分别用于人口伤、亡、失踪之类损失的估算。

表面上看,我们的这个公式在进行计算时,即是以所选邻省损失数作为参考基数,与一个固守的参数相乘,并以此作为所考察之省的人口损失数字,其实同样是机械的数学计算,也难避免我们在前文对韩氏和内政部抗战损失调查委员会的估算方法进行批评时所提出的问题。不过,我们这里参数的设定,在最终计算时,虽表现为一个固定的数值,其计算也是机械的,但该参数的获得,则是具体地考察了相邻两省在战争状态下可能造成人口损失的几种重要因素的相似性。我们认为,以这样的方法估算,可能较单纯地以某一种因素设为决定性的比率,如仅以境内之战斗次数来推算不同区域平民伤亡数要合理一些。而且,以这种方法行估算时,我们并不预为全国的全部省区设定统一的参考基数,而只是以与具体省区地理位置接近、战事程度相类之省的档案统计数为各该省的考察基数，上列各项比率参数，即 R_1、R_2、R_3，也是通过具体考察比照该两省实情所得，如此则参考基数的取得与应用范围，皆相对具体得多，或许也会准确得多。同时，由于我们将各项基数适用范围只局限于两省的对比，即其适用范围只限于一省或两省，又较全国以统一参数估算全部的省区人口损失，可避免因一省某项数据不确或参数设置不当而影响其他各省数据估算，进而产生影响全局准确性的恶果。

下面，我们即以此法对我们在前文中未及讨论的江苏、浙江、安徽、湖北、广东等省的战时人口伤亡进行估算。

二、江苏省(不含南京)抗战人口损失估计

自 1937 年 8 月中旬淞沪会战开始，江苏省所属上海周围各县即沦为战区，民众所受的生命财产牺牲损失尤为惨重。淞沪会战前后历时 3 个月，中日双方投入兵力近 100 万。因为这次战斗是抗日战争时期中日两国第一次大规模武装交锋，双方皆怀有长远战略目的，所以战斗规模与战事激烈程度，堪为 8 年全面抗战之首屈一指者。中日双方鏖战 3 个月，至 1937 年 11 月中旬，上海市沦陷，中国守军撤离淞沪战场。日军在把淞沪战场上江苏各县轰炸、烧杀成一片焦土之后，又紧随后撤的中国守军，沿沪宁线两侧猛追猛攻。沿途所经，日军一路烧杀淫掠，在身后留下数以万计的中国遇难者尸体和一片片烧黑的焦土，于 12 月 10 日兵临南京城下。12 月 13 日，南京失陷。日军进城后，兽性大发，在南京市展开了约 6 个星期的有组织、有计划的大屠杀，屠戮中国无辜民众 30 余万人，把南京城约三分之一的城区烧成废墟，奸污中国妇女数万人，是为

在当时即震惊中外的侵华日军南京大屠杀惨案。

从1938年3月12日起,中日军队又以苏北徐州地区为中心,再一次向中国守军展开大规模进攻,企图消灭中国抗战的有生力量。战火波及江苏省南京以西长江以北几乎所有地区、安徽省东部、山东南部及河南省东部地区。5月17日,中国守军放弃徐州,向豫东、皖北转进,部署下一阶段的武汉会战。徐州会战前后持续2月有余,作战区域横跨苏、皖、鲁、豫四省,战区之内民众受战祸波及极广,人员财产损失惨重。6月初,国民党军事当局为阻日军南下西进,下令在河南花园口等处炸开黄河大堤,黄河之水即如脱缰野马呼啸而下,吞噬了它所经过地区内的一切,在黄河南岸豫东、皖北、苏北地区造成了由西北至东南400多千米、流经三省64县、泛滥为害达9年的巨大黄泛灾区。在此灾区内,大地陆沉,沉灶产蛙,民众被淹毙者,三省共计约近130万人。① 约至1938年7月下旬武汉会战开始之际,江苏省几乎全境陷敌,境内人民逃散离亡,遭敌残杀掳掠,持续了8年之久。

关于江苏省战时人口伤亡情况,有几项统计数据较为明确。它们分别是:苏北黄泛区20县被淹毙人口数,当时作为院辖市独立于江苏省政区之外的南京之市民在大屠杀中死难的人数②,苏皖

---

① 关于豫、皖、苏三省黄泛区范围,郭廷以著《近代中国史纲》以三省共有44县,但据国民政府行政院善后救济总署1946年编《黄泛区损失统计表》所记,三省黄泛区县市共计64县。参见中国第二历史档案馆编:《中华民国史档案资料汇编》第5辑第3编,"财政经济"(6),南京:江苏古籍出版社2000年版,第269—273页。另关于三省黄泛区民众被淹毙数,河南省部分已于前文中详细记录,苏、皖二省将于后文分别记之。

② 关于日军南京大屠杀暴行所造成的人口伤亡,我们已于前文中专题探讨,本节不予重复,伤亡人数也不计入江苏省人口损失数中,而作为一独立的行政区数计入全国人口损失数中。

解放区统计的苏北抗战民众遭敌杀害数,以及伪江苏省政府二科1938年12月编制的《江苏省各县灾况调查统计图》所示的淞沪会战期间战区各县的人口死亡数。

其中,苏皖解放区政府统计其下辖的8个行政区人员战时伤亡情形为:伤残共计54 147人,被敌杀害239 387人,被抓走壮丁133 500人。其于各行政区具体分布情形,我们将在后文讨论中国解放区抗战人口损失相关章节中予以揭示。在这8个行政区中,第四、第八行政区不在江苏省境内,第三、第七行政区之大部分在江苏境内,故将该项苏皖解放区统计中安徽及河南省境内的数字剔去后,"仅江苏地区被无辜杀害者在20万以上"。[①]

苏北黄泛区造成的损失极为惨重。关于黄泛区被淹损失情况,有两种不同说法。据苏冠军著《1938年黄河花园口扒口情况介绍》所引行政院对黄泛区的损失调查与善后救济不完全统计,苏北黄泛区域内被淹死160 200人。[②] 但该数所统计的苏北黄泛区只包括高邮、宝应、淮安、淮阴、泗阳、涟水6县。又据行政院善后救济总署编译处及安徽、河南、苏宁分署1946年所编的《黄泛区损失统计》表所记,江苏省境黄泛区达20县,其内原有人口12 315 348人,被淹死亡人口即为529 900人,逃亡687 470人,其于各县分布情形如表3-27所示。

① 中共江苏省党史工作办公室:《侵华日军在江苏的暴行》,北京:中共党史出版社2000年版,第3页。
② 苏冠军:《1938年黄河花园口扒口情况介绍》,转引自章伯锋、庄建平主编:《抗日战争第2卷·军事》上,第538页。

表 3 - 27　黄泛区江苏境内人口损失情形统计

县名.	原有人口	死亡	逃亡
邳县	584 904	35 100	40 900
宿迁	670 941	26 700	33 600
泗阳	523 620	31 500	36 700
睢宁	541 848	21 700	27 100
沭阳	550 960	33 100	38 600
淮阴	426 165	27 000	29 800
淮安	763 730	46 000	53 500
宝应	428 792	8 600	17 100
高邮	627 778	12 600	25 100
江都	1 159 434	23 200	46 300
涟水	547 375	34 500	40 200
兴化	560 187	22 400	28 000
盐城	1 038 853	41 320	51 900
东海.	372 739	7 500	14 900
灌云	381 000	22 900	26 670
阜宁	1 001 909	60 000	70 100
沛县	346 593	13 800	17 300
砀山	292 354	11 680	14 600
铜山	986 536	19 700	39 400
总计	12 315 348	529 900	687 470

资料来源:本表系据国民政府行政院善后救济总署编译处,安徽、河南及苏宁分署1946 年编《黄泛区损失统计表》之江苏部分数据摘要重编,中国第二历史档案馆编:《中华民国史档案资料汇编》第 5 辑第 3 编,"财政经济"(6),南京:江苏古籍出版社 2000 年版,第 269 页。

从表 3 - 27 中数据的形式来看,其死亡、逃亡数字,显系估计而非实地调查所得,所以此项估计的可靠性,尚有待进一步证明。据前文《表 3 - 15:河南省黄泛区损失统计》所记,河南省黄泛区 20 县原有人口为 6 197 480 人。上表 3 - 27 所记江苏省黄泛区 20 县原有人口为 12 315 348 人,几为河南省黄泛区人口的 2 倍。逃亡人口数,河南黄泛区为 631 070 人,江苏黄泛区为 687 470 人,较前者高出约 9%。前文所引苏氏文中以苏北 6 县为黄泛区,淹毙人口为 160 200 人,此数恰为上表 3 - 27 中该 6 县的被淹人数总数,说明两种数据同源,且其余 14 县数未被纳入。由苏北黄泛区之人口数为豫东黄泛区 2 倍,逃亡数二者基本持平的情况来看,苏北黄泛区被淹毙人口数,也许较豫东黄泛区被淹毙人口数相当,或高出一定比例。因此,我们认为上表 3 - 27 的估计数有很大程度的准确性,改予以认定。

1938 年 12 月伪江苏省政府二科所编制的《江苏省各县灾况调查统计图》中显示,截至其制表时,淞沪战区内的江苏省各县及沪宁线两侧各县遭敌残杀共计 76 941 人,战争造成的难民人数达 3 921 335 人。①

如果我们将上述各项数字合并计算,则所得江苏省不完全人口死亡数即达 806 841 人。此数字中,江苏省北部各县的数据含苏皖解放区的江苏境内被害人数及苏北黄泛区被淹毙人口数共计 729 900 人,统计相对完整。江南各县人口损失数字,缺损非常严重。我们据可能找到的各县统计资料,汇编成下表 3 - 28,试图对江苏省江南部分县区人口数字进行弥补。

---

① 见前文表 2 - 3。

表 3-28　江苏省江南各县抗战时期人口伤亡之不完全统计

县名	死亡人数	资料出处
宝山	23 000	宝山县志,第 804 页
江阴	20 274	江阴文史资料第 6 辑,第 61 页
嘉定	16 600	嘉定县志,第 762 页
无锡	14 250	马俊亚文
江宁	10 750	江宁县志,第 659 页
金山	9 997	伪江苏省政府二科 1938 年 12 月统计
武进	8 790	侵华日军在江苏的暴行,第 64 页
松江	7 900	伪江苏省政府二科 1938 年 12 月统计
吴县	7 296	吴县志,第 896 页
溧阳	6 044	溧阳县志,第 719 页
镇江	4 525	镇江市志,第 29 页
丹徒	4 524	伪江苏省政府二科 1938 年 12 月统计
丹阳	4 036	伪江苏省政府二科 1938 年 12 月统计
昆山	3 762	昆山文史第 4 辑,第 34 页
句容	3 000	句容县志,第 647 页
如皋	2 905	1975 年全县普查,侵华日军在江苏的暴行,第 264 页
吴江	2 373	马俊亚文
青浦	1 950	伪江苏省政府二科 1938 年 12 月统计
江浦	1 925	伪江苏省政府二科 1938 年 12 月统计
溧水	1 860	溧水县志,第 492 页
常熟	1 500	常熟市志,第 693 页
高淳	1 395	马俊亚文
宜兴	1 331	马俊亚文
南汇	1 262	马俊亚文

续表

县名	死亡人数	资料出处
金坛	700	马俊亚文
奉贤	521	马俊亚文
上海县	380	马俊亚文
启东	354	启东县志,第 29 页
太仓	130	马俊亚文
崇明	122	马俊亚文
川沙	102	川沙县志,第 672 页;川沙文史资料第 1 辑
南通	100 多	侵华日军在江苏的暴行,第 258—263 页
合计	163 658	

资料来源:本表系据章伯锋、庄建平主编《抗日战争第 7 卷·侵华日军暴行日志》第 166—201 页,中共江苏省委党史工作办公室编《侵华日军在江苏的暴行》,马俊亚著《抗战时期江南农村经济的衰变》(《抗日战争研究》2003 年第 4 期)一文中资料,以及伪江苏省政府二科 1938 年 12 月制《江苏省各县灾况调查统计图》等数据摘要汇编。

合表 3 – 28 中之数统而计之,则得江苏省江南各县战时人口直接损失数 163 658 人。但这个数字也不全面,其中金山、松江、丹徒、丹阳、青浦、江浦等县数据,因无较全面的统计数,依然沿用伪江苏省政府二科 1938 年 12 月统计数,此数县损失数计约 3 万人,已在前文中计入。其余各县亦多未见全面统计,故表中数据依然不能全面反映战时江苏省境内人民遭日军残害所致人口损失情况。即以此不完全统计数,与苏北地区受害数相加,能得出江苏省战时死难民众 893 558 人,剔除重复数县损失数为 86 万余人。这个数字是基于不完全的统计累加所得,只能算是该省战时人口损失最低限数,如果能够加上未被统计的部分,我们可以认为,江苏省全境全面抗战 8 年中死于战祸的人口将超过 100 万。

我们也可以尝试用本节前文中设计的估算方法对江苏省抗战

时期人口损失进行估计。第一,我们拟选择河南省战时人口损失统计数作为参照基数,因为河南省与江苏省地域相接,战时境内对日战事时间持久,规模巨大,且某些大型会战在地域上亦有互相联系。此外,与江苏省境内有大片抗日根据地且长期遭到日军"清乡""扫荡"一样,河南省黄河以北地区更为晋冀鲁豫根据地重要组成部分,也长期遭到日军的"扫荡"。而且,两省同样有部分地区(均为 20 县)遭到黄河淹没,成为黄泛区。从战争规模与伤害烈度来看,两省战时情况有可比性,故取河南省人口损失调查统计数据为估算江苏省战时人口损失的参照基数。以沦陷区域及遭遇战事范围来看,两省也大体相同,河南省 111 余县,几无一县幸免战火之灾。江苏省所辖 64 县,同样也全都遭敌侵害。自徐州会战后,江苏几为全境陷敌。所以我们可以此设定两省沦陷范围或遭遇敌军窜扰者皆为百分之百,则二省有关陷敌区域之比率 R_3 便是 1。第二,再看两省人口规模对比情况。因为江苏省战时长期沦陷,1936 年后几乎无人口查报数据;河南省虽名义上是后方省区之一,但也长期沦为战区,全境战事犹酣,在战时也无完整准确的域内人口查报。我们此处考察人口规模,意在求两省人口规模之比。所以,我们拟取两省 1936 年统计数作为该项比较的依据。据战前有关人口调查统计资料显示:1936 年河南省人口为 34 573 236 人[①],江苏省人口为 36 469 321 人[②],则苏、豫两省人口规模比率即 R_1 为1.054 8。第三,再讨论一下两省面积与人口密度情况。据 1944 年9 月内政部编印的《全国行政区域简表》所附的《全国土地面积表》

[①]《表 1. 总数、性比例、密度、平均每户人数》,《河南省统计月报》第 2 卷第 7 期,1936 年7 月,第 3—8 页。

[②] 内政部统计处编印:《各省市历年户口统计》,《内政统计月报》1946 年 7 至 9 月合刊,《各县市参议会议案统计专号》,第 67—80 页。

所记,江苏省为 435 703 平方市里,河南省为 668 689 平方市里。[1]
以此数则可求两省 1936 年每平方市里人口数分别为:江苏省为
83.702 2 人,河南省为 51.703 0 人,则又可以计算出苏豫两省人口
密度比率即 R_2 为 1.618 9。据本章第一节所列公式,将上述 3 项参
数之积复开 3 次方结果为 1.244 22,此即总参数 R,复以之与作为
参考基数的河南省战时直接死亡于战祸的人口数相乘,则可得江
苏省战时人口伤亡等项的估计数。

　　河南省战后进行人口损失调查统计结果,除黄泛区有独立统
计不计外,人口直接死于战祸者为 801 917 人,伤 239 939 人。[2] 分
别与上文所求得之总参数相乘,则得江苏省战时因战祸而死者为
997 761 人,伤者为 298 537 人,伤亡合计为 1 296 298 人。若再加
上苏北黄泛区被淹毙的人口数[3],则估计所得江苏省抗战期间死亡
人口高达 1 527 661 人。此数字看似骇人,但我们若结合江苏省周
边各省战时人口伤亡损害情况来看,这一结果便会显示出一定的
合理性了。

三、浙江省抗战人口伤亡估计

　　截至 1943 年 11 月 3 日,浙江省政府社会处所能据以汇编全省
人口财产损失的各县报表仅有 15 县,人口伤亡统计仅 12 910 人。
此外,浙江省防空司令部也曾在战时详细统计各县历年遭日机轰
炸伤亡损失情形,资料保存最为完整。据其统计,全面抗战 8 年
间,日军飞机共计空袭浙江各县 1 006 次,动用飞机 4 085 架次,投

---

[1]《全国行政区域简表》《全国土地面积表》,内政部 1944 年 9 月编印。
[2] 据前文表 3 - 14。
[3] 据前文表 3 - 27。

弹 15 671 枚;炸死人口 4 146 人,炸伤 5 605 人,伤亡合计 9 751 人;炸毁房屋 49 601 间,震倒 15 133 间,房屋毁损共 64 734 间。[①] 当然,这些统计数字同样也不可能全面准确地反映战时浙江省人口损失全貌。抗战胜利后,内政部抗战损失调查委员会主持进行的全国各省抗战损失调查,浙江省似亦未例外。仅据有关著述的征引可知,约在 1946 年年末浙江省抗战损失调查汇总得出初步结果,即全面抗战 8 年内全省 76 县 1 市中,沦陷者共达 69 县 1 市,死难人口近 15 万人。[②] 不过,我们还从其他档案记载中知道,战后不久,在进行抗战损失调查汇报时,浙江、河北等省的抗战损失调查结果报呈行政院等相关机构后,因为系将若干单位的抗战损失汇造一表,"致无法分析其每一单位所受损失之确数,殊与规定不合",1946 年 12 月 2 日社会部统计处以"统字第 3887 号"代电,将原表检还浙江省社会处,要求重新填报汇造。[③]

　　袁成毅在《浙江抗战损失初步研究》一书中,曾较为全面地研究了抗战时期时浙江省战争受害沦陷情形及各项事业的损失情况,书中专列有"战争中平民伤亡"一章,对抗战时期浙江省人口损失作了深入的探讨。根据他的研究,"战争时期,浙江平民的死亡数为 20.2 万人;伤残人数为 14.2 万人,两项合计为 34.4 万人"。同时袁成毅还利用美国内战期间及美西战争期间的战争直接人口死亡与间接人口死亡的比率,估计认为:"以直接死亡 20 万人来计算,浙江人口因战争的间接死亡人数当为 100 万以上,这也基本上

————————————

① 参见前文第二章相关论述。

② 浙江省档案馆、中共浙江省党史研究室编:《日军侵略浙江实录》,北京:中共党史出版社 1995 年版,第 803 页。

③ 《社会部统计处代电(统字第 3887 号)》(1946 年 12 月 2 日),中国第二历史档案馆藏,社会部档,11/6827。

可以解释为什么经历了抗日战争,浙江的人口比战前下降了 150 万这一事实。"①其后,袁成毅又把关于浙江抗战人口损失的研究成果,以《抗战时期浙江平民伤亡问题初探》为题发表在《民国档案》2004 年第 1 期。我们据其考察,结合可增补的材料,编制成表 3-29。

表 3-29　抗战时期浙江省各县人口伤亡统计

县别	死亡	伤残	合计	备考	资料出处
合计	205 801	146 472	352 414		
常山	29 820	8 353	38 173		铁证——侵华日军在浙江的暴行纪实,271—309 页
嘉善	22 511		22 511		嘉善县志,762—763 页
衢县	19 112		19 112		衢县志,387 页
吴兴县	18 000	40 000	58 000		湖州市志,1714 页
鄞县(宁波)	17 500	2 116	19 616		日军侵略浙江实录,813—814 页
杭州、杭县	14 325	4 550	18 775		余杭县志,591 页
嘉兴	10 000	40 000	50 000		日军侵略浙江实录,806—807 页
丽水、缙云、青田	6 762		6 762		丽水地区志,598 页
海盐	6 000		6 000		海盐县志,694 页
海宁	5 130		5 130		海宁市志,904 页
长兴	4 152		4 152	截至 1943 年 11 月	浙江省档案馆藏,L035-1-60

① 袁成毅:《浙江抗战损失初步研究》,西安:陕西人民出版社 2003 年版,第 252—253 页。

县别	死亡	伤残	合计	备考	资料出处
诸暨	3 944	400	4 344		绍兴市志 3，1810—1812 页
德清、武康	3 754	5 404	9 158		德清县志，564 页
金华	3 631	5 000	8 631		金华县志，531 页
平湖	3 300		3 300		日军侵略浙江实录，24 页
武义	3 000		3 000		武义县志，侵华日军暴行总录
松阳	3 000		3 000		铁证，303 页
龙游	2 948		2 948	1942 年细菌战	铁证，307 页
崇德、桐乡	2 926		2 926		桐乡县志，1080—1084 页
富阳、新登	2 431	1 928	4 359		富阳县志，695—696 页
黄岩	2 000		2 000		侵华日军暴行总录，779 页
义乌	1 767	15 449	17 216		义乌县志，465 页
临安、於潜、昌化	1 750	450	2 200		杭州市志，709 页
桐庐	1 387	166	1 553		桐庐县志，532 页
安吉、孝丰	1 296	2 840	4 136		安吉县志，454 页
东阳	970	2 875	3 854		东阳市志，588 页
海门	959		959		侵华日军暴行总录，791 页
上虞	939	251	1 190		上虞县志，618 页
定海	900		900		定海县志，634 页
江山	874		874		江山市志，424 页
龙游	854		854		铁证，300 页

续表

县别	死亡	伤残	合计	备考	资料出处
永嘉（温州）	788		788	不完整	温州市志,2378 页
新昌	763	184	947		绍兴市志 3,1808 页
玉环	749		749		侵华日军暴行总录,778 页
镇海	737	3 034	3 771		镇海县志,281 页
汤溪	722	3 000	3 722		缺
萧山	605	2 227	2 834		杭州市志,707 页
乐清、平阳	574		574		温州市志,2379 页
云和	537		537	1942 年细菌战	铁证,303 页
建德、寿昌	517	4 354	4 871		杭州市志,709 页
余姚	453		453	不完整	宁波文史资料 12,53—59 页
永康	452	2 035	2 487		铁证,308 页
浦江	415	785	1 200		浦江县志,494 页
兰溪	350		350	不完整	兰溪市志,530 页
临海	347	399	746		临海县志,502 页
象山	300		300		宁波文史资料 12,38 页
奉化	250	100	350		奉化县志,646—647 页
绍兴	204		204	仅空袭数	绍兴市志 3,1808 页
嵊县	199		199	不完整	嵊县县志,361—362 页
开化	131		131	截至 1943 年 11 月 3 日	浙江省档案馆藏,L035-1-60
宁海	123	77	200		宁海县志,654—655 页
遂昌	118	160	508		遂昌县志,751 页
温岭	110		110	不完整	温岭县志,2378 页
慈溪	89	70	159	不完整	宁波文史资料 12,60 页

县别	死亡	伤残	合计	备考	资料出处
磐安	76		76	截至1943年11月3日	浙江省档案馆藏,035-1-60
宣平	57		57	截至1943年11月3日	浙江省档案馆藏,035-1-60
天台	51	150	201		天台县志,523页
淳安、遂昌	49	34	83		淳安县志,545页
瑞安	39	68	107	仅空袭数	浙江省档案馆藏,L17-63
青田	32		32		三门县志,725页
龙泉	15		15	截至1943年11月3日	浙江省档案馆藏,035-1-60
昌化	4	6	10	空袭数	浙江省档案馆藏,L17-63
分水	2	4	6	空袭数	浙江省档案馆藏,L17-63
仙居	1	3	4	空袭数	浙江省档案馆藏,L17-63

资料来源:本表系据袁成毅著《抗战时期浙江平民伤亡问题初探》(《民国档案》2004年第1期)一文所载浙江省各县战时人口伤亡情况统计数据,并结合浙江省档案馆藏部分档案,章伯锋、庄建平主编《抗日战争第7卷·侵华日军暴行日志》,浙江省政协文史资料委员会编《铁证——侵华日军在浙江暴行纪实》等书资料汇编。

以表3-29中数字合而计之,则人口死亡者为205 801人,伤残者为146 472人,合计为352 414人。这组数据同样也不能完全准确地反映抗战时期浙江省因日军军事进攻、暴行残杀或日机空袭所致的人口伤亡损失情形,因为许多县市的统计并不完全,尤其是各县的受伤人口,统计缺失更为严重。但从总体上观之,该表还是能够反映浙江省战时人口伤亡于各县市的分布状况。

我们也按照前文所定算法,对浙江省战时人口伤亡情形作一估算。综观浙江省全面抗战8年情形,我们拟取江西省为参考基数省份,理由是两省地壤相连,沦陷程度大体相当,有关战事共同受灾。浙江省在淞沪会战之际处战区外围,同样,江西省在武汉会战之际亦属外围。两省境内各有单独发动的重大战役,1942 年浙赣战役更共同发生于两省境内。江苏省虽更与浙江省山水栉连,但江苏省所受的战争伤害烈度远在浙江之上,二者明显不可比。更重要的是,我们没能发掘出江苏省人口损失全面的、系统的、原始的统计资料可资估算利用。因此,我们暂取江西省为参照基数省。

浙、赣两省人口情形,因战时两省境内大片辖区皆先后沦陷,皆无完整一致的统计。退而求其次,我们依旧取两省 1936 年的人口统计数据为考察两省人口规模的依据。1936 年统计江西省人口为 15 804 623 人,浙江省人口为 21 230 749 人,[①]浙、赣人口之比 R_1 为 1.343 325。又据 1944 年 9 月内政部编印《全国行政区域简表》所附《全国土地面积表》所记两省面积,可算出两省境内人口密度,浙江省为每平方市里 51.915 6 人,江西省为每平方市里 22.906 0 人,浙、赣人口密度之比 R_2 为 2.266 463。浙江省原辖 1 市 76 县,通过前文表 3 - 29 可知,抗战期间县境沦陷或遭遇敌人进攻、日军轰炸者共达 73 县,占全部行政区的 94.81%;江西省原辖 84 县,遭遇战事沦陷及被敌窜扰轰炸者计达 76 县市,[②]占全部行政区的 90.48%。浙、赣两省沦陷程度之比 R_3 为 1.047 856。以上 3 项参数之积复开 3 次方即总参数 R 为 1.472 451。江西省全面抗战 8

① 内政部统计处编印:《各省市历年户口统计》,《内政统计月报》1946 年 7 至 9 月合刊,《各县市参议会议案统计专号》,第 67—80 页。
②《江西省抗战损失调查总报告·江西省抗战损失调查办理经过》,江西省政府 1946 年 4 月编印。转据秦孝仪主编:《中华民国重要史料初编——对日抗战时期》第 2 编,"作战经过"(4),第 345—350 页。

年直接人口伤亡各数为:死亡 313 249 人,伤 191 201 人。① 分别以该两数与上项求出的参数 R 求积,结果即我们估算的浙江省抗战人口直接伤亡数字,即死亡为 461 243 人,受伤者为 281 534 人,合计约为 742 768 人。

四、安徽省抗战人口损失估计

抗战期间,安徽省因受战局影响,亦遭严重损失。据 1945 年 8 月 1 日安徽省政府秘书处汇编的《安徽省战时损失概况》记载,全省原辖之 62 县中,战时全部沦陷者 15 县,大部沦陷者 8 县,半沦陷者 12 县,小部沦陷者 5 县,曾遭敌窜扰者 13 县,迄未遭敌窜扰而完整者止 9 县。② 战争期间,日军在安徽省境内,与在中国其他省区一样,对当地民众进行了残酷杀戮,给该省人民的生命、财产造成巨大损失。

关于安徽省抗战人口损失的调查,亦迄未发现较为系统完整的原始统计档案。目前所见相关者,约有数端:

其一,1945 年 10 月 12 日,内政部根据抗战时期各省汇报的抗战损失查报材料汇编出战后第一份全国《人口伤亡报告表》,并呈送蒋介石本人。该份报告表以存在很大问题,遭到蒋介石、外交部国际问题会议等相关方面的批评,我们也认为它对考察中国战时人口损失全局几无参考价值。但该表列入的各省战时人口损失数据,以安徽省为最多,即全省遭日军残害死亡 203 409 人,重伤 2 964 人,轻伤 1 904 人,合计 208 277 人。③ 在其所载的全国死亡人

① 见前文第三章《表 3 - 6:江西省抗战人口伤亡数》。
② 安徽省档案馆、蚌埠市档案馆编:《日本侵华在安徽的罪行》,皖内部图书 95 - 034,第 1 页。
③ 见前文第三章《表 3 - 1:人口伤亡报告表》。

口 396 567 人中,安徽省占了 50% 以上。这当然不是说安徽省在沦
陷区各省中人口伤亡最为惨重,而应该是内政部汇编此次人口报
告表时,所掌握到的安徽省查报材料较其余各省全面得多,所以据
以统计而得的人口死亡数字,也较其他各省为多。即便如此,这一
数据能否被当作抗战时期安徽全省人口损失总数看,同样也是十
分令人怀疑的。以当时各省严重缺查失报情况论,安徽一省又何
能独免。不过,该表所记的这一组数字,我们毕竟可将其视作安徽
省抗战期间人口损失的一个最低限统计数。

其二,抗战胜利后,行政院善后救济总署对黄泛区灾害损失及
救济进行调查统计。据它的调查,安徽省皖北黄泛区共达 24 县,
淹没耕地共 284 598 公顷,占该 24 县原有耕地的 22%。淹毙人口
共 407 514 人,占该地区原有人口的 4.5%。[①] 公布于《中华民国史
档案资料汇编》第 5 辑第 3 编"财政经济"(6)中的《黄泛区损失统计
表》的安徽部分,唯独未记录各县的人口伤亡情况,这与对豫、苏两
省的记录不尽相同。[②]

其三,即我们曾于前文中引用的安徽省政府 1944 年编印的
《安徽概览》一书中所载《敌机空袭概况》及所附《安徽省七年来敌
机空袭损失统计表(1937 年 8 月—1943 年 12 月)》中所记该省因
日军飞机空袭所致平民伤亡数。据该表所记,从 1937 年 8 月至
1943 年年底共 6 年零 4 个月间,日军空袭该省 1 513 次,动用飞机
6 070 架次,投弹 18 783 枚,炸死 7 962 人,炸伤 6 460 人,伤亡合计

---

① 苏冠军:《黄河花园口扒口情况介绍》,转引自章伯锋、庄建平主编:《抗日战争第 2
　卷·军事》上,第 538 页。
② 中国第二历史档案馆编:《中华民国史档案资料汇编》第 5 辑第 3 编,"财政经济"(6),
　第 272—273 页。

14 422 人。①

除此之外,关于该省抗战时期人口伤亡损失的资料,便只能从散见于各市县文史资料、地方史志中的相关记载中搜集了。这些记载虽然支离、零星,无法借以统计并反映该省战时人口损失完整情况,但这些记载多据战后各县查报损失的原始档案或一些当事人亲历亲见的回忆资料著成,所以具有较高的史料价值。我们从能够找到的记录日军战时对该省人民空袭、屠杀等各类暴行的文史资料及地方史志等书中,把有关人口伤亡的情况摘要出来,编制成下表 3-30。

表 3-30　抗战期间安徽省各地人口伤亡情况

年别	时间	县境	死	伤	合计	备注
1937	本年起	蒙城			1 600 余人	伤亡未分
	12.27	郎溪	600		600	郎溪文史资料 1,65 页
	12.5	芜湖	1 000		1 000	安徽文史资料 18,191 页
	12.5	绩溪			20	徽州地区简志,20 页
	12 月	芜湖	2 500		2 500	安徽文史资料 18,189 页
	冬—1938.9.16	五河			600—700	蚌埠文史资料选辑 6
1938	1.7	五河	40		40	五河县志,6 页
	1.9	蒙城			20	漆园古今,96 页
	1.16	宣城	30		30	宣城县文史资料 1,111 页
	1.30	全椒	30		30	全椒县志,36 页
	2.1	怀远	1			怀远县志,7 页

----

① 见前文第二章《表 2-12:安徽省七年来敌机空袭损失统计表(1937 年 8 月—1943 年 12 月)》。

年别	时间	县境	死	伤	合计	备注
1938	2.4	凤阳	434		434	凤阳文史资料选辑 1,97 页
	2.4	繁昌			数十人	繁昌文史资料选辑 5,35 页
	2 月上旬	蚌埠			1 000	蚌埠文史资料选辑 6,128 页
	2.16	凤阳	150		150	凤阳文史资料选辑 2,193 页
	2.17	凤阳	124		124	凤阳文史资料选辑 3,69 页
	2.17	南陵	30		30	南陵文史资料 3,21 页
	2.21	蚌埠	118		118	蚌埠文史资料选辑 6,128 页
	2.26	芜湖	10		10	繁昌文史资料选辑 5,36 页
	2.28	怀远	164		164	怀远县志,7 页
	3.3	凤阳	600		600	凤阳文史资料选辑 2,88—95 页
	3.22	郎溪	470		470	郎溪文史资料 1,66 页
	3.28	繁昌	18	2	20	繁昌文史资料选辑 5,36 页
	4 月中旬	怀远	70		70	怀远县志,420 页
	4 月—5 月	宿州			1 100	宿州文史资料 1,81—82 页
	5.3	南陵	170		170	南陵文史资料 3,22 页
	5.4	怀远	30		30	怀远县志,420 页
	5.5	怀远	70		70	怀远荆涂春秋 2,57 页
	5.5	蒙城	370		370	漆园古今 4,97 页
	5.10 起	芜湖	10 000		10 000	敌寇暴行录
	5.10	舒城			160	舒城文史资料 1
	5.10—1942 年夏	庐江	20		20	庐江县志,11 页
	5.11	涡阳	40		40	涡阳县志,320 页

续表

年别	时间	县境	死	伤	合计	备注
	5.12	宿县	280		280	宿县县志,315 页
	5.14	合肥	1 100		1 100	安徽文史资料 3,64 页
	5.15	砀山	360		360	砀山文史资料 1,27 页,属江苏
	5.15	萧县	100		100	萧县志,423 页
	5.18	萧县	2 000		2 000	萧县志,423 页
	6月—1939.6	宿县	90		90	宿州文史资料 1,84—85 页
	5.21	涡阳	400		400	涡阳史志 2,140 页
	5.23	繁昌	27		27	繁昌文史资料选辑 3,140 页
	5.23	淮北	264		264	淮北文史资料 1,93 页
	5.24	砀山	50		50	砀山文史资料 1,28 页
	5.24	阜阳			1 000	阜阳市志,343—344 页
1938	5.29	涡阳	53		53	涡阳县志,320 页
	5 月	蒙城	273		273	漆园古今 2,123 页
	5 月	宿县	200		200	宿县县志,315 页
	5 月	蒙城	3 000		3 000	漆园古今 6,85 页
	6.1	邳县	28	11	39	血洗邳州,140—141 页
	6.1	颍上	300	100	400	慎城春秋 1,19 页
	6.2	蚌埠	40		40	蚌埠文史资料选辑 6,135 页
	6.8	舒城	440		440	舒城文史资料 1
	6.9	全椒			数十人	全椒文史资料 2,70 页
	6.10	肥西	67		67	肥西文史资料 1,24 页
	6月上旬	宿县	13		13	宿县议事资料 2,13 页
	6.12	望江	2		2	安庆文史资料 12,121 页
	6.12	安庆	200		200	安庆文史资料 12,121 页

续表

年别	时间	县境	死	伤	合计	备注
	6.15	立煌	400		400	金寨文史资料 2,109 页
	6.15	庐江	20		20	庐江县志,11 页
	6.15—1942.2	望江	100		100	望江文史资料 1,40—42 页
	6.15—10.23	金寨	400		400	金寨县志,17 页
	6.26	岳西	23		23	安庆文史资料 12,124 页
	6.28	太湖	169		169	安庆文史资料 12,118 页
	6.30	金寨	60	50	110	金寨县志,17 页
	6 月—1943.4	潜山	660		660	安庆文史资料 12,118 页
	6 月	肥西	60	100	160	肥西县志,428 页
	7.2	青阳	140	200	340	青阳文史资料 4
	7.2—1940.4.28	青阳			380	青阳县志,420 页
	7.6	太湖	100		100	太湖文史资料 3,109 页
1938	7.16	青阳	30		30	青阳史话 4,99 页
	7 月中旬	六安	20		20	六安县志,361 页
	7.24	庐江	16		16	庐江县志,11 页
	7.25	太湖	23		23	太湖文史资料 3,110 页
	7 月—1943	贵池	110		110	贵池文史资料 3,80 页
	7 月—1939.4	宿松	49	23	72	宿松县文史资料 1,68—69 页
	7 月	三河	17	1	18	肥西县志,427 页
	8.8	贵池	97		97	贵池文史资料 1,17 页,马石山
	8.14	无为	82		82	无为县志,436 页
	8.14—1939.1	广德	1 000		1 000	"皇军"暴行录
	8 月中旬	舒城	70		70	舒城文史资料 1,154 页
	8.14	巢县	316		316	日本侵华在安徽的罪行,50 页

年别	时间	县境	死	伤	合计	备注
1938	8.23	萧县	60—70		60—70	萧县志,423 页
	8.24	舒城	200		200	舒城文史资料 1,155 页
	9.4	金寨	20		20	金寨县志,575 页
	9.24	青阳	80		80	青阳史话 4,116 页
	秋	宿县	80		80	宿县文史资料 2,132 页
	10.8	怀宁	23		23	安庆文史资料 12,172 页
	11.26	铜陵	10		10	铜陵文史资料 2,111 页
	12.13	天安	12		12	天长文史资料 2,156 页
	冬	合肥	20		20	肥西县志,429 页
	1938 年	宿松	270	12	282	安庆文史资料 12,122 页
1939	2.19—9 月	怀远	60		60	怀远县志,420 页
1940	2 月	铜陵	200		200	铜陵文史资料 2,112 页
	3.3	郎溪	30		30	郎溪文史资料 1,66 页
	3.16	凤阳	50		50	蚌埠文史资料选辑 6
	3.29	南陵	80		80	南陵文史资料 3,31 页
	3 月	肥西	数十人	100	100	肥西县志,429 页
	4.13	繁昌	20		20	繁昌文史资料选辑 3,158 页
	4.17	铜陵	21		21	铜陵文史资料 1,116 页
	4.27	青阳	20—30		20—30	青阳史话 4,111 页
	4.28	青阳	20		20	青阳史话 4,115 页
	4 月	青阳	40		40	青阳史话 4,10 页
	6 月	金寨	400	1 000	1 400	金寨文史 4,39 页
	7.22	屯溪	47	100	147	屯溪市志,11 页
	秋	繁昌	50		50	繁昌文史资料 5,37 页
	12.23	贵池	246		246	贵池文史资料 1,80 页
	12.31	立煌	100		100	金寨县志,577 页
	1939—1942	淮南	13 000		13 000	淮南文史资料 2,101 页,大通

续表

年别	时间	县境	死	伤	合计	备注
1940	2.22	繁昌			30	日本侵华在安徽的罪行，80页
	3.11	繁昌	14		14	繁昌文史资料3，160页
	4.22	青阳	90		90	青阳县志，420页
	5.22	凤台	84	120	204	淮南文史资料2，106页
	7月	长丰	26		26	长丰县志，513页
	10月	屯溪	14	30	44	日本侵华在安徽的罪行，79页
1941	2.13	郎溪	510		510	郎溪文史资料1，67页
	2.16	桐城			600	安庆文史资料12，117页
	2.19	肥东	160		160	肥东县志，468页
	3.31	庐江	30		30	庐江县志，620页
	3月	巢县	30	10	40	日本侵华在安徽的罪行，82页
	6月	铜陵	15		15	铜陵文史资料2，112页
	7.29	旌德	43	74	117	旌德文史资料1，41页
1942	7.18	铜陵	10		10	铜陵文史资料3，127页
	7月	铜陵	8		8	铜陵文史资料2，112页
	8.29、本年	怀宁	120	20	140	安庆文史资料12，116页
	10.27	无为	80		80	无为县志，436页
	12.16	立煌	200		200	金寨文史3，77—78页
	12.25	太湖			80	太湖文史资料2，111页
	本年	贵池	48		48	安庆文史资料12，123页
1943	1.1	金寨	627		627	金寨县志，577页
	1.2	金寨	64		64	金寨县志，19页
	1.2	金寨	562		562	日本侵华在安徽的罪行，38页

续表

年别	时间	县境	死	伤	合计	备注
1943	1.2	金寨			500—600	金寨文史 2,154 页
	1.2—1.4	金寨		100	100	金寨文史 2,150 页
	1.6	岳西	21	15	36	安庆文史资料 12,125 页
	1.28	肥东	180		180	肥东县志,169 页
	1月	金寨			600	金寨县志,577 页
	4.7	贵池	100		100	贵池文史资料 1,80 页
	本年	马鞍山	500		500	马鞍山市志,295 页
	7月	合肥	25	35	60	日本侵华在安徽的罪行,82 页
1944	7月	贵池	60		60	安庆文史资料 12,123 页
1945	4.29	长丰	19		19	长丰文史资料 10,99 页
	5.15	颍上	17	47	64	慎城春秋 1,23 页
抗日战争期间		青阳	1 080		1 080	青阳县志,420 页,不含轰炸
1938.2—1945.7		潜山			600	潜山县志,343 页
1939.7—1943		南陵	500		500	日本侵华在安徽的罪行,11 页
1939.3—1944.10		宣城	330		330	日本侵华在安徽的罪行
1940.8—1945.8		贵池	4 900		4 900	日本侵华在安徽的罪行,15 页
1940.5—1945.8		繁昌	900		900	日本侵华在安徽的罪行,16 页
1943.10—1945.8		广德			900 余	日本侵华在安徽的罪行,17 页
抗战期间		青阳	472	200	672	日本侵华在安徽的罪行,19—20 页,轰炸
1943.7—1945.8		铜陵			10 000	日本侵华在安徽的罪行,21 页
1940.7—1945.8		东流	300		300	日本侵华在安徽的罪行,21 页
1937.12—1941.5		歙县	54	108	162	日本侵华在安徽的罪行,65—66 页,空袭

年别	时间	县境	死	伤	合计	备注
1938.4—1944.5		寿县	152	223	375	日本侵华在安徽的罪行,66页,空袭
1938.11—1940.10		石埭	23	45	68	日本侵华在安徽的罪行,69页,空袭
1938.11—1941.5		东流	42	44	86	日本侵华在安徽的罪行,70页,空袭
1938.11—1942.3		宣城	313	228	541	日本侵华在安徽的罪行,70—72页,空袭
1938.11—1941.4		太平	49	38	87	日本侵华在安徽的罪行,72—73页,空袭
1938.11—1942		南陵	85	46	131	日本侵华在安徽的罪行,73—74页,空袭
1938.11—1941.7		泾县	55	73	128	日本侵华在安徽的罪行,74—75页,空袭
1938.12—1941.5		至德	37	48	85	日本侵华在安徽的罪行,75—76页,空袭
1939.4—1944.4		贵池			409	日本侵华在安徽的罪行,76—78页,空袭伤亡合计
1939.7—1942.5		宁国	93	46	139	日本侵华在安徽的罪行,78—79页,空袭
1939.12—1941.5		黟县	14	17	31	日本侵华在安徽的罪行,79—80页,空袭
1940.11—1942.6		绩溪	29	22	51	日本侵华在安徽的罪行,81页,空袭

资料来源:本表系据章伯锋、庄建平主编《抗日战争第7卷·侵华日军暴行日志》,安徽省档案馆等编《日本侵华在安徽的罪行》等书所载资料摘要汇编。另,表中部分县名为今名,数据亦多为不完全统计。

由于表3-30中数据多为不完全统计数,数字因型制与口径不同也无法汇总,不能通过它来相对准确地汇总求得全面抗战8年间安徽省平民伤亡的数字。但上表所记,皆为有资料可证的被日军直接杀死、致伤或日军飞机轰炸致死、致残者,从中也可窥见该省战时平民伤亡之一斑。

我们同样也按照前文确定的估算方法对安徽省战时人口伤亡情况进行估计。也取江西省为参考基数省,因为两省地域相连,战时所受战局影响大体相同。另外,安徽省虽亦与江苏、河南两省风俗土壤更相接近,但除皖北黄泛区与苏、豫两省大体相当,可作单独统计外,以战时所受战争摧残的烈度论,又似不足与江苏、河南两省比照而论,与江西相比或相对接近一些。

江西省人口密度及战时沦陷程度,我们于前文讨论浙江省战时人口损失时已有论及,这里主要考察一下安徽省人口情况、沦陷程度及其与江西各项情况之比率。安徽省人口 1936 年统计为 23 354 188 人[①],其与江西省人口之比即 R_1 为 1.477 68;安徽省域面积,亦据国民政府内政部 1944 年 9 月编印的《全国土地面积表》所记,为 562 747 平方市里,则人口密度为每平方市里 41.500 3 人,与江西省人口密度比即 R_2 为 1.811 77;安徽省原辖 62 县,战争期间不同程度遭到沦陷者达 53 县,占该省行政区的 85.48%,与江西省沦陷程度相较,皖、赣比率即 R_3 为 0.944 83。据此,可求得皖、赣两省战时人口伤亡对比参数,即 R 为 1.362 53。此项参数与江西省战时人口伤亡各数之积,则即我们估计的安徽省全面抗战 8 年平民遭敌残害致死、致伤各项数,分别为死亡 426 811 人,受伤 260 517 人。

每一组纯粹通过计算获得的人口损失数据,都应当进行必要的验证与校正,以期使估计结果更趋合理。上面以江西省为参照

---

① 内政部统计处编印:《各省市历年户口统计》,《内政统计月报》1946 年 7 至 9 月合刊,《各县市参议会议案统计专号》,第 67—80 页。

估算所得数,当仅是对日军残杀所致人口伤亡数的估算。安徽省北部地区黄泛区被淹毙人口数为 407 514 人,亦应视同战争直接人口损失数,以之与前项估算数累计,则得 834 325 人。前文中提到的战后内政部首次汇总全国抗战人口损失统计时,安徽省内列死亡 203 409 人,即以此数与黄泛区淹毙数累计,亦得 610 923 人,若再合苏皖解放区人口伤亡统计数中被剔除的安徽省部分数(含河南三县)39 387 人①,则又为 650 310 人,此数应为安徽省抗战时期战争直接人口死亡数最低限。若计入缺报失查的数据,则我们上项估计所得死亡总数为 834 325 人,应能够成立。再与前项伤数估计数合计,则伤亡计为 1 094 842 人。据抗战前后的人口调查统计,安徽省人口 1936 年统计数为 22 122 000 人,1945 年统计数为 21 978 000 人,1946 年的统计数为 21 842 039 人,从抗战前的 1936 年至战后 1946 年年初,10 年之间下降了 1 512 149 人,②年均增长率为－6.67‰。由此项人口统计所反映的抗战时期安徽人口的严重下降态势以及人口减少的绝对数观之,我们认为在抗日战争时期,安徽省因抗战所造成直接人口死亡数在 83 万左右,应当是在合理范围内的。

五、湖北省抗战人口伤亡估计

湖北省地处中国腹地,位于南北之冲,东西之隘,长江、平汉线两条水陆大动脉汇于武汉,东控苏皖浙赣,西拱川渝大后方,南拒华南日军之北上,北阻华北日军之南突,地理位置极其重要。抗日

① 此数为苏皖解放区被杀害数 239 387 人,剔去 20 万江苏地区人数所余,参见本书第三章第三节及第四章第三节相关内容。
② 杨子慧主编:《中国历代人口统计资料研究》,北京:改革出版社 1996 年版,第 1296 页。

战争时期,中日两国军队在该省境内的争夺尤为激烈。战争期间,在湖北省境内发生过的重大会战和战役就有:武汉会战、随枣会战、枣宜会战、鄂西会战、豫西鄂北会战等。此外,南昌会战、第一次长沙会战、1939 年冬季攻势、第二次长沙会战、豫南作战等重要会战,其作战区域也都波及湖北境内大片区域。所以在抗战期间,湖北省几乎处于无日不战的境况之中。从军令部对各省境内发生战斗情况的统计来看,湖北省境内战时发生过大会战 4.5 次,重要战斗 178 次,小战斗 3 980 次,[①]与湖南省基本持平。该省民众所遭受的损失亦至为惨重。

　　湖北省境内虽然战事频繁而且非常激烈,县市沦陷范围广大,程度严重,但中国方面对湖北省的控制权并未失去。所以,该省各县市政府在沦亡迁徙中,亦基本维持办公。对于行政院颁令进行的抗战损失查报工作,也多在战时随时办理,并早在 1939 年即编成《抗战两年来湖北省公私损失统计》一书。[②] 抗战胜利后不久,湖北省政府即于 1945 年 9 月编印成《湖北省政府复员工作计划》,其中收录有湖北省战时各项损失的估计及统计数据。其之所以能够在抗战胜利之初很快编出全省抗战时期各项损失情况统计,说明湖北省当局战时相关调查统计工作的展开与持续情况较好,形成的调查资料与统计数据基础也较全面。但是,令人感到诧异的是,从我们目前见到的该书相关内容看,关于战时湖北省人口伤

[①] 陈诚:《八年抗战经过概要》,《附录:中国战争会战经过概见表》,统计数字见迟景德:《中国对日抗战损失调查史述》所附《抗战八年各省会战、重要战斗、小战斗次数》表,第 237 页。

[②]《湖北省政府为呈送抗战两年来湖北公私损失统计致军事委员会政治部公函(省秘特施字第 788 号)》(1939 年 10 月 16 日),中国第二历史档案馆藏,抗战损失调查及空袭损失统计(1938—1944)卷,772/614。

亡损失的统计,却不在其中。我们要了解该省抗战期间平民伤亡等人口损失情形,暂时只能从相关的史志资料中去寻找一些不完整的记录。

下表3-31就是我们根据能够搜罗到的史志文献资料编汇而成。这些记录与前文大多省份情况一样,都是出自当地各级政协系统编辑的文史资料或新修史志资料。有关这类资料的可靠性,历来受到同行专家的质疑。其实,我们也深知,所谓"三亲"史料在某些方面确实存在着一定程度的局限,比如一人之见难以全面,个人记忆难免偏差,相关数字或有失实等情况,皆所难免。但是,我们同时也认为,在所有的"三亲"史料之中,有关中国抗战时期日军罪行的记录,其史料价值恰恰可能是最高的。道理其实很简单,因为不论是记录者还是口述者,其所书写的都是血淋淋的可怕事情,作为受害者,或是幸存者,或是亲闻者,在描写或记录这样的事实时,虽有可能受到客观因素的影响而致一定程度的偏差,但又恰恰因为事件本身的血腥与可怕,同样会给口述者或记录者以较为深刻的印象,因而在其述诸文字时,会保存更多的、真实的内容。地方史志则一般是由全国各地各级史志编纂委员会利用档案文献资料编辑完成,其中所征引的反映地方社会历史的资料、统计数据,往往正是出于当地档案机关所藏的原始资料。这些资料,有许多恰是我们一时之间难以获得的。所以,在本书中,我们有许多统计数字,取自于各地各级史志资料,用以反映各地在战争时期遭受的人口伤亡损失,或用于印证档案所存统计资料的可靠性,或用于形象表达人口伤亡的具体情况。当然,我们对这一类资料的使用也是比较节制与谨慎的,对其所记数字的取舍多取保守态度,且多数未作可靠的统计数字计入相关省份的人口损失统计结果之中。

表 3-31　抗战时期湖北省部分县市遭日军残害人口伤亡情况

时间	县市	事件	人口伤亡			资料出处
			死亡	负伤	合计	
1937.8—1938.10	武汉	轰炸	1 651	3 147	4 798	武汉市志·军事志，408—411 页
1938.10—1945.8	武昌县	空袭	853	1 583	2 436	武昌志，188 页
1938.3—1945.8	汉阳	残害	13 810	15 507	29 317	汉阳县志，159—161 页
1938.3—1945.8	新洲	残杀	9 100	11 000	20 100	新洲县志，246—247 页
1938.6—1943.6	蕲春	残害			1 800	蕲春文史资料 1，129—134 页
1938.6—1941.12	老河口	空袭	362	540	902	湖北省统计提要，1941 年 12 月号
抗战期间	荆门	残害	46 520	43 061	89 581	荆门文史资料 1，108 页
1939.7—1941.10	秭归	空袭	170	230	400	秭归县志，465—466 页，约数
1938.7—1945.8	咸宁	残害	3 000		3 000	咸宁市文史资料 5，3—8 页
1938.10—1944 年秋	大冶	残杀	550		550	大冶县志，361—362 页
1938.9—1944 年年末	黄冈	残害	4 000		4 000	黄冈文史资料 2，82—83 页
1938.8.13	阳新	空袭	1 000		1 000	阳新文史资料 1，80—83 页
1938.7.22	武穴	屠杀	130		130	武穴文史资料 2，130 页
1938.9.15	武穴	屠杀	300		300	武穴文史资料 1，77—78 页
1938.8.25	通城	屠杀	40		40	通城文史资料 1，12—13 页
1939.1—1945.8	京山	残杀	2 450	3 050	5 500	京山县志，508—509 页
1938.10—1945.8	黄安	残杀	2 725	320	3 045	黄安县志，210—211 页
1938.9—1942.3	麻城	残杀	1 700		1 700	麻城文史资料 1，90—96 页
1938 年秋	云梦	轰炸	320		320	云梦文史资料 2，123—125 页

时间	县市	事件	人口伤亡			资料出处
			死亡	负伤	合计	
1938.10—1945.8	应城	残杀	1 050		1 050	应城县志,725—726 页
1938.10—1945.8	通山	残杀	7 354		7 354	通山文史 1,105—111 页
1940.6—1945.8	江陵	残杀	23 424		23 424	江陵县抗战史料
1938.10—1945.8	洪湖	残杀	5 900	2 450	10 000	洪湖县志,436—437 页,合计为约数
1938.11—	沔阳	轰炸	400	110	510	沔阳文史资料 3,11—23 页
1939.5—1945.8	随县	残杀	1 600		1 600	随州文史资料 1,165—176 页;四川双流县文史资料选辑 4,103—104 页
1939.7—1941.9	巴东	空袭	347	453	800	巴东县文史资料 2,148—154 页
1939—1941	枣阳	残杀	4 154	2 217	6 371	湖北省抗战损失统计资料,转自襄樊文史资料 6,134—137 页
1939.4.25	蒲圻	残杀	48		48	蒲圻文史 4,100—102 页
1939—1941	来凤	空袭	130		130	来凤文史资料 1,92 页
1940.6—1945	南漳	残杀	720	190	910	南漳文史 1,31—34 页
1937—1940	襄阳	空袭	2 460	3 548	6 008	襄阳县志,781—782 页
1940.2.29	宜城	残杀	400	200	600	湖北文史资料 16,220—222 页
1940.6—1945.8	枝江	残杀	9 000		9 000	枝江文史资料 1,1—4 页
1938.1—	宜昌	残害			185 000	宜昌文史资料 2,117—121 页
1940.8	监利	空袭			300	监利文史资料 1,49—51 页

续表

时间	县市	事件	人口伤亡			资料出处
			死亡	负伤	合计	
1945.5—1945.6	长阳	残害	351	59	410	长阳文史资料 2,122—130 页
1940.10—1943.5	公安	残杀	1 027	237	1 264	公安县志,444 页
1938.11—1945.8	当阳	残杀	73 277	12 852	86 129	当阳县志,19 页
抗战期间	黄石	残杀	300—400		300—400	黄石文史资料 8,87—89 页
抗战时期	谷城	轰炸	635	358	993	谷城县志,351 页
1938.10—1945	应山	残杀	8 509	2 027	10 536	应山文史资料 2,14—19 页
1938.8—	广水	空袭	300		300	广水文史资料 3,128—135 页
1938.9—1943.5	广济	残杀	1 160		1 160	武穴文史资料 1,66—68,126—128 页
1938.9—1943.8	大悟	轰炸	88		88	大悟文史资料 2,42 页
1938.11—1945.8	临湘	劫杀			20 000	黄石文史资料 7,21—49 页
1942—	天门	残杀	130		130	天门文史资料 3,204 页
1943.5—1943.11	宜都	残杀	2 288	820	3 108	宜都县志,516 页
1939.3—1945.8	钟祥	残杀	854		854	钟祥文史资料 4,44 页
总计			234 287	103 959	546 996	

资料来源:

1. 本表系据《近代史资料》编辑部等编《日军侵华暴行实录》(4)第 1—144 页所载湖北省部分资料,章伯锋、庄建平主编《抗日战争第 7 卷·侵华日军暴行日志》第 386—415 页载湖北省部分资料,李秉新等主编《侵华日军暴行总录》第 1073—1129 页所载《日军在湖北省的暴行》等资料,摘要汇编而成。

2. 表中数据,多数县市为不完全统计,部分县市伤亡数未分,只计入合计项,故总计项合计数与死亡、受伤数不合。

上表 3 - 31 只是我们就所能搜罗到的资料,对湖北省部分县市战时遭日军残杀、轰炸所致伤亡情况所作的不完全统计。仅就该表所及的 47 个县市计,直接遭敌残杀者即达 234 287 人,此数中尚有宜昌、蕲春二县死亡数因其统计总数未分而未计入,宜昌伤亡数计 185 000 人,蕲春伤亡数 1 800 人,合计 186 800 人。从上表统计数字看,湖北省民众伤亡比率情况基本表现为死亡数远高于受伤数的态势,所以我们即便以伤亡各占总数之 50% 比率分割该数,也当是十分保守的,即死亡、受伤各为 93 400 人,与上表之伤亡各数合计,则上列 47 县市之不完全统计结果为:死亡 327 687 人,受伤197 359 人。同样,我们也敢判定,这个数字是不可能反映战时湖北省人口损失真实情形的。

下面,我们再对湖北省战时人口伤亡数进行估算,方法与前文所用者相同。因为湖南、湖北两省抗战期间所处战略地位、境内所经之大小战斗次数、规模、烈度几乎持平,且我们也往往习惯于湘鄂并称,最重要的是,湖南省抗战人口损失调查统计数据保存得非常完备。因此,取湖南省为估算湖北省抗战人口损失的参照基数省。

先看两省人口。于 1936 年的统计人口中,湖北省为 25 515 855人,湖南省为 28 293 738 人,[①]则湖北、湖南两省人口之比 R_1 为0.901 82。次求两省人口密度之比。据前引之国民政府内政部1944 年 9 月编印的《全国土地面积表》所记,湖南省面积为 822 360平方市里,湖北省为 745 454 平方市里。以之可求得湖北省人口密

---

① 内政部统计处编印:《各省市历年户口统计》,《内政统计月报》1946 年 7 至 9 月合刊,《各县市参议会议案统计专号》,第 67—80 页。

度为每平方市里 34. 228 61 人,湖南省为每平方市里 34. 405 33 人,则湖北、湖南人口密度之比 R_2 为 0. 994 86。沦陷范围,湖南省全省辖 78 县市,抗战期间"计县城被敌沦陷者 44 县市,被敌窜扰者 11 县,被轰炸者 9 县,共计 14 县虽未遭敌骑蹂躏,而间接所受损失亦重"。[①] 据此,则知湖南省战时沦陷及遭敌窜扰空袭者凡 64 县,占该省全部行政区的 82.05%;湖北省原辖 72 县,我们通过各种资料统计得出,战时该省共有 69 县市遭到沦陷、被日军窜扰或遭到日机轰炸,[②]占该省行政区的 95.83%。准此可求得湖北、湖南两省沦陷程度之比 R_3 为 1. 167 95。再据上文所定算法,可求得鄂、湘两省战时人口伤亡之对比参数,即 R 为 1. 047 87。

　　湖南省抗战时期遭敌残害所致之人口伤亡情形为:死亡 920 085 人,重伤 733 512 人,轻伤 963 786 人。[③] 以此各项数字与上面所求得之两省人口伤亡对比参数之积,即我们估算所得湖北省战时人口直接遭敌残害伤亡各数,分别为:死亡 964 129 人,重伤 768 625 人,轻伤 1 009 922 人。

　　以鄂、湘两省在战时各方面情形相近而论,上面通过估算所得湖北省伤亡各项数字,或许有其合理的一面。但如果再结合抗战时期湖南、湖北两省的人口发展趋势看,这种估计甚至又是十分保守的,远未接近湖北省实际人口损失情况。因为从抗战前后两省的人口统计资料看,湖南省 1936 年人口统计数为28 293 738人,至

① 湖南省政府统计室:《湖南省抗战损失统计·编辑例言》,1946 年 12 月编印。
② 1945 年 9 月湖北省政府编印之《湖北省政府复员工作计划》中,记有沦陷 47 县,见秦孝仪主编:《中华民国重要史料初编——对日抗战时期》第 2 编,"作战经过"(4),第 371 页。此外之 22 县乃据各地方志之记载统计所得。
③ 见前文第三章《表 3-10:湖南省抗战期间人口伤亡表》。

1946 年人口统计数则仅为 26 171 117 人,[1]年均增长率为－7.77‰;1936 至 1945 年人口保有数净减 1 972 000 人[2],8 年间年均增长率为－9.04‰。湖北省 1936 年人口统计数为 25 515 855 人[3],至 1946 年之人口统计数为21 271 862 人[4],10 年之间人口保有数净减 4 243 993 人,约等于湖南省同期人口减少数的 2 倍,其 10 年间之人口增长率为－18.03‰。湖北省 1937 年人口统计数为 25 445 835 人,至 1945 年人口统计数为 20 507 236 人,[5]人口保有数净减 4 938 599 人,更为湖南省人口净减数的 2.5 倍左右,8 年间其人口增长率为－26.61‰,显示出的人口下降态势较湖南省剧烈得多。这种剧烈的人口数量下降态势,无疑与抗战期间该省境内频繁展开的大规模会战及日军频繁实施的轰炸、残杀等暴行是分不开的。由是观之,我们甚至有理由认为,湖北省战时人口伤亡损失的实际情况,应该比湖南省要高出许多才显得合理。关于这一点,当有待更可靠的统计资料被发掘出来后加以印证与探讨。

---

[1] 内政部统计处编印:《各省市历年户口统计》,《内政统计月报》1946 年 7 至 9 月合刊,《各县市参议会议案统计专号》,第 67—80 页。

[2] 杨子慧主编:《中国历代人口统计资料研究》,第 1296 页。

[3] 内政部统计处编印:《各省市历年户口统计》,《内政统计月报》1946 年 7 至 9 月合刊,《各县市参议会议案统计专号》,第 67—80 页。

[4] 国民政府主计处统计局编印:《统计月报》第 113、114 期合刊,《表一:全国户口》,第 14—15 页。

[5] 内政部统计处编印:《各省市历年户口统计》,《内政统计月报》1946 年 7 至 9 月合刊,《各县市参议会议案统计专号》,第 67—80 页。

六、广东省抗战人口伤亡估计

全面抗战初期,广东省沿海地区及广州市即遭到侵华日军的疯狂进攻及日军飞机的狂轰滥炸。从 1937 年 7 月至 1938 年 6 月 1 年时间内,日机空袭广东境内各目标超过 2 000 次,广州市曾遭到 800 次以上的轰炸。据当时统计,在全面抗战之初的 1 年间,广东省是遭敌机空袭的 16 个省份之中遭遇袭扰损害最严重的省份之一。据 1938 年 7 月上海文化界国际宣传委员会根据各省市的调查及各种报纸所载的材料统计编制的《一年来敌机轰炸不设防城市统计》结果,广东省遭日机 6 492 架次共计 903 次空袭,投弹11 801枚,炸伤 8 901 人,炸死 4 845 人,[①]受袭的不设防城市计 44 个[②],在全国受袭致损最为惨重。与此同时,日军不断袭扰攻占广东沿海各岛,大肆烧杀焚掠,给当地民众造成巨大灾难。1938 年 3 月,日军占领三灶岛,在岛上进行疯狂屠杀,至抗战结束,全岛村民遭敌残杀致死者共 2 891 人,饿死3 500 多人。[③] 随后日军在岛上修筑空军基地,从各处抓捕大量劳工至岛上修机场、挖工事,先后有 1 万余名劳工被残害致死。[④]1938 年夏,日军侵入南澳岛后,屠杀当地渔民 2 000 多人,烧毁渔船

---

① 见前文第二章《表 2 - 1:一年来敌机轰炸不设防城市统计(1937 年 8 月—1938 年 5 月)之一》。

② 见前文第二章《表 2 - 2:一年来敌机轰炸不设防城市统计(1937 年 8 月—1938 年 5 月)之二》。

③《三灶岛三·一三死难同胞纪念碑碑文》,转引自禹硕基等主编:《日本帝国主义在华暴行》,沈阳:辽宁大学出版社 1989 年版,第 241 页。

④《三灶岛人民的血海深仇》,《南方日报》,1951 年 4 月 3 日。转引自黄菊艳:《抗战时期广东经济损失研究》,第 65 页。

1 000 多艘,"使当时仅二万余人的南澳岛,出现了无家可归的难民六千七百多人,孤儿难童八百多人"。①

1938 年 10 月 12 日,日军在大亚湾登陆。10 月 21 日,广州沦陷,广东沿海地区各县也随之相继陷敌。至 1939 年年底,广东省沦陷县市共达 33 个。到日本投降为止,广东省原辖的 102 个县市局,全部沦陷者 44 县市,部分沦陷者 29 县,遭敌袭扰或沦陷复于战争期间收复者 19 县,共有 92 个县市在抗战期间遭日军侵略蹂躏。② 战争期间,日军在沦陷区内,肆意屠杀当地居民,疯狂掠夺资源财富,给广东省民众造成十分惨重的人口伤亡及财产损失。沦陷各县中,尤以海南岛内诸县及沿海、粤北地区民众遭敌焚杀最为严重。

抗战胜利后,广东省政府也遵照国民政府行政院等机构训令,据所颁《抗战损失查报须知》及所附调查表式,在全省范围内展开抗战损失调查。1946 年 2 月据各县汇报调查材料,编成《广东省抗战损失》,但其于人口损失项内,只记伤亡人口 29 266 人,显因调查不周全所致。因在汇编《广东省抗战损失》之际,全省尚有 22 县市及海南岛上 16 县未据报,其中多有长期沦陷且损失惨重的县市,如广州市、汕头市及海南岛上各县等。又据 1947 年 7 月 12 日行政院善后救济总署广东分署报告该省区灾情代电中所附《广东省对

---

① 禹硕基等主编:《日本帝国主义在华暴行》,第 243 页。
② 《广东省善后救济调查报告》《行政院善后救济总署广东分署工作概况》,转引自黄菊艳:《抗战时期广东经济损失研究》,第 305 页。

日战争损失表》中所记,战时广东人口仅遭日机轰炸死亡即
23 013 人[1],此数已与上项所记伤亡人数相去不远。至遭敌直接屠
杀及因各种战灾而致死亡的民众数量,广东省当局于战后似乎并
未进行过细致的调查统计。下面我们也据零星的相关资料记载,
对抗战期间日军在广东省境内制造的重大暴行事件及所造成的人
员伤亡情形,摘要汇编一简表,如表 3 - 32。

表 3 - 32　抗战期间日军在粤暴行简表

年别	时间	县境	事件	人口伤亡			资料出处
				死亡	受伤	合计	
1937	7.7—1938.3	曲江	轰炸		195	195	曲江文史 14,20—21 页
	8.31—1938.6	曲江	轰炸			377	曲江文史 14,21 页
	8.31、1938.7.23	韶关	轰炸	220	12	232	广东文史资料 55,191 页
	至 9.11 止	广州	轰炸	800		800	广东文史资料 55,192 页
	10 月	南海	轰炸	27	26	53	南海文史资料 8,18—19 页
	11.8	粤北	轰炸			253	韶关文史资料 10,236—238 页
	11.25	花县	轰炸	100		100	广州抗战纪实,409 页
	是年—1938 年	三水	轰炸	24	42	66	三水文史 15,193 页
	是年—1939.9	惠来	轰炸	41		41	惠来文史 2,108—109 页
	至 1940 年	南雄	轰炸	1 000		1 000	南雄文史,52—53 页

[1]《行政院善后救济总署广东分署报告辖区灾情代电(粤善秘字第 134 号)》(1947 年 7 月 12 日),中国第二历史档案馆编:《中华民国史档案资料汇编》第 5 辑第 3 编,"财政经济"(6),第 272—273 页。

年别	时间	县境	事件	人口伤亡			资料出处
				死亡	受伤	合计	
1938	1.30—1943.7.5	鹤山	轰炸	447	489	936	鹤山文史 10,40 页
	2 月	广州	轰炸	7 000		7 000	日本帝国主义在华暴行, 235 页
	战时	三灶	残害	6 391		6 391	三灶岛三·一三死难同胞纪念碑碑文
	5 月—7 月	英德	轰炸	13	17	30	英德文史 4,21—22 页
	5 月	广州	轰炸	10 000	3 000	13 000	日本军战争暴行之研究, 351 页
	夏	南澳	残杀	2 000		2 000	日本帝国主义在华暴行, 243 页
	8.28	佛冈	轰炸	40	20	60	佛冈文史 4,49 页
	秋	高要	残杀	20		20	高要文史 2,75—76 页
	10.10	乐昌	轰炸			100	乐昌文史 2,35—36 页
	战时	惠州	残杀	3 900		3 900	日本帝国主义在华暴行, 246 页
	10 月中旬	郁南	轰炸	51	92	143	郁南文史 6,14 页
	10.21	三水	轰炸			40	三水文史 5,109 页
	10 月	花县	残杀	200		200	花县文史 7,41 页
	10.23	佛冈	轰炸	10	1	11	佛冈文史 2,45—46 页
	10.25—10.27	三水	残杀	100		100	三水文史 5,109—110 页
	10 月—1939 年冬	连平	轰炸			100	连平文史 4,6—8 页
	10.27	从化	残杀	100		100	广州抗战纪实,407 页
	10.31—1940.2.21	三水	轰炸	400	181	581	三水文史 15,197 页
	10 月—1945.8	三水	残杀			153	三水文史 15,197 页

续表

年别	时间	县境	事件	人口伤亡			资料出处
				死亡	受伤	合计	
	10月—1945.8	从化	残杀	115		115	广州抗战纪实,404—405页
	10月	南海	残杀	3 000		3 000	广州文史资料29,232页
	10月—12月	博罗	残杀	70		70	博罗文史1,45—50页
	10月—1945.7	黄埔	残杀	10 000		10 000	黄埔文史2,65页
	10月—11月	南海	残杀	200		200	广州抗战纪实,411页
	11.2—1941.10.11	从化	残杀	570	254	824	从化文史资料4,99—100页
	11.6	连县	轰炸			200	连县文史资料4,19—21页
	11.8	增城	残杀	60		60	广州抗战纪实,415页
	11.9	广州	残杀	34	4	38	广州抗战纪实,384—385页
1938	11.23	仁化	轰炸	7		7	仁化文史资料1,24页
	11月	五华	轰炸			70	五华文史5,108—109页
	12.2	鹤山	残杀	80		80	鹤山文史10,38页
	1939—1944	鹤山	残杀	300		300	鹤山文史10,40—41页
	12.3	南海	残杀	1 200		1 200	南海文史资料5,58页
	12.12、1942.2.17	三水	残杀	54		54	三水文史15,138—139页
	12.14	花县	轰炸	100		100	花县文史10,31页
	冬	翕源	残杀	14		14	翕源文史资料3,101—102页
	是年	怀集	轰炸	8	11	19	怀集文史8,6—7页
	是年	高明	轰炸	108	43	151	高明文史4,29—31页
	是年—1945.8	三水	残杀	1 356	232	1 588	三水文史15,194页

年别	时间	县境	事件	人口伤亡			资料出处
				死亡	受伤	合计	
1939	1.16	花县	轰炸			2 000	花县文史10,9页
	1.16	花县	残杀	500		500	花县文史10,9—10页
	1.19	和平	轰炸	19	26	45	和平文史5,51页
	2.22	高要	轰炸	30	40	70	高要文史2,32页
	2.25	罗定	轰炸	100	200	300	罗定文史2,12页
	3月上旬	琼山	残杀	200		200	日军侵琼暴行实录,38页
	3.18	崖县	残杀	200		200	日军侵琼暴行实录,421页
	4.7	花县	残杀	100		100	花县文史10,19页
	4.10	新会	残杀	200		200	新会文史资料选辑18,14页
	4.11	花县	残杀	100		100	广州抗战纪实,409页
	5.30	汕头	残杀	300		300	日本帝国主义在华暴行,246页
	6.25	潮安	残杀	170		170	日本军战争暴行之研究,356—357页
	6.30	汕头	残杀	200		200	日本军战争暴行之研究,357页
	7.16—7.18	澄海	残杀	1 000		1 000	澄海文史资料3,51—52页
	8.21—1943.5	潮阳	残害	17 710		17 710	汕头日报,1982年8月21日
	8月—抗战结束	廉江	轰炸	230		230	廉江文史4,30页
	8月—1940.2	清远	轰炸	30	8	38	清远文史资料4,53—54页
	11.28	揭阳	轰炸	48	80	128	日本军战争暴行之研究,357页

续表

年别	时间	县境	事件	人口伤亡			资料出处
				死亡	受伤	合计	
1939	12月上旬	佛冈	残杀	12		12	佛冈文史2,48—49页
	是年	三水	残杀	60		60	三水文史15,140—141页
	是年	南海	残杀	20		20	南海文史资料8,14—16页
	是年	从化	残杀	70		70	广州抗战纪实,404页
1940	1.11	徐闻	轰炸	14		14	徐闻文史4,95页
	1.21—1.22	增城	残杀	128		128	广州抗战纪实,402—403页
	1月下旬	清远	残杀	63		63	清远文史资料3,28页
	2.22—1942年夏	三水	残杀	2 100		2 100	三水文史15,198—199页
	2.24	英德	轰炸	27	2	29	英德文史4,34—36页
	2月	吴川	轰炸			40	吴川文史3,85页
	5月	三水	轰炸			30	三水文史5,123—124页
	6月、1941.5	从化	残杀	25		25	从化文史资料10,22—23页
	夏	三水	残杀	40		40	三水文史15,142页
	7月	广州	残杀	7 000		7 000	日本军战争暴行之研究,360页
	秋	曲江	轰炸	300		300	曲江文史1,53—54页
	11.10	高要	轰炸			70	高要文史6,42页
	12.27	三水	轰炸	70		70	三水文史5,121—122页
	12月	惠州	轰炸			200	惠州文史资料1,71—73页

年别	时间	县境	事件	人口伤亡			资料出处
				死亡	受伤	合计	
1941	2.11	三水	残杀	16		16	三水文史 15,132 页
	3.3	阳江	残杀	80		80	阳江文史资料 2,55—56 页
	5.3	惠州	残杀	400		400	日本帝国主义在华暴行,246 页
	6.19	沙溪	残杀	130		130	日本军战争暴行之研究,366 页
	7.8	澄海	残杀	43	17	60	澄海县志,39 页
	是年	三水	活埋	20		20	三水文史 5,112 页
1942	1 月	惠州	残杀	500		500	中国"慰安妇"真相,33 页
	2.4	惠州	残杀	3 000		3 000	日本帝国主义在华暴行,246 页
	5 月—9 月	清远	残杀	300		300	清远文史资料 3,30—32 页
	11 月—1945.8	阳江	残杀	464		464	广州文史资料 21,195 页
1943	4 月—5 月	潮阳	饿死	17 000		17 000	日本帝国主义在华暴行,243—244 页
	5 月初	黄德	轰炸	8		8	英德文史 3,36 页
	12.13	揭阳	残杀	400	300	700	揭阳文史 12,32—33 页
1944	1.18	花县	残杀	32		32	花县文史 1,103 页
	2.26	中山	残杀	30		30	中山文史 5,6 合辑,181 页
	3 月、9 月	开平	残杀	900		900	开平文史 12,17 页
	秋	怀集	残杀	461	84	545	怀集县志,565—566 页
	10 月	揭阳	残杀	1 000		1 000	日本军战争暴行之研究,386 页

续表

年别	时间	县境	事件	人口伤亡			资料出处
				死亡	受伤	合计	
1945	1.14	惠州	残杀	400		400	日本帝国主义在华暴行，871 页
	1月	始兴	残杀	9	6	15	始兴文史 1,36—37 页
	2.5—7.8	大余	残杀	335		335	大余县志,471 页
	2.18—8.15	曲江	残杀	90		90	曲江文史 1,55 页
	春	曲江	残杀	40		40	曲江文史 1,54 页
	春	清远	残杀	42		42	清远文史资料 3,62 页
	4.1	英德	残杀	17		17	英德文史 4,52—53 页
	5月	曲江	残杀	47		47	曲江文史 10,14 页
	7.17	阳山	轰炸			20	阳山文史 5,1 页
	7.23—8 月	恩平	残杀	48		48	恩平文史 7,49—57 页
	战时	新会	残害	50 000		50 000	新会文史资料选辑 33,29—30 页
	战时	英德	轰炸	300		300	英德文史 4,43—44 页,仅青塘一处
	战时	三水	残杀	2 500		2 500	三水文史 15,127 页,仅芦苞镇
	战时	台山	轰炸	339	471	810	台山文史 4,28 页
	1939.2—1945.8	崖城	残害	11 815		11 815	日军侵琼暴行实录,414—441 页
	战时	定安	残害	5 815		5 815	安定文史 4,69—70 页
	1939.2—1945.8	海南岛	残害	20 万		20 万	日军侵琼暴行实录
	1939.2—1945.8	海南岛	非正常死亡	40 万		40 万	日军侵琼暴行实录
	战时	琼山	残杀	30 200		30 200	日军侵琼暴行实录,45 页

续表

年别	时间	县境	事件	人口伤亡			资料出处
				死亡	受伤	合计	
1939—1945		琼中	瘟疫	4 757		4 757	日军侵琼暴行实录，572—573 页
1940—1945		澄迈	残杀	889		889	日军侵琼暴行实录，283—286 页
1939.9—1945		临高	残害	10 000	12 000	32 000	日军侵琼暴行实录，330—334 页
1939.7—1945.8		乐牙	残杀	1 970		1 970	日军侵琼暴行实录，623 页
1949.4—1945.8		琼东	残杀	13 112		13 112	日军侵琼暴行实录，119 页
1944—1945		万宁	饿死	41 820		41 820	日军侵琼暴行实录，220—222 页
1944		陵水	残害	3 000		3 000	日军侵琼暴行实录，342 页
1943		文昌	残杀	1 549		1 549	日军侵琼暴行实录

资料来源：本表系据章伯锋、庄建平主编《抗日战争第 7 卷·侵华日军暴行日志》第 437—462、474—510 页所载广东、海南两省部分资料，《近代史资料》编辑部等编《日军侵华暴行实录》(4)第 526—670 页所载广东、海南两省部分资料，符和积主编《铁蹄下的腥风血雨——日军侵琼暴行实录》等资料摘要汇编而成。

　　表 3-32 所记仅系抗战期间日军在广东省境实施各类暴行、制造残杀中国民众惨案的一部分。表中数据多为约数，伤亡数据也多未分计，许多数字覆盖时间与空间范围互相之间或有交叉，或有重复，无法进行分离和汇总，也无法用来反映整个广东省战时人口伤亡情况，所以我们对该表伤亡各数不作总计。我们附列此表，意在使人们能够相对直观地了解抗战时期广东省民众所遭受的巨大灾难，认识到侵华日军在战争期间对中国人民实施残酷罪行的普遍性。

同样,我们仍用前文所定估算方法,估计广东省战时人口伤亡规模,借以形成总体性的认识。

我们拟以与广东省相毗邻的广西省战时人口损失统计数据为参照基数。广东省境遭敌侵略情形及战时境内战况,似乎无重大会战,但日军登陆作战、广州战役、粤北战役、日军对海南岛抗日根据地的历次扫荡等所造成的损失,均极惨重。且历次长沙会战、豫湘桂会战及广西境内作战等重大战役,部分战事也波及广东省境,或在广东省境内展开。从军令部等军事机关统计的战时各省境内发生之战斗次数看,广东省境虽无大会战,但重要战斗及小战斗次数均不少,且以小战斗次数为全国之最。所以,战争期间广东省遭遇战争状况,与广西省亦有一定程度的直接联系,我们以广西省为其估算参考基数省份,应属可行。

从两省人口情况看,广东省 1936 年人口统计数为 32 452 811 人;广西省 1934 年人口统计数为 13 385 215 人,[①]1937 年为 133 860 000 人[②],变动不大。粤、桂人口规模之比,即 R_1 约为 2.424 38。两省面积据内政部 1944 年 9 月编印的《全国土地面积表》所记,广东省为 885 229 平方市里,广西省为 885 285 平方市里,据此计算出广东省人口密度为每平方市里 36.660 4 人,广西省为 15.120 6 人。粤、桂人口密度比,即 R_2 为 2.424 53。从沦陷程度看,广东省原辖 102 县市局,战时沦陷及遭敌侵犯袭扰者共 92 县市[③],占该省所辖行政

---

① 内政部统计处编印:《各省市历年户口统计》,《内政统计月报》1946 年 7 至 9 月合刊,《各县市参议会议案统计专号》,第 67—80 页。

② 杨子慧主编:《中国历代人口统计资料研究》,第 1296 页。

③《广东省善后救济调查报告》《行政院善后救济总署广东分署工作概况》,转引自黄菊艳:《抗战时期广东经济损失研究》,第 305 页。

区的 90.20％，广西省原辖 99 县市，战时沦陷及遭敌窜犯者共 80 县市①，占该省所辖行政区的 80.808％。两省沦陷程度之比，即 R_3 为 1.116 18。合上列 3 项参数比值，据前文所定算法，求得广东省与广西省战时人口伤亡总比率，即 R 为 1.872 06。

　　整个抗战期间广西省所遭受之人口伤亡，据我们前文中的考察，其最低限则为：死亡人口计 512 132 人，轻重伤合计 436 045 人，伤亡合计 954 220 人。② 以此各项数与上面求得之粤、桂战时人口损失之总参数比 R 相乘，则得广东省抗战期间因日军进攻、日机空袭轰炸及各种暴行造成的伤亡各项损失之估计数，即死亡 958 741 人，轻重伤合计 816 309 人，伤亡合计 1 786 357 人。

　　再以抗战前后广东省人口统计及发展趋势情况来验证上述估算是否在合理范围之内。1946 年广东省人口统计数为 29 128 924 人③，从 1936 年到 1946 年，广东省人口统计数净减 3 323 887 人，年均增长率为－10.74‰。1937 年其人口统计数为 32 452 000 人④，至 1945 年人口统计数为 31 819 490 人，但此数实际是 1944 年的统计数。⑤ 以 8 年计，全省人口数净减 632 510 人，年均增长率为－4.03‰，如果以 7 年计，则人口年均负增长率的绝对值会更高。同时，由于 1937 年和 1945 年全国各省人口统计数存在的问题

———————————

① 白日新：《广西省抗战损失调查经过》，秦孝仪主编：《中华民国重要史料初编——对日抗战时期》第 2 编，"作战经过"（4），第 217 页。

② 见前文第三章第二节"广西省抗战人口损失调查统计"中考察结果。

③ 国民政府主计处统计局编印：《统计月报》第 113、114 期合刊，《表一：全国户口》，第 14—15 页。

④ 杨子慧主编：《中国历代人口统计资料研究》，第 1296 页。

⑤ 内政部统计处编印：《各省市历年户口统计》，《内政统计月报》1946 年 7 至 9 月合刊，《各县市参议会议案统计专号》，第 67—80 页。

颇多,故广东省这一期间由当时人口统计反映出的人口净减数反较 1936 至 1946 年的净减数少得许多。因此,我们认为基于抗战期间中国人口统计情况来看,用广东省 1945 年的人口统计数(实际上是 1944 年的统计数)来分析其全面抗战 8 年人口状况,是存在一些问题的。不过总体来说,从上述所列几种统计数据来看,我们认为前文所作的估算,也还在合理范围之内。

　　如果我们参以行政院善后救济总署广东分署在战后对广东省抗战时期的损失调查估计及其他相关资料的估计,则前文估算得出的结果,又显得有些保守了。"行总"广东分署在战后《善后救济调查报告》中估计,在日军侵略广东的 8 年间,全省 3 500 万人口中,"至少有几百万人死亡或惨遭日人杀戮"。对于一些具体地区的人口伤亡,如海南岛人口损失,该调查报告甚至估计:"海南岛人口战前约计 250 万,但至少有 50 万人已被屠杀,或因饥馑疾病而渐渐走上死亡之路。"[①]对于海南岛的人口损失情况,符和积在其主编的《铁蹄下的腥风血雨——日军侵琼暴行实录》一书中估计认为:"据不完全统计,在 6 年多的沦陷期内,日本法西斯杀害海南军民达 20 万人(邱岳宋《海南抗战回忆》一书估计约有 40 万)……全海南岛非正常死亡达 40 余万,占当时海南岛总人口的五分之一。海南各族人民遭受了历史上最为悲惨的人为洗劫和摧残。"[②]另如有关台山县抗战时期人口损失情况的估计,有称台山县战前人口 110 万人,是 1937 年之前两年即 1935 年统计的。关于抗战胜利后的统

---

① 《广东省善后救济调查报告》,转引自黄菊艳:《损失与重建——抗日战争与广东经济》,博士学位论文,中山大学 2000 年,第 165 页。
② 符和积主编:《铁蹄下的腥风血雨——日军侵琼暴行实录》,"序",海口:海南出版社 1995 年版。

计损失人口 35 万,县长伍炬说,人口的损失一半是饿死,一半是死于敌人铁蹄之下,人口损失了三分之一。①

广东省抗战时期人口损失,除我们上面估算的直接被日军以各种暴行残杀致死约 96 万人外,其余因生活基础尽遭日军掳凉摧毁而造成饥馑、疾病流行等,从而造成人口非正常死亡的情形,亦当大量存在,即便这部分死亡人口不能完全计入抗战直接人口损失总数中,但它与日军侵略战争存在着极为密切的关系,作为战争造成的间接人口损失则是没有疑义的。非徒广东一省如此,全国范围内的大多数沦陷省区和战区省份,又何尝不是如此。这一笔笔滴血的数字,又如何能够计算得清晰,又如何能够完全反映中国民众在战时所遭受的深重苦难和巨大损失,又如何能够完全展现日军对中国人民所犯下的残暴罪行呢?

第四节　沦陷期间东北地区人口损失简记

从 1931 年九一八事变开始,到 1945 年 8 月中国人民抗日战争胜利,中国东北地区沦陷 14 年之久。沦陷期间,东北民众在日本侵华当局及伪满洲国傀儡政权的殖民军警残酷统治之下,遭受到极为惨重的人口伤亡损失。

1944 年 2 月 5 日,国民政府行政院公布《抗战损失调查委员会组织规程》,明确规定"调查自民国二十年九月十八日以后因敌人侵略直接或间接所受损失",这也是国民政府在抗战期间首次明确

①《四邑近貌》,《粤侨导报》1946 年第 5 期,转自黄菊艳:《抗战时期广东经济损失研究》,第 306 页。

地将抗战损失调查的时间上限规定为 1931 年九一八事变。① 1944
年 8 月 11 日,行政院抗战损失调查委员会第二次委员会通过的
《抗战损失调查办法》及修正通过的《抗战损失查报须知》,也同样
强调了抗战损失调查的时间范围上限于 1931 年 9 月 18 日,在空
间上也明确规定凡是在中华民国领土内的任何区域遭受日军各
种暴行所造成的损失皆属调查范围。因此,我们研究抗战期间中
国人口损失问题,对东北地区沦陷期间的人口伤亡损失情况,应
予以适当关注。

　　但是,相对于其他省份战时人口损失问题,有关东北地区沦陷
14 年所遭受人口损失的研究难度更大。东北地区长期沦陷,日伪
实施残酷的军警殖民统治,国民政府势力在当时尽被排挤出去,战
时进行的损失调查,虽然有规程条文明确规定,但于该地区损失情
况基本上毫无所及。抗战胜利后,由于东北地区局势特殊,抗战损
失调查在东北地区也没有得到很好的展开。此外,由于东北地区
空间上的相对隔绝,它与其他省份遭遇的战事情形和沦陷情况也
完全不同,我们无法以前文所设定估算方法对这个区域内战时人
口损失进行估计。所以,我们这里只能就有关著作、资料所记,对
日本侵略当局和伪政权统治东北地区期间制造的较为重大的暴行
事件等所造成的人员伤亡情况进行考察,简单累加,以求获得最低
限度的人员伤亡数字。

　　沦陷时期东北地区的人口损失,大体上可分作日伪殖民统治
暴行造成的东北民众伤亡、东北抗日武装部队伤亡、日伪矿山企业

_____

① 《抗战损失调查委员会组织规程·抗战损失调查办法及查报须知》,行政院抗战损失
调查委员会 1944 年 8 月编印,第 1—3 页。

和日军当局军事工程中中国劳工的伤亡等。有关劳工部分的伤亡情况，包括日伪当局在东北各省强制征召的劳工和在华北、华东及华南等地区骗招、抓捕的强制劳工在东北地区的伤亡损失情况，我们将于后文战时中国劳工伤亡中尝试探讨，这里先就日伪殖民统治暴行造成的东北地区本地民众伤亡及东北抗日武装部队伤亡情况进行简单的考察。表3－33是我们据有关资料汇编而成的东北沦陷期间军民伤亡情况极不完整的统计简表。

表3－33　东北三省沦陷期间中国军民伤亡情况简表

年份	时间	事件地点	死难者	人口伤亡			资料出处
				死亡	受伤	合计	
1931	9月	九一八事变	东北军	920		920	袁成毅文引
1931	9月	平顶山惨案	民众	3 200		3 200	东北历次大惨案，10页
1931—1932		东北抗日	抗日军民	23 662		23 662	袁成毅文引
1931—1933			抗日义勇军	150 000	80 000	230 000	中国东北沦陷十四年史纲要，73页
1932	4—12月	"讨伐"延吉、珲春、和龙、汪清等县	抗日军民	1 200		1 200	中国东北沦陷十四年史纲要，164页
1932	4月	海伦抗战	原东北军			80	东北"大讨伐"，38页
1932	6月	呼海路抗战	原东北军			70	东北"大讨伐"，41页
1932	6月	海北镇	商民	100		100	东北"大讨伐"，41页
1932	7月	东北军黑河抗战	原东北军			100	东北"大讨伐"，47页
1932	7月	红枪会抗日	抗日民众			500	东北"大讨伐"，50页
1932	7月	罗圈子战斗	原东北军	500		500	东北"大讨伐"，52页
1932	10月	黑龙江抗战	原东北军			900	东北"大讨伐"，53页
1932	11月	黑龙江抗战	原东北军			3 000	东北"大讨伐"，58页

年份	时间	事件地点	死难者	人口伤亡			资料出处
				死亡	受伤	合计	
1932	6 月	临江、辑安"讨伐"	抗日军民	2 128		2 128	东北"大讨伐",92 页
1932—1936		"讨伐"	抗日军民	49 279	31 608	80 887	中国东北沦陷十四年史纲要,164 页
1932—1945		七三一细菌实验		3 000		3 000	缺
1933	1—3 月	临江、通化、辑安、岫岩、凤凰城三角"大讨伐"	抗日军民	8 700		8 700	日本侵略军在中国的暴行,33 页
1934	3 月	土龙山惨案	民众	1 100		1 100	中国东北沦陷十四年史纲要,170 页
1935	冬		抗日军民	11 430		11 430	中国东北沦陷十四年史纲要,157 页
1935	秋	"讨伐"	抗日军民	4 646	1 067	5 713	东北抗日战争史料汇编,附录 3,43—44 页
1935	1—12 月	"讨伐"	抗日军民	15 695		15 695	中国东北沦陷十四年史纲要,164 页
1935	5—6 月	老黑沟惨案	民众	980		980	吉林文史资料 6,28—29 页
1935	秋	清原镇惨案	民众	140		140	中国东北沦陷十四年史纲要,171 页
1935	11 月	下五家子惨案	民众	378		378	中国东北沦陷十四年史纲要,171 页
1935		日伪警察秋冬"大讨伐"	抗日人士	5 999	5 431	11 430	日本对中国东北的政治统治,238 页
1935		关东军"讨伐"清原县	居民	10 000		10 000	日本侵略军在中国的暴行,36 页
1935—1936		冬季"肃正"	抗日军民	5 900		5 900	日本侵略军在中国的暴行,33 页
1936		通化、金川、柳河县集团部落瘟疫流行	民众	641		641	中国东北沦陷十四年史纲要,167 页

续表

年份	时间	事件地点	死难者	死亡	受伤	合计	资料出处
1936	2月	四道河惨案	民众	52		52	中国东北沦陷十四年史纲要,172页
1936	7月	白家堡子惨案	民众	368		368	东北历次大惨案,53页
1936	6.13	哈尔滨六一三事件	抗日人士	15		15	东北历次大惨案,51页
1936		破坏柳河县委	抗日干部	120		120	东北历次大惨案,95页
1936	10—12月	"讨伐"三角地带	抗日军	307	109	416	东北"大讨伐",127页
1936	4.1—6.30	伪宪警逮捕严重处分	抗日人士	768		768	伪满宪警统治,128页
1936	11.3	南岗头村惨案	村民	267		267	日本帝国主义在华暴行,185页
1936		奉天警察厅	抗日人士、居民			19 623	日本侵略军在中国的暴行,45页
1936.4—1937.3		警务统制委员会迫害	抗日军民	26 000		26 000	伪满宪警统治,139页
1936—1937		东边道独立"大讨伐"	抗日军	811	318	1 129	东北"大讨伐",360页
1937	2月	西江惨案	抗日军民	300		300	中国东北沦陷十四年史纲要,173页
1937	4.15	四一五惨案	抗日民众	198		198	中国东北沦陷十四年史纲要,272页
1937	10月	汤原县	民众	11		11	中国东北沦陷十四年史纲要,276页
1937	冬	长春	抗日民众	30		30	中国东北沦陷十四年史纲要,276页
1937		日伪警察"讨伐"	抗日武装	7 663		7 663	日本对中国东北的政治统治,238页
1937	1月	磐石、伊通	抗日干部	38		38	东北历次大惨案,84页
1937	3—4月	破坏柳河县委	抗日干部	90		90	东北历次大惨案,92页

年份	时间	事件地点	死难者	人口伤亡			资料出处
				死亡	受伤	合计	
1937	1.28	新宾县	村民	300		300	侵华日军暴行总录,85页
1937	7.25	辽宁朝阳	村民	100		100	侵华日军暴行总录,91页
1937	8.23	辽宁新宾	村民	35		35	侵华日军暴行总录,84页
1937—1938		三江省桦县"讨伐"	集团部落民众	13 000		13 000	中国东北沦陷十四年史纲要,270页
1937—1938		三江特别"大讨伐"	抗日联军	7 400		7 400	东北"大讨伐",400页
1938	1.15	西二堡惨案	民众	120		120	中国东北沦陷十四年史纲要,272页
1938	3.15	佳木斯	抗日民众	12		12	中国东北沦陷十四年史纲要,273页
1938	3月	凤城县	村民	27		27	中国东北沦陷十四年史纲要,276页
1938		日伪警察"讨伐"	抗日武装	3 693		3 693	日本对中国东北的政治统治,238页
1938	1.4	汤原四合村惨案	居民	120		120	日本侵略军在中国的暴行,38页
1939		日伪警察"讨伐"	抗日武装	3 168		3 168	日本对中国东北的政治统治,238页
1939	9.12	吉林靖宇县	村民	120		120	伪满史料丛书——伪满军事,310页
1939—1940		齐齐哈尔讷河惨案	抗日人士	22		22	中国东北沦陷十四年史纲要,274页
1939—1941		三江联合"讨伐"	抗日联军	19 282		19 282	日本对中国东北的政治统治,122页
1939—1941		野副"大讨伐"	抗日联军	592		592	东北"大讨伐",515页
1940	4月	大连放火团事件	抗日民众	30		30	中国东北沦陷十四年史纲要,273页

续表

年份	时间	事件地点	死难者	人口伤亡			资料出处
				死亡	受伤	合计	
1940		日伪警察"讨伐"	抗日武装	2 140		2 140	日本对中国东北的政治统治,238页
1940	4—12月	东边道"讨伐"	抗日部队	426		426	东北"大讨伐",548页
1940		间岛、通化、吉大三省"讨伐"	抗日部队	1 172		1 172	东北"大讨伐",548页
1940—1941		三肇惨案	抗日民众	72		72	中国东北沦陷十四年史纲要,274页
1941	1月	肇东	起义空军士兵	30		30	中国东北沦陷十四年史纲要,274页
1941	9月	王家店惨案	战俘	96		96	中国东北沦陷十四年史纲要,275页
1941	11月	一一·九事件	抗日人士	5		5	中国东北沦陷十四年史纲要,275页
1941		关东军西南"肃正"	居民	3 300		3 300	日本侵略军在中国的暴行,33—34页
1941—1945		本溪湖刑务署	犯人	10 000		10 000	中国东北沦陷十四年史纲要,485页
1942		关东宪兵队	特别输送	143		143	伪满宪警统治,285页
1942—1945		辽宁凌源县	集团部落村民	29 000		29 000	日军暴行录:辽宁分卷,346—355页
1942—1945		辽宁宽甸县	集团部落村民	7 600		7 600	日军暴行录:辽宁分卷,346—355页
1943	3—5月	巴木东惨案	抗日民众	125		125	中国东北沦陷十四年史纲要,488页
1943	10月	牡丹江矫正辅导院	囚犯	70		70	日本对中国东北的政治统治,266页
1943—1945.8		辽宁建昌县	村民	12 428	200	12 628	侵华日军暴行实录,103页
1944		牡丹江矫正辅导院	囚犯	200		200	日本对中国东北的政治统治,266页
1944		哈尔滨监狱	犯人	400		400	日本侵略军在中国的暴行,50页

续表

年份	时间	事件地点	死难者	人口伤亡			资料出处
				死亡	受伤	合计	
1944—1945		鹤岗矫正辅导院	犯人	260		260	中国东北沦陷十四年史纲要,485 页
1944—1945		鸡西矫正辅导院	囚犯	10 000		10 000	日本对中国东北的政治统治,266 页
1945	8.22	黑龙江长胜村惨案	居民	110		110	日本侵略军在中国的暴行,39 页
1945	8.19	黑龙江三家子、占地房子两村	村民	160		160	日军暴行录:黑龙江分卷,155—161 页
1945	8 月	依兰土城	村民	54	8	62	黑龙江文史资料22,199 页
1945	9.25	龙江县三家子屯	村民	83		83	侵华日军暴行总录,26—27 页
总计				462 531	118 741	605 545	

资料来源:

1. 袁成毅:《抗战时期中国最低限度伤亡人数考察》,《杭州师范学院学报》1999 年第 4 期,第 30—35 页。

2. 王承礼主编:《中国东北沦陷十四年史纲要》,北京:中国大百科全书出版社 1991年版。

3. 王希亮:《日本对中国东北的政治统治(1931—1945 年)》,哈尔滨:黑龙江人民出版社 1991 年版。

4. 中央档案馆、中国第二历史档案馆、吉林省社会科学院合编:《东北历次大惨案》,北京:中华书局 1989 年版。

5. 中央档案馆、中国第二历史档案馆、吉林省社会科学院合编:《东北"大讨伐"》,北京:中华书局 1991 年版。

6. 中央档案馆、中国第二历史档案馆、吉林省社会科学院合编:《伪满宪警统治》,北京:中华书局 1993 年版。

7. 军事科学院外国军事研究部编著:《日本侵略军在中国的暴行》,北京:解放军出版社 1986 年版。

8.《吉林文史资料》第 6 辑,吉林省政协文史资料研究委员会 1985 年编印。

9. 孙邦主编:《伪满史料丛书》,长春:吉林人民出版社 1993 年版。

10. 孙玉玲主编:《日军暴行录:辽宁分卷》,北京:中国大百科全书出版社 1995年版。

11. 郭素美、车霁虹主编:《日军暴行录:黑龙江分卷》,北京:中国大百料全书出版社1995 年版。

12. 表中数据有伤亡合计未分者,故总计项中死亡、受伤与合计数不合。

表 3 - 33 只是我们根据有限资料汇编的不完全统计,表中数据也多据相关资料记载摘编。仅从这一不完全统计看,在沦陷期间,除日伪矿山企业及军事工程中由华北等地区输入的强制劳工大批死亡外,辽宁、吉林、黑龙江三省军民共计遭敌残杀及间接被日本侵华当局迫害致死者即达 46 万多人,伤者近 12 万,两者合计在 60 万人以上。其中有部分数据可能有重复、交叉而产生误差,但若加以资料缺失及统计未及计入者,则表 3 - 33 中的累计数字,只能算是东北地区沦陷 14 年间人口损失的最低限数。因资料不全,加以无所参照不好估算,我们只得暂时取谨慎保守的态度,以上项伤亡各数作为东北抗战人口伤亡损失的最低限数字。

东北地区白山黑水三千里,面积达 100 多万平方公里,人口超过 3 000 万,沦陷长达 14 年,当地民众受日本侵略当局殖民统治残害亦最久,遭敌蹂躏时间为其他省份的 2 倍以上,中国爱国军民在这里对侵略者的抵抗坚持得也最久,所以这一大片区域应属战时中国人口损失的重灾区。虽然在九一八事变后至 1945 年 8 月日本投降期间,东北全境没有发生过大规模的战役会战,日本侵华当局扶植的傀儡政权维持着表面的统治,域内社会发展似乎不是处在战争这一特定状态之下,所以会给今天的人们造成一种错觉,即在这种相较于其他各省中日激烈会战情形为平静的社会状态下,该地区人口损失的程度,不会较其他沦陷区与战区各省为重。但是,东北地区沦陷期间相对平静的社会表面样态,恰是通过日伪当局残酷的军事殖民统治得以维持的,其对当地人民所造成的灾难,一点也不会比其他省份情况为轻;其所必然造成的人口伤亡损失,因其区域之大,时间之久,统治之严酷,也不会比其他沦陷省份为轻。所以,这一地区内沦陷时期的人口伤亡情况,作为中国抗日战争时期人口损失的重要组成部分,尚需要进一步深入地发掘资料,作认真仔细的研究探讨。

就目前情况来看,发掘出更多更系统的原始资料,加以梳理与分析,当然是研究解决东北地区抗战人口损失问题的重要前提与关键所在。但毋庸讳言的是,由于东北地区沦陷时间最早,受日伪殖民统治最久,战时战后抗战损失调查工作可能也最薄弱,那么,历史上形成的调查统计资料可能也就最稀缺,能提供给我们直接汇总统计出该地区沦陷时期人口伤亡损失的原始资料,可能更为难得。目前所堪利用的资料多零星散乱,可以具体展现日伪当局当年的罪行和具体地区的局部人口伤亡情况,但无法宏观地汇总、反映出东北地区战时人口损失的整体状况。那么,探讨东北地区战时人口损失问题,可能需要在研究视角、资料发掘与方法论方面另辟蹊径,进行重大调整。也就是说,研究者可能要跳出人口损失研究的框架,站在审视沦陷时期当地经济社会人口发展的角度,充分挖掘日伪当局当年的各种统计档案,考察当地人口在沦陷14年间的发展变化,从人口学、人口史的角度入手加以讨论,或许在一定程度上有助于我们揭示东北地区人口损失的真相,构建出相对可信的估计数据。

第五节　战时强制劳工人口损失估计

从1931年九一八事变爆发开始,至1945年8月日本宣布无条件投降止,在长达14年的对华侵略战争中,日军陆续攻陷中国东北、华北、华东、华南等广大地区,形成了二战期间日本在海外的最大占领区。在占领区域内,日军不仅肆意烧杀淫掠,无恶不作,给当地民众造成巨大的生命牺牲及财产损失，同时，它还疯狂地掠夺资源，开矿建厂，将占领区作为其扩大侵略战争的物资供应基地。侵华日军当局为了强化对占领区的控制，还到处挖沟壕、修据点、筑工事。为此，日军当局在占领区内实行强制劳工制度，强制征用、抓捕了数量庞大的中国劳工，逼迫他们在厂矿企业及军事工程中从事繁重的劳动。太平洋战争爆发后，为了弥补日本国内劳动力资源匮乏，日本侵华当局还从中国抓捕、诱拐了大批劳工，用船运往本土，分拨到各大厂矿企业中。这些中国劳工，不论是在中国境内，还是被贩运到日本，都会被迫在恶劣的劳动环境下作业，饱经苦难，备受荼毒，饥寒交迫，死者相继。这种在强制劳动中不幸死难的中国劳工，都会体现为中国社会人口保有量的绝对减损，是中国抗日战争时期人口损失的一个重要而且直接的组成部分。所以，当我们研究中国抗战时期人口损失时，对这一群体应当予以足够的关注。

关于战时日本侵略当局强征、抓捕、诱拐中国劳工的情况，中国学术界经过多年的努力，发掘、编辑、出版了一批档案资料和口述史料，并对之进行了相对深入的专题研究。有关学者依据当时日伪当局的档案材料考证认为，从 1935 年开始对入伪满华工实施强制劳工，到 1945 年 8 月日本投降止，日本侵华当局共强征役使中国劳工总数约为 1 500 万人。其中，1936 年至 1945 年 8 月约 10 年间，日本侵略当局在东北地区共强征、抓捕、役使包括东北本地劳工在内的中国强制劳工 1 061 万人。在华北，从 1941 年至 1945 年，日本占领当局在企业及军事工程中共使用强制劳工 360 余万人；在蒙疆地区，共役使由华北强征、抓捕和从蒙疆本地强征使用的中国劳工共 40 万人；在华中、华南等占领区内，日本侵华当局先后共征用强制劳工约150万人；输入朝鲜境内的中国强制劳工约为2 000人。① 此外，太平洋战争爆发后，日军在中国华北、华中及东北地区抓捕大批中国劳工，输入至日本国内，供各厂矿企业使用，据现有资料，仅1943年4月至1945年5月间由中国输入日本国内的中国强制劳工至少有38 935人。② 据此，我们可编制出战争期间日本侵华当局使用中国强制劳工情形简表，如下表3-34。

表3-34　战时日本侵华当局使用中国强制劳工统计简表(1935—1945)

	东北	华北	华中华南	蒙疆	朝鲜	日本	合计
劳工人数	10 610 000	3 600 000	1 500 000	400 000	2 000	38 935	16 150 935

资料来源：本表系据居之芬著《二次大战期间日本使用中国强制劳工人数初考》一文考订文，[日]西成田丰著《中国人强制连行》一书所引日本外务省管理局1946年3月《华人劳务者就劳事情调查报告(要旨)》所载资料汇编。

　　上文和表中所列输入日本的中国劳工征集方式、输出地、输出机关、输出方法、人数等情况，以及关于这些中国劳工战争期间在日本国内厂矿企业之中的分布、疾病、死亡等情形，日本学者西成田丰曾作过系统的研究，并出版有《中国人强制连行》一书。在书中，他表列中国强制劳工的输日情况如表3-35。

① 居之芬：《二次大战期间日本使用中国强制劳工人数初考》，《抗日战争研究》2001年第1期，第167—168页。
② 日本外务省管理局：《华人劳务者就劳事情调查报告(要旨)》，1946年3月。转引自[日]西成田丰：《中国人强制连行》，东京：东京大学出版会2002年版，第111页。

表 3 - 35　中国强制劳工输出机关与输出方法之关系

输出地域	输出机关	输出方法	人员数	内含试验性输入人员数
华北 （35 778）	华北劳工协会	行政输出	24 050	346
		训练生输出	10 667	211
	华北运输公司	特别输出	1 061	222
华中 （2 137）	日华劳务协会	自由募集	1 455	0
	国民政府机关	特别输出	682	431
"满洲"（1 020）	福昌华工会社	特别输出	1 020	210
合计（38 935）			38 935	1 420

资料来源：日本外务省管理局：《华人劳务者就劳事情调查报告（要旨）》，1946 年 3 月。转引自［日］西成田丰：《中国人强制连行》，东京：东京大学出版会 2002 年版，第 111 页。

从上表可以看出，输出到日本的中国劳工，绝大部分来自华北地区，约占全部劳工人数的 91.9％，由华中和东北地区输出的仅占 8％。从输出机关来看，除华中地区有 682 名由伪政权输出外，其余皆为日本占领当局所设的各种名目的劳工公司。所谓的输出方法，除在华中地区有 1 455 名为"自由征集"者外，其余各种不同名目的输出方式后，掩藏着的便是各式各样的抓捕、诱拐、"收容"与"训练"，等等。其实，以种种强迫方式抓捕、役使或输出中国强制劳工，不仅仅只是用于输入日本，向东北地区输出时也基本与此相同。

从总体上来看，更显著的是，在上述日本战时役使的 1 500—1 600 万中国强制劳工中，日伪统治下的东北地区为使用劳工最多的地区。若从劳工输出的角度论，华北地区则为被强掳劳工最多的地区，据战时日本在华强征劳工机关的档案资料记载，当时日本侵略当局从华北地区抓捕、强征或拐骗至东北及日本本土劳工计达 748 万多人。① 若从强制劳工输入角度论，东北沦陷区是输入使用华北强制劳工人数最多的地区，其历年由华北等输入的强制劳工数如表 3 - 36 所示。

表 3 - 36　1935—1945 年东北沦陷区输入华北强制劳工数量统计表

年份	入满劳工数	伴随家属数	合计
1935	442 667		442 667
1936	364 149	65 323	429 472
1937	323 689	42 871	366 560
1938	492 376	81 410	573 786
1939	985 669	198 938	1 184 607
1940	1 318 907	300 282	1 619 189
1941	949 200		949 200
1942	1 038 476	529 711	1 568 187
1943	904 895	737 360	1 642 255
1944	362 240	265 307	628 547
1945	49 115		49 115
总计	7 231 383	2 221 202	9 453 585

资料来源：

1. 本表中 1935 年至 1937 年、1938 年至 1941 年入满劳工数各数参见华北开发公司庶务部劳务室编：《华北劳动力对外流动状况》《第二表：对满劳工移动分处别统计》《第三表：入满华北劳工移动按年区分统计》，中国第二历史档案馆藏，2024/2/401，转引自居之芬、庄建平主编：《日本掠夺华北强制劳工档案史料集》上，北京：社会科学文献出版社 2003 年版，第 102、183 页。1942 年至 1944 年入满劳工数参见日本《华北劳工协会 1945 年 1—2 月业务概况报告》第 4 号，1945 年 5 月，天津市档案馆藏，1 - 3 - 9042，转引自居之芬、庄建平主编：《日本掠夺华北强制劳工档案史料集》下，第 535 页。1945 年入满劳工数及各年伴随家属数参见居之芬：《日本强掳华北劳工人数考》，《抗日战争研究》1995 年第 4 期。

2. 表中"合计"及"总计"各数，系由笔者重新计算。

---

① 居之芬：《二次大战期间日本使用中国强制劳工人数初考》，《抗日战争研究》2001 年第 1 期，第 167 页。

　　表 3－36 中数据显示,自 1935 年至 1945 年抗日战争结束,日伪当局由华北地区通过骗招、强征、抓捕手段向东北地区输入的强制劳工共达 7 231 382 人,合所谓的"伴随家属"数,共计为 9 453 585 人。除此之外,1941 年年底日伪当局在伪满洲国颁布"《劳务新体制确立要纲》"之后,从 1942 年至 1945 年 8 月,在东北地区以"行政供出""地盘育成""勤劳奉公"及"抓浮浪"等形式,征用东北本地强制劳工计约 430 万人。[1] 合上表统计数,则自 1935 年至 1945 年 8 月,日伪在东北地区的厂矿企业、军事工程中,共计使用中国强制劳工约为 1 153 万人,且这些数字并未将上表 3－36 中所谓的"伴随家属"数计入在内。

　　上项战时在中国东北地区被日伪当局强制使用的 1 153 万中国劳工的遭遇是十分凄惨的,前后 10 余年间,因受迫害或劳累讥饿致死人数十分庞大。下面,我们先就有关资料,看一下战时日伪在东北地区部分厂矿及日军军事工程中使用中国强制劳工的死亡情况。

表 3－37　东北地区中国劳工死亡情况

年别	时间	地点	死亡劳工数	资料出处
1906—1945		抚顺煤矿	300 000	日本侵略军在中国的暴行,259 页
1931—1945		吉林老头沟煤矿	109 000	日军暴行录:吉林分卷,198—200 页
1933—1945		辽宁北票煤矿	31 200	伪满史料丛书——日伪暴行,478 页

---

[1] 居之芬:《二次大战期间日本使用中国强制劳工人数初考》,《抗日战争研究》2001 年第 1 期,第 151 页。

年别	时间	地点	死亡劳工数	资料出处
1934—1945		黑龙江虎林县虎头山日军军事工程	13 000	日军暴行录:黑龙江分卷,322—335 页
1935—1945		辽宁抚顺井工三矿	851	日军枪刺下的中国劳工——伪满劳工血泪史,30 页
1936—1945		辽宁阜新矿业所	130 000	侵华日军暴行总录,100 页
1937—1945		辽宁新民县	501	日军暴行录:辽宁分卷,146 页
1937—1941		黑龙江桦南县军事工程	3 000	侵华日军暴行总录,16 页
1937—1941		吉林丰满水电站	15 000	日本侵略军在中国的暴行,276 页
1938—1945		黑龙江城子河煤矿	6 300	黑龙江省志 2,603 页
1938—1945		辽宁宽甸小丰发电站	20 000	日本侵略军在中国的暴行,276 页
1939—1945		辽宁南满矿业作坊场	10 000	侵华日军暴行总录,100 页
1939		黑龙江山神府、黑河稗子沟等处日军军事工程	2 100	日军暴行录:黑龙江分卷,321 页
1940—1945		吉林通化七道沟铁矿	16 000	伪满史料丛书——经济掠夺,504—514 页
1940		黑龙江乌拉嘎金矿	2 200	黑龙江文史资料 6,157 页
1940—1945		黑龙江鸡西煤矿	50 000	伪满史料丛书——经济掠夺,515 页
1941	10 月	辽宁金州	15 000	日军暴行录:辽宁分卷,341—342 页
1942—1945		黑龙江五顶山军事工程	20 000	伪满史料丛书——日伪暴行,518 页

年别	时间	地点	死亡劳工数	资料出处
1943		辽宁本溪湖煤矿瓦斯爆炸	1 800	东北经济掠夺,862 页
1943		黑龙江兴安岭军事工程	3 000	东北经济掠夺,856 页
1943		黑龙江鸡西煤矿	1 700	日军枪刺下的中国劳工——伪满劳工血泪史,30 页
1943—1944		黑龙江穆兴水路工程	1 700	日军枪刺下的中国劳工——伪满劳工血泪史,30 页
1943—1945		吉林二龙湖堤坝工程	1 500	日本侵略军在中国的暴行,277 页
1944		黑龙江兴安岭军事工程	6 000	东北经济掠夺,864 页
1944		兴凯湖穆棱河改道工程	1 700	东北经济掠夺,862 页
1945	8 月	黑龙江牡丹江东宁庙沟日军军事工程	2 970	牡丹江文史资料 3,125 页
1945		哈尔滨平房七三一本部	3 000	日军暴行录:黑龙江分卷,374 页
合计			767 522	

资料来源:本表系据章伯锋、庄建平主编《抗日战争第 7 卷·侵华日军暴行日志》第 125—156 页所载辽宁、吉林、黑龙江三省有关资料,李秉新等主编《侵华日军暴行总录》,军事科学院外国军事研究部编著《日本侵略军在中国的暴行》以及中央档案馆等合编《东北经济掠夺》等书所载资料摘要汇编。

　　仅在表 3-37 中所记有限的 25 处矿山企业及军事工程中,中国劳工被迫害致死者即高达 767 522 人。其中抚顺煤矿劳工死亡数统计时间跨度为 1906—1945 年,共计死亡劳工 30 万人,平均每年死亡 7 692 人。即便将 1906—1931 年间死亡数按平均数剔除,

1931 年至 1945 年 14 年间之死亡数已高达 107 688 人,则上表中所记死亡劳工合计数约为 575 210 人。这也足见在东北地区的中国劳工死亡之惨重。

战争期间,在东北地区强制使用中国劳工的日伪厂矿企业、军事工程当然远非上表所列寥寥不足三十者,表 3－37 中统计所未及者,又何止以十万计。在所有日本侵略当局控制下的厂矿企业及日军军事工程中从事强制劳动的至少 1 153 万的中国劳工,遭遇也必如上表所列各处一样,境况至惨,死难者极多,死亡率极高。战时历任伪满滨江省省长、奉天省省长、国民勤劳部大臣及勤劳奉公队总局司令的于镜涛在战后即供认称:"1941 年秋,我到北安、孙吴、逊河、瑷珲、山神庙等地视察劳工服劳役情形。北安、孙吴是修军用道路,聚集了三四千劳工。住在旷野中搭的草栅,天气已非常寒冷,穿得破烂不堪,甚至用洋灰纸袋绑在身上御寒,多数光着脚,没有鞋……工作是包工制,由日本人的包工组指定工作,限制当天完成,否则就不许休息,工地上有日本人监工,稍有怠慢就遭毒打。因为饥寒、劳累过度、缺乏卫生医疗设施,劳工死亡率达到 20％左右。"[1]另如当时任伪吉林省省长的阎传绂也供称:"1941 年冬〔秋〕,伪满政府颁布了《劳务新体制确立要纲》,遂于 1942 年规定伪满全国供出 60 万劳工。这一年吉林省分摊劳工约五六万人,由各市县分别摊派,逐家强迫供出。供出的数量不足时,则由警察抓捕。吉林省供出的劳工,一部分到国境地带,一部分到厂矿或给关东军修道路,等等。具体就劳地点,都是由劳工协会确定的。由于就劳条件不好,使劳工死亡很多。吉林省派出的劳工没有回来的

---

[1] 中央档案馆、中国第二历史档案馆、吉林省社会科学院合编:《东北经济掠夺》,北京:中华书局 1991 年版,第 875 页。

约占 20％,5 万人当中就有 1 万人回不来。"①

　　当时在伪满洲国政府内任要职的日本人,如任伪满洲国经济部次长、伪满国务院部务厅次长等职的古海忠之,任伪满洲国总务长官的武部六藏等人也曾在战后的供证中,对战时日伪当局强迫征用中国劳工情况及其死亡情形等有过描述。② 下面,我们将据有关资料,考察一下当时东北地区日军军事工程中役使中国强制劳工的死亡率情况。

表 3-38　战时中国强制劳工在东北沦陷区死亡率情况

时间	地点	使用劳工	死亡劳工	死亡率（％）	资料出处
1934—1945	黑龙江虎林县虎头山军事工程	100 000	13 000	13.00	日军暴行录:黑龙江分卷,322—335 页
1937—1941	黑龙江桦南县土龙山	4 700	3 000	63.82	侵华日军暴行总录,16 页
1943—1944	黑龙江穆兴水路工程	7 000	1 700	24.29	日军枪刺下的中国劳工——伪满劳工血泪史,30 页
1939	黑龙江黑河日军军事工程	1 800	1 300	72.22	日军暴行录:黑龙江分卷,321 页
1939	孙吴额尼河公路	300	270	90.00	日军暴行录:黑龙江分卷,322—335 页
1939	孙吴军事工程	1 500	700	46.67	日军暴行录:黑龙江分卷,322—335 页

---

① 中央档案馆、中国第二历史档案馆、吉林省社会科学院合编:《东北经济掠夺》,第
　881—882 页。
② 中央档案馆、中国第二历史档案馆、吉林省社会科学院合编:《东北经济掠夺》,第
　855—864 页。

续表

时间	地点	使用劳工	死亡劳工	死亡率（％）	资料出处
1940.9	黑龙江乌拉嘎金矿	3 000	2 200	73.33	黑龙江文史资料 6,157 页
1941	辽宁台安	1 372	800	58.31	日军暴行录:辽宁分卷,171 页
1942 年春	黑龙江五顶山军事工程	20 000	20 000	100.00	伪满史料丛书——日伪暴行,518 页
1942	孙吴北大桥	3 000	1 000	33.33	日军暴行录:黑龙江分卷,322—335 页
1943	黑龙江山神府军事工程	1 700	700	41.18	日军暴行录:黑龙江分卷,321—322 页
1943	黑龙江兴安岭军事工程	40 000	3 000	7.50	东北经济掠夺,856 页
1943	黑河军事工程	1 000	1 000	100.00	伪满史料丛书——经济掠夺,469 页
1944	兴安岭王爷庙军事工程	20 000	6 000	30.00	东北经济掠夺,864 页
1944	孙吴火锯厂	700	700	100.00	日军暴行录:黑龙江分卷,322—335 页
1945	辽宁台安县	1 600	700	43.75	日军暴行录:辽宁分卷,171 页
1945	哈尔滨平房七三一本部	5 000—10 000	3 000	30.00—60.00	日军暴行录:黑龙江分卷,741 页
1945	黑龙江讷河五岔沟军事工程	1 000	1 000	100.00	讷河文史资料 4,47 页
1945.8	牡丹江东宁庙沟军事工程	3 000	2 970	99.00	牡丹江文史资料 3,125 页
合计		211 672	63 040	29.78	

　　资料来源:本表系据章伯锋、庄建平主编《抗日战争第 7 卷·侵华日军暴行日志》第 125—156 页所载辽宁、吉林、黑龙江三省有关资料,李秉新等主编《侵华日军暴行总录》,孙邦主编《伪满史料丛书》以及中央档案馆等合编《东北经济掠夺》等书所载资料摘要汇编。

表 3 - 38 中所列的各项数字,皆系在东北地区较为具体的日本关东军军事工程中的劳工使用及死亡情况。从中可见,一方面,沦陷时期,强制劳工在东北地区的死亡率极高,特别是在军事工程中使用的劳工,死亡率甚至高达百分之百,显然是日军为保证工程的秘密,在工程完成之际,凶残地将全部劳工杀害所致。另一方面,虽然由于统计的不全面,加以军事工程使用的强制劳工死亡率有明显偏高的倾向,我们不能直接以上表 3 - 38 中 29.78% 的平均死亡率,作为整个战时东北地区强制劳工的死亡率,但它至少可以印证于镜涛及阎传绂等人所供称的高达 20% 左右的劳工死亡率,其可信度确实是较高的。这里,我们拟暂取 20% 作为战时东北地区强制劳工的死亡率,用以估计当时华北、东北劳工在东北地区的死亡数字,亦即东北日伪当局 1935 年至 1945 年间强制使用的1 153万中国劳工中,按死亡率 20% 计,约 230.6 万人。以此数作为战时中国劳工在东北地区的死亡人口数,或称强制劳工人口损失数,我们认为态度也算是谨慎与保守的。[1]　此外,关于战时日本侵华当局在华北、华南、华中、蒙疆等地区使用劳工的死亡数字,我们在前后文中分别考察各省各地区的抗战人口伤亡损失数字时,这部分人员伤亡、失踪数字大体皆融入各省各地区之人口损失数据之内,故于本节不再细加分割,也不再重复计入中国抗战人口损失总数估计之中。

上文之 230 万余死亡劳工中,东北本地劳工之死亡数应在 86 万左右。[2]　若以此数合入前文我们对东北沦陷区 14 年人口伤亡最

---

[1] 美籍华人学者吴天威研究认为,侵华战争期间,日本侵略当局曾经奴役过 3 700 多万中国劳工,其中被迫害致死者近 1 000 万。参见[美]吴天威:《日本在侵华战争期间迫害致死中国劳工近千万》,《抗日战争研究》2000 年第 1 期,第 121—153 页。

[2] 以即东北历年强征本地劳工数 430 万人之 20% 计。

低限度的统计,即 462 531 人,则在沦陷 14 年间,东北三省人口死亡数至少在 1 322 531 人。华北地区劳工在东北境内死亡者,达 144 万人。

　　此外,又据日本外务省管理局 1946 年 3 月所编《华人劳务者就劳事情调查报告(要旨)》所载,1943 年 4 月至 1945 年 5 月输入日本的 38 935 名中国劳工,共计死亡 6 830 人,死亡率为 17.5％,[①]其中有较详细之中国出生地记载的 34 172 名劳工中,死亡数为 6 704 人,死亡率为 19.6％。按劳工出生地区分类,则各省输入日本劳工及死亡情况如表 3 - 39 所示。

表 3 - 39　战时中国赴日劳工分省别死亡率

地区	输入数	死亡数	死亡率(％)	备考
河北省	16 807	3 418	20.3	
山东省	9 043	1 626	18.0	
河南省	4 326	823	19.0	
江苏省	1 046	188	18.0	
其他省区	2 950	649	22.0	
不明	4 763	126	2.6	此项数据总计与各省数计算
合计	34 172	6 704	19.6	不计入"不明"者
总计	38 935	6 830	17.5	计入"不明"者

　　资料来源:据[日]西成田丰著《中国人强制连行》第 111 页《表 4:"供出机关"与"供出方法"の关系》及第 316 页《表 35:出身地别死亡者数·死亡率》重制。

[①] 日本外务省管理局:《华人劳务者就劳事情调查报告(要旨)》,1936 年 3 月。转引自[日]西成田丰:《中国人强制连行》,第 314 页。

上表 3 - 39 所记的战时赴日强制劳工的死亡数 6 830 人，独立计入战时中国强制劳工的死亡数后，中国劳工死亡数则为 2 312 830 人；若将其中出身江苏省、其他省区及"不明"三项数字去除，则含河北、山东及河南三省在内的华北地区赴日强制劳工计达 30 176 人，其中死亡 5 867 人，死亡率为 19.4%。被强制运往日本本土的中国劳工，本系日本当局为弥补本国劳动不足而输入的，在不到 3 年的时间内，死亡率竟亦高达 20% 左右。战时东北地区中国劳工的工作境况，实与被强制输入日本国内的中国劳工相差无几，甚而更为悲惨。因为在东北境内许多日本关东军军事工程中使用的中国强制劳工，动辄上千数万，日军当局为防止军事秘密泄露，每当军事工程修筑完成后，往往将参加工程劳动的中国劳工全数杀死，掩尸灭迹。因此，利用在日中国劳工死亡率情况，验证我们前文以于镜涛等人供称之 20% 的劳工死亡率，来估算东北地区之中国劳工死亡数，应该也是妥当的。也就是说，日本使用的这 38 935 名劳工，多分布在厂矿、港口、码头等处，少用于军事工程作业，从工作环境和工作待遇情况来讲，至少不应较中国东北地区厂矿和军事工程更为恶劣，其死亡率尚且几近于 20%，这也恰恰从一个侧面可以证明，我们将东北地区日伪当局强制役使中国劳工的死亡率设定在 20%，是可以得到印证，且具有较高合理性的。合表 3 - 39 所列冀、豫、鲁三省赴日劳工死亡数，则战时华北地区劳工死亡合计至少为 1 445 867 人。上记各数，即我们估计的抗日战争时期，被日本侵略当局骗招、强征及被日军抓捕的中国劳工死亡数字的最低限数。

第四章 中国解放区抗战人口损失调查与统计

第一节 抗日根据地人口损失的战时调查

全面抗战爆发后,国民党军队在华北地区抵挡不住日军的疯狂进攻,几乎全线溃败。当此之际,中国共产党领导下的八路军第115师、120师及129师挺进华北抗日前线,进入五台山、太行山及晋西北地区,开辟晋察冀、晋东南和晋西北抗日根据地。同时,中国共产党还领导山东人民发动游击战争,建立以泰山、沂蒙山区为中心的鲁中抗日根据地。上述四个根据地是全面抗战初期中国共产党领导建立的第一批抗日根据地,成为日后华北解放区的重要雏形。从1938年1月起,新四军挺进长江两岸,先后开辟建立了苏南、淮北、苏北等抗日根据地,并在抗战期间逐步扩大,发展成华中解放区。在华南,广东人民也在中国共产党的领导下,在1938年和1939年先后开辟建立了东江和琼崖抗日根据地。从1944年下半年开始,华北抗日根据地在成功渡过日军大规模扫荡和严重的自然灾害后,展开对日军的局部反攻,解放区面积逐步恢复与扩大,并逐渐连成一片。至1945年3月底,中国共产党领导建立的解放区共有 19 个,它们是:陕甘宁边区、晋察冀边区、冀热辽边区、晋绥边区、晋冀豫边区、冀鲁豫边区、山东解放区、苏北解放区、苏中解放区、苏浙皖解放区、淮北解放区、淮南解放区、皖中解放区、浙东解放区、鄂豫皖解放区、广东解放区、琼崖解放区、河南解放区、湘赣解放区,面积共计约 956 960 平方公里,人口约 9 550 万人。①合此后至抗战胜利之际新解放的人口,中国解放区人口已达到 1.2 亿左右。

上面提到的 19 个解放区,除陕甘宁边区外,其他 18 个解放区都深处敌后,将日军占领的大部分城市和控制的交通干线等尽包围于其中。广大根据地人民在中国共产党的领导下,在敌后对日军展开了长期的英勇抗战,使侵略者深陷于人民战争的汪洋大海之中。同时,敌后根据地的对日抗战,开辟了中国人民抗日战争的敌后战场,与正面战场战略上互为配合,互相呼应,给侵略者以沉重的打击。侵华日军意识到敌后抗日根据地所处的重要战略地位及对其占领地区的严重威胁,在攻占武汉后,一方面,在正面战场与国民党军队展开大规模的战略会战,企图消灭中国抗日战争的有生力量,击垮中国人民的抗战意志,迫使国民政府屈服。另一方面,也不得不调集大量兵力,对敌后根据地展开疯狂进攻。从 1938 年年底至 1944 年上半年,日军对中国共产党领导下的抗日根据地进行长期反复的大规模的"扫荡""清乡"和"蚕食",实施野蛮的"三光"政策,到处杀人、放火、奸淫、掳掠、投毒、抓夫,企图彻底摧毁根据地抗日军民的生存条件,扑灭根据地人民武装抗日斗争的烽火。

①《抗日战争时期中国人民解放区面积人口统计表》,《新华月报》,1951 年 9 月号;《解放区各项统计》,《群众》第 10 卷第 13 期,1945 年 10 月。转自章伯锋、庄建平主编:《抗日战争第 2 卷·军事》下,第 2370 页。

从无数档案文献资料的记载来看,战争期间侵华日军在中国境内制造了成千上万起大规模屠杀无辜民众的惨案,除一部分发生在正面战场战区内和周围地区,较大部分主要集中发生在中国共产党领导下的抗日根据地区域内。其中尤以华北解放区的山东、河南、山西、河北等省,华中解放区的江苏、安徽两省及华南解放区的广东省海南地区所受敌人摧残最为严重。日军的疯狂进攻与残酷杀戮,给抗日根据地造成了巨大困难,使根据地军民的生存条件极端艰苦,斗争异常险恶。根据地军民在以武装抗击给予侵略者以沉重打击的同时,自身也遭到罕见的灾难,付出非常惨重的生命牺牲与财产损失。

中共中央及根据地各级民主政府一直十分重视对根据地人民遭受的巨大损失的调查工作。中共中央曾于1941年8月1日作出《中央关于调查研究的决定》,指出中国共产党"现在已是一个担负着伟大革命任务的大政党,必须力戒空疏,力戒肤浅,扫除主观主义作风,采取具体办法,加重对于历史、对于环境、对于国内外、省内外、县内外具体情况的调查与研究",以期"有效的组织革命力量,推翻日本帝国主义及其走狗的统治"。同时规定办法六条,以收集国内外政治、军事、经济、文化及社会关系及各根据地敌、友、我三方的各方面资料。① 同日,中共中央还作出《中央关于实施调查研究的决定》。该《决定》系根据《中央关于调查研究的决定》精神制订,规定了调查研究的具体实施办法:组织上,在中央下设中央调查研究局,担负国内外政治、军事、经济、文化及社会阶级关系各种具体情况的调查与研究。内设调查局、政治研究室、党务研究

---

① 《中央关于调查研究的决定》,中央档案馆编:《中共中央文件选集》第13册,北京:中共中央党校出版社1991年版,第174—176页。

室三个部门。调查局担负收集材料之责,在晋察冀边区设第一分局,担负收集日本、东北及华北材料。在香港设第二分局,担负收集欧美材料,同时收集日本及华中、华南沦陷区材料。在重庆设第三分局,担负收集大后方材料。在延安设第四分局,担负收集西北各省材料(交西北中央局负责)。政治研究室内分中国政治研究组、中国经济研究组、敌伪研究组(包括日本、中国沦陷区及其他被日本侵略地区)及国际研究组(包括苏联、欧美及各殖民地、半殖民地),负责根据材料加以整理与研究。党务研究室下设根据地研究组、大后方研究组、敌占区研究组及海外研究组,担负研究全国各地及南洋、印度等地党的现状与党的政策。《决定》还要求"北方局、华中局、晋察冀分局、山东分局、上海市委、南方工委及各独立区域的区党委或省委,均须设立调查研究室,专任收集该区域内外敌、友、我三方政治、军事、经济、文化及社会阶级关系各种具体详细材料,加以研究"。① 从上面两个《决定》看,中共中央非常强调调查研究的重要性并大力倡导之,主要是出于对敌军事斗争、政治斗争以及发展壮大自身力量的需要。由此,侵华日军在历次"扫荡""强化治安运动"中对根据地人民犯下的严重罪行、造成的巨大损失,既是反映抗日根据地对敌斗争和社会现状的基本材料,也是揭露日本侵略者罪恶暴行,鼓励民众抗日斗志的材料,自然成为根据地各级机关本着中共中央《决定》精神进行调查研究的重要内容。

1943年年初,第十八集团军总司令部总结了全面抗战5年来日军对华北根据地的"扫荡"情况及其造成的恶劣后果。据统计,从1938年1月至1942年11月底,日军对华北抗日根据地"扫荡"

---

① 《中央关于实施调查研究的决定》,中央档案馆编:《中共中央文件选集》第13册,北京:中共中央党校出版社1991年版,第177—178页。

了 5 年,"五年来千人以上的'扫荡',共计 152 次,至于万人以上的大'扫荡'共计 37 次"。就"扫荡"的时间来说,5 年来各根据地遭受"扫荡"的日数分别为:"晋察冀(包括平西在内)308 日,冀东 259日,鲁北 132 日,冀中 143 日,晋西北 270 日,冀南 100 日,冀鲁边(清河区在内)85 日,太行区 303 日,冀鲁豫 329 日,太岳 197 日,鲁南(滨海区在内)132 日,鲁中 124 日,胶东 48 日(注:每一区内同期'扫荡'只算一个时间,敌人千人以下小股合击及同时之出击作战时间未列入)。五年来华北各根据地遭受'扫荡'的时间,合计为2 430 日,到 1942 年 11 月底止,也就是说五年来平均每两天'扫荡'三块根据地。但五年来敌'扫荡'频繁程度,又是逐渐增加的。倘以各区'扫荡'的时间与全年 365 日作百分比,则每年各区平均'扫荡'频繁程度如下:1938 年为 2.75/100,1939 年为 7.75/100,1940年为 9.35/100,1941 年为 11.35/100,1942 年为 14.42/100。在1942 年一年内,全华北所有之根据地,平均被'扫荡'了 52 日有奇,亦即平均每一天有两块根据地处于敌人'扫荡'中。"[1]

日军的每一次"扫荡"或"清乡",都给根据地人民造成了巨大的财产损失及人口伤亡。根据地各级调查机关及相关人员,按照中共中央的通知精神,在条件允许的情况下,及时对根据地民众公私受害损失情形予以调查,将调查结果及时上报中央,并在《解放日报》《新华日报》《晋察冀日报》《解放》《八路军军政杂志》《群众》等中共中央及各根据地的机关报刊上公布,用以揭露侵华日军对根据地人民犯下的严重罪行,所造成的巨大灾难与损失。如 1941年 8 月起日军调集 10 余万人的兵力,对晋察冀根据地北岳区发动了为期两个月的大"扫荡"。敌退后,晋察冀边区政府发动各级政

---

[1]《敌寇五年来"扫荡"华北的总结》,《解放日报》,1943 年 2 月 28 日,第 1 版。

府对北岳区 5 个专区 22 个县进行了调查。调查结果显示,在这次日军大"扫荡"中,根据地被日军杀害 4 500 多人,其中村以上干部牺牲 201 人;被日军抓走 17 000 多人,其中有村以上干部 426 人;房屋被烧毁 15.2 万余间,粮食被抢走 2 895 万余公斤,农具被毁 23.7 万件。1943 年秋,日军再次对晋察冀根据地进行"扫荡",历时数月。据事后晋察冀边区政府的调查统计,在此次日军"扫荡"中,根据地人口伤亡合计 8 925 人,其中被日军杀死 5 711 人,受伤 845 人。另外,对其余如房屋、牲口、公粮、农具及被服等各项财物损失,边区政府也都进行了认真调查与具体统计。为了比较根据地前后两次遭敌"扫荡"损失情况,边区政府对根据地中心区平山、阜平、易县、灵泰、灵丘、涞源六县受害情况进行了对比,就人口损失方面,各县 1941 年与 1943 年之比的结果是,平山县 1∶0.5,阜平 1∶1.3,易县 1∶1.4,灵泰 1∶0.05,灵丘 1∶0.1,涞源 1∶4.3。1944 年 2 月 8 日,中共中央晋察冀分局将此次损失调查统计结果向中共中央和北方局作了报告。[①]

对于日军各种暴行造成的损害情形,抗日根据地边区政府也都及时搜集资料或进行调查,汇报造表,保存了大量第一手的调查统计资料。各级机关报刊也随时将各地受害情形及统计结果予以公布。《新华日报》曾于全面抗战初期专辟版面,以《敌寇暴行》为专栏题目,对日军烧杀掳掠等罪行及各地损失伤害情形进行过广泛报道。仅以其对河南省等地的损失伤害报道为例,1938 年 7 月 1 日该报报道了日军在河南孟县、沁阳、济源三县的屠杀焚劫。据其

[①]《中共中央晋察冀分局关于边区在 1943 年秋季敌大"扫荡"中的损失统计向中央和北方局的报告》,中央档案馆等编:《晋察冀抗日根据地・文献选编》,北京:中共党史资料出版社 1989 年版,第 906—907 页。该项统计之原档又见《一九四三年秋季大扫荡损失统计(报北方局中央)》,中国人民解放军档案馆藏,311 - 1943 - 22 - 10。

所记,截至 1938 年 5 月间,日军在济源残杀民众 1 000 余人,在沁阳屠杀民众"不下万人",造成当地"房屋被焚十分之八,人民死伤十分之六七",人民损失不堪言状,二十五万灾黎流离失所。同日该报还报道了日军飞机 1938 年 6 月 30 日空袭洛阳的情形,投弹 37 枚,炸死炸伤民众五六十人。[①] 1938 年 7 月 18 日,该报报道了日军在尉氏县肆意轮奸妇女、残害儿童的暴行[②];8 月 1 日,以《敌军炙食我平民》为题,报道称"最近我某战区某司令部获得敌兵一册,竟发现有宰杀我平民以为祭祀,甚至炙肉而食之野兽行为。该日记写者为阿部队门马忠勇,时间为三月,地点在长兴附近,其原文曰:'闻分队士兵言,架桥时曾杀一支那人为血祭','午后七时半晚餐时,于第四分队杀支那人,炙其肉而食之,共食五人,皆为平民'。现此日记正摄影中,不久全文即可展现于中外人士之目前"。[③] 9 月 3 日报道日军在道清沿线残杀无辜村民 378 人[④];9 月 6 日报道日军飞机 5 日轰炸信阳,死伤平民已查清者 70 余名[⑤];9 月 11 日报道 10 日日机空袭许昌炸死平民 20 多人,炸伤 40 多人[⑥];9 月 12 日报道日机空袭许昌、郾城,炸死平民 107 人;日军攻陷淮阳,残杀男女学生及公务人员 400 余名,奸污妇女,劫掳儿童;日机轰炸信阳,造成死伤五六十人。[⑦] 10 月 12 日报道日军在平汉线南段道清线实施细菌战,"民众染疫致死者,每村多以百数十

①《新华日报》,1938 年 7 月 1 日,第 2 版。

②《新华日报》,1938 年 7 月 18 日,第 2 版。

③《新华日报》,1938 年 8 月 1 日,第 2 版。

④《新华日报》,1938 年 9 月 3 日,第 2 版。

⑤《新华日报》,1938 年 9 月 6 日,第 2 版。

⑥《新华日报》,1938 年 9 月 11 日,第 2 版。

⑦《新华日报》,1938 年 9 月 12 日,第 2 版。

计"①；10 月 17 日报道，8、9 两月内日机共轰炸河南省 52 次，炸死民众 427 人，炸伤 869 人。② 1939 年 3 月 28 日报道日军在淮阳城内残杀民众多人，勒索财物，活埋 22 人③；1940 年 1 月 28 日报道日军在武陟县傅村残杀修筑沁河河堤的民众 380 余人④，掳去 70 余人。⑤ 1944 年 6 月 20 日以《豫西的斑斑血债》为题，报道是年 5 月 18 日日军在洛宁残杀数百民众⑥；10 月 28 日以《豫北魔影》为题，报道日军在河南境内肆意强拉壮丁。⑦

晋察冀边区机关报《晋察冀日报》在战时也曾对日军在根据地的野蛮暴行及所造成的人员伤亡进行过许多报道。如 1940 年 5 月 1 日，《晋察冀日报每周增刊》报道了日军 4 月 20 日残杀望都五区柳坨村 59 名抗日民众的暴行。1942 年 5 月 28 日，日军在冀中定南县北疃村毒杀无辜民众 800 余人，6 月 26 日，《晋察冀日报》对此次日军暴行进行了专门报道。同日，晋察冀军区司令部亦在该报发表通电，揭露日军制造北疃村惨案的罪行。1942 年 7 月，日军在太原秘密残杀被俘的中国抗日官兵 200 余人，9 月 8 日，《新华日报》（华北版）发表《十八集团军野战政治部为揭穿日寇残杀"俘虏"的暴行并追悼二百余被害的抗日志士的通知》，9 月 20 日，《晋察冀日报》发表题为《控诉敌寇屠杀俘虏的暴行》的社论。1943 年 3 月 1 日晨，驻灵丘县北泉据点日军在刘庄烧死村民 215 人，其中男 108

---

① 《新华日报》，1938 年 10 月 12 日，第 2 版。

② 《新华日报》，1938 年 10 月 17 日，第 2 版。

③ 《新华日报》，1939 年 3 月 28 日，第 2 版。

④ 据事后调查，此次遭敌残杀死难者达 997 人。详见中共河南省委党史工作委员会编：《侵华日军在河南的暴行》，第 354 页。

⑤ 《新华日报》，1940 年 1 月 28 日，第 2 版。

⑥ 《新华日报》，1944 年 6 月 20 日，第 2 版。

⑦ 《新华日报》，1944 年 10 月 28 日，第 2 版。

人,女 107 人,负伤者 7 人,被烧绝户者 21 家。第二天日军又打死附近村庄闻讯前来探视和收尸者 7 人。事件发生后,灵丘县政府及县群众团体,即派干部前往慰问,发表宣言,揭露日军暴行。3 月 11 日,《晋察冀日报》对刘庄惨案及伤亡调查结果进行了报道。3 月 20 日,晋察冀边区参议会也在该报上向全国发表通电,揭露日军制造刘庄惨案之罪行。5 月 7 日,日军在完县野场再次制造暴行事件,残杀村民 118 人,重伤 54 人,"妇孺占死伤人数四分之三以上"。5 月 19 日,晋察冀边区第四专员公署发布《为野场惨案告同胞书》,揭露日军残酷暴行。5 月 27 日,《晋察冀日报》对此次惨案经过进行报道,同时将上述《告同胞书》发表。5 月 30 日,晋察冀边区北岳区第四区各界抗联合会、晋察冀边区第四区行政督察专员公署及晋察冀军区第三军分区政治部,为揭露日军暴行向全世界发表通告称,1943 年 5 月 1 日至 7 日,数日之间,日军"在六十余村杀死与杀伤我无辜群众达八百余人,烧房二千二百余间。五月一日在完县寨圈一次杀我同胞八十七人;五月七日在野场一次杀死群众一百一十八人,还有五十四人遭受重伤,许多人家因此而灭门绝户"。6 月 6 日,《晋察冀日报》将此通告发表。1943 年秋,日军在对晋察冀边区北岳区进行大"扫荡"期间,盘踞阜平县东之平阳村及附近村庄 30 余天,共残杀当地居民 1 000 余人。12 月 9 日,日军在边区军民的不断抗击下撤退。敌退后,晋察冀边区白求恩国际和平医院即派人前往该地区调查日军暴行真相,并于 1944 年 1 月 1 日将调查结果发表,刊于 1 月 17 日的《晋察冀日报》上。① 所有该报发表的关于日军在晋察冀根据地内的残暴行径及其造成的人民生命牺牲,统计结果皆据边区

---

① 此段所引《晋察冀日报》各次报道内容,均转自中央档案馆、中国第二历史档案馆、吉林社会科学院合编:《华北历次大惨案》,北京:中华书局 1995 年版,分别见第 262—264、408—410、435—438、485—486、491—497、513—515 页。

各级政府机关、军区或军分区机关或人民团体等调查所得。

战争期间,中共中央及各根据地的机关报刊持续关注和连续报道日军各类暴行及其伤害情形,刊载各民主政权机构或人民团体控诉日军暴行通告,其初衷是向世人揭露日军侵略罪行,并不仅仅是为了进行损失调查。这并不矛盾,也是合理而必然的,调查研究工作的目的本身就是为了摸清现实环境与敌我社会情况,用于现实的抗战斗争,揭露日军罪行,教育根据地广大民众深刻认识日本侵略者的残忍本性,动员民众同仇敌忾抗击侵略,使根据地内外乃至国内外各界人士了解根据地区人民的苦难。同时,根据地机关报刊刊载的各项数据,因是在事发后不久由根据地各级调查机关及时的现场调查所得,所以具有很高的可靠性,在很好地配合对敌军事斗争需要的同时,也为战后中国解放区全面地进行抗战损失调查与数据汇总积累了大量的原始调查材料,这些资料也成为我们目前研究中国解放区抗战人口损失的重要资料基础。

不可否认的是,抗战时期中国共产党领导的抗日根据地范围内的对抗战损失所进行的调查,因受到当时恶劣艰苦的斗争环境局限,只能是局部的、不全面的,调查所及的范围较狭小,统计结果并不周全,数据汇总也不精确,很难反映根据地人民遭受的生命、财产损失的总貌。而且在整个抗日战争期间,每一块根据地都曾遭到日军反复多次的进攻与"扫荡",日军对同一根据地的中国民众的残害也是反复多次的,因而造成的损失与伤害也是反复多次的。在这种极端恶劣的生存环境中,当地民众或遇害死难,或迁徙离散,根据地民主政府的调查势难全面。由于日军的疯狂进攻,加以受到自然灾害的影响,华北根据地曾在一段时间内面积大幅缩小,域内人口减少。抗日根据地在这样一种从发展到收缩再到恢复扩大的波动过程中,边区民主政府实际控制区域也多会发生变动,同一区域在不同时期遭受的损失,在当时往往也会因为客观上不具备便利条件,很难获得周详调查。所以,中国解放区对抗战损失展开大规模的调查,也与国民政府进行的调查一样,是在抗战胜利后才得以全面、系统展开。

第二节 战后对中国解放区抗战人口损失的调查

当中国人民抗日战争接近尾声,根据地军民对侵华日军展开全面反攻之际,1945年7月13日,中国解放区人民代表会议筹委会全体会议在延安召开,会上"各委员咸认为日寇侵华以来民族灾难空前严重,敌人之杀光、抢光、烧光的三光政策既造成许多无人之区,水旱虫荒等等天灾,连年交相侵袭,敌后军民,牺牲奋斗,艰苦万状,虽有各解放区政府随时救济,但因区域所拘,物质所限,尚难兼筹并顾,故特一致通过成立'中国解放区临时救济委员会',以便发展救济事业",负责解放区抗战损失调查、灾民救济等战争善后事宜。① 其主要任务是,"调查报导解放区被敌寇烧杀、抢劫、轰炸、破坏以及水旱虫荒所造成的一切人民损失,和对医药卫生、儿童保育、难民救济等项的各种情形;并搜集一切敌寇罪行,向国内外控诉",同时协助解放区政府及各人民团体筹划并进行救济难民灾民、抚恤赔偿、恢复建设等方面的善后工作,并负责指导各解放区救济分会进行工作。委员会由董必武、李富春、周恩来、沈其震、邢肇棠、成仿吾、傅连暲、孙仪之、王子宜、伍云甫、张学诗、范长江、苏井观、钱之光、沈云晖等15人组成,推举董必武为主

---

① 《解放区人民代表会议筹委会通过成立中国解放区临时救济委员会》,《解放日报》,1945年7月28日,第1版。

任,李富春为副主任,伍云甫为秘书长。1945 年 7 月 27 日,各委员在延安举行第一次会议,通过《中国解放区临时救济委员会组织及工作暂行条例》,宣告"中国解放区临时救济委员会"成立,即日开始办公。《中国解放区临时救济委员会组织及工作暂行条例》规定,委员会由解放区人民代表会议选举委员 15 人组成,并推选主任、副主任、秘书长各一人,总会设于延安,下设调查报导、救济联络、医药卫生和会计四科,并可于必要时增设各种专门委员会,聘请顾问协助工作。① 该委员会约于 1946 年年初改称"中国解放区救济总会"。②

各解放区随即也都成立了解放区救济分会,隶属于中国解放区救济委员会,实际主持各解放区抗战损失调查及善后救济工作。这里,我们以山东解放区救济分会为例,考察一下各解放区救济分会成立、调查办法及工作进展情况。

1945 年 8 月 17 日,中共山东省政府发布命令,公布《中国解放区临时救济委员会山东分会组织及工作条例》及《关于成立救济机关的指示》。③《条例》规定:中国解放区临时救济委员会山东分会

---

① 《解放区人民代表会议筹委会通过成立中国解放区临时救济委员会》,《解放日报》,1945 年 7 月 28 日,第 1 版。
② 1946 年 2 月 8 日,苏皖解放区曾以苏皖边区临时参议会兼苏皖边区政府、中国解放区救济总会华中分会名义向联合国善后救济总署上海办事处报告抗战损失调查情形(中国第二历史档案馆编:《中华民国史档案资料汇编》第 5 辑第 3 编,"外交",南京:江苏古籍出版社 2000 年版,第 193—200 页)。然而,在 1946 年 4 月 26 日晋绥边区向国民政府行政院善后救济总署报告边区抗战损失等情形时,又是以"中国解放区临时救济委员会晋绥分会"的名义(中国第二历史档案馆编:《中华民国史档案资料汇编》第 5 辑第 3 编,"外交",第 190—193 页)。
③ 《山东省政府公布令(民字第 1 号)》(1945 年 8 月 17 日),山东省档案馆、山东社会科学院历史研究所合编:《山东革命历史档案资料选编》第 15 辑,济南:山东人民出版社 1984 年版,第 248—249 页。

隶属于中国解放区临时救济委员会，"俟中国解放区救济总会成立后，隶属于中国解放区救济总会"，"本会由山东省政府聘请十三至十七人为委员组织之，并由委员中推选主任、副主任、秘书长各一人主持日常会务。会址设山东省政府所在地"。分会下设调查（报导）、救济（联络、运输）、医药（卫生、保育）和会计（保管）等科，由秘书长总管其事，进行日常工作。"并得按工作需要，设各种专门委员会。此外并得聘请顾问若干人，以便帮助工作"。《条例》还具体规定了山东分会的工作任务，"一、调查报导目前及八年来山东解放区被敌伪烧杀、抢劫、轰炸、破坏以及水旱虫荒所造成的一切人民损失，和医药卫生、儿童保育、难民救济等项的各种情形，搜集一切敌伪罪行向国内外控诉，并报告总会，向日本要求赔偿；二、协助政府及人民团体筹划并进行战时及战后一切救济、抚恤、赔偿、建设等事宜；三、联系国际国内各种善后机关、盟国各种援华团体以及中外一切同情人士，以便取得援助和交换救济工作经验；四、募集、接受、保管、调济、分配、运送、审核各种救济款项物品，并接待分配各种救济工作的技术人员；五、指导各行政区市救济机关工作之进行"。经费由政府协助，并得向其他机关团体或私人筹集解决，但"不支用任何救济款项，各项救济账目均按期公布"。① 为了能够在全省各地及各大城市解放后，对省内人民及时"紧急救济并向日本要求全部赔偿起见"，山东省政府还在同日公布《关于成立救济机关的指示》，要求各行政区、市成立救济机关，以做好充分的准备，"（一）各行政区、市成立各该区、市救济委员会，立即布置工作，妥为筹划，准备救济物资，组织工作队，随军出发，实行调查救

---

① 《中国解放区临时救济委员会山东省分会组织及工作条例》，山东省档案馆、山东社会科学院历史研究所合编：《山东革命历史档案资料选编》第 15 辑，第 249—250 页。

济；(二) 各专署各县，即充实原有优救委员会，并加强其临时工作力量，妥为筹划，准备物资，组织工作队，随军进城，实行城乡调查与救济；(三) 救济委员会为在政府指导下协助政府工作的机关，进城之后，应注意吸收新收复区之有民族气节、素为群众所拥护的人士参加工作"。① 同一天，中共山东省政府还发布《关于集中一切力量支援前线的训令》，在其所指示的五项"当前全部工作重点"中，第四项即"调查与统计历来在战争中之各种损失，以作战后向日本战败者要求赔偿之依据"，应根据山东省所发布的《中国解放区临时救济委员会山东分会成立的指示》办理。② 可以看出，当时解放区政府对抗战损失之调查工作是十分重视的。8 月 24日，山东省救济委员会成立，由中共山东省政府主席黎玉兼任该会主任。

　　1945 年 9 月 12 日，中共山东省政府发布《关于调查八年战争损失的指示》，"为了有组织的调查本省八年来由于敌伪的烧杀抢劫、轰炸破坏以及各种压榨侵占乃至水旱虫灾给予人民的损失损害，求得比较确实的情况，以便转送中国解放区临时救济委员会山东分会向国内外控诉敌寇罪行，并报请总会向日本要求赔偿"，要求所属各地区根据本地实际情况，妥善认真进行调查工作。对于该项调查的重大意义，《指示》指出："这一调查，主要是从政治上给广大群众以深刻的民族教育，使广大群众回忆起日本法西斯侵略者的凶恶残酷的罪行，我们是在怎样的敌忾同仇的积极抗战之下，

---

① 《关于成立救济机关的指示》(1945 年 8 月 17 日)，山东省档案馆、山东社会科学院历史研究所合编：《山东革命历史档案资料选编》第 15 辑，第 249 页。
② 山东省档案馆、山东社会科学院历史研究所合编：《山东革命历史档案资料选编》第15 辑，第 233 页。

获得抗战的最后胜利；而胜利之后的战争损失与损害的调查，以及搜集敌寇罪行，向全世界控诉，又是多么严肃而光荣的权利。因此，我们切忌单纯的宣传只是为了经济上的赔偿，以致妨碍了群众的民族觉悟更加提高。"同时《指示》还特别强调，"由于抗日战争前后历时八年之久，群众在战争中的损失与损害已经不是一次；而且损失与损害的种类也是多种多样的，群众已经是不胜记忆了。要想获得比较翔实的科学调查成果，必须依靠我各级政权干部的深入与耐心的工作精神，而且只有依靠很好的运用群众路线，才能完成这一巨大的工作任务；粗枝大叶的单纯要求数字，不与细密的组织工作与耐心的教育工作相结合的工作方法，必须坚决反对"。为了能够很好地完成抗战损失调查工作，山东省政府要求各级政府"在进行调查时，必须注意通过群众自己的系统，而掌握这一工作，则是各级政权干部不可诿卸的责任。这一工作比较麻烦的地方，是村中挨户上了'流水账'以后的分类统计。要想顺利的完成统计任务，必须抓紧运用村学教员及村公所文书的力量，没有村学的山僻小庄，可由区公所酌予调剂，热心公益之农村知识分子、情愿为人民服务者，亦应吸收参加这一工作"。在调查工作的具体实施办法上，由山东省政府制订统一的《抗战损失调查表》式样，分发到各地区，"以村为单位调查，以县为单位统计"，再由各行政公署汇报山东省政府。"在各县领导进行这一工作时，可制发统一表格（或由行署专署统一制发均可），召集各区主要干部开会研究，解决进行中可能发生的问题及困难，并将表格分发各区公所从事调查。区公所则召集各村主要干部开会研究具体进行的各种办法，解决进行中可能发生的问题及困难。每村发一张统一的表格，并将表格要求讲解明白，准备各该村按户调查清楚后,按照统一表格规定项目,加以分类统计,汇报县府。各村挨户调查时,则可按群众实际损失与损害,如记'流水账'的方式,记明物品数量,并挨户折成共值本币数额,妥为保存,以便将来可能赔偿时之依据。"在调查工作的时间安排上,山东省政府要求"这一工作进行最好的季节与场所,是在秋收完毕后冬学教育中进行",但调查工作必须在 1945 年 12 月 31 日之前完成,并将调查结果汇报省政府。为保证调查工作能够及时顺利地完成,"在进行工作期间,要求每月检查一次,以收及时指导之效",并希望各级政府的同志能够多所研究,根据本地区实际情况推进工作。[①] 在该《指示》之后,山东省政府又于 10 月 12 日发出《关于调查八年战争损失的补充通知》,11 月 21 日发布《加速调查战争损失的通告》,12 月 7 日发布《关于调查八年战争损失的补充指示》,12 月 11 日发出《关于调查八年战争损失的布告》等,对各级政府的抗战损失调查工作进行严格督促。

中共山东省政府发布的这一系列条例和指示,向我们显示了解放区民主政权在抗战胜利后对抗战损失调查的高度重视。仅从这些条例和指示上看,与国统区相比较,中国解放区的抗战损失调查具有自己的鲜明特色。山东解放区在关于进行损失调查的有关通知中强调,要通过调查敌人罪行再一次教育民众提高民族觉悟,要求各级组织切忌单纯宣传只为经济上的赔偿目的,这一点即比较有深意。抗战胜利之初,国民政府内政部抗战损失调查委员会、赔偿委员会和外交部等机关,在讨论抗战损失调查工作的现实意义时,都不约而同地把重点放在对日损害索赔上,甚至在有的规程

[①] 山东省档案馆、山东社会科学院历史研究所合编:《山东革命历史档案资料选编》第 15 辑,第 333—335 页。

中宣称要将从日本迁运回的赔偿物资作价后,提取全部或三分之二的金额作为赔偿公私战时受害损失之用。当然,这种想法在当时的国民政府内部也曾引起了资源委员会和孔祥熙或明确或隐晦的质疑。事实上,这种将从日本拆迁搬运回国的物资作价赔偿公私损失的做法,在当时基本上不具有可行性,而在随后的历史进程中,也根本没有展开。此外,在调查工作中,山东解放区设想的办法是作"流水账"式的记录,以积累形成原始的资料,然后再由相关机关进行分析、汇总、估值、造表,这一做法也是比较切合实际的可行之法。其实,不论以什么样的记录方式,在战争结束不久,及时地将各地的抗战损失调查出来,记录下来,保存下来,便是最有意义的。山东省政府在抗战胜利至1945年年底的短时间内,多次发出指示、通告,指导细致,态度积极,督导严格,这也是极为难得的。

在山东省政府的严格督促和指导下,山东解放区的抗战损失调查工作进展得颇见成效。1945年12月17日,中共山东省政府公布了《山东八年战争损失初步调查统计》。据其不完全的统计,在全面抗战的8年中,山东解放区被敌残害死亡人口668 143人,被抓壮丁393 259人,被烧房屋1 511 186间。到1946年4月,山东省政府即据山东解放区各级政府汇报之查报材料,汇总编制出《八年抗战中解放区人民各种损失统计概数表》,其中关于人口损失及难民灾民情况统计如表4-1。

表 4-1　八年抗战中山东解放区人口损失及灾民统计表

项别		人数	占总人口之百分比	备考
总人口		29 591 100		
被害人民（口）	死亡	895 714	3	
	伤残	1 610 883	5	
	被抓	1 260 000	4	
急待救济者	还乡难民	2 450 000	8	
	鳏寡孤独	2 300 000	7	
	贫民	6 357 000	21	

资料来源：本表据 1946 年 4 月中共山东省政府制《八年抗战中解放区人民各种损失统计概数表》重新编制，原表载山东省档案馆、山东社会科学院历史研究所合编：《山东革命历史档案资料选编》第 16 辑，济南：山东人民出版社 1984 年版，第 394—395 页。

在中共山东省政府的抗战损失调查统计中，还包括对农具、房屋、衣服、粮食以及牛驴骡马鸡鸭猪羊等牲畜损失的调查统计。从统计结果看，在抗战期间，山东解放区人民不仅因日军之残酷杀戮遭受到巨大的人口伤亡损失，同时也遭到惨重的财产损失。日军在根据地内实施残酷的"三光"政策，中国抗日军民赖以生存的物质基础被摧毁殆尽。解放区人民历尽灾劫，坚持到抗战结束，可谓历尽了千难万苦，但毕竟迎来了胜利的曙光。

在中国解放区临时救济委员会的指导下，华北、华中等地解放区也相继在本区域内进行了抗战损失调查。至 1946 年年初，各地解放区都陆续对调查结果进行了初步统计，并将之向中国解放区临时救济委员会、国民政府行政院善后救济总署或联合国善后救济总署上海办事处等机构汇报。下面，我们将对各地解放区抗战人口损失等方面调查的实施与结果予以简单介绍。

1945 年 9 月 2 日，中国解放区临时救济委员会晋绥分会成立，

委员会由王首道、杜心源、乌兰夫等 13 人组成,武新宇任主任,王
达成任副主任。至 1946 年 3 月,晋绥分会初步统计出晋绥解放区
绥蒙区部分的人口与财产损失。《解放日报》当年报道损失情形约
略为:"晋绥解放区临时救济委员会绥蒙区分会顷公布该区所属丰
镇、集宁、陶林、归武、凉城、兴和、和林、清水河八县人民八年来惨
遭敌伪蹂躏损失统计如下:被屠杀及中毒致死者七万余人,被毁房
屋八万八千余间;粮食损失三百七十万石;牲畜损失二万八千余
头;耕地荒芜达一百万亩;无偿劳动尚无全面调查。仅据集宁县德
恒乡一千四百六十五户统计,共支应工役十七万九千八百个;财物
损失尚无全面调查,仅集宁县德恒乡被勒索款项,合银洋六十三万
元,大青山若干村庄,在敌人三光政策下,已成为无人区。全区八
县现在灾民达二万户,约十万余人,急待救济。该会除就地募集物
资施行赈救外,欢迎行将抵达集宁的联合国善救总署工作队协同
进行绥蒙之救济工作。"①这项统计只覆盖绥蒙区 8 个县,战争期间
死难人口即达 7 万余人,足见日军对华北地区民众屠戮之凶残,给
当地造成的人口损失和财产损失之巨。至 4 月间,晋绥分会调查
统计出整个晋绥区人口伤亡损失,并将调查情形及损失统计上报
中国解放区救济委员会及国民政府行政院善后救济总署。②

　　晋冀鲁豫解放区救济分会在 1945 年 9 月 14 日成立,由李一
清、裴丽生、袁致和等 13 人组成,王乃堂任主任。至 1946 年 1 月,
该分会对晋冀鲁豫解放区全面抗战 8 年中财产及人口伤亡作出初

①《解放日报》,1946 年 3 月 15 日,第 2 版。
②《中国解放区临时救济委员会晋绥分会报告晋绥边区抗战损失等情形公函》(1946 年
　　4 月 26 日)、《中国解放区抗战八年中损失初步统计表》(1946 年 4 月),参见中国第二
　　历史档案馆编:《中华民国史档案资料汇编》第 5 辑第 3 编,"外交",第 190—193、
　　203—204 页。

步统计。① 晋察冀解放区救济分会成立于 1945 年 10 月 25 日，至
1946 年 1 月 20 日编制出含冀热辽区损失数字在内的《晋察冀边区
八年敌伪烧杀抢掠统计表》②，对该解放区的抗战损失作出初步
统计。

　　华中苏皖解放区也于 1946 年年初将抗战期间本区域内财产
及人口损失调查结果，编绘成《八年来人民生命财产损失表》等 8
份统计表，上报给中国解放区临时救济委员会，并于 2 月 8 日以苏
皖边区临时参议会兼苏皖边区政府、中国解放区救济总会华中分
会的名义将该 8 份统计表函送联合国善后救济总署上海办事处。③
中原解放区也在此期间将其所遭受的财产损失及人口伤亡情形调
查统计结果报至中国解放区救济委员会。

　　1946 年 1 月 30 日，叶剑英致函善后救济总署冀热平津区救济
分署，通报中国解放区抗战损失初步调查结果。在函中，叶剑英
称："中国解放区军队和人民在八年抗战中于毫无外援之艰苦情况
下，在敌后坚持抗战，他们不论对于中华民族或对于盟国之反法西
斯事业，皆有莫大贡献。因解放区深处敌后，更因解放区人民对敌
斗争之无比坚决，其所受敌寇之破坏与蹂躏，最为残酷，解放区人
民所蒙受之战争损失亦较其他地区更为严重。八年中，敌伪对解
放区曾进行无数次之反复'扫荡'与'清剿'，自 1940 年以后，更施
行所谓'三光政策'，制造所谓'无人区'，使解放区人民受到亘古未
有之残害与损失。兹据延安中国解放区临时救济委员会所接晋
绥、晋察冀、冀鲁豫、太行、山东、淮海 6 个解放区之初步调查，在战

---

① 《解放日报》，1946 年 2 月 10 日，第 1 版。
② 中国人民解放军档案馆藏，321－1949－7－35。
③ 《中共苏皖边区政府报告抗战损失等情形节略》(1946 年 2 月 8 日)，中国第二历史档
　案馆编：《中华民国史档案资料汇编》第 5 辑第 3 编，"外交"，第 193—200 页。

争期间被敌人屠杀之人民近 2 000 000，被敌寇掳去者亦达700 000，由于战争而被破坏之房屋，约在 5 690 000 间以上，人民粮食损失共约 2 亿石左右。若再加入其他损失以及由战争所造成之间接损失，如土地荒芜、普遍灾荒等，则其损失之大，更难以计数。"叶剑英还在函中向该分署简要介绍了各解放区民主政府战后对属区内难民的急赈工作情况，但"由于解放区所受损失过于重大，现仍有五百余万难胞缺乏衣食，陷于饥饿境地。为能迅速进行急赈工作，急盼在贵署协助下，能在最近期间，即能从贵署分配到粮食、衣服、医药或其他救济物资。为开始工农业之善后，并希望贵署亦能供应为恢复工农业所需之必要装备，余将负责保证所得救济与善后物资将全部用于救济受灾之平民及最必要之善后工作，绝不作其他使用"。同时他还表示，"为使贵署能实地了解解放区人民之受灾情形，余极愿介绍并协助贵署人员到晋绥、晋察冀、冀鲁豫、太行、山东、淮海等区，如贵署愿派员前往以上任何地区进行实地调查时，在余接到贵署通知后，极愿为贵署服务并尽最有效之协助"。①

　　1946 年 4 月间，中国解放区救济委员会编制出《中国解放区抗战八年中损失初步统计表》，表列了晋绥、晋察冀、冀热辽、晋冀鲁豫、山东、苏皖、中原 7 个解放区抗战时期的各项损失。在该统计表中，中国解放区救济委员会将此前作为晋察冀解放区一个行政区的冀热辽区的抗战损失分割出来，作为一个独立的解放区统计填造。这就使得解放区抗战损失统计所含区域由叶剑英此前所提

---

①《叶剑英致善后救济总署冀热平津区救济分署函》(1946 年 1 月 30 日)，《中国现代政治资料汇编》第 4 辑第 39 册，转引自章伯锋、庄建平主编：《抗日战争第 2 卷·军事》下，第 2587—2588 页。

及的 6 块解放区变成了 7 块。1946 年 6 月 30 日,董必武以中国解放区救济委员会主任名义致函国民政府行政院善后救济总署署长蒋廷黻,亦将此表附送,汇报解放区之抗战损失。①

第三节　中国解放区抗战人口损失统计

　　战后,各解放区进行的抗战损失调查中,对抗战期间各区遭到的人口损失、难民灾民情况及财产损失都进行了调查与统计。从某种意义上来说,不论是国民政府行政院主管下的抗战损失调查,还是中国解放区救济委员会主持下的抗战损失调查,其对战争期间人口伤亡损失的调查,是与各项财产损失调查同等重视的。然而,由于人的生命价值的无法估价,在调查过程中隐约出现了一种重财产损失而轻人命牺牲的倾向。这通过各类调查统计表中对财产损失的统计分类细致、数据翔实而人口伤亡多笼而统之、含混不清的情形得到证实。这固然是由于战时战后时局动荡、灾害幸存者星散、调查条件不充分的局限,同时也可能在一定程度上受到调查思维的影响。当然,尽可能地调查清楚各项财产损失,对我们研究人口损失同样具有非常重要的意义。因为我们深知,房屋、耕地、粮食、衣物、农具、牲畜等财产是人们赖以生存的最基本的物质基础,财产的严重损失就意味着人类生存基础即生产生活的物质基础受到严重破坏,必然会直接影响到人口发展的生存环境,对人口损失造成显著的影响。甚至,我们还可以通过考察财产损失与人口损失的关系,进而考察人口损失的数量。

---

① 《董必武报告解放区抗战损失致蒋廷黻函》(1946 年 6 月 30 日),中国第二历史档案馆编:《中华民国史档案资料汇编》第 5 辑第 3 编,"外交",第 200—204 页。

　　因为我们研究的核心任务是要考察中国抗战人口损失,为简单明了计,下文中我们将利用抗战胜利后不久形成的各解放区的抗战损失调查统计资料,着重探讨抗战期间山东、晋绥、苏皖、晋冀鲁豫、晋察冀、冀热辽、中原等7个解放区的人口损失情况。

　　山东解放区抗战时期的人口损失情况,已于前文表4-1中体现。下面我们首先看晋绥解放区的人口损失情形。

　　晋绥解放区东起同蒲、平绥铁路,西与陕甘边区隔黄河相望,南抵汾阳离石公路,北至绥远。我们在前文中已提到,1946年3月,晋绥解放区统计所属之绥蒙区辖下之丰镇、集宁等8县战时被杀或中毒致死7万余人。[①] 另据中国解放区临时救济委员会晋绥分会1946年4月26日致国民政府行政院善后救济总署公函称,自1938年日军侵入晋绥,"一开始就向善良居民大肆屠杀,当时每县被杀人口已均在千人以上。嗣后更不断'扫荡',实行所谓三光政策,每次进入我根据地,都往复施行严密搜索,对人口则实行所谓'杀光'政策。在临县贺家湾一个地洞中,一次即熏死男女老幼三百余人。在汾阳之所谓'三次强化治安'中,全县被杀掉三千余人。总计直接被杀死者,根据吾人初步调查统计,全区九二五六〇人。至被虐待、凌迫、抢劫以致引出疾病、冻饿而死之五七二四〇人犹不在内"。且因根据地民众同时遭到惨重的财产损失,生活基础毁损几尽,故全区难民在抗战结束后,又以缺食少衣,经严冬春荒,至1946年4月间,人民仍然在饥寒交迫、伤寒瘟疫的侵袭下以"惊人速度"继续饿死病死。[②] 合计晋绥分会函中所列被日军残杀数及病

---

① 《解放日报》,1946年3月15日,第2版。
② 《中国解放区临时救济委员会晋绥分会报告晋绥边区抗战损失等情形公函》(1946年4月26日),中国第二历史档案馆编:《中华民国史档案资料汇编》第5辑第3编,"外交",第190—193页。

饿死数,抗战期间晋绥边区人民之死亡达 149 800 人。另据穆欣在《晋绥解放区鸟瞰》一书中所记,不含绥远的晋绥区全面抗战 8 年人口损失为被敌残杀 11.38 万人,伤残 84 235 人,被抓壮丁 90 281 人。[①] 中国解放区救济委员会在 1946 年 4 月汇总 7 个解放区全面抗战 8 年损失初步统计时,晋绥区之人员伤亡损失情形则被记为:被敌屠杀及被虐待而伤病致死者 153 800 人,被敌俘捕者 90 221 人,鳏寡孤独及肢体残疾者 101 773 人。[②] 以死亡人数论,中国解放区救济委员会统计数较晋绥分会统计数多出 4 000 人。若将 1946 年 3 月 15 日《解放日报》公布的绥蒙 8 县人口死亡数即 7 万余人,与穆欣书中 11.38 万人之数累计,则死亡之数在 18.38 万人以上。故大体上可以认定《中国解放区抗战八年中损失初步统计表》中数据是可靠的,至于其较晋绥分会致国民政府行政院善后救济总署之公函中数多出部分,或许是绥蒙区伤亡数未被完整计入,抑或正是由于该函所称之继续以"惊人速度"死亡的人数而在后来的调查中被计入者。至于被抓捕数,穆欣所列数与上表中数相差不大,这说明穆欣书中的数据,与晋绥分会的统计数据可能是同一个来源。那么,晋绥区的伤残数则就可以据穆欣书中数从上表之"鳏寡孤独及肢体残疾者"数中分割出来。

再看苏皖解放区的情况。苏皖解放区跨江苏、安徽两省,东部为苏中区、苏北区,几乎占江苏省长江以北全部地区;西部为淮南区、淮北区,大体含南京—合肥一线之北,合肥—怀远—道口之线以东,淮河两岸、津浦路两侧之安徽 18 个县及河南省东南端永

---

① 转引自孟国祥、喻德文:《中国抗战损失与战后索赔始末》,第 85 页。
②《中国解放区抗战八年中损失初步统计表》(1946 年 4 月),中国第二历史档案馆编:《中华民国史档案资料汇编》第 5 辑第 3 编,"外交",第 203 页。

城、夏邑、商丘 3 个县。1945 年 11 月 1 日苏皖边区政府成立,下辖 8 个行政区。1946 年 2 月 8 日,在苏皖边区政府、苏皖边区临时参议会、中国解放区救济总会华中分会致联合国善后救济总署上海办事处通告苏皖区抗战损失情形之节略中,附有《八年来人民生命财产损失表》等 8 份统计表。人口损失方面,抗战期间,苏皖区被敌杀害计 239 387 人,因敌迫害致死计 54 147 人,被抓壮丁计 133 500 人。该统计表按 8 个行政区分别统计,兹据原表重绘如表 4 - 2。

表 4 - 2　抗战八年苏皖解放区人民生命损失表

行政区别	被敌杀害	残废	被抓壮丁	急需救济
第一行政区	92 260	18 043	32 803	1 150 000
第二行政区	10 201	5 300	17 400	336 400
第三行政区	15 836	3 140	13 270	50 000
第四行政区	6 000	2 100	7 000	184 500
第五行政区	20 010	5 602	16 571	900 000
第六行政区	30 154	12 306	11 456	243 715
第七行政区	46 106	2 456	21 600	800 000
第八行政区	18 820	5 200	13 400	270 000
合计	239 387	54 147	133 500	4 384 615

　　资料来源:本表系据《中共苏皖边区政府报告抗战损失等情形节略》所附之《八年来人民生命财产损失表》重新编制,原表载中国第二历史档案馆编:《中华民国史档案资料汇编》第 5 辑第 3 编,"外交",第 194 页。

　　晋冀鲁豫解放区主体部分即我们前文中提及的 1943 年 3 月统计的 19 个解放区中的晋冀豫边区和冀鲁豫边区。在抗日战争接近尾声之际,解放区军民向敌伪发动大规模反攻,从 1945 年 8 月

11 日至 9 月 20 日，计歼灭日伪 5 万多人，收复县城 59 座、据点数百处，太行、太岳、冀南、冀鲁豫四块根据地连成一片，是为晋冀鲁豫解放区。全区东抵津浦路，西至同蒲线，北起正太、德石路，南迄黄河、陇海一线，拥有县城 105 座，面积 18 万多平方公里，域内人口2 400多万，军队约 30 万，民兵 40 余万。① 抗战期间，晋冀鲁豫解放区域内遭到日军的疯狂进攻和残酷"扫荡"，民众生命财产受到惨重损失。晋冀鲁豫解放区救济分会于 1945 年 9 月成立后，随即于全区展开广泛的抗战损失调查统计工作。至 1946 年年初，初步统计出全区战时之各项损失。据 1946 年 2 月 10 日《解放日报》所公布数据，抗战时期晋冀鲁豫解放区各项损失调查统计情况略为：

> 此间救济分会，于月前派员分赴各地调查八年为抗战中人民所受的各种损失和灾害，现分会就初步调查结果，加以公布。该会负责同志并代表边区人民，向本社记者表示：希望救济总署能迅速派员前来观察，以便使受灾难的战区同胞首先得到救济。
>
> 甲，敌灾损失
>
> 人口：被杀人口共计七十三万二千人，被伤害的二十四万四千人，被拷打的六百一十万人，被抓壮丁四百六十八万人，逃回者三分之一，被征服劳役者四百八十八万人，被污妇女得了传染病者十二万二千人，遭敌摧残致冻馁而死者二十四万四千人。
>
> 财产损失：……
>
> 损失农具：……

---

① 龚古今、唐培吉主编：《中国抗日战争史稿》下，武汉：湖北人民出版社 1984 年版，第 393 页。

乙,天灾损失

......

灾荒死亡人口,太行老解放区一千人,新解放区廿万人,太岳区老解放区四千人,解放区十五万人,冀南区共三十五万人,冀鲁豫老解放区二万五千人,新解放区十三万人,共计八十六万人。[1]

为简明起见,我们将晋冀鲁豫解放区抗战期间人口损失情况制成表4-3如下。

表4-3　晋冀鲁豫解放区抗战人口损失统计表

伤害情况	人数	备注
被杀人口	732 000	
遭敌摧残冻馁而死者	244 000	
灾荒死亡人口	860 000	太行老解放区1 000人,新解放区20万人,太岳区老解放区4 000人,解放区15万人,冀南区共35万人,冀鲁豫老解放区25 000千人,新解放区13万人
被伤害者	244 000	
被拷打者	6 100 000	
被抓壮丁	4 680 000	逃回三分之一
被征劳役者	4 880 000	
妇女被污染病者	122 000	

资料来源:据《解放日报》1946年2月10日第1版报道材料编制。

---

[1]《解放日报》,1946年2月10日,第1版。

可见，在各大解放区中，晋冀鲁豫解放区在抗战时期遭受的人员伤亡损失可谓触目惊心：仅以死亡数计，合上列各项非正常死亡之数，累计可达 183 万多人，伤者 24.4 万人，妇女被污染病者 12.2 万人。合此三项，则伤亡计达 220.2 万人。该区抗战胜利之际人口数为 2 400 万人，那么，死亡伤残人口几乎占到全区人口的 10%，足见域内人口伤亡损失之严重。

我们还可以对晋冀鲁豫解放区所属的一些具体区域的抗战人口损失作进一步的考察。太行区在抗日战争胜利后，曾对本区所辖 6 个专区的抗战损失进行过全面调查，调查结果在 1946 年形成题为《八年来日本法西斯摧毁太行区人民的概述》一文，以大量的事实和详细的调查统计，对日军给太行区人民所造成的空前浩劫进行了深刻的揭露。在人口损失方面，该文详细统计了全面抗战 8 年间所属 6 个专区各县的人口被杀死、负伤、病饿死、被俘及调查时现有人口情况，是关于该地区战时人口损失的难得的珍贵资料。我们据其原表数据，合编如表 4 - 4。

表 4 - 4　抗战期间太行区人口损失统计表

专区	县名	现有人口	杀死	负伤	被俘	病饿死	合计(现有人口除外)	与现有人口百分比
一专区	平东	85 000	500	250	620	2 400	3 770	4.44
	赞皇	85 000	560	170	134	2 044	2 908	3.42
	临城	80 000	760	306	460	1 498	3 024	3.78
	内邱	60 000	1 140	223	305	2 612	4 280	7.13
	井陉	42 000	6 231	324	5 112	1 850	13 517	32.18
	元氏	85 000	806	152	1 560	2 410	4 928	5.8
	高邑	32 000	253	140	572	2 402	3 367	10.25
	获鹿	75 000	463	182	1 045	1994	3 684	4.91

续表

专区	县名	现有人口	杀死	负伤	被俘	病饿死	合计（现有人口除外）	与现有人口百分比
一专区	邢台	165 000	2 125	152	1 203	586	6 066	3.68
	邢西	51 411	3 175	204	785	2 621	6 785	13.2
	沙河	92 589	4 565	231	1 621	2 818	9 235	9.99
	合计	853 000	20 578	2 334	13 417	25 235	61 564	7.22
二专区	平西	43 000	5 824	8 325	2 328	3 296	19 773	45.98
	昔阳	126 989	13 201	513	1 653	4 302	19 669	15.40
	和顺	82 329	9 365	7 432	7 979	4 313	29 089	35.32
	左权	98 347	4 612	942	1931	750	8 235	8.37
	武乡	166 112	13 510	1 560	475	6 230	21 775	13.1
	榆次	50 000	2 562	1 243	8 649	9 253	21 707	42.15
	祁县	45 000	3 125	323	865	202	4 515	10.03
	榆社	62 888	1 471	184	830	174	2 659	4.22
	太谷	77 725	8 450	2 332	4 135	982	15 899	20.57
	寿阳	38 000	4 516	287	1 672	365	6 840	18.00
	合计	790 389	66 636	23 141	30 517	29 867	150 161	26.3
三专区	黎城	94 329	3 365	300	900	2 430	6 995	7.94
	潞城	133 020	3 863	312	2 200	4 290	10 566	7.94
	壶关	152 522	1 800	306	819	3 109	6 034	3.95
	平顺	108 647	1 326	186	1 043	4 127	6 682	6.14
	长治	170 383	1 036	114	2 123	1 175	4 448	2.61
	襄垣	125 000	5 521	518	814	3 515	10 368	8.29
	合计	784 183	16 911	1 637	7 899	18 646	45 093	6.26
四专区	博爱	177 285	3 640	502	1 802	58 920	64 864	36.95
	武陟	136 000	2 150	470	1 360	28 290	32 270	23.73
	温县	138 000	4 101	624	1 203	47 430	53 358	38.20
	修武	68 248	2 852	116	682	47 300	50 950	74.67
	陵川	136 082	2 032	629	1 360	2 820	6 841	5.02
	焦作	54 800	202	70	448	8 590	9 310	17.00

续表

专区	县名	现有人口	杀死	负伤	被俘	病饿死	合计（现有人口除外）	与现有人口百分比
四专区	沁阳	180 000	3 510	215	1 800	58 049	63 574	35.32
	修获武	17 297	2 310	410	1 280	27 550	31 550	18.21
	合计	1 063 342	20 797	3 036	9 935	278 949	312 717	29.89
五专区	林县	220 000	9 210	4 628	9 216	26 800	49 854	22.66
	辉北	51 000	2 300	708	1 214	6 300	10 522	20.63
	辉嘉	20 000	2 200	546	1 823	14 100	18 669	93.34
	新辉	15 000	3 700	400	1 010	12 100	17 210	115.0
	汲淇县	51 000	2 100	1 060	2 802	9 100	15 062	29.53
	汤阴	61 000	1 400	1 265	2 518	9 810	14 993	24.58
	合计	418 000	20 910	8 607	18 583	78 210	126 310	30.20
六专区	安阳	35 000	7 000	5 250	2 106	14 000	28 356	8.10
	林北	168 149	3 362	2 521	1 207	8 500	15 590	9.27
	涉县	145 839	1 329	2 187	846	7 880	12 242	8.46
	偏城	40 414	435	616	50	104	1 205	2.98
	武西	136 300	2 615	2 044	1 409	6 670	12 738	9.34
	武安	256 431	5 310	3 846	11 776	12 500	33 432	13.04
	磁县	308 000	4 160	4 620	2 549	15 400	26 729	8.67
	合计	1 405 133	24 211	21 084	19 943	65 054	130 292	9.27
总　计		5 314 047	170 043	59 839	100 294	495 961	826 137	15.55

附注：

一、病饿死人数包括逼死自杀人数在内；

二、负伤人数包括曾经受伤人及残废在内，目前已有一部分伤愈。

三、杀死人数只限于被敌伪杀害之数，至四、五专区被特务暗杀、活埋、打黑枪而死的，尚不包括在内。

资料来源：

1. 本表系据《八年来日本法西斯摧毁太行区人民的概述》一文之"第一部分·人口的损失"所附各专区统计表及《全太行区人口损失表》重新编制。原文载晋冀鲁豫边区财政经济史编辑组等编：《抗日战争时期晋冀鲁豫边区财政经济史资料选编》第1辑，北京：中国财政经济出版社1990年版，第534—568页。

2. 原《全太行区人口损失表》中，杀死、被俘、病饿死三项合计数为766 928人，与现有人口百分比为14.43%，负伤数与现有人口百分比为1.12%。

太行区为晋冀鲁豫解放区所辖四大行政区之一,据表4-4统计,全面抗战8年间,合被敌直接杀害及病饿死之数,该区非正常死亡人口达666 004人,伤59 839人,伤亡合计达725 843人。

此外,1946年5月,在中国解放区救济委员会汇总各解放区抗战损失之后,冀鲁豫行政区又据调查材料编制出山东部分8年全面抗战损失统计表,其中有关人口损失部分如表4-5。

表4-5 冀鲁豫区山东部分八年抗战损失统计表(1946年5月)

项别		数目	备考
现有人口		9 442 238	
战争中损失人口	被敌杀死	127 204	1. 被抓壮丁系指被敌掳去长期未回者。 2. 少衣无食系指目前即无法维持生活者,内包括因敌灾造成的孤老孤儿及贫苦难民。 3. 遭敌灾致残者系指被敌打伤致残不能恢复健康者,现已痊愈者未统计在内。 4. 被奸致残者系指妇女被奸传染花柳病或其他伤症者。至于被奸淫未致疾病之妇女以及间接传染花柳病症者未统计在内。 5. 道口市、济宁市的损失未统计在内。
	特务暗害死	4 530	
	敌灾病饿死	802 767	
	流亡失踪	48 559	
	被抓壮丁	177 044	
	合计	1 160 104	
目前伤残病急待救济人口	遭敌枪伤拷打致残者	22 102	
	被敌奸淫染病者	10 766	
	现在仍患疾病者	183 643	
	少衣无食者	753 503	
	合计	970 014	

资料来源:本表系《冀鲁豫区山东部分八年抗战损失统计表》人口损失部分,原表载山东省档案馆、山东社会科学院历史研究所合编:《山东革命历史档案资料选编》第16辑,第532—534页。

　　若将表 4−5 所记冀鲁豫解放区山东部分与太行区数据合并计算,则晋冀鲁豫解放区仅此两部分地区的人口损失情形即达:被敌杀死合计 301 777 人,合被敌残杀、敌灾病死饿死等非正常死亡数则达 1 600 505 人,被俘及失踪合计达 325 897 人,伤残达 81 941 人。据此验证,可知 1946 年 2 月 10 日《解放日报》上公布的晋冀鲁豫解放区非正常死亡 183 万多人的统计,已算是相当保守的数字了。1946 年 4 月,当中国解放区临时救济委员会据各解放区上报之调查统计材料汇总时,关于晋冀鲁豫区人口损失,止记被敌屠杀虐待致死者 976 125 人,被敌抓捕 488 147 人,鳏寡孤独及肢体残疾者 780 210 人,此项数字,显然来源于 1946 年 1 月冀晋鲁豫救济分会的调查统计,但未将因天灾等致非正常死亡者一项 86 万人计入。依上文太行区及冀鲁豫山东部分人口损失统计看,此项数字则完全应该计入人口损失总数统计之中。单以表 4−5 中所记该解放区山东部分之人口损失即已达 93 万人,若弃 86 万不计而以晋冀鲁豫区人口损失为 976 125 人,那么除去山东部分后,其余各区仅 4 万余人,显然是不合理的。

　　晋察冀解放区是中国共产党领导的敌后抗日武装斗争的重要根据地之一,东濒渤海,西抵恒山、五台山,大体以同浦路与晋绥区划界,南以德石、正太路与晋冀鲁豫解放区分野,北抵察哈尔、热河南部,向东延至辽西地区。抗战后期划为北岳、冀中、冀热辽三区,在 1945 年 3 月解放区各种统计中,复分为晋察冀和冀热辽两个解放区,抗战胜利后,冀热辽区复归为晋察冀解放区的一个行政区,分为冀晋、冀察、冀中、冀热辽四区。至 1946 年 2 月下旬,冀热辽区又从晋察冀解放区划出。晋察冀解放区救济分会在 1945 年 10 月下旬成立后,经数月调查统计,1946 年 1 月 20 日编制出《晋察冀边区抗战损失统计表》,在人口损失方面统计为:8 年人口死亡

709 899 人,被敌抓走壮丁 505 000 人,死亡人口中直接被敌杀死者为 377 899 人。其中人口死亡、被敌抓捕壮丁及人力损失于四行政区中分布情形如表 4-6 所示。

表 4-6　晋察冀边区八年来人口损失情形表(1946 年 1 月 20 日)

项别		冀晋区	冀察区	冀中区	冀热辽区	合计
人口死亡	杀死	82 099	40 800	180 000	75 000	377 899
	受敌虐待伤病致死	70 000	60 000	52 000	150 000	332 000
	合计	152 099	100 800	232 000	225 000	709 899
敌抓走壮丁数		60 000	65 000	120 000	260 000	505 000

说明:
1. 本表系根据截至敌人投降后之不完整材料整理。
2. 反攻后新解放地区之在敌统治期之损失已计算在内。
3. 人口死亡数内不包括部队牺牲数目。
资料来源:本表系据中国解放区临时救济委员会编《晋察冀边区八年来敌伪烧杀抢掠统计表(1946 年 1 月 20 日)》中相关数据及该表附注 3 所记数据重编,原表载中国第二历史档案馆编:《中华民国史档案资料汇编》第 5 辑第 3 编,"外交",第 186—187 页,另见中国人民解放军档案馆藏,321-1949-7-35。

　　从上表中数据型制来看,似乎不完全是实地调查逐项累加所得,带有明显的估计数字的特征。这在抗战时期人口伤亡损失调查汇总中,较为常见。虽然我们敢于怀疑其并非是直接调查累加所得,但在没有进一步原始档案文献资料印证核实的情况下,却又无法从中分析出不可靠数据而排除之,因而只得将其当作历史的、原始的数字加以对待。毕竟,这些数字不论是估计也好,统计也罢,虽失之疏略,但其产生时间正在抗战结束后未久,较今天的我们更密切接近于损失发生的年代,当我们无法分析它时,便只好暂时尊重它作为历史数据的存在性,而不能因怀疑它的可靠性而将之弃而不用。

由于冀热辽区于 1946 年由晋察冀解放区中划出,故是年 4 月中国解放区临时救济委员会汇总各区抗战损失并于 6 月 30 日由董必武向国民政府行政院善后救济总署通报时,在晋察冀区抗战损失统计中,乃将冀热辽区原有各项统计数减去,则全区被敌屠杀及被虐待而伤病致死者,由 709 899 人减去冀热辽区之 225 000 人,为484 899 人,全区被敌抓捕者为 299 820 人,鳏寡孤者及伤残者391 749 人。[①]

冀热辽区抗战损失原来作为晋察冀解放区的一个行政区进行统计,于 1946 年 1 月 20 日晋察冀边区全面抗战 8 年损失统计表中,人口死亡数为 225 000 人,该数字主要是冀东区战时人口死亡数字,其中包含:1938 年大暴动被杀 10 000 人,1939—1942 年死10 000 人,1942 年第四次所谓"治安强化运动"死 15 000 人,第五次所谓"治安强化运动"死 35 000 人,热河集家并村死 30 000 人,1943年至敌无条件投降后死 10 000 人,合计为 75 000 人。再加上因敌集家并村、清剿、修碉堡、虐待病伤致死者 150 000 人,共计为225 000 人。[②] 1946 年 2 月下旬开始,冀热辽区作为一个独立的解放区统计抗战损失。是年 2 月 24 日,《解放日报》公布冀热辽区抗战损失统计数据,在人口伤亡方面,被敌杀死者,冀东区 68 214人。[③] 此数与《冀东八年抗战灾情损失统计》之"被杀人数"完全相

---

① 《中国解放区抗战八年中损失初步统计表》(1946 年 4 月),中国第二历史档案馆编:《中华民国史档案资料汇编》第 5 辑第 3 编,"外交",第 203 页。
② 《冀热辽八年来敌伪烧杀抢掠统计》,魏宏运主编:《抗日战争时期晋察冀边区财政经济资料选编·总论篇》,转引自章伯锋、庄建平主编:《抗日战争第 2 卷·军事》下,第 2598 页。
③ 《解放日报》,1946 年 2 月 24 日,第 2 版。

同,其中包括:地方干部3 175人,群众52 175人,兴青群众 12 464人;①热河被杀 45 345人,辽西被杀 10 030人。被敌伤残者,冀东计 7 540人,热河计 8 150人,辽西 2 210人。被敌抓走者,冀东为176 631人,此数亦同样与《冀东八年抗战灾情损失统计》数相同,热河为 144 383人,辽西为 59 280人。全区另有"贫苦无依之老幼及抗属共五万五千人……被强迫劳役的共一二七七二九人。目前急待救济的人数(即衣食住无法解决者):热河五九二九五四人,冀北一〇六二〇四四人,辽西二七六五四三人。衣食住缺一者,九百四十万人"。② 其后复经冀东区行署民政科搜集调查,统计冀东区战时人口死亡数为 24万人,被敌虐待残疾者 11 700人,因敌灾而患慢性病或因敌强奸而患性病者约 24 000人。③ 其所统计的 24万死亡人口于所辖 22县及 9个办事处属地分布情形见下表 4-7。

表 4-7　冀热辽解放区冀东区抗战八年敌灾所致人口死亡数统计表

县别	人口死亡数	县别	人口死亡数
三河县	4 300	平谷县	6 100
通县	1 500	顺义县	2 700
密云县	4 800	怀柔	4 600
密东办事处	2 800	顺西办事处	3 900
兴隆县	6 500	丰润县	14 350

①《冀东八年抗战灾情损失统计》,魏宏运主编:《抗日战争时期晋察冀边区财政经济资料选编·总论篇》,转引自章伯锋、庄建平主编:《抗日战争第 2卷·军事》下,第2598页。

②《解放日报》,1946年 2月 24日,第 2版。

③《民政科搜集材料》,魏宏运主编:《抗日战争时期晋察冀边区财政经济资料选编·总论篇》,转引自章伯锋、庄建平主编:《抗日战争第 2卷·军事》下,第 2600页。

县别	人口死亡数	县别	人口死亡数
蓟县	13 890	遵化县	12 900
青西办事处	13 400	迁西办事处	12 510
卢龙县	6 700	抚宁县	5 800
昌黎县	5 250	临榆县	6 190
青龙县	16 600	乐亭	3 500
滦县	7 800	滦南办事处	3 100
滦西办事处	7 200	丰南办事处	
玉田县	7 800	蓟南办事处	6 500
香河县	3 800	武清县	700
宝坻县	3 100	宁河县	3 300
合计	240 000		

资料来源:本表系据《冀东区八年来敌伪烧杀抢掠损失表(1946年)》所载相关数据重制,中国人民解放军档案馆藏,321-1949-7-35。

　　从表4-7中之数据显示出如此规整的情形看,这些数字也当是一种估计数,而不是实地调查统计数。且24万之数,已较1946年2月24日《解放日报》公布之数68 214人高出数倍。我们同样不能贸然怀疑该统计的真实性,因为根据特定情形进行估计以对某种事物状态进行宏观把握,本身也是一种为人常用且较可行的统计方法。结合日军对抗日根据地残酷烧杀的历史事实,我们毋宁相信这一统计在一定程度上反映了冀东地区人民的生命牺牲情况。若将此数合《解放日报》公布之热河、辽西人口死亡数,共计则为295 375人。随着调查统计的进行,在1946年4月中国解放区救济委员会的汇总表中,冀热辽解放区的人口损失数已由原来的225 000人,增至因被敌屠杀及虐待伤病致死354 468人,被致抓捕者388 172人,鳏寡孤独者241 500人。

合以上山东、晋绥、晋冀鲁豫、苏皖、晋察冀、冀热辽各解放区
之抗战人口伤亡数,加上中原解放区所报之死亡71 730人、被捕
100 340人和鳏寡孤独1 200人,7个解放区全面抗战8年中人口损
失总数为:遭敌惨杀及因被虐待伤病致死共计3 176 123人,被抓走
2 760 200人,鳏寡孤独及伤残者合计2 963 582人。其在7个解放
区的分布情形,在中国解放区救济委员会1946年4月编制的《中国
解放区抗战八年中损失初步统计表》中有明确显示,兹特摘其与人
口损失相关的各数据,重新编制成表4-8。

表4-8 中国解放区抗战八年中人口损失初步统计表(1946年4月)

项目	晋绥	晋察冀	冀热辽	晋冀鲁豫	山东	苏皖	中原	总数
被敌屠杀及被虐待而伤病致死者	153 800	484 899	354 468	976 125	895 387	239 387	71 730	3 176 123
被敌俘捕者	90 221	299 820	388 172	488 147	1 260 000	133 500	100 340	2 760 200
鳏寡孤独及肢体残疾者	101 773	391 749	241 500	780 210	1 267 833	179 317	1 200	2 963 582

说明:

1. 东北、陕甘宁边区,以及张家口、威海卫等城未统计在内。

2. 其他损失:d. 晋冀鲁豫——2 928 000 000个无代价的工作日,363 000位妇女被奸淫,其中有122 000人得传染病。

资料来源:本表据《中国解放区抗战八年中损失初步统计表(1946年4月)》重制,原表后附说明多项,以与人口损失无直接关系,从略。参见中国第二历史档案馆编:《中华民国史档案资料汇编》第5辑第3编,"外交",第200—204页。

表4-8中数据即是抗战胜利后直到今天人们所常提及的解放
区战后人口损失调查统计数据的源头。1946年6月30日,董必武
以中国解放区救济委员会主任名义,据此致函国民政府行政院善
后救济总署署长蒋廷黻,称:"中国人民在这次世界反法西斯战争
中,参加的时间最久,蒙受的苦难最深。在中国范围说来,解放区

人民所遭受的灾难与损失，则又远较中国其他地区为深为巨。中国解放区军民在得不到饷械接济的艰苦情况下，坚持了八年长时期的敌后抗战，抗击了在华日军的大部和几乎伪军的全部。由于解放区人民这种对敌斗争的无比坚决，所以敌人对我解放区的破坏与蹂躏也就异常残酷。在八年当中，敌伪对我解放区曾进行过无数次的'扫荡'与'清剿'。自一九四〇年以后，更施行所谓'杀光''抢光''烧光'的'三光'政策，制造所谓'无住地带'或'无住禁作地带'的'无人区'，使解放区人民受到了亘古未有的灾难与损失。根据晋察冀、山东、冀热辽、晋绥、晋冀鲁豫、苏皖、中原等七个解放区不全面的材料的初步统计，在抗战八年中，计被敌伪杀死或被虐待伤病致死者三百二十万人，被敌俘捕者二百七十六万人，现有鳏寡孤独残废二百九十六万人"，并称目前解放区尚有"二千六百万人之多成为无衣无食或无住的难民，他们饥寒交迫，疾病相连，急待救济。"①

　　需要特别说明的是，前文表 4-8 中所统计的人口损失数字，并不是中国共产党领导下的解放区战时人口损失的全部。因为在抗战胜利后，由于国内政治形势的影响，新四军等抗日武装由江南各地奉命主动渡江北撤，抗战期间曾经同样遭到日军疯狂进攻与烧杀的华南的广东、琼崖，华东的浙东、苏浙皖，华中的湘赣、鄂豫皖、皖中等解放区的抗战人口损失皆未包括在内。即使是作为被调查主体部分的华北诸解放区，其统计数也是不尽全面的。因为上表汇总时间在 1946 年 4 月，此后晋察冀、晋冀鲁豫等解放区救济分会等，直到 1948 年依然继续进行的抗战损失调查所得的结果，是无

---

① 《董必武报告解放区抗战损失致蒋廷黻函》(1946 年 6 月 30 日)，中国第二历史档案馆编：《中华民国史档案资料汇编》第 5 辑第 3 编，"外交"，第 200—204 页。

法被汇总入该表的。另如晋冀鲁豫 1946 年 5 月关于该解放区山东部分的损失统计,同样也未于上述汇总数字中体现。对于此前各解放区救济分会的调查统计结果,这张表也没有完全统计汇总无遗。如晋冀鲁豫分会 1946 年年初调查统计结果中有一项"灾荒死亡人口"86 万人,可能因为汇总者因其为灾荒所致,不把它看成是战争造成的直接人口损失,竟完全弃而不用。我们则认为,凡是与日本侵华战争直接相关的社会人口保有量的非正常减损,即是我们所指的中国抗战人口损失。战争期间,由于整个中国社会忙于抗日战事,物质财富消耗于战争,毁灭于战争,国民生存条件极端恶化,人口存在环境异常险恶,社会救灾能力与受害群体抗灾自救能力严重下降,当旱涝蝗疫之类的灾害发生时,其直接的恶果就会显现在社会人口的大量减损。战争状态下的人口因灾荒造成的损失,必然要较正常社会状态下灾害所造成的人口损失要大得多。因此,该项"灾荒死亡人口"与日本侵华及战争状态密切相关,不能完全将其忽略不计。如果说将 1945 年 5 月晋冀鲁豫区山东部分损失统计数据与表 4 - 8 各项数据合计汇总,可能与此前同区的调查统计之结果数据有所重复交叉而不尽合理的话,那么,经山东该部分统计与太行区损失统计合计印证的上述非正常死亡的 86 万人,则完全应该并入人口损失的死亡项总数之中。如此,则 7 个解放区 8 年间因战争造成的非正常人口死亡,亦即抗战人口损失,又可得出一个总数,即 4 036 123 人左右。

第四节 华北地区抗战人口损失的区域分布

我们在研究中国抗战人口损失调查与结果统计时,始终怀着两个主要的目标,或称作本书科研的两个重点任务,即构建统计或估计中国抗战人口损失的分区域、分主体的数据统计基础,并力争突破以往有关中国抗战人口损失表述中明显存在的笼统粗疏,得出中国抗战人口损失的具有资料基础或统计依据的总体性数字。因此,我们下面将尝试对中国解放区中华北地区的战后有关抗战人口损失的调查统计数字,按省份进行一定程度的分离,以考察解放区抗战人口损失的区域分布,也为我们后文分析中国抗战人口损失的结构与分布所用。当然,由于中国解放区中的晋冀鲁豫解放区、山东解放区等,是在根据地军民长期的对日抗战中随着战争局势的变化与自身的发展壮大而自然形成的,并不是人为的或有意识的按照当时国民政府官方颁行的各省行政区划而建设与分界的,战后各解放区的抗战人口损失调查与统计,也是依据各个解放区的空间区域确立各自的调查权责范围。所以,我们试图将其统计数据依据当时的行政区划进行分离,难度是非常大的。甚至,有的区域是根本分离不开的。而且,即使可以从中分离出部分省区的人口损失,其统计覆盖的空间范围,也与我们一般意义上的省、市之类的民国时期行政区划所属的空间范围,不可能尽相吻合。此项工作的意义,就是尽可能地细化中国抗战人口损失在某一方面的具体表现。但由于资料的限制与数据的整体性,我们不可能奢望将所有的省份从其中分离出独立的、可信的抗战人口损失数据。

所以,我们说,这一工作只能算是尝试性的。如果我们希望利用战后解放区抗战损失调查所得结果,对华北数省战时人口损失数据进行分割的话,就前文中所据资料与数据来看,山东省的抗战人口损失数据是最有可能被简单地分离出来的。因为 1945 年 11月 1 日成立的中共山东省政府所辖山东解放区,与晋冀鲁豫解放区山东部分不仅在管辖的空间地域上无交叉重复的地方,且两块解放区所进行的抗战损失调查与人口损失统计结果,也同样没有重复之处,这一点可由中国解放区救济委员会在汇总表中将山东解放区与晋冀鲁豫两个解放区的统计数字并列而不冲突这一事实得到证明。同时,抗战胜利后,山东省全区域除胶济路、津浦路沿线狭长地带及少数的城市外,几乎全部为上述两部分覆盖。因此,我们合晋冀鲁豫山东部分和山东解放区关于抗战人口损失的调查统计结果,则在很大程度上可以反映山东省抗战期间的人口损失的基本情况,即人口非正常死亡达 1 830 215 人,伤残者1 632 985 人,被敌抓捕及失踪者共 1 485 603 人,因敌灾患病者194 409 人,鳏寡孤独者2 300 000 人。当然,因为毕竟还有铁路沿线狭长地带和少数大城市不在中国解放区民主政权控制之下,所以其调查与统计覆盖范围也就未必能及于此,那么上面这组合计数字,也权且算是山东省抗战期间人口损失数字的最低限数,亦可简记如下表4-9。

表4-9　山东省抗战人口损失合计表

损失情形	人数	备注
死亡	1 830 215	
伤残	1 632 985	
被敌抓捕及失踪	1 485 603	
敌灾患病	194 409	
鳏寡孤独	2 300 000	

资料来源:本表据前文《表4-1:八年抗战中山东解放区人口损失及灾民统计表》和《表4-5:冀鲁豫区山东部分八年抗战损失统计表》数据合计重制。

到抗战胜利之际,华北各大解放区得到迅速扩大,几乎连成一片,中国共产党领导下的民主政府实际控制着华北除各主要铁路干线两侧狭长地带及数量不多的城市之外的广大地区,所以,战后中国解放区各区民主政权或救济分会所主持实施的抗战损失调查,对华北地区各省的覆盖率是很高的。如果我们从前述 7 个解放区之人口损失总数中减去相对可以独立出来的山东省人口损失统计数、苏皖及中原两个解放区人口损失统计数,再设法减去晋冀鲁豫解放区中河南省部分的人口损失数,其余者便只剩下晋绥、晋察冀、晋冀鲁豫的晋冀部分、冀热辽区域的人口损失数,大致即是除山东、河南两省之外,含山西、河北、热河、察哈尔、绥远等省及辽西地区在内的华北地区的抗战人口损失数,其覆盖区域大约相当于今河北、山西、内蒙古自治区中南部地区和辽宁西部部分地区,而这一大块区域的抗战人口损失,恰是我们前文中逐省考察估计各地人口损失时,未曾顾及的空间范围。

　　河南省黄河以北的豫北 25 县,抗战期间在中华民国行政区划中属于河南省第三、第四区。在晋冀鲁豫解放区中,豫北地区属于太行行政区第四、五、六专区,另有少部分属于冀鲁豫行政区。国共双方在该地区皆设有县治,但具体的行政区划及县的设置·差别甚大。抗战胜利后,国民政府河南省抗战损失调查委员会在全省展开调查,调查范围也曾涵盖其第三、第四区,即豫北 25 县,于人口损失方面,据我们前文中关于河南省抗战人口损失调查部分所引用的统计资料显示,这一区域人口因战争而死亡者计 513 352 人,伤者 127 762 人,逃亡者 1 619 508 人。① 统计显示,豫北地区抗战期间所遭受之人口伤亡于河南省中为最严重。在晋冀鲁豫解放区太行区的调查中,其四、五、六专区 21 县的统计,基本上皆为豫北地区损失,合三区之战时人口损失计算则为:人口被敌杀死者共

---

① 此处数据系据前文《表 3 - 14:河南省各行政区人口受灾损失统计表》中第三区、第四区数据累计所得。

计 65 918 人,因战灾而病饿死者计 422 213 人,被敌杀伤者计
32 727 人,被敌抓捕者计 48 461 人,合其中死亡两数,则人口直接
因战争原因而非正常死亡者计 488 131 人。① 若再加上冀鲁豫行政
区内所含的豫北一小部分县的人口损失,再考虑到平汉线沿线狭
长地带的人口伤亡,则关于豫北地区的战时人口伤亡,国共两方面
的调查统计结果,彼此间还是非常接近的。

　　将上文中所涉及数据综合考察,则晋冀鲁豫解放区战时人口
损失情况为:人口因战争而死亡者计 1 836 125 人,其中直接惨死于
日伪屠杀者达 73.2 万人,因敌灾摧残及冻死饿死者共 24 万余人,
因天灾等原因死亡者 86 万人。取战后河南省抗战损失调查委员
会调查统计中所记河南省第三、第四行政区的调查统计结果,作为
晋冀鲁豫解放区河南省部分的人口损失数据,并取 1945 年 5 月汇
总的晋冀鲁豫解放区山东部分人口损失数据,各从 7 个解放区部
数中减去,余 392 372 人,即晋冀鲁豫解放区之河北、山西省部分之
人口损失的最基本数字。合此数字及晋绥、晋察冀以及冀热辽解
放区的统计,则于山东、河南两省之外,又可得出含山西、河北、热
河等省及察哈尔、绥远及辽西部分地区在内的华北地区的抗战人
口损失的基本数字,即直接因战灾而非正常死亡人口数合计为
1 385 539 人。又将晋冀鲁豫解放区中被敌俘捕数,据前表 4 - 5 将
山东部分流亡失踪及被抓壮丁二项合计数 225 603 人减去,则余
252 544 人;再将晋冀鲁豫全区鳏寡孤独数同样据表 4 - 5 将山东部
分遭敌枪伤拷打致残数减去,则余 758 108 人;以河南省人口损失
不计失踪数及鳏寡孤独数,只记伤者 239 939 人,国民政府河南抗

---

① 此处数据系据前文《表 4 - 14:抗战期间太行区人口损失统计表》中第四、五、六专区数
　据累计所得。

战损失调查中记豫北三、四两专区受伤数为 166 150 人,晋冀鲁豫解放区太行区抗战调查记第四、五、六专区被敌杀伤及抓捕者共81 188 人,较国民政府方面调查结果少 84 962 人。晋冀鲁豫解放区调查数系据根据地民主政权调查而来,此处暂不以为据。将太行区调查所得第四、五、六专区被敌杀伤数 32 727 人及被抓数48 461人,再由晋冀鲁豫区被俘数及鳏寡孤独肢体伤残两数中分别减去,则此两项数字分别余 204 083 人和 725 381 人,此两项数字分别为晋冀鲁豫区去除山东和河南省部分所余的被敌抓捕数及鳏寡孤独肢体残疾数。合晋绥、晋察冀、冀热辽被敌捕俘及鳏寡孤独两数,则得晋冀热察绥辽地区被敌捕俘数为 982 296 人,鳏寡孤独及肢体残疾者为 1 460 403 人。

　　这样,我们利用中国解放区救济委员会和各分会的抗战损失调查结果,并结合国民政府方面有关河南省抗战损失调查统计等数据,把华北地区抗战人口损失数字进行了初步的、简单的分离,即河南省取本书前文第三章中有关对该省抗战人口损失调查的考察所得数字,全省战争造成之直接人口死亡 1 126 954 人,灾荒所致死亡人口约 300 万人,则可当抗战间接人口损失计之,合此两项不计伤残,则在整个抗战期间,河南省人口损失至少在 412 万人左右;山东省战时人口损失 1 830 215 人,伤残者 1 632 985 人,被敌抓捕及失踪者共 1 485 603 人,因敌灾患病者 194 409 人,鳏寡孤独者2 300 000 人。含冀、晋、热、察、绥、辽西在内之华北地区人口损失,因为可资利用的数据的缺乏,目前无法作进一步的分割。其数字约为:人口损失数为 1 385 539 人,被敌捕俘数为 982 296 人,鳏寡孤独及肢体残疾者为 1 460 403 人。上列各项数字,互相之间都是相对独立的,没有交叉或重复部分。我们在后文讨论中国抗战人口损失空间即地域分布时,将会对这些数据再加以分析。至于苏皖解放区的统计数,我们已在前文中考察江苏和安徽两省抗战人口损失时进行过参考,而该两省的人口损失情况,也已在前文分别讨论过,且作过整体的估计,其中也包括了苏皖解放区内两省的人口损失之统计数据。中原解放区的统计数,其所及区域已于前文按省份进行过估计,所以中国解放区救济委员会的统计数据,作为局部区域的数字或省份的区域统计数字,我们可将之当作考察华中地区诸省人口损失的一项参考,即它显示了华中具体的、特定的区域内的抗战人口损失情况,但当我们按省为单元分析中国抗战人口损失的空间分布时,这项数据将被各省的统计数或估计数所替代,同时也会被包含在内。

第五章　抗战军人伤亡损失调查统计

　　抗日战争是中国军民捍卫国家领土完整与主权独立、争取民族解放与复兴的一场伟大斗争，同时也是世界反法西斯战争的重要组成部分，在极为困难的条件下坚持了整整 14 年之久，终于，中国人民与世界爱好和平的人们，取得了正义对抗邪恶的最后胜利，捍卫了人性的尊严。中国人民将日军逐出国门，取得了百年以来反抗外国侵略者的最完全的胜利，终结了中华民族自第一次鸦片战争开始的沉沦，开启了中华民族走向振兴的全新历程。但是，在抗战期间，中国军民在与侵华日军进行生死搏斗，给侵略者以沉重打击的同时，自身也遭到惨重的生命牺牲与财产损失，这是举世公认的事实。但如果我们一直局限于用一些笼统的说法来定忹却不能定量地说明中国抗战损失的话，不得不说是一件令人遗憾的事情。因为粗疏与笼统既不能深刻揭露日本侵华战争给中国社会带来的巨大灾难，也难以让人们直观准确地认识中国人民为取得世界反法西斯战争胜利所付出的巨大牺牲，同时，这种习惯性的疏略性的表达，也毫无掩饰地显示出抗日战争史研究领域内存在的重大缺憾。仅限于本书讨论的主题，即抗战时期中国人口损矢的有关问题，诸如中国抗战人口损失数量、结构分布等方面，虽自抗战时期以迄于今,学术界一直在试图努力解决其中的主要问题,改变疏略笼统的情况,但在战后至今,这一情况却并未得到较大改善,还一直表现为笼统估计、大而化之的状态,缺乏细致的、分区域的、令人信服的考察。这样的笼统估计,其结果往往会遭到人们的质疑。本书的研究初衷之一就在于希望通过细致的考察与估计,构建估计中国抗战人口损失的相对具体的分区域和分主体的数据基础。至于我们能做到哪一步,既局限于对资料的把握,也受限于笔者的研究能力和研究方法的合理与否。古人说"成败利钝,在所不计",从某种意义上讲,我们在做这项研究时,也经常会发出这样一种感慨。

在前文中,我们已经考察了抗战时期侵华日军的烧杀淫掠等各类型的残暴罪行给中国人口发展所造成的恶劣影响,以及部分具体省份和区域的抗战人口损失。下面,我们将继续考察前文中尚未涉及的、作为中国抗战人口损失重要组成部分的中国抗日官兵的人口损失,以及其他一些具体方面的战时人口损失情况,以为后文总体估计中国抗战人口损失并分析其结构与分布的数据基础。

前面我们所考察省份、地区战时人口伤亡中,皆未包含中国抗日官兵人员的伤亡损失。因为在战后抗战损失调查中,不论是国民政府内政部抗战损失调查委员会等机构主持下的调查,还是中国解放区救济委员会主持的对各大解放区的调查,所形成的调查统计资料,在人口损失方面,都只限于一般平民的损失伤亡情况,抗日武装部队官兵的伤亡情形皆未计入。中国抗日官兵的人员伤亡损失,与平民人口损失一样,是抗日战争时期中国人口损失重要而直接的组成部分。与战时平民人口损失之普遍而惨重一样,中国抗日官兵因处在抗击侵略者战场的第一线,每天都面临着敌人的枪林弹雨,笼罩在死亡与伤残的威胁之下。他们是保家卫国的勇士,也是遭受人员伤亡损失最直接最惨重的群体。在全面抗战期间,中国军人不可避免地遭到十分惨重的人员损失。

更直接地说,战争必然造成人口损失。军人处于战争的最前线,军人的鲜血是战争的最直接成本,古今中外,概莫能外。与平民战时伤亡情形之复杂、战后调查之艰难、数据统计之缺失不全有所不同的是,不论是正面战场抗战军队官兵,还是中国共产党领导下的抗日民主武装部队,因为军事系统所特有的组织的严密、对命令响应执行的及时与严格,每一场大的会战、小的战斗等对敌作战军事行动所直接造成的伤亡,以及其他各种因素造成的军人病残、失踪、缺员等情况,都会有相对准确且及时的报告与记录。因此,相对于研究中国战时平民之人口损失的困难与不确定而言,中国抗战军人人员伤亡损失则历历在案,通过文献、档案资料,基本将数字与构成弄清楚的难度要小得多。下文中,我们将利用战时军队系统查报形成的资料,对抗战时期敌后战场上中国共产党领导下的抗日民主武装部队官兵和正面战场上国民党抗日部队官兵人员伤亡情形,分别进行考察。

第一节　抗日民主武装部队官兵伤亡统计

抗日战争时期,中国共产党领导的抗日民主武装部队在华北、华中和华南等广大地区,深入开展抗日游击战争,开辟了与国民党抗日正面战场互为战略配合的敌后战场,不仅直接给侵华日军以沉重打击,同时也牵制了日军很大一部分主力,有力地支援了国民党正面战场的抗日作战,为中国人民的抗日战争和世界反法西斯战争取得最终胜利,作出了卓越的贡献。同时,中共抗日武装部队也与国民党抗日部队一样,在对敌作战中遭到重大的人员伤亡。中国共产党领导下的抗日民主武装部队战时人员伤亡损失,主要包括八路军、新四军、华南广东及琼崖抗日游击队的对日作战伤亡。

　　中共中央军事机关一直十分重视对抗日武装部队损失情况的调查和统计,八路军、新四军等抗日部队也都在不同时期,或在不同阶段对日作战之后,对所属部队作战成绩及官兵伤亡情形及时作出总结,并随时上报中共中央军事机关或国民政府军令部。《解放》《八路军军政杂志》等刊物也都经常刊登有关中共抗日部队历年对敌战绩总结及伤亡统计等。如1938年7月1日,朱德撰文《八路军抗战的一周年》,总结了八路军全面抗战一年来的战绩及经验教训,同时也在文中披露一年来八路军抗日官兵伤亡达"二万数千人",其中"有七千多的共产党员"。[①] 同年7月23日,萧向荣撰文《一一五师献给抗战一周年的礼物》,对八路军一一五师全面抗战一周年的战绩进行总结,同时也在文中披露该师一年间"牺牲于战场者有二千零四十八人(在医院中牺牲的尚不在内),负伤有三千七百八十六人,合计为五千八百三十四人"。[②] 另如1939年3月10日,叶挺、项英即曾向国民政府军令部报告了新四军自参加对日作战迄于1939年1月的伤亡情况。

　　全面抗战第二周年的人员伤亡情况,据萧向荣著《八路军新四军抗战两年来的战绩》记载:"根据八路军主力部队进入华北参加抗战两年来的战绩统计(新四军在外),毙伤敌军达八万零五百余人(俘虏敌伪军一万名尚在外),而我之伤亡则为五万六千余人,敌我伤亡为一点四与一之比……又据新四军去年作战的统计,从参加战斗至去年年底的六个半月中,我军共伤亡六百六十四人……再据晋察冀军区的统计,自一九三七年一月军区成立至本年五月三十日止,全军区共毙敌二万八千四百余名,我伤亡为一万零四百

① 《解放》第43、44期,1938年7月1日,第47页。
② 《解放》第46期,1938年7月23日,第14页。

余名(中毒者除外)。"①贺龙也曾于全面抗战两周年之际撰文总结第
一二〇师的战绩,对该师的官兵伤亡进行统计,指出:"计两年来的血
战中,前仆后继,壮烈牺牲,丧失了我们不少勇敢有为的优秀干部与
战士,负伤者达一万零一百名(内有中共党员六千五百六十五人),阵
亡者达四千三百五十八名(内有中共党员二千八百三十二名)。"②

　　1940 年 7 月 5 日,在全面抗战第三周年之际,朱德报告称中共
抗日部队三年来共计伤 9.1 万余人,亡 3.65 万人。③ 又据萧向
荣所记,截至1940 年 5 月 8 日,全面抗战近三年来仅八路军的伤亡情
形为:伤 57 838 人,阵亡 36 602 人,伤合计为 94 440 人。其于抗战
以来历年分布情形约如表 5 – 1 所示。

表 5 – 1　抗战三年来八路军官兵伤亡统计

类别	第一年	第二年	第三年	统计
负伤	17 726	20 086	20 026	57 828
阵亡	8 260	7 356	20 811	36 602
统计	25 986	30 437	40 837	94 440

注一:此外尚有中毒官兵 30 475 人;
注二:在医院中因伤致死的尚未计入;
注三:八路军领导下之地方游击队的伤亡未计入;
注四:此统计是从民国二十六年九月起,至民国二十九年五月八日止的。
　资料来源:萧向荣《抗战三年来八路军的英勇战绩》,《解放》第 111 期,1940 年 7 月
16 日,第 31 页;又见《八路军军政杂志》第 2 卷第 7 期,1940 年 7 月 25 日,第 46 页。

　　彭德怀在《三年抗战与八路军》一文中,也对八路军三年作战
战绩与伤亡进行了统计,据其所记,从 1937 年 9 月起至 1940 年 5

----

①《八路军军政杂志》第 6 期,1939 年 6 月 25 日,第 123—124 页。
② 贺龙:《一二〇师抗战两年来的总结》,《八路军军政杂志》第 7 期,1939 年 7 月 25 日,
　　第 11 页;另见《解放》第 79 期,1939 年 8 月 5 日。
③ 朱德:《为争取抗战最后胜利而奋斗》,《新中华报》,1940 年 7 月 5 日,第 10 版。

月 30 日止，八路军阵亡官兵 36 492 人，负伤 60 838 人，中毒者 10 475 人，①伤亡两项合计为 97 330 人。此外，在一些具体阶段的对日作战结束后，中共抗日部队也即对作战成绩及伤亡情形进行总结。如 1940 年 8 月 20 日起发动的百团大战，至 9 月中旬止完成第一阶段作战任务。9 月 14 日，第十八集团军总司令部野战政治部即对百团大战战绩进行初步总结。关于八路军在这一战役中的伤亡情形，其统计为：阵亡官兵 987 人，伤 3 204 人，中毒 1 310 人，失连络者 31 人。② 至 12 月 10 日，第十八集团军野战政治部再次公布《百团大战总结战绩》，但未记八路军人员伤亡情况。③

　　1941 年 7 月 7 日，在全面抗战四周年之际，朱德撰成《八路军新四军抗战第四周年》④一文，陈毅也撰成《四年抗战与新四军现状》一文⑤，此外还有相关军事机关发表的《十八集团军抗战四周年战绩总结》、萧向荣所著《从几个统计上来看八路军的战绩》⑥《新四军抗战来光荣战绩（1938.5 至 1941.5）》⑦等。但有一个十分有趣的现象是，上列几篇文章，对八路军、新四军在抗战第四周年内的战绩统计得非常详细，但又都无一例外地不再记录八路军及新四军的人员伤亡损失统计情况，其间似乎存在着一种默契，也颇令人费解。在整个全面抗战 8 年间，中共军事机关在抗战周年纪念之际没有公布抗日民主武装部队官兵伤亡损失人数者，仅此一年。

① 彭德怀：《三年抗战与八路军》，《解放》第 118 期，1940 年 11 月 1 日，第 18—19 页。
② 第十八集团军总司令部野战政治部：《"百团大战"战绩初步总结》，《八路军军政杂志》第 2 卷第 9 期，1940 年 9 月 25 日，第 105 页。
③《八路军军政杂志》第 2 卷第 12 期，1940 年 12 月 25 日，第 114—117 页。
④《解放》第 131、132 期，1941 年 7 月 7 日，第 4—7 页。
⑤《八路军军政杂志》第 3 卷第 8 期，1941 年 8 月 25 日，第 4—11 页。
⑥《八路军军政杂志》第 3 卷第 7 期，1941 年 7 月 20 日，第 15—27 页。
⑦《八路军军政杂志》第 3 卷第 8 期，1941 年 8 月 25 日，第 4—11 页。

从 1942 年起，每逢 7 月 7 日抗战周年纪念日，《解放日报》都会公布一周年内中共抗日部队伤亡情况，直到 1945 年 7 月 7 日。其各年所公布的八路军、新四军等抗日武装部队的人员损失情况，除1945 年数字外，大体与 1944 年 6 月 22 日第十八集团军参谋长叶剑英与中外记者参观团谈《中共抗战一般情况的介绍》时所引用的抗战第五、六、七三次周年数相同。叶剑英的此次谈话，较详细地介绍了全面抗战 7 年来八路军、新四军历年战绩，其中有一项专门对抗日官兵历年伤亡进行统计，今亦据之编制成表 5－2。

表 5－2　1937 年 9 月至 1944 年 5 月八路军、新四军官兵伤亡统计

周年	时间	伤		亡		合计
		八路军	新四军	八路军	新四军	
一	1937 年 9 月至 1938 年 5 月	8 107		4 432		12 539
二	1938 年 6 月至 1939 年 5 月	31 031		15 048		53 479
三	1939 年 6 月至 1940 年 5 月	32 175	36 637	17 012	22 448	49 187
四	1940 年 6 月至 1941 年 5 月	38 384		21 384		118 853
五	1941 年 6 月至 1942 年 5 月	40 813	10 856	23 034	6 745	81 448
六	1942 年 6 月至 1943 年 5 月	18 107	8 412	11 378	7 617	45 514
七	1943 年 6 月至 1944 年 5 月	17 976	9 015	10 934	8 058	45 983
总计		186 593	64 920	103 222	44 868	399 603
		251 513		148 090		
附记	1. 八路军阵亡总数中，团以上干部 409 名；2. 新四军阵亡总数中，团以上干部 146 名；3. 抗战第二至第四周年新四军伤亡数于合计时计入抗战第四周年；4. 八路军之总计数为笔者重新计算，与原统计总数不合，原表分别为伤186 593，亡 103 186，误。					

资料来源：本表据《中共抗战一般情况的介绍——1944 年 6 月 22 日第十八集团军参谋长叶剑英与中外记者参观团的谈话》文中所附《八路军各周年的战绩统计》及《新四军七年来各周年的战绩表》二表中相关数据重新编制。原文载《解放日报》，1944 年 8 月10 日，第 4 版。

此外，抗日根据地军区、军分区也都对本区域内对日作战战绩及历年官兵伤亡进行过总结和统计。如晋察冀军区曾在抗战末期，对 1937 年 11 月至 1945 年 5 月间该军区抗日部队伤亡统计为：负伤 52 280 人，阵亡者 29 359 人，伤亡合计 81 639 人。① 又如中共鲁南区曾对本部 1941 年至 1945 年历年战绩及伤亡官兵作过统计，其中主力部队官兵伤亡情况为：1941 年伤 333 人，亡 138 人，合计 471 人；1942 年伤 318 人，亡 85 人，合计 403 人；1943 年伤 633 人，亡 362 人，合计 995 人；1944 年伤 782 人，亡 233 人，合计 1 015 人；1945 年伤 2 495 人，亡 588 人，合计 3 083 人。② 地方武装官兵历年伤亡情形则为：1942 年伤 83 人，亡 34 人，合计 117 人；1943 年伤 25 人，亡 47 人，合计 72 人；1944 年伤 237 人，亡 148 人，合计 386 人；1945 年伤 354 人，亡 195 人，合计 449 人。③ 以上合计负伤官兵共 5 260 人，阵亡者共 1 830 人，伤亡合计为 7 090 人。这些数字虽然在我们考察汇总中共抗日官兵战时伤亡总数时没有直接利用，但它们恰恰反映了具体区域内、具体年份内抗日官兵们的伤亡情况，这些人员损失，经过根据地各机关层转汇报，最终也都体现在中共武装部队抗战人口伤亡统计之中。

另据 1945 年 10 月出版的《群众》第 10 卷第 13 期所公布的《八路军、新四军及华南抗日纵队抗战以来战绩》的统计，从抗战开始至 1945 年 3 月，中共抗日武装部队官兵负伤者计 285 669 人，阵亡者 161 067 人，伤亡合计为 446 736 人。这一统计中，尚不含华南抗日部队 1943 年以前之伤亡数字。④

从上文所引各项统计看，叶剑英 1944 年 6 月 22 日谈话所引历

① 《晋察冀军区抗战八年战绩统计》，中国人民解放军档案馆藏，311 - 1945 - 4 - 7。
② 《鲁南部队历年来战绩统计（主力部队）》，中国人民解放军档案馆藏，183 - 1945 - 6 - 10。
③ 《鲁南地方武装历年战绩统计》，中国人民解放军档案馆藏，183 - 1945 - 6 - 10。
④ 《解放区各项统计：八路军、新四军及华南抗日纵队抗战以来战绩》，《群众》第 10 卷第 13 期。转引自章伯锋、庄建平主编：《抗日战争第 2 卷·军事》下，第 2372 页。

年统计数,较为具体完整。唯其缺全面抗战第八周年的数字。1945
年 7 月 7 日,《解放日报》以《八路军、新四军及华南抗日纵队抗战八
周年主要战果》为题,公布了全面抗战第八周年中共军队抗战情况:
在全面抗战第八周年里,中共抗日武装部队官兵伤亡损失情形为,伤
37 759 人,亡 14 310 人,合计 52 069 人。[①] 若以此数字与前引叶剑英
所谈数字相累加,则即得伤 289 272 人,阵亡者计 162 400 人,伤亡合
计 451 672 人。此数较《群众》1945 年 10 月公布的数字稍高一些,因
为按照惯例,中共于七七纪念日所公布的部队伤亡数,一般统计周年
起讫日期为上一年 6 月至当年 5 月,合叶氏谈话与《解放日报》1945
年 7 月 7 日公布数之和,则正较《群众》的统计数多出 1945 年 3 至 5
月的统计数字。另据中国人民解放军档案馆藏《抗日战争八年敌我
兵力损失统计》表所记,抗战期间中共部队伤亡情形如表 5 - 3 所示。

表 5 - 3　抗日战争八年中共军队官兵损失统计

项别	人数
负伤	290 000
阵亡	160 000
被俘	46 000
失踪	87 000
合计	583 000

资料来源:本表系据中国人民解放军档案馆藏《抗日战争八年敌我兵力损失统计》
表中相关数据摘要重制,档案编号:2 - 1945 - 23 - 10。

　　从表 5 - 3 中伤、亡两项数据看,显与我们上文中通过将叶剑英
1945 年 6 月 22 日谈话所引数字与 1945 年 7 月 7 日公布数相累加
所得结果极为相近,故可以推测上列档案统计表中伤、亡两项数
字,亦来源于此,唯从表中所列数据型制看,为去零求整之计,而以

[①]《解放日报》,1945 年 7 月 7 日,第 1 版。

约数入表。但该表中提供了"被俘"与"失踪"两项数字,却是在前文所列举的其他原始材料中未曾记录或公布的,我们可以将其合入损耗总数中。

此外,中国共产党领导下的抗日民主武装部队对日作战一直持续到 1945 年 10 月中旬止。在上述各统计中,既缺 1945 年 6 月至 8 月中旬日本宣布投降这一期间对日作战伤亡数,也缺日本投降后至 1945 年 10 月中旬两个月左右的对日作战伤亡数。据 1946 年 2 月编制的《抗战以来我军伤亡统计》表中所记,日本投降后中共军队对日作战伤亡情况为:伤 17 409 人,阵亡 8 912 人,合计 26 321 人。我们也应将此数合入整个抗战期间的中共抗日武装部队官兵伤亡总数之中。

合上项各数,总计可得出抗日战争期间,中国共产党领导的敌后抗日武装部队官兵的损失总数,即阵亡官兵合计 171 312 人,负伤官兵计 306 681 人,则又可编制中共抗日武装部队抗战期间人员伤亡损失统计如表 5 - 4。

表 5 - 4　中共抗日民主武装部队官兵伤亡损失统计表
(1937 年 7 月—1945 年 10 月)

项别	人数
负伤	306 681
阵亡	171 312
被俘	46 000
失踪	87 000
合计	610 993

资料来源:本表据前文表 5 - 2、1945 年 7 月 7 日《解放日报》所载《八路军、新四军及华南抗日纵队抗战八周年主要战果》、中国人民解放军档案馆藏《抗战以来我军伤亡统计》(1946 年 2 月)中数据汇编制成。

从上表中数据来源看,它包括了中国共产党领导的八路军、新四军、华南抗日纵队等抗日民主武装部队在全面抗战期间及日本宣布投降至 1945 年 10 月间的对日作战人员伤亡、被俘、失踪等方面的损失情况,但上列各项资料在公开发表时或调制时,都未明确说明其是否包括东北地区 14 年沦陷期间抗日民主武装部队的人员伤亡情况。在上表的这一组数中,有被俘者 46 000 人,以日军一贯的不收容战俘的恶劣行径,对此 46 000 名官兵,我们即便不能武断地认为尽数遭敌杀戮,但其中绝大多数必定惨死于日军屠刀之下。另有不少人则会被强加以战俘、"匪谍"名目,或"特别输送"给侵华日军细菌战部队做人体试验,或被强制输入日军占领区和日本国内的厂矿企业或军事工程中,从事强制工军,其能得以生还的可能性也极微小,以其比例不好确定,我们暂保守地估计其中一半死亡,即 23 000 人。至于失踪者 87 000 人,该数当系中共军事机关历年据部队实际人数核算,又无法确定其生死者。对于该项人数,我们暂可以上列官兵伤亡人数之比将其分割,中共抗日官兵伤与亡比例约为 1.8∶1,亦即 9∶5,以此比例分割上列失踪数,则估计其中死亡者为 31 071 人,负伤未能归队者为 55 929 人。再以此诸数合上列伤亡各数,则又得阵亡官兵为 225 383 人,负伤官兵为 362 610人。再合以未确定生死被俘官兵 46 000 人的半数即 23 000 人,以上各数总计即上表合计项数 610 993 人。胡绳在其主编的《中国共产党的七十年》一书中曾经提到,抗战期间"共产党领导的军队伤亡 60 余万"[1],以上列各项数字观之,可谓合若契符。

---

[1] 胡绳主编:《中国共产党的七十年》,北京:中共党史出版社 1991 年版,第 238 页。

第二节　正面战场抗日官兵伤亡统计

抗战期间,在持续不断地对日军作战过程中,正面战场国民党抗日部队官兵同样受到惨重的人员伤亡损失。

对于军事机关抗战损失的调查统计,国民政府抗战损失调查机关、军事委员会政治部、司令部或战后的国民政府国防部等机关,不论是在战争期间随时调查与记录,还是在战后进行普遍的损失调查时,一直都比较重视。正如我们在前文讨论中国抗战损失调查工作的实施时所多次提到的,国民政府对于军事机关的抗战损失的调查与汇报,向有明文规定。1939 年 7 月 1 日国民政府行政院颁行《抗战损失查报须知》时,在"人口伤亡查报方法"中明确规定,伤亡将士"由军政部督同各部队调查"。1941 年 7 月颁布的《修正抗战损失查报须知》及 1944 年 8 月 11 日由行政院抗战损失调查委员会修正通过的《抗战损失查报须知》中,也都有相同规定。抗战胜利后,不论是内政部抗战损失调查委员会主持的调查工作,还是外交部负责主持的对日索赔工作会议,在讨论军事机关损失和人员伤亡损失时,也都明确规定其调查业务归军事机关和各部队负责办理。基于此种规定,1940 年 9 月 30 日,国民政府军事委员会政治部(即军政部)以"统字第 42 号"代电,称"本部奉令调查九一八以后,我抗战在军事上所受之损失",要求所属各机关遵照切实办理。① 为此,军政部曾制订《军事机关抗战损失查报须知》,颁发各机关及所属抗战部队,要求其遵照查报。1943 年 7 月 27

---

① 《国民政府军事委员会政治部训令〔秘统(卅四)字第 344 号〕引》(1945 年 10 月 25 日),中国第二历史档案馆藏,772/614。

日，蒋介石以"侍秘字第 1867 号"代电要求各机关："战后外交问题，亟应于战时调查研究，此项工作关系国家主权，至为重要。各有关机关，各就其主管部分，负责研究，切实办理，提供资料，并各自定期提出初步报告，但最迟不得超过六个月，必须汇报一次。"10月 21 日军政部复以"总渝（卅二）字第 011 号"训令，再次抄发《军事机关抗战损失查报须知》，要求各军事机关及所属各抗日部队，"于文到一月内"，饬所属各部队查报填造，并得"于文到十日内，提出初步报告，送由本部总务厅汇转，以后并须于每六个月查报一次，至部外各级单位，关于抗战损失之查报，并应由各主管厅分别负责汇办。再送由总务厅汇转"。① 12 月，军政部以迄未收到各机关查报资料，又以"总渝（卅二）第 016 号"代电要求各机关依照前项训令，"按照前颁发之军事机关查报须知，迅速提出初期报告"。②

1944 年 12 月 6 日，军政部以所属机关在上项训令颁布后，"乃时逾一年，各单位对于查报办法尚有未能明了者，其已填报之表格，亦多与规定不合"，复以"总统（卅三）字第 99 号"训令，拟定军事机关抗战损失查报补充办法三项："（一）查报范围仅以本部及所属各级政训单位本身之损失为限。他如部队或地方机关之损失，以非本部主管范围，不必代为查报；（二）各种损失查报，系照损失发生之时期，分别年度列报，盖以币值年有不同，合并数年之损失数字填报，殆无价值也；（三）物品损失之价值，均依照购买时之价值折合计算，切不可将过去之损失折合现在之价值填报。"要求所属机关遵照办理，同时强调："尚未填报或已填报而未合规定者，并

---

① 《国民政府军事委员会政治部训令〔总渝（卅二）字第 011 号〕》（1943 年 10 月 21 日），中国第二历史档案馆藏，772/614。
② 《国民政府军事委员会政治部代电〔总渝（卅二）第 016 号〕》（1943 年 12 月□日），中国第二历史档案馆藏，772/614。

仰于文到两星期内遵照查明具报,毋得再延为要。"①抗战胜利后,中国抗战损失调查工作在全国范围内普遍展开。军政部以所属各军事机关历次所报的"将士私人财产损失,所报表式零碎不齐,难以统计",遂又于 1945 年 10 月 25 日以"秘统(卅四)第 344 号"训令,"特印制该项损失报告单式样及物价指数表各一份,随电附发",强调"抗战损失查报事关战后赔偿问题,自应从速照办",以"期限迫切",要求各机关"务希于文到半月内汇齐送部","以凭汇送"。②

　　在 1941 年 3 月 24 日至 1945 年 5 月 25 日期间,何应钦曾以参谋总长身份代表国民政府军事委员会在国民党五届八中全会、五届九中全会、五届十中全会、五届十一中全会、五届十二中全会及国民党第六届全国代表大会上作军事报告,在历次军事报告中,都有相应篇章报告抗战开始迄于报告时国民党军队的人员伤亡统计、兵员增补训练等情形。如在 1941 年 3 月 24 日至 4 月 2 日召开的国民党五届八中全会上的《军事报告》中,列有《附表四十:国军抗战官兵伤亡统计表》;在 1941 年 12 月 15 日至 23 日召开的国民党五届九中全会上的《军事报告》中,列有《抗战以来各战区兵员补充人数统计表(1937 年 9 月至 1941 年 8 月)》(附表七)、《伤亡官兵统计(1941 年 1 月—11 月 30 日)》(附表十一);在 1942 年 11 月 12 日至 27 日召开的国民党五届十中全会上的《军事报告》中,亦有专门的关于国民党军队抗战伤亡的统计说明;在 1943 年 9 月 6 日至 13 日召开的国民党五届十一中全会的《军事报告》中,专门有关于

---

①《国民政府军事委员会政治部训令〔总统(卅三)字第 99 号〕》(1944 年 12 月 6 日),中国第二历史档案馆藏,772/614。

②《国民政府军事委员会政治部训令〔秘统(卅四)第 344 号〕》(1945 年 10 月 25 日),中国第二历史档案馆藏,772/614。

兵员补充的说明；在 1944 年 5 月 20 日至 26 日召开的国民党五届十二中全会的《军事报告》中，有国民党军队伤亡人数的统计、各部队住院各类病患者及死亡统计表（1943 年 7 月至 1944 年 3 月）等；在 1945 年 5 月 5 日至 21 日召开的国民党第六届全国代表大会上的《军事报告》中，列有抗战第一、二、三、四各期官兵的伤亡总数，兵员征募与缺额拨补，军医及伤病官兵之统计等。① 这些统计资料对于不同时期国民党军队抗日官兵的伤亡损失情形，都作了较为详细的说明。

抗日战争时期国民党军队人口伤亡损失情形，战后国民政府军事委员会司令部及陆军总司令部的统计资料显示，陆军官兵伤亡情形为：阵亡官兵 1 319 958 人，负伤 1 761 335 人，失踪 130 126 人，合计为 3 211 419 人。其于历年损失情形，则如表 5-5 所示。

表 5-5　抗战期间中国陆军官兵历年伤亡统计表

年份	总计	负伤	阵亡	失踪
共计	3 211 419	1 761 335	1 319 958	130 126
二十六年	367 362	242 232	125 130	
二十七年	735 017	485 804	249 213	
二十八年	346 543	176 891	169 652	
二十九年	673 368	333 838	339 530	
三十年	299 483	137 254	144 915	17 314
三十一年	247 167	114 180	87 917	45 070
三十二年	162 895	81 957	43 223	27 715

① 浙江省历史学会现代史资料组编：《抗日战争时期国民党战场史料选编·抗日战争军事报告集》下，1986 年内部版。

续表

年份	总计	负伤	阵亡	失踪
三十三年	210 734	103 596	102 719	4 419
三十四年	168 850	85 583	57 659	25 608
附记	本表系根据军令部统计制成之。			

资料来源:何应钦《日军侵华八年抗战史》,《附表四:作战以来历年我陆军官兵伤亡统计表》,原表系自右向左竖排,现改为自左向右横排。

另据时任国民政府军事委员会参谋总长的陈诚1946年12月所著《八年抗战经过概要》一书所记,上述陆军部队抗日官兵伤亡损失,在抗战各期的分布情形如下表5-6。

表5-6　抗战各期中国陆军官兵兵员数及伤亡分布统计

时期			兵员数	兵员死伤数
第一期	第一阶段	自卢沟桥事变至南京失守止 (1937年7月—12月底止)	1 700 000	447 114
	第二阶段	自南京失守后至徐州会战止 (1938年1月—5月底止)	2 173 000	342 526
	第三阶段	自徐州放弃后至武汉会战止 (1938年6月—11月底止)	2 251 000	254 628
第二期	第一阶段	自岳阳失陷后至二十八年冬季攻势止 (1938年11月—1940年2月底止)	2 685 000	404 653
	第二阶段	自克复五原后至太平洋战争爆发止 (1940年3月—1941年11月底止)	3 171 000	972 851
	第三阶段	自太平洋战争爆发至胜利止 (1941年12月—1945年9月止)	3 534 027	789 646
总计				3 211 418

资料来源:本表系据陈诚著《八年抗战经过概要》书后《附表第九:抗战各期敌我使用兵力及伤亡人数一览表》重新编制。

陈诚书中所引数字,显与何应钦所用一样,都是源自军令部统计数。唯陈氏合失踪数于伤亡数中,然后分列于抗战各期各阶段之中,以考察其在抗战不同时段上的分布情况,陈氏书中的总计数中,较何氏引用数字少1人。

除在战场上的对敌作战中直接伤亡之外,国民党军队抗战期间人员损失还包括另一重要部分,即因伤病消耗的数目。何应钦及陈诚两人所著书中,对这一数目皆有记录且完全相同,显系同一来源,当为军令部历年据各部队报告数汇总编制,兹亦照录于下,如表5-7。

表5-7　全战役国民党军队官兵因伤病消耗数目统计表

项目	总计	死亡	残废	逃亡
合计	1 380 957	468 189	314 661	598 107
因伤	443 398	45 710	123 017	274 671
因病	937 559	422 479	191 644	323 436
附记				

资料来源:陈诚:《八年抗战经过概要》,《附表第十:全战役国军官兵因伤病消耗数目统计表》,另何应钦著《日军侵华八年抗战史》书后亦附录该表,列为附表五。

在陆军官兵战斗伤亡及因伤病损失之外,军令部还统计了全面抗战8年间中国空军的伤亡情况。据其统计结果,战时中国空军官兵阵亡4 321人,负伤347人,伤亡合计为4 668人。此项人员损失于抗战期间历年分布情况如表5-8所示。

表 5-8　抗战以来空军官兵历年伤亡人数统计表

年份	阵亡	负伤
总计	4 321	347
二十六年	270	90
二十七年	479	87
二十八年	374	22
二十九年	412	51
三 十 年	481	16
三十一年	606	16
三十二年	702	6
三十三年	497	45
三十四年	500	14
附记		

资料来源:何应钦:《日军侵华八年抗战史》,附录二十。

　　如果我们将上列陆军人员战斗伤亡损失及空军伤亡损失各数合并计算,则军令部所统计的国民党军队陆军、空军部队战时直接作战伤亡情况为阵亡 1 324 279 人,伤 1 761 682 人。对于其所统计的因伤病而致消耗数,因非直接在战场上的战斗伤亡,故须作区别对待,即因病因伤死亡数,虽然不是在战场上阵亡,但仍应计入中国军队损失总数中;其残疾数中,因伤致残数当已于全部的伤亡统计表中有所反映,不应重复计入受伤总数,因病致残数因发生于战场之外,与上项统计总表无交叉部分,故应计入总伤数中;因伤因病逃亡数中,因伤逃亡部分亦与上项因伤致残数相类,当于负伤总数中已有反映,不应再计入逃亡总数,而因病逃亡数又与因病残疾数相类,则应与战场上失踪数合并计入总数。另外,因伤死亡数合入死亡数后,则又当从负伤总数中剔除。准此合并核算,则军令部

统计的国民党军队抗战期间人员伤亡情形应该是：死亡 1 792 468
人，伤 1 907 269 人，伤亡合计为 3 699 737 人，另有失踪逃亡者计
453 562 人。对于战场上失踪之 130 126 人，也应该分别进一步分
析，我们无法推断这一项损失是死亡还是负伤，但若据军令部上述
统计表伤亡比例——即伤与亡之比为 1∶0.75，或即 4∶3——计算
的话，则该项失踪人数中，应该有约 3/7 的人员为阵亡，即约为
55 768 人，其余 74 358 人，则视为受伤或逃亡。如果再将此项数字
与上述死亡、受伤、逃亡各项数字合计或核减，则我们根据国民政
府军事委员会司令部的统计数字可以得出战时国民党军队的死亡
人数约为 1 848 236 人。

　　军令部的统计数据，主要是根据历年各抗日作战部队伤亡统
计资料汇总而来。除军令部关于国民党军队抗战人员损失的统计
之外，作为战时军事机关抗战损失查报工作主管机关的军政部，也
有其关于国民党军队抗战人员伤亡的统计。1946 年 7 月 15 日，军
政部部长陈诚在致行政院"办战京字第 009 号"呈文中，附呈有《抗
战军事损失要求日本赔偿备忘录》一份，内称抗战期间国民党军队
官兵伤亡情况为："计陆军人数为三三九一四二四员名，海军为二
四七〇员名，空军为一四〇七三员名，陆军空军官兵伤亡共计三四
〇七九三一员名。"[1]合其所记的应支付官兵伤亡恤金，我们绘制了
表 5 - 9。

---

[1] 中国第二历史档案馆编：《中华民国史档案资料汇编》第 5 辑第 3 编，"外交"，第 210 页。

表 5 - 9　　抗战官兵伤亡暨恤金数目表

	伤亡人数	恤金数目(国币:元)
总计	3 407 931	1 192 775 850 000
陆军	3 391 424	1 186 998 400 000
海军	2 470	864 500 000
空军	14 073	4 912 950 000

　　资料来源:《修正〈抗战军事损失要求日本赔偿备忘录〉》(1946 年 7 月 15 日),军政部呈文,办战京字第 009 号。转据中国第二历史档案馆编:《中华民国史档案资料汇编》第 5 辑第 3 编,"外交",第 210 页。

　　军政部的统计,显然仅是战斗直接伤亡数,而未计入因伤病所造成的消耗数,其中于陆军、空军伤亡人数,皆较军令部统计数高出许多,且记录有海军的伤亡人数,惜我们目前尚未发现军政部统计中对死亡、受伤等损失情况分别统计的资料,无法对此统计进行深入分析。1946 年 11 月,国民政府国防部据我们前文所引军令部的统计数据,并汇集陆军总部、陆海空军总部等机关的材料,统计抗战期间国民党军队人员伤亡时,所得结果为:作战死亡 1 328 501人,负伤 1 769 299,失踪 130 126 人,合计作战损失共 3 227 926 人;另有因病死亡者 422 479 人。1947 年 2 月,行政院在《关于抗战损失和日本赔偿问题报告》中,即完全采纳了国防部的此项统计数字。[①] 其后行政院赔偿委员会在向 1947 年 5 月 20 日召开的第四届国民参政会第三次大会提出的工作报告中,也采用该项统计。另据同年 10 月 25 日国防部就抗战军人伤亡统计致行政院赔偿委员会"日近字第 00824 号"代电中的说明称:"查中央日报 9 月 3 日刊载官方宣布我国抗战期间军人伤亡数字为 3 195 666 人,未悉有

---

① 中国第二历史档案馆编:《中华民国史档案资料汇编》第 5 辑第 3 编,"外交",第 232 页。

何根据? 至本部 1946 年 11 月部特字第 88 号函所送官兵伤亡数字 3 227 926 人,系根据前军令部汇集陆海空军所报,及前陆军总司令部所编《八年抗战经过》所载等资料统计而成,当较为正确。惟此系作战直接消耗数字,此外尚有因病间接消耗数字 37 559 人,可并成总数。"[1]并将《抗战国军损耗统计表》一份,随电附送。

表 5 - 10　抗战国民党军队损耗统计表

项目			人数	备考
官兵损失	作战消耗	小计	3 227 926	根据陆海空军总部资料
		阵亡	1 328 501	
		负伤	1 769 299	
		失踪	130 126	
	因病消耗	小计	937 559	根据陆军总部资料
		死亡	422 479	
		残废	191 644	
		逃亡	323 436	

资料来源:转引自迟景德:《中国对日抗战损失调查史述》,第 244 页。

从上表 5 - 10 中可以看出,国防部统计数字,因其汇并了陆、海、空军损失,所以作战消耗中阵亡、负伤及失踪数均较军令部的统计数字多,但较军政部的统计总数少得许多;在国防部统计汇总时,军政部的统计数字已经汇总出结果,为什么没有采纳,目前暂无合理解释。另外,国防部表中的因病消耗数字亦完全来自军令部的统计数字,却又将军令部统计中因伤损失各数弃未计入,亦不知何故。但正如我们在上文中所讨论的,军令部统计中因伤损失

---

[1] 转引自迟景德:《中国对日抗战损失调查史述》,第 244 页。

各数,除其中因伤残疾各数可能与伤亡总计中的负伤数有所交叉不应计入总数外,其他因伤死亡及因伤逃亡数,都与战争直接相关,自然也应计入军事人员因抗战而致的损耗总数中。

表 5‐11　国民党军队抗战损耗统计表

项目			人数	备考
官兵损失	作战消耗	小计	3 227 926	根据陆海空军总部资料
		阵亡	1 328 501	
		负伤	1 769 299	
		失踪	130 126	
	因病消耗	小计	937 559	根据陆军总部资料
		死亡	422 479	
		残废	191 644	
		逃亡	323 436	
	因伤消耗	小计	443 398	据军令部统计数补
		死亡	45 710	
		残废	123 017	
		逃亡	274 671	
	共计	死亡	1 796 690	据本表上列各数核算
		伤残	1 915 233	作战消耗负伤数加因病残疾数,减因伤死亡数
		失踪逃亡	453 562	
		总计	4 165 485	

资料来源:本表系据国防部统计数增入军令部因伤损耗各数重制。

对于表5-11中"作战消耗"项下失踪数130 126人,我们依然按照前文分析军令部统计数时的方法,按伤亡比例4∶3将其分割为死亡55 768人,伤残失踪74 358人。若再将此项分离出来的死亡数并上表"共计"中的死亡数,则我们根据国防部及军令部的统计资料可以得出的结果是:抗战期间,国民党军队死亡共计1 852 458人,伤残为1 915 233人。再从上表"共计"之失踪逃亡项中核减已并入死亡的55 768人,则于上列死伤之外,另有397 794人失踪逃亡。总而计之,抗战期间国民党军队共损失4 165 485人。为简明计,又可制成一表如表5-12。

表5-12　正面战场中国军队人员伤亡损失统计表

损失情形	人数	备注
死亡	1 852 458	据表5-11死亡总数核加失踪数中分离出之死亡数
伤残	1 915 233	同表5-11
失踪逃亡	397 794	据表5-11同项数核减分离死亡数
总计	4 165 485	同表5-11

资料来源:本表据表5-11中数据重新核算绘制。

上表5-12中所列的各项数字,即是我们经过分析后获得的抗战期间正面战场上中国抗战部队人员伤亡损失各项汇总数字。至于我们在前文中所曾引用的军政部统计数字,可能会因为军政部作为抗战损失调查主管机关而统计得更加全面,但以其未被国民政府行政院赔偿委员会采纳,也未被国防部采纳,且其数据类型不如军令部和战后国防部的统计表详细完整,所以,我们暂只将其视作一项参考,留待今后作进一步研究。

第三节　兵役壮丁人员损失略估

在研究中国抗战人口损失时，有一个问题这些年来一直困扰着笔者，那就是我们在过去的研究中曾经涉及的关于战争期间由国民政府兵役部主管的征服兵役的壮丁队伍的人员损失问题。这是一个较为庞大的群体，其伤亡损失虽在本人此前的著述中有所论及，但始终未能引起学界同行的足够关注，没有得到足够的论证。抗战结束后，国民政府内政部抗战损失调查委员会、军政部、军令部、国防部等机关组织各省市及部会机关调查战时损失时，对于全国人力损失曾多所关注，对征工、征夫所耗民力及其相应价值都有所调查、统计和估算，唯于征兵所耗的民力及兵役壮丁的伤亡，却似没有当作损失进行过统计或估计。战后，国防部在 1947 年 10 月 25 日致行政院赔偿委员会"(卅六)日近字第 00824 号"代电中，甚至提到"至军事雇用劳力损失，本部尚无完全资料，暂时无法检送"。[①] 但在我们所掌握的档案资料中，在抗战损失调查委员会和军事机关分别主持的军民两界的抗战人口损失调查统计中，对于战争期间直接由各级政府征募、并经所谓的师管区和军管区进行训练与拨派、作为兵员实补于各战区野战部队或军事机关的壮丁人员的消耗与损失，却都视若未见，竟只字未提。抗战期间，国民政府为组织兵源对日作战，以求获得反侵略战争的胜利，征募各省壮丁入伍，参加对日作战，这本无可厚非。无充足兵力，抗战更无由进展下去，这是浅显易见的道理。但对于被征募服役壮丁人群的人员伤亡及战后抚恤，似乎未予重视，则显得有些不妥。

---

① 转引自迟景德：《中国对日抗战损失调查史述》，第 244 页。

　　关于战争期间被征募服兵役的壮丁群体的人员损失,我们没有找到直接的统计资料;战后学术界对此进行的研究也显缺乏,可资参考的成果也不多见。但战时历年各省应征壮丁配额、各省历年实征兵役壮丁、各战区历年实补兵员数量等,却有较详细的统计资料。借此,我们可以结合国民党军队对日作战兵员数、抗战官兵消耗数等,并结合国民党官兵对日作战伤、亡、病、残、逃等各项比率数,对实际作为对日作战兵员的兵役壮丁的伤亡,作一初步估计的尝试。但毕竟由于可资参考的档案资料的不足与相关基础研究成果的缺乏,我们的尝试也可能是很肤浅的,甚至可能是失败的。

　　何应钦著《日军侵华八年抗战史》一书附有《附表十一:抗战期间各省壮丁配额统计表》,"系根据兵役部及军政部兵役署配拨电令统计"。据其所载,战时全国各省共计应征兵役壮丁共计16 641 802人,其中1937年8月至1944年年底应征数为15 640 767人,1945年应征数为10 001 035人。① 另据该书《附表十:抗战期间各省历年实征壮丁人数统计表》所记,抗战期间各省实征兵役壮丁共计14 050 521人。各省历年实征壮丁情形如表5-13所示。

---

① 何应钦:《日军侵华八年抗战史》,附表十一。

表 5 - 13　抗战期间各省历年实征壮丁人数统计表

	总计	二十六年	二十七年	二十八年	二十九年	三十年	三十一年	三十二年	三十三年	三十四年
共计	14 050 521	928 310	1 648 913	1 975 501	1 901 339	1 667 830	1 711 132	1 666 918	1 611 342	939 236
四川	2 578 810	103 837	174 145	296 341	266 373	344 610	366 625	352 681	391 112	283 086
西康	30 938			4 713	5 437	5 817	3 282	4 621	4 606	2 462
云南	374 693		96 317	25 582	731	35 509	59 017	58 180	63 231	36 126
贵州	580 416	47 149	35 142	64 741	78 643	71 603	69 603	83 848	73 416	56 271
广西	808 046	106 691	228 665	34 710	104 744	64 961	76 849	76 326	90 379	24 721
广东	925 873	35 247	80 470	131 693	126 196	100 127	122 720	104 349	188 742	36 329
福建	425 225	29 427	33 499	60 064	58 249	55 716	51 041	48 510	28 545	50 174
浙江	550 493	32 791	30 448	94 636	108 479	66 492	48 608	59 362	63 279	47 398
安徽	563 673	44 271	22 832	54 329	68 715	69 479	95 053	78 433	74 111	56 450
江西	947 722	43 230	154 642	178 210	120 634	98 096	107 822	92 712	92 902	59 501
湖南	1 570 172	190 505	220 745	223 296	216 780	169 623	208 836	184 421	101 756	54 210
湖北	691 159	75 805	95 043	98 279	64 280	67 075	88 307	86 942	72 796	42 668

续表

	总计	二十六年	二十七年	二十八年	二十九年	三十年	三十一年	三十二年	三十三年	三十四年
河南	1 898 356	126 964	324 173	264 370	384 250	243 279	214 589	205 815	109 934	24 982
陕西	888 363	37 197	68 679	126 341	127 430	80 350	99 707	117 872	144 819	85 968
甘肃	383 857	23 774	40 982	54 627	54 355	50 230	55 769	42 516	32 714	28 890
山西	216 603					33 500	23 103	60 000	60 000	40 000
山东	32 922	13 000	16 194				3 728			
江苏	38 859	18 422	20 437							
绥远	5 253						53	5 200		
宁夏	23 609		4 000			4 000	4 609	3 000	4 000	4 000
青海	18 009		2 500			474	905	2 130	6 000	6 000
其他	497 434			263 569	116 043	106 916	10 906			
附记	本表根据各师管区征拨壮丁文电报表统计之									

资料来源：何应钦：《日军侵华八年抗战史》，附表十。

表 5-14　抗战期间各战区历年实补兵员数量统计表

	总计	二十六年	二十七年	二十八年	二十九年	三十年	三十一年	三十二年	三十三年	三十四年
共计	12 138 194	305 874	1 713 780	1 777 898	2 014 546	153 728①	1 591 383	1 518 086	1 275 362	574 127
第一战区	874 495	25 500	181 441	84 509	93 912	42 773	58 344	158 106	151 095	78 815
第二战区	670 386	37 393	185 879	70 616	74 743	104 105	52 163	72 848	48 145	24 476
第三战区	1 533 866	242 981	352 097	146 572	214 752	160 691	127 994	125 634	68 145	77 018
第四战区	640 148		1 000	169 528	219 808	70 436	54 487	21 938	95 789	7 162
第五战区	1 495 455		521 003	237 961	272 197	168 702	145 002	91 835	50 515	8 240
第六战区	989 888			13 909	231 232	129 454	201 877	195 173	163 555	54 688
第七战区	370 127				112 803	103 667	48 976	65 344	23 261	16 077
第八战区	453 780		1 000	11 682	53 239	120 298	138 144	60 154	44 433	25 830
第九战区	1 579 571		342 751	417 589	283 861	170 435	190 887	97 889	42 287	33 872
第十战区	93 920			22 810	2 278				21 872	46 960
第十一战区	51 005			2 198	1 715		3 009	31 910		12 173
第十二战区	56 778						12 757	41 337	2 428	256

① 原表如此，误。应为 1 367 138，修正后可与"总计"数相合。

续表

	总计	二十六年	二十七年	二十八年	二十九年	三十年	三十一年	三十二年	三十三年	三十四年
绥靖部队	457 256		2 000	33 894	66 954	44 554	132 434	152 824	15 096	9 500
整编部队 第一期	289 743		126 627	155 061				8 055		
整编部队 第二期	194 280			189 117				5 163		
整编部队 第三期	129 071				128 146			925		
整编部队 第四期	186 080				86 678	18 904	71 522	8 976		
本会直辖	235 316					34 500	130 486	82 453	40 340	47 537
远征军	201 244						25 527	106 801	61 916	7 000
驻印军	102 317						18 632	20 756	60 093	2 832
陆军总部	239 401								239 401	
其他单位	1 194 089			204 452	173 229	198 619	179 142	169 965	146 991	121 691

附记

1. 本表系根据各战区长官部及各部队所报统计之。
2. 昆明行营所辖部队并为本会直辖部队内，卫戍部队并入其他栏内。
3. 其他栏内包括特种部队机关学校不属于战区者。

资料来源：何应钦《日军侵华八年抗战史》附表九。

从表 5-13 中各省历年实征兵役壮丁人数看,即偏远如西康、青海、宁夏等省,亦皆有被征募入兵役的壮丁,各省实征壮丁多寡,系据各省幅员大小、人口多少而定。从这里,也可以看出,抗日战争对中国社会影响之深之广,而中国为抵抗日本的武装侵略所进行的动员也是非常有效的,同时也更证明了在这场伟大的保家卫国战争中,全国各族人民都曾付出过牺牲,作出过贡献。

再据何氏书《附表九:抗战期间各战区历年实补兵员数量统计表》所记,全面抗战期间各战区、军事委员会直辖机关、中国缅甸远征军、中国驻印军及陆军总部等机关共计实补兵员数为 12 138 194 人,其中以 1937 年度实补兵员为最少,因全面抗战初起,战事覆盖空间范围相对较小之故。进入 1938 年后,随着战区的蔓延扩展、战事激烈程度迅速加剧,各战区迫于作战需要,实补兵员也迅速增加。各战区历年实补兵员情形,可于表 5-14 中较详细地反映出来。

壮丁被各省乡镇保甲主官负责征募后,编入团管区,再解送至各专区级师管区受训,然后或再向省级之军管区解送,或由战区部队派员接收编补于野战部队中,有的甚至直接由团管区被战区部队派员接收。当这些兵役壮丁被作为兵员从团管区、师管区或军管区拨补于各战区野战部队及各军事机关时,其身份便已发生明确变化,由壮丁变为军人,已与各战区部队士兵毫无二致了。仅从表 5-13、表 5-14 两表的统计数字中,我们可以发现一个显而易见的问题,即各省 8 年实征壮丁数额与各战区实补兵员数额之间,出现了巨大差额。也就是说,8 年间有 1 912 327 名实征壮丁并未实补进各战区部队或军事机关。那么这 190 多万壮丁去了哪里? 显然,这么庞大的人员,在未到战区部队或其他军事机关之前,已在从各团管区、师管区或军管区向各战区部队及军事机关解送的路途中或逃或亡,消耗于无形了。

战争时期,国民政府对兵役壮丁的征募,具有明显的强制性,强拉强抓现象十分普遍,征兵过程中黑幕重重,壮丁待遇更是凄惨万状。为防止壮丁逃亡,国民党各战区部队在接收新兵员时,多以武装押送,壮丁多被反绑双手,用绳索串成一列,由押送者以皮鞭、棍棒抽打驱赶。对于各地虐待兵役壮丁、武装押送新兵等情形,国民政府军政部以及作为军事委员会委员长的蒋介石都曾多次申令禁止。1939 年 9 月间,军政部曾再度训令各地团、师管区:"查新兵入营须加礼貌,严禁捆押,迭经通饬遵照在案。据报各部队将新兵接收后,仍有用绳捆作一串武装编押,情同囚犯,民众触目伤心,积年累月之兵役宣传,被若辈一绳一棒扫荡无遗。抗战及征募之前途,切受重大之打击,实堪痛恨!兹特重申前令,嗣后如再有上项事情发生,一经查实,该接收部队长官及接兵人员,均予依法严办,决不姑宽。"① 至 1944 年 6 月 11 日,蒋介石还在日记中就有关改良新征壮丁之待遇问题写道:"现时最重要之工作,为如何改良新征壮丁之待遇,免除员役之勒索与拉丁,以及接兵官长,在中途虐待新兵,使之饥冻致病后,而击毙之之罪行。总使壮丁一人,能得一人到前方之用,减少在途中之病亡,以为减少征兵额之惟一要旨。如于此事不能彻底解决,则人心更视兵役为死途,而社会对政府之怨恨,亦必日深,亡国之因,即在于此。应令军政部严格执行,以免于危亡。"②

在 1944 年的日记里,蒋介石曾多次就新兵待遇与兵役问题发表议论,予以关注,并设法提高新兵待遇。8 月 30 日,他又写道:

---

① 转引自苏明:《兵役动员的现状及今后改善之办法》,《解放》第 103 期,1940 年 4 月 10 日。

②《蒋中正日记》(1944 年 6 月 11 日),抗战历史文献研究整理本 2015 年版。亦见叶惠芬编:《蒋中正"总统"档案·事略稿本(1944 年 5 月至 7 月)》57,台湾档案部门 2011 年印行,第 243—244 页。

"昨夜闻机房街运输队,果有虐待新兵之事。今晨朝课毕,九时率领何敬之及兵役署长等,亲到当地视察其病兵,与被毒刑新兵之病痛,惨无人道之状,一如人间地狱。睹此惨状,不禁痛愤难忍,乃将兵役署长及最劣之排长,用杖当头痛击,并将其禁闭于原病房之中,使之一尝风味,以为此残忍无良者戒也。经此恼怒,伤神必大。事后手股作痛,乃知杖击太力,又觉自悔,不应以手打人也。"①至 9 月写反省录时,蒋还对此事念念不忘。可见新兵所遭非人待遇是何其严重。

　　然而,各地方组织在解送或由各部队派员接收过程中,虐待、殴打新兵壮丁之事,并未因蒋氏之怒而从此绝迹。在前往各战区部队的长途跋涉中,壮丁多备受饥寒交迫,"状同囚犯",更有倒毙于道途者。对于上项 8 年间消耗于路途之中的 190 余万名兵役壮丁,如果我们从善良的心愿出发,宁肯承认其中绝大多数可能是伺机逃亡而去,但也不必讳言,其中也必然有一部分惨死在武装押送的途中。我们即使保守地以死亡 10% 估计,则该部分实征入伍却未至战区部队、消耗于道途之上的 190 多万壮丁,也当有约 19 万人(191 233 人)死亡国民党当局的武装押运途中,而非阵亡于抗击日本侵略的沙场之上,这不仅令人切齿扼腕,更让人触目惊心。其余170 余万人(1 721 094 人)则以逃亡对待。

　　另据陈诚所著《八年抗战经过概要》所载,抗日战争开始之际,国民党军队号称"常备兵"官兵合计为 1 700 000 人左右,经过训练的壮丁 50 余万,②两相合计约为 220 万兵员。全面抗战 8 年

---

① 《蒋中正日记》(1944 年 8 月 30 日),抗战历史文献研究整理本 2015 年版。
② 陈诚:《八年抗战经过概要》,《附表第一:开战之前敌我兵力比较表》,《附表第五:抗战第一期敌我使用兵力及伤亡人数一览表》。

实补至各战区部队及各军事机关的兵员据表 5－14 共计为
12 138 194 人,另抗战期间陆军各兵种补充军官 129 956 人①,将此
二数与开战之际国民党军队兵员数合计,则整个抗战期间,中国正
面战场累计兵员应该总计达 14 468 150 人。注意,这个数字并不是
说在某一时间节点上,中国在役兵员总数高达至此,而是说全面抗
战 8 年间,曾经有这么多中国人先后加入国民党军队中,参加到中
国抗战或其他军事行动之中。

　　在这里,我们试着做一个简单的算术加减题。我们在前文第
一章中曾经提到,在抗战后期,即所谓的抗战第二期第三阶段,国
民党所动员兵力最高统计数为 3 534 027 人(见表 1－1、表 5－6),
其中同阶段又因作战伤亡等原因消耗掉 789 646 人(见表 5－6),那
么到抗战结束之际,国民党军队实有人数则为 2 744 380 人左右,以
此数与前文中我们考察所得的全面抗战 8 年国民党官兵总损失数
4 165 485 人(见表 5－11)累加,共计为 6 909 865 人。此一数字即
有统计数据可资稽核的 8 年间中国正面战场用于抗日战争对日作
战的兵员数。这样便又产生了另外一个更大的问题:即如前文我
们说过,兵役壮丁经各师管区受训后实补于各战区部队,即成为抗
战军队官兵之一员。那么,通过考察,我们发现抗战期间实际投入
战场或其他军事机关的兵员累计高达 14 468 150 人,但于统计数字
可证者仅为上述 6 909 865 人,其余 7 558 285 人,再度如同上述消
耗于道途之上的 190 多万兵役壮丁一样,于各战区的抗日战场上
消耗于无形之中,连任何一种统计都没有留下,或是我们还没有搜
集到。

　　这 750 多万人命运如何,几无任何资料可资考证。但以我们

①　何应钦:《日军侵华八年抗战史》,《附表八:抗战期间陆军各兵科军官补充统计表》。

的看法,这些人既作为兵员实际拨补于各大战区及军事机关,在抗日战争时期消耗净尽,则我们即当以国民党抗日官兵同等视之。至于为什么会出现这么大的数据缺口,为什么国民政府相关军政机关对如此大的缺口视而不见,我们不得而知,这个问题困扰笔者20多年,却始终没有得到很好的解释。

　　对于这么一个庞大的数字缺口如何处理? 我们过去的做法是,结合国民党正面战场抗日官兵伤、亡、失踪逃亡各数之比率,对此项数字尝试进行分割。具体做法是:

　　我们讨论得出国民党抗日官兵战时死亡、伤残、失踪逃亡各数分别占损失总数之44.5%、46%和9.5%。如果强以此项比率分割上述消耗于各战区战场上的750余万兵员,则结果即可能以各种原因死亡者为3 363 437人,以各种原因致残者3 476 811人,失踪逃亡者718 037人。将此数再与上文经我们简单分割的于道途上死亡、逃亡两数合计,则抗战期间于国民党抗战兵员损失统计之外,尚有3 554 670人死亡,2 439 131人失踪逃亡,3 476 811人伤残。① 必须强调的是,我们这样的分割,显得既简单又草率,可能会有极大的风险。同时,如果这个数字缺口真实存在的话,那么我们对于这一组伤亡损失数字,就不能把它仅仅视作是壮丁的人员伤

────────────────

① 关于兵役壮丁的死亡人数,我们这里的估计相较于战争期间曾经以红十字会会长身份视察各地壮丁收容所的蒋梦麟的估计,似乎又显得保守了许多。蒋梦麟通过自己的实地视察,看到当时武装押送壮丁的残酷情景,同时他也了解到许多壮丁在未到战区或前线就于途中饿死、渴死或被折磨致死,存活者也多骨瘦如柴,或倒卧道旁奄奄待毙,或状如行尸踯躅山道,或倒毙路边,任犬撕嚼。所见所闻,令其心惊。故其估计,抗战期间,实补入战区部队之前而于途中死亡的壮丁,其数不低于1 400余万。转据马勇:《蒋梦麟教育思想研究》,沈阳:辽宁教育出版社1997年版,第247—248页。本书以无更多直接资料以资旁证,未采用蒋梦麟氏估计。但蒋以亲见亲闻所作的估计,应具相当可靠性。谨注此以为参考。

亡,其绝大部分应该算是国民党军队官兵的伤亡,或者称与国民党抗日军事相关人员的伤亡损失。当然,在这 750 余万失于统计的兵役壮丁中,应有相当部分于途中或战区中伺机潜逃,其数目可能不止我们上面所作估计的 71 万余人。

或者,我们采取更保守一点的做法,细审上文表 5 - 14,亦即何氏书中所附的《抗战期间各战区历年实补兵员数量统计表》中数据记有,战争期间绥靖部队实补兵员 457 256 人,四期整编部队共计799 174人。本会直辖 235 316 人,陆军总部 239 401 人。其他单位1 194 089 人,共计 2 925 236 人。如果我们将上列这些增补进军事机关、单位、绥靖部队和整编部队兵员数,视作非各战区野战部队,到抗战结束时尚属完整保留——当然,这是一种极为保守的估计——那么,到抗战结束之际,国民党全部军事人员数应以此数合前文中我们所说的抗战结束之际国民党军队实有人数 2 744 380人,则为 5 669 616 人,再以此数与上文中我们考察所得的抗战期间国民党官兵总损失数 4 165 485 人(见表 5 - 11)累加,共计为9 835 101 人。那么,此数与抗战期间实际投入战场或其他军事机关的兵员累计高达 14 468 150 人,之间尚有 4 633 049 人之差额。这也就是我们以保守态度估计的抗战期间无形地消耗于战场未被调查统计反映出来的兵役壮丁的数字。

如果我们再按与上文分离 750 万人数相同的办法,以国民党抗日官兵战时死亡、伤残、失踪逃亡各数分别占损失总数之44.5%、46%和 9.5%的比率,分割上述消耗于无形的 4 633 049人,则结果又为可能以各种原因死亡者为 2 061 707 人,以各种原因致残者 2 131 202 人,失踪逃亡者 440 140 人。将此数再与上文经我们简单分割的于道途上死亡、逃亡两数合计,则抗战期间于国民党官兵抗战损失统计之外,尚有 2 252 940 人死亡,2 131 202 人伤残,2 131 234人失踪逃亡。将此组数据编为简表如表5-15。

表5-15　中国抗战兵役壮丁损失略估表

损失类型	人数	备注
死亡	2 252 940	此表各项数据含全部实征壮丁之各项损失估计。
伤残	2 131 202	
失踪逃亡	2 131 234	
总计	6 515 376	

资料来源:本表综合本节前文数表核算编制。

　　关于"兵役壮丁"这个概念,是我们的权宜称呼。他们是否能算是中国抗战军人呢? 我们的主张是应当将其视同为抗战军人。因为据我们前文的考察,这些兵役壮丁所遭受的重大人员死亡,正是发生在他们已被正式拨补于国民党战区部队或军事机关,成为正式军人之后,也就是说他们是以军人身份阵亡于抗日战场之上,他们为捍卫我们民族的尊严和国家的安全,付出了自己的宝贵生命。或许由于各种原因,这些阵亡的军人,在战时或战后的抗战损失调查之中,有很大一部分没有能够在国民党军事调查机关的统计中反映出来。但是,我们不能因为战后国民政府的调查不及,就否定了他们的存在,否认了他们的牺牲。本书中称他们为"兵役壮丁",只是出于确立叙述对象的明确性所取的一种权宜之计,实际上,在我们的认识里,一直将这些人认定为中国抗战军人。通过后文的研究,我们将知道,这一概念所指代的抗战军人的阵亡数,在死亡军人之中,所占比例极重。可是,这一庞大的群体,却又偏偏在战后的人口损失调查中没有得到明确体现,便如人间蒸发一样,无形之中消失得一干二净。当然,我们也必须承认,在以兵员实拨到国民党战区部队的1 200多万兵役壮丁中,会有很大一部分人员的死亡已在国民党军事机关抗战损失调查中得到体现，也承认，另外一部分无形之中消逝、于各方调查统计中均无体现、结果又体现为统计上的重大数据缺口的数百万人的兵役壮丁中，有相当一部分人逃亡隐匿或干脆被俘、投敌，但其中阵亡于抗战沙场上而未被国民党军事机关计入军人伤亡者，同样也不能尽被否认。从某种意义上说，这些人同样是以生命为代价保卫国家的勇士，是无名的烈士。

上表5-15各数是我们重新核算的战时兵役壮丁的人员损失各项数字，较笔者在20年前初遇这个问题时的估计保守许多。究竟这两种估计算法哪一种更合理，因资料的严重不足，无从作更进一步的论证。就目前而论，以无可靠的统计资料，对于潜逃的壮丁人数，暂时尚无法相对准确地加以估定。故本书暂以上项分割各数，勉强地分别计入中国抗战人口各项损失总数之中，为了突出这部分损失估计数的特殊性，即我们既视其为中国抗战军人，同时又因为研究的不足或不到位可能会使我们的处理方式与结果冒有极大风险，因此，在计入这一组数据时，我们还是以"国民党军队兵役壮丁"为其标识。

我们将前文考察所得国民党正面战场抗日官兵、中共武装部队官兵及兵役壮丁三部分抗日军事人员的伤亡数据，合编成下表5-16，乃可看出整个抗战期间中国军人伤亡，即总计死亡约为4 330 781人，伤残4 409 045人，伤亡总数为8 739 826人，合失踪逃亡数共计10 680 861人。其中，死亡、伤残比为1：1.018，或为死亡数占伤亡总数之49.55％，伤残数占伤亡总数之50.45％。伤亡基本持平。但需要注意的是，从国共两方面军队中的抗战人口伤亡的统计数据看，各自的伤残比并未如此接近持平，这个比例的获得，正是兵役壮丁各项损失估计数计入的缘故。

表 5－16　抗战期间中国军事相关人员伤亡损失统计表

部别	死亡	伤残	失踪逃亡	总计	备考
国民党军队	1 852 458	1 915 233	397 794	4 165 485	
中共武装部队	225 383	362 610	23 000	610 993	失踪项为被俘数
兵役壮丁	2 252 940	2 131 202	2 131 234	6 515 376	
国共双方军队合计	2 077 841	2 277 843	420 794	4 776 478	
国民党军队、兵役壮丁合计	4 105 398	4 046 435	2 529 028	10 680 861	此组数据尚待深入研究
总计	4 330 781	4 409 045	2 552 028	11 291 854	

资料来源：本表系据本节前文考察所得各部各项损失数汇编而成。

第四节　战时人口损失撷零

在本书前文中，我们分别考察了中国各个省市或地区、国共抗日军队、抗日根据地和解放区、国民政府中央部会、强制劳工、兵役壮丁、南洋华侨等方面在抗战时期的人口损失。此外，中国战时人口伤亡还包括我们尚未考察的其他一些较为特殊的方面，它们主要包括：1931 年至 1937 年间之中国局部抗战的军人损失、抗战期间被日本侵略当局裹胁参战的伪军人员伤亡损失、战时避祸迁移的中国难民人员伤亡损失以及台湾地区因战争原因造成的人口损失等。对于这些方面的战时人口损失，由于统计资料的零星缺乏，目前尚不能够作出相对准确的估计或估算。下面，我们拟依据学界同人的一些研究成果及所掌握的部分统计资料，分别对这些方面的人口损失作简单的说明，并估计出一个最保守的人员伤亡底线数字。

第一，关于1931年九一八事变至1937年七七事变期间中国局部抗战的军人损失情况。九一八事变爆发后，东北当局虽奉严令不予抵抗，东北军大部撤至关内地区，但仍有部分东北军爱国将士，激于民族义愤，与日军展开激战，并遭到重大伤亡。此外，在沦陷前期，由部分原东北军将士及东北各界人士组成的东北抗日义勇军，与日军进行了长期的武装战斗，在给侵略者以沉重打击的同时，自身同样也蒙受巨大的伤亡损失，至1933年，抗日义勇军的对日作战基本告一段落。全面抗战爆发后，部分原抗日义勇军战士、中共领导的抗日武装部队及东北各界民众组成的抗日民主联军再次拿起武器，与日军展开战斗，同时也遭到日本关东军等军警机关长期的残酷的"大讨伐"，人员伤亡也极惨重。至于东北抗日武装部队战时人员伤亡的实情，由于资料所限，我们只能考察出其中有限的部分，并在前文中含混地列入沦陷时期东北地区民众伤亡损失之中，故不再重复计入。

1932年年初，日军在上海挑起"一·二八"事变，遭中国守军第十九路军等部英勇抵抗。至5月5日，中日双方签订《淞沪停战协定》。此役给上海市民及周围各县人民造成巨大损失，同时也使中国守军伤亡14 104人。在前文中，我们已对上海市整个战争期间的人口伤亡情形进行了初步估计，故"一·二八"事变中中国守军所受人员伤亡，在这里也不再重复计算。除此之外，在1933年3月至7月的长城抗战中，中国军队伤亡也很惨重。经过研究，袁成毅在其《抗战时期中国最低限度伤亡人数考察》一文中指出：长城察绥抗战中中国军队的伤亡也是很大的，据现有的零散统计，仅在喜峰口、罗文峪等战斗中，第二十九军的伤亡就有5 000多人；在古北口一战中中国军队伤亡的官兵有 4 000 余人;在南天门一战中伤亡 3 000 多人;新开岭一战伤亡 4 000 余人。此外,冯玉祥的察哈尔民众抗日同盟军在收复察东 4 县的战斗中伤亡 1 600 多人。长城察绥抗战损失总计达 17 600 人。①

以无更进一步研究,故我们暂据袁成毅的研究,将此项数字作为一项独立的统计数字,计入中国抗战人口损失总数中。至于抗战全面爆发后,中国军人伤亡数历年皆有系统统计,已于前文详细揭示,故此不再赘言。

第二,被侵华日军裹胁参战的伪军人员伤亡损失。华北及华东地区傀儡政府,屈服于日本侵略当局的淫威,屈膝卖国,为虎作伥,充当日本侵略者对占领区人民实行殖民统治的工具,替侵略者搜刮民财、掠夺资源,沦为中华民族的千古罪人。而且,伪政府还胁迫大批占领区民众参加伪军,由日军裹胁踏入战场,与中国抗日军民武装对抗,充当日本侵略中国的炮灰。伪军这一群体注定会在抗日战争这场中华民族伟大战斗中成为牺牲品,沦为民族罪人。但是,如果从抗战时期中国人口损失角度进行学术研究的话,我们又认为,没有理由把伪军在战时的伤亡排除在中国人口损失之外,因为这些人被日军驱入战场,在战场上的伤亡情况,也应视作抗战时期中国人口损失的一部分,特别是其死亡数,必然会导致当时中国社会人口保有量的绝对减损,虽情形较为特殊,也应该给予关注,并将统计数据计入中国抗战人口损失总数之中。

战时被侵华日军裹胁驱入战场的伪军数有多少? 据 1947 年 2 月国民政府行政院《关于抗战损失和日本赔偿问题报告》所作的统

---

① 袁成毅:《抗战时期中国最低限度伤亡人数考察》,《杭州师范学院学报》1999 年第 4 期,1999 年 7 月。

计,在"共军占据区域未计列在内"的国民政府调查所及区域,战时"被迫参加伪军作战"的伪军人数为 872 399 人。① 又据中国第二历史档案馆所藏《全国人民生命损失及人民劳力损失统计表》记载,据国民政府国防部查报资料,在作为"人民劳力损失"的上述872 399 名伪军中,在战后调查时作为"人民生命损失"而计入的"失踪"者为 517 299 人。② 从数字来看,国民政府行政院报告数,显系来自国防部的查报数。另据中国人民解放军档案馆所藏《抗战八年敌我兵力损失统计》表及附注所记,1944 年 3 月伪军兵力为 78万人,由中共抗日武装部队抗击者占 75%。8 年间,中共抗日部队共毙伤伪军 49 万人,俘虏 51.3 万人,反正 18.3 万人,合计为118.6 万人。③ 另据军事科学院军事历史研究部著《中国抗日战争史》下卷所记,全面抗战 8 年,"中国军队进行重要战役 200 余次,大小战斗近 20 万次,歼灭日军 150 余万人,歼灭伪军 118 万人,战争结束接受投降日军 128 万人,接受投降伪军 146 万人"。④ 但综合考察上列各项数据,可知《中国抗日战争史》所记之歼灭伪军 118万人,又显系据《抗战八年敌我兵力损失统计》表中数字,但该数字系中共抗日武装所抗击歼灭的伪军数字,其中包括反正、俘虏及毙伤数,但不包括在正面战场上由国民党军队抗击歼灭的伪军人数。在这个数字中,只有被毙伤数应该列入我们考察人口损失的范围之内。战后国民政府国防部之查报统计数中,只有在《全国人民生

---

① 《行政院关于抗战损失和日本赔偿问题报告》(1947 年 2 月),中国第二历史档案馆编:《中华民国史档案资料汇编》第 5 辑第 5 编,"外交",第 233 页。

② 《全国人民生命损失及人民劳力损失统计表》,中国第二历史档案馆藏,5/2/587。

③ 《抗战八年敌我兵力损失统计》,中国人民解放军档案馆藏,2-1945-23-10。

④ 军事科学院军事历史研究部:《中国抗日战争史》下,北京:解放军出版社 1994 年版,第 624—625 页。

命损失及人民劳力损失统计表》中作为"人民生命损失"计入的失踪者 517 299 人,可以作为被国民党军队消灭的伪军数,合上记中共抗日部队毙伤的伪军数,则全面抗战 8 年中国抗日部队共计消灭伪军 1 007 299 人。但是,国共两军消灭的伪军数都只记伤亡合计数,未对死亡及受伤数作进一步的分割统计。

　　那么,在此 100 万余的被消灭的伪军人员中,死伤比率应该怎样确定呢? 伪军既然被日军裹胁驱入侵略战场,参加对中国人民抗日武装部队的作战,则我们大体可以参照战争期间日军在中国战场上伤亡人数的比率,来分割伪军伤亡各数。全面侵华 8 年期间,侵华日军在中国战场的伤亡数,中共抗日武装抗击歼灭部分,相关档案记载毙伤数为 52 万人,俘虏 6 000 人,投诚 800 人,合计 52.68 万人。[①] 我们根据这一组数字,无法分割确定其伤亡比率。在国民党正面战场,据何应钦著《日军侵华八年抗战史》一书《附表三:作战以来敌军伤亡统计表》所记,8 年间日军陆军死亡 483 708 人,受伤 1 934 820 人,伤亡合计 2 418 528 人。后勤部队伤亡合计 34 万人,空军伤亡 4 280 人。合陆军、空军及后勤部队,日军共计伤亡 2 762 808 人。何氏书中附表还详细记录了战争期间历年侵华日军陆军伤亡各数,我们可据以编制侵华日军陆军部队战时死亡、受伤比率情况表,如下表 5-17。

---

① 《抗战八年敌我兵力损失统计》,中国人民解放军档案馆藏,2-1945-23-10。

表 5‐17 侵华期间日军陆军部队中国战场伤亡情况估计及比率

年别	共计	死亡	受伤	死亡占伤亡总数比率(%)
合计	2 418 528	483 708	1934 820	20.00
二十六年	256 100	51 220	204 880	20.00
二十七年	444 890	88 978	355 912	20.00
二十八年	410 095	82 019	328 076	20.00
二十九年	341 636	68 327	273 309	19.99
三十年	181 045	36 209	144 836	20.00
三十一年	193 203	28 841	111 362	14.93
三十二年	159 514	31 905	127 609	20.00
三十三年	250 790	50 158	200 632	20.00
三十四年	239 255	47 051	188 204	19.67
附记	本表系根据各处情报之判断而成			

资料来源：本表系据何应钦著《日军侵华八年抗战史》书后《附表三：作战以来敌军伤亡统计表》重制。

不过，从表 5‐17 中死亡数占伤亡总数比率项看，何氏书中所记各项数字，因系"根据各处情报之判断"，其死亡数与伤亡总数之比，一般皆以 20% 计，估计成分颇为明显，似乎也还不能完全反映战时日军侵华部队在中国战场的伤亡比率情况。1949 年 4 月 7 日，日本经济安定本部总裁官房企画部编辑出版了《太平洋战争以来日本受害总报告书》（日文书名为《太平洋战争による我国の被害总合报告书》），在该报告书中详细记录了自太平洋战争爆发至第二次世界大战结束期间，日本因发动对外侵略战争所遭受的人员损失及财产物资方面的经济损失。据其所记，自 1941 年年底太平洋战争爆发至 1945 年 8 月日本战败投降止，日本因战争所受之人员伤亡共计为 2 533 025 人，其中死亡者 1 854 793 人，受伤及失

踪者共计 678 232 人。① 其中军人军属伤亡合计 1 864 710 人，死亡
1 555 308 人，负伤及失踪者计 309 402 人。死亡数占伤亡总数的
83.4％。军人之中，陆军部分军人军属伤亡合计 1 435 676 人，死亡
1 140 429 人，负伤及失踪者为 295 247 人，死亡数占伤亡总数的
79.43％。海军部分军人军属伤亡合计 429 034 人，死亡 414 879
人，负伤及失踪者 14 155 人，死亡数占伤亡总数之 96.7％。于陆军
部分，该报告书还详细记录了太平洋战争期间日军与盟军在各地
作战伤亡情况，其中记载在中国战场伤亡情况为：在中国（不含东
北地区）伤亡合计 291 878 人，死亡 203 958 人，受伤 88 930 人；在
中国东北地区伤亡合计 12 124 人，死亡 7 483 人，受伤 4 641 人。②
据此，则该报告书所记太平洋战争期间日军在中国境内伤亡情况
仅为伤亡合计 304 002 人，其中死亡211 441 人，受伤 93 571 人，死
亡数占伤亡总数之 69.56％。从其所记的死亡人数看，较何应钦书
中附表所记 1942 年至 1945 年死亡合计数即 157 955 人多出
53 486 人，但受伤人数较何氏所记之数相差太远。这可能是由于
何氏据战场战事情形判断而致对敌死亡数估计偏低，而复以固定
伤亡比推算敌之受伤数，又显过高。或由于日方战后调查不及全
面，故对受伤数统计不全而致人数过低。不过，战争作为双刃利剑
对交战双方产生的伤害，于此可见一斑。日本发动对外侵略战争，
给受其侵略的国家造成巨大生命及财产损失的同时，自身也受到

---

① 日本经济安定本部总裁官房企画部编：《太平洋战争による我国の被害总合报告书》，
　国内资料第 8 号（战争被害调查资料 4），昭和二四年四月七日（1949 年 4 月 7 日），第
　8 页。
② 日本经济安定本部总裁官房企画部编：《太平洋战争による我国の被害总合报告书》，
　国内资料第 8 号（战争被害调查资料 4），昭和二四年四月七日（1949 年 4 月 7 日），第
　51—52 页。

巨大伤害,遭到巨大的人员伤亡损失。这是日本穷兵黩武对外侵略所必然要付出的鲜血代价。

　　我们所关心的是,何氏所记日军伤亡比率与日方战后调查统计所得日军伤亡比率相差太远,如何参考利用它来分割伪军伤亡各数。日方统计数显示死亡比率过高,应用于伪军伤亡分割,似显不妥,何应钦书中所记比率过小,用诸伪军伤亡各数分割,亦显不妥。无奈之下,我们拟取折中之法,简单地以算术平均两种比率得死亡数占伤亡总数约45％,以之作为分割伪军的死亡受伤各数,或许相对稳妥一些。这样,我们据之分割伪军伤亡各数为:死亡453 285人,受伤554 014人。我们暂拟以此项数据作为抗战时期被日军裹胁的伪军人员伤亡各数,同时这也是中国抗战时期人口伤亡损失的一个特别的组成部分。

　　第三,关于二战期间台湾籍日军的伤亡数。据学者吴天威的研究,战争期间台湾被征召入伍参加日军者共207 200人,其中92 000人留驻台湾各军事单位,派往南太平洋各地者约有61 000人,随日军进入中国大陆作战者有33 000人,派驻日本本土的有10 000人。在战争中台湾籍日军士兵死亡和生死不明者共有53 393人,再加上受伤致残者2 000人,伤亡共计约为55 393人。[①]台籍日军参与了中国战场及南太平洋等地与中国、美国等盟军的作战,其伤亡数可参考前文所引之战后日方调查统计数据显示的日本陆军伤亡比率,即以死亡数占伤亡总数的79.43％进行分割,则得死亡人数为43 999人,受伤与失踪人数为11 394人。与伪军

① ［美］吴天威:《中国对日索赔之过去与财产损失问题之商榷》,台北:庆祝抗战胜利五十周年两岸学术研讨会,1995年。转据袁成毅:《抗战时期中国最低限度伤亡人数考察》,《杭州师范学院学报》1999年第4期,1999年7月。

一样,台籍日军士兵作为日军的一个组成部分,充当了日本侵略者的炮灰。虽然这部分伤亡的归属问题尚待探讨,但是,从研究抗日战争时期中国人口损失的角度出发,我们也权可认为它是属于中国人口范畴,其于战争期间的伤亡损失,也无妨计入中国人口损失总数之中。

　　第四,关于抗战期间中国流亡平民的伤亡数字,同样迄无准确统计。战后经善后救济总署调查统计认为,战时中国各省平民流亡迁徙,颠沛流离,无家可归者共计 95 448 771 人。① 1946 年 3 月 26 日,国民政府外交部亦以此数电发中国驻外各使领馆,并附《难民及流离人民数总表》,对战时各省难民数、流离人民数及难民合计数细加统计。② 1947 年 2 月国民政府行政院在《关于抗战损失和日本赔偿问题报告》中,亦将此数计入战时人民劳力损失专案中。③ 我们相信,战争期间近亿人的难民群体在日军枪林弹雨之中颠沛流离,所处的境遇是十分凄惨的,且肯定会有不少人员直接伤亡。但因缺乏难民群体战时伤亡的直接统计数据,亦无有关该群体人口出生率、死亡率等相关人口学指数可供参照,对该群体战时人口之直接因抗日战事所受的伤亡损失,到目前为止尚无法加以合理的估计。即便我们武断地设定某些有关难民群体的出生率之下降数、死亡率之增长数等指数,然后据以估计该庞大群体的战时损失数字,不仅十分冒险,而且根本不能令人信服。况且,这一群体的人口伤亡,其中很大一部分也已包含在我们前文中对各省区

---

① 《全国人民生命损失及人民劳力损失统计表》,中国第二历史档案馆藏,5/2/587。
② 中国第二历史档案馆编:《中华民国史档案资料汇编》第 5 辑第 3 编,"外交",第 189—190 页。
③ 《行政院关于抗战损失和日本赔偿问题报告》(1947 年 2 月),中国第二历史档案馆编:《中华民国史档案资料汇编》第 5 辑第 3 编,"外交",第 233 页。

的战时人口损失数字的考察估计中。因此,本书拟暂不对战时难民伤亡损失数字作进一步的估计。

综上所论,本节所简单讨论的九一八事变至七七事变期间中国局部抗战军人伤亡、伪军人员伤亡、台籍日军伤亡可计入中国抗战时期人口损失总数者为:死亡者为 497 284 人,受伤者为 565 408 人,再合未作伤亡分离的 1933 年长城察绥抗战中中国军队伤亡人数 17 600 人,则伤亡总计为 583 008 人。

第六章　中国抗战人口损失估计

　　在本书前文中,我们基本完成了对直接受战争影响的包括战区诸省及沦陷地区、大后方数省、东北地区、中国解放区、中国抗战军人、华侨、壮丁、劳工、伪军、台籍日军等省区或具体方面在内的战时人口伤亡损失情形的相对系统的考察,并就各具体省区或具体方面的战时人口伤亡损失数字分别作出了统计、估算或估计。通过这一系列的调查、统计、估计和分析工作,在一定程度上构建起了相对系统的整体估计中国抗战人口损失的数据统计基础。本章开始,我们即拟对前文中考察分析所得的一系列数据结果进行汇总,借以估算抗战时期中国人口损失的总体情形,同时也尝试利用这些数据,对战时中国人口损失的各种类型结构与分布状况作进一步的分析。

第一节　国民政府关于全国抗战人口损失之估计

　　抗日战争胜利后,国民政府行政院及所辖的内政部抗战损失调查委员会等机关对中国抗战人口损失先后作出过几个不同的汇总数字。我们在前文中曾经说过,其中首次汇总的人口损失数字即由内政部据战时各省市县汇报材料汇总并于 1945 年 10 月 12 日经行政院秘书长蒋梦麟签核后呈送蒋介石的《人口伤亡报告表》，表中仅列平民人口伤亡 516 690 人，其中重伤 57 851 人，轻伤 62 272 人，死亡 396 567 人，①表中未将抗战军人伤亡列入。由于该表所据材料，仅系抗战期间各省市县政府按照行政院战时所颁各项查报抗战损失训令调查所得并汇报而来的零星资料，且在汇总时又显然对各省市县报来的这些资料未作全面利用，其统计所得的数字与战时民众伤亡实际情形相差过甚，所以蒋介石本人、外交部国际问题委员会等皆对此项统计不以为然。

抗战结束后，国民政府因处理善后问题，尤其是对日要求战争赔偿问题，急切需要有关中国抗战损失的调查统计资料，特别是财产损失及人口损失方面的统计数字。为此，国民政府先在行政院下将战争末期成立的抗战损失调查委员会改组归内政部，继而设赔偿调查委员会并将内政部抗战损失调查委员会归并；再设赔偿委员会，又将赔偿调查委员会归并，与社会部、外交部、国防部及国民政府主计处、军政部、军令部等单位协同，督促各省市迅速切实办理抗战损失调查汇报、统计及与国际相关机构交涉事宜。与此同时，参加远东中国、太平洋地区对日作战的 11 个盟国也于二战结束后不久成立远东委员会，并于该会内设赔偿委员会，以协调、办理各盟国对日要求赔偿事宜。各盟国亦分别成立自己的专门委员会，调查敌国战争罪行，以为向远东委员会赔偿委员会提出对敌战争赔偿主张的依据。

在地方各省市遵国民政府行政院及中央有关部会训令紧张进行抗战损失调查的同时，内政部抗战损失调查委员会为"适应必要时之紧急需要"，也就是向远东国际委员会提出中国抗战损失数字，以为

---

① 见前文《表 3-1：人口伤亡报告表》。

对日要求赔偿的依据,在各省调查材料尚未完全汇总之前,开始着手利用已经掌握到的各地调查统计材料,对中国抗战人口损失进行估计。1946 年 8 月 5 日,内政部抗战损失调查委员会召集外交部、主计处、财政部等单位召开临时会议,讨论战时中国军民人口伤亡数字问题。该次会议议决采用军政部统计数为国民党军队官兵抗战伤亡数,人民伤亡数则由内政部抗战损失调查委员会先行依据相关规则估计一数字,二者合计则为中国战时人口伤亡数字。

据此,如前文所述,内政部抗战损失调查委员会乃"根据贵州、广西、湖南、广东、江苏、河北、河南、湖北、安徽、浙江、山西、江西 12 省所报之县份中,择出较为适当之三都、荔波、梧州、耒阳、开平、昆山、唐县、息县、黄陵、武进、贵溪、沅陵、武康、沁县、林县、寿县、罗定、南宁、常德、新昌、石门、博罗、汉寿、邵阳、湘乡、衢县、南县、上犹、潜山、岳西、太湖等 31 县人口伤亡总数平均之,作为每次普通战斗人民伤亡之代表数",再"根据军令部抗战八年敌我战斗次数统计表分为会战、重要战斗、小战斗三种,应根据每次普通战斗人民伤亡之代表数寻觅三种代表数。兹按普通战斗代表数百分之十之数为小战斗之代表数,普通战斗代表数之十倍为每次重要战斗之代表数,普通战斗代表数之百倍为每次会战之代表数",然后再"根据军令部抗战八年敌我战斗次数统计表,并由本会抄录军令部第二厅战讯发布组各省战斗数表参酌制成抗战八年各省会战、重要战斗及小战斗次数统计表,先就每省每种战斗之次数,分别乘以每种战斗之代表数,将所得次数相加后,再将后方各省实际报告本会之空袭伤亡数字分省加入",求得全面抗战 8 年全国各省平民伤亡估计数字,进而汇总成全国平民抗战期间损失估计总数。[1] 内政

---

[1]《内政部抗战损失调查委员会呈行政院文(调京字第 0189 号)》(1946 年 8 月 12 日),转据迟景德:《中国对日抗战损失调查史述》,第 229—234 页。

部抗战损失调查委员会以上项办法估算的中国战时各省平民伤亡情况，详如表 6 - 1 所示。

表 6 - 1　全面抗战八年全国分省人民伤亡估计总表

地域别	共计	重伤	轻伤	死亡	备考
总计	8 609 852	979 003	2 240 685	5 390 164	
河南	947 478	107 668	248 615	591 195	
河北	399 590	45 408	104 851	249 331	
陕西	1 637	104	420	1 113	
山西	694 927	78 969	182 347	433 611	
江西	645 849	73 392	109 468	402 989	
广东	422 725	48 037	110 921	263 767	
广西	762 929	26 696	260 190	476 043	
山东	308 888	35 101	81 051	192 736	
湖南	1 391 472	158 152	365 188	868 402	
湖北	1 271 952	144 540	333 756	793 656	
安徽	385 554	43 813	101 168	240 573	
浙江	279 655	31 779	73 380	174 496	
江苏	594 545	67 562	156 006	370 977	
云南	76 617	8 706	20 104	47 807	
福建	43 124	4 900	11 316	26 908	
贵州	46 270	5 258	12 141	28 871	
绥远	54 498	6 193	14 300	34 005	
察哈尔	28 894	3 283	7 581	18 030	
四川	8 927	2 381	2 753	3 793	
甘肃	1 426	605		821	
宁夏	639	129	102	408	
南京	205 784	77 148	33 298	155 338	
重庆	36 202	9 179	11 729	15 294	

资料来源：《内政部抗战损失调查委员会呈行政院文（调京字第 0189 号）》(1946 年 8 月 12 日)，转据迟景德：《中国对日抗战损失调查史述》，第 239—241 页。

　　对于内政部抗战损失调查委员会所设计的这种估算全国平民战时伤亡损失的办法,我们在前文第三章第三节中,在讨论对苏、浙、皖、鄂、粤等部分省份平民伤亡估算方法时,即曾提出过批评,认为其方法之不妥,甚而有些荒谬。内政部抗战损失调查委员会当时对上项估算方法中所用的每次大会战人民伤亡代表数、每次重要战斗人民伤亡代表数和每次小战斗人民伤亡代表数三种比例,特别说明称:这些比例,"系根据对此次大战有经验之军事专家所估计,虽然每单位之代表数未必正确,但三种代表数整个配合约可相近"。并在《估计总表》又作"综合说明"称:"根据以上方法估计全国人民伤亡其总数为 8 609 652 人,深知尚有若干不合理处。据一般军事专家之经验估计,此次战争人民之死伤,在空袭、大屠杀及辗转逃难之伤亡数较战斗之伤亡数为多。日本军人之伤亡与我国军人之伤亡之比率为一比三,即日本死伤军人 1 人,中国死伤军人 3 人。军人与人民之比率为一比三,即军人伤亡 1 人,人民伤亡 3 人(战斗、空袭、大屠杀及辗转逃难之伤亡,均已包括在内)。此次军政部所报陆空官兵伤亡为 3 405 461 人,如以三倍乘之,为 10 216 383 人,两相比较虽相差 160 万余,然据纽约大都市人寿保险公司发表第二次世界大战中全世界军人死伤为 1 000 万人,内中列日本死亡为 150 万人,中国自珍珠港事件后死亡 25 万人,但日本对中国作战部队最多不能超过全部队三分之二,而死亡不过 100 万,如以三倍乘之,变为我军之伤亡最多不过 300 万,如再以三倍乘之,则变为我国人民之伤亡为 900 万,与本会估计数字尤相差无几。军政部所列军人伤亡为 3 405 461 人,而本会估计人民伤亡 8 609 852 人,两者共计为 12 015 312 人,数字当亦可观。惟内中估计方法是否合理,数字是否适当,仍请专家多方研究指正。"①

其实,在 1946 年 8 月间内政部抗战损失调查委员会编制上项《抗战八年全国分省人民伤亡估计总表》时,已有部分省市完成辖境内抗战损失调查,并将调查结果汇编成帙呈报。就目前所知材料看,部分省市完成调查并将结果汇编成册的时间,大体如表 6-2 所示。

表 6-2 战后部分省市地区抗战损失调查完成汇总时间表

类别	汇编完成时间	汇编结果名称	上报时间	资料出处
安徽省	1944 年	安徽概览·敌机空袭概况		详见本书第二章第三节
四川省	1945 年年底	四川抗日战争时期人民伤亡及财产损失情况		详见本书第三章第二节
安徽省	1945 年 8 月 1 日	安徽省战时损失概况		详见本书第三章第三节
湖北省	1945 年 9 月	湖北省政府复员工作计划		详见本书第三章第三节
海外华侨	1945 年 11 月 24 日	海外华侨战时损失初步估计		详见本书第三章第二节
河南省	1945 年 12 月	河南省抗战损失调查报告		民国档案,1990 年第 4 期
湖北省	1945 年 12 月	湖北省抗战损失统计资料		襄樊文史资料,第 6 辑
福建省	1946 年 1 月	福建省沦陷区抗战损失调查汇报表	1946 年 5 月	详见本书第三章第二节

① 《内政部抗战损失调查委员会呈行政院文(调京字第 0189 号)》(1946 年 8 月 12 日),转据迟景德:《中国对日抗战损失调查史述》,第 241—242 页。

续表

类别	汇编完成时间	汇编结果名称	上报时间	资料出处
河南省	1946 年	黄泛区损失统计(河南部分)		中华民国史档案资料汇编,第 5 辑第 3 编财政经济(6),271 页
江苏省	1946 年	黄泛区损失统计(江苏部分)		中华民国史档案资料汇编,第 5 辑第 3 编财政经济(6),269 页
广东省	1946 年 2 月	广东省抗战损失		详见本书第三章第三节
江西省	1946 年 4 月	江西省抗战损失调查报告	1946 年 9 月	详见本书第三章第二节
中国解放区	1946 年 4 月	中国解放区抗战八年中人口损失初步统计表	1946 年 6 月 30 日	详见本书第四章第三节
南京市	1946 年 4 月 10 日	南京市遭受敌寇暴行人口伤亡统计	1946 年 5 月 4 日	日本帝国主义侵华档案资料选编——南京大屠杀,468 页
广西省	1946 年 12 月	广西省抗战损失调查统计		详见本书第三章第二节
湖南省	1946 年 12 月	湖南省抗战损失统计	1946 年 12 月 30 日	详见本书第三章第二节
甘肃省	1947 年	有关空袭人员伤亡统计		详见本书第三章第二节
中央部会六机关	1947 年 1 月	资源委员会等六机关历年技术员工伤亡人数		详见本书第三章第二节
广东省	1947 年 7 月 12 日	广东省对日战争损失表	1947 年 7 月 12 日	详见本书第三章第三节

资料来源:本表系据本书前文第三章、第四章相关章节所引资料汇编。

　　从表 6-2 中看,在内政部抗战损失调查委员会编制《抗战八年全国分省人民伤亡估计总表》的 1946 年 8 月,包括中共领导下的中国解放区在内各省区多数已经完成抗战损失的初步调查工作,并已经将调查结果汇编成册,只是部分省区上报内政部的时间或许相对滞后,或是部分省区的汇报表填造格式不符合要求。也许正是由于各省汇报材料规格不能划一,有的省份甚至调查得极不完整,所以内政部抗战损失调查委员会未及利用各省上报结果汇总统计全国抗战人口损失总数,而是先行设计方法对中国战时人口损失予以估算,以备不时之需——主要还是为了在必要时向远东委员会赔偿委员会提交以为中国要求日本赔偿的依据。但是,在当时它毕竟只是一项估计,所以并未向外界公开,且似乎始终未向远东委员会赔偿委员会提交。

　　大约在 1946 年年底之前,王炳文拟具《中国抗战损失说帖》,对中国抗战时期财产损失逐项进行了说明,内中并记有海陆空军官兵伤亡 3 227 926 名。① 这里所记的官兵伤亡数,出自 1946 年 11 月国防部的统计。② 此项《说贴》似有多个版本。秦孝仪主编的《中华民国史重要史料初编——对日抗战时期》中亦载有《中国战时财产损失说帖》,文字内容与王氏《说贴》相同,而名称不同,不著撰拟者姓名。孟国祥等著《中国抗战损失与战后索赔始末》书中亦附有《中国抗战时期财产损失说帖》,名称又与秦氏书中所载同,亦不录拟者姓名,但内容却较前二者的《三、全国公私财产其他损失》后多出《表一:全国公私财产直接损失统计表》《四、士兵的伤亡》和《五、海外华侨的伤亡》三部分内容。孟书所附《说帖》系取自《日本投降

---

① 王炳文:《中国抗战损失说帖》(1946 年□月),中国第二历史档案馆编:《中华民国史档案资料汇编》第 5 辑第 3 编,"外交",第 219—225 页。

② 参阅前文第五章第二节相关内容。

与我国对日态度及对俄交涉》一书所记。[1] 孟书附录中多出部分，在秦氏书中除《四、士兵的伤亡》未录外，其余部分与王氏《说帖》之间虽存在明显联系，却分别作独立文件收录。[2] 在《全国公私财产直接损失统计表》的附注中，记有"经初步调查，计人民伤亡八百四十二万八百九十八人"。[3] 此项数字既与前文所引的内政部抗战损失调查委员会 1946 年 8 月间的估算数不同，也与此后不久行政院公布的数据不同。

又据 1947 年 2 月国民政府行政院《关于抗战损失和日本赔偿问题报告》所记，从 1937 年 7 月 7 日至 1945 年 9 月 3 日，全国人口伤亡各项数字统计如表 6-3 所示。

表 6-3　国民政府全国人口伤亡统计(1947 年 2 月)

类别		死亡	负伤	失踪	合计
军人伤亡	作战伤亡	1 328 501	1 769 299	130 126	3 227 926
	因病死亡	422 479			422 479
	小计	1 750 980	1 769 299	130 126	3 650 405
平民伤亡		4 397 504	4 737 065		9 134 569
总计		6 148 484	6 506 364	130 126	12 784 974

资料说明：本表据国民政府行政院《关于抗战损失和日本赔偿问题报告》所记《全国人口伤亡统计》各数重新编制，中国第二历史档案馆编：《中华民国史档案资料汇编》第 5 辑第 3 编，"外交"，第 232 页。

---

[1] 孟国祥、喻德文：《中国抗战损失与战后索赔始末》，第 181—191 页。

[2] 秦孝仪主编：《中华民国史重要史料初编——对日抗战时期》第 2 编，"作战经过"(4)，第 30—44 页。

[3] 秦孝仪主编：《中华民国史重要史料初编——对日抗战时期》第 2 编，"作战经过"(4)，第 40 页。

表6-3中,军人伤亡数分为作战伤亡及因病死亡数,皆来自1946年11月国民政府国防部据军令部等单位历年统计资料汇总所得,只是把国防部统计中"因伤消耗"部分及"因病消耗"部分之"残疾""逃亡"等项数据剔除。① 而平民伤亡数字及合军民伤亡统计全国人口抗战伤亡数的总数,则是第一次出现。

上项全国抗战伤亡人口总计各数,虽然至迟已在1947年2月间出现于行政院的报告文件中,但其正式向外界公布的时间,迟景德根据台湾档案部门所藏外交部档案研究认为,系在1947年5月20日开始召开的第四届国民参政会第三次大会期间,由行政院赔偿委员会对大会所作的关于抗战损失与日本赔偿问题的工作报告中。行政院作出上项统计的时间,迟景德复认为应是在1946年12月间,他并估计此项统计数字"想是为提报远东委员会而制作的,但未派上用场",原因是"美国对于日本赔偿问题,鉴于各盟国意见纷歧,迟迟难决,而采取单独行动,对驻日盟军总部颁发临时指令,饬令执行先期拆迁,并向远东委员会建议制定先期拆迁计划,就以前公布之临时赔偿范围,先提百分之三十,作为直接受日本侵略国家的赔偿物资,依此计划,我国可得百分之十五。日本赔偿分配率既已定案,则我国的各项抗战损失统计即不须向远东委员会提报了。美国政府作此决定的时间是在民国三十五年(一九四六)十二月间,则外交部档存的此项损失统计完成的时间必在此时以前"。② 应当承认,迟氏的推测是有道理的,同时我们据上项统计中所援用的军人伤亡数字看,行政院作出该项统计时间,又应晚于1946年11月间国防部向行政院呈报军人伤亡统计数字。

---

① 参阅本书前文第四章第一节相关内容。
② 迟景德:《中国对日抗战损失调查史述》,第262页。

　　行政院在作出上项全国军民抗战人口损失统计时,并记录有战时"人民因直接参加战争而不能从事生产,或因战争流亡异地而脱离生产,或被迫参加伪军及服役,或被迫吸食毒品等所受之劳力损失",其中除"吸食毒品人数及所受之劳力损失尚未能作正确统计之外",其余各项损失经内政部抗战损失调查委员会、行政院赔偿调查委员会、行政院赔偿委员会等机关的专案调查统计,其结果分别是:(1)征服兵役 14 049 024 人,(2)人民自卫抗敌人员 1 900 851 人,(3)防空服务人员 441 978 人,(4)征工及征夫 450 万人,(5)被敌强迫服役 2 136 020 人,(6)被迫参加伪军 872 399 人,(7)平民流亡 95 448 771 人,总计 123 663 157 人。①

　　上文所记行政院报告中所作出的各项统计,除计入军人死亡总数的因病死亡数外,据所发现的档案资料,在当时复被制成《全国人民生命损失及人民劳力损失统计表》,兹亦将该表附后如表 6-4 以供参考。

①《行政院关于抗战损失和日本赔偿问题报告》(1947 年 2 月),中国第二历史档案馆编:《中华民国史档案资料汇编》第 5 辑第 3 编,"外交",第 233 页。

机密（印）

表6-4 全国人民生命损失及人民劳力损失统计表

类别	人民生命损失					人民劳力损失		附注①
	合计	死亡	负伤	失踪	其他	人数	工数	
总计	18 546 693	5 727 047	6 503 635	2 572 011	3 740 000	123 663 157	1 067 552 333	
军人伤亡	3 229 926	1 328 501	1 769 299	130 126				包括陆海空军参战官兵所受伤亡（见附表一）抗战期间人民劳力损失列入征服兵役项内
平民伤亡	9 134 569	4 397 504	4 737 065					平民因受日军进攻所受之伤亡（见附表二）
征服兵役						14 049 024		抗战八年征募参战之兵员（见附表三）
民众自卫抗敌人员						1 900 851		抗战期间民众为自卫而参加抗敌组织有国民自卫队、保安队、游击队，又勇警等，本表所列仅保安队实报为400 851，其余1 500 000系按照参战部队半数估计。
防空服务人员	2 313	1 042	1 271			441 978		详见附表五、六
征工及征夫						4 500 000	164 470 333	包括修筑飞机场、战壕工事、筑堤以及随军服务之夫役等，本表所列仅系修筑飞机场飞民工（见附表七），其他征夫征工系依据各年平均作战部队三百万之一倍数估计，为四百五十万人。

① 附注栏内文字因原档复制件不清晰，尚需作进一步核对。

续表

类别	人民生命损失					人民劳力损失		附注
	合计	死亡	负伤	失踪	其他	人数	工数	
被敌强迫服役人员						4 214 114	903 082 000	以上数字依据各省实报列入，尚有湘、鄂、冀、粤、热、察及南京、绥及汉口等省市未据报送，留待补列。
被敌强迫调至异地服役人员	1 924 586			1 924 586		2 136 020		以上数字仅山东、广西两省查有省者列入，余俟续查。
被迫参加伪军作战人员	517 299			517 299		872 399		国防部查报之资料。
被敌强迫吸食毒品人员	3 734 000				37 340 000			依照国际法庭之统计列入。
平民流亡						95 448 771		八年来作战期间人民颠沛流离，无家可归者，经善后救济总署调查如上数。

说明：

一、本表计算损失日期自民国二十六年七月抗战之日起至三十四年九月二日日本签降之日为止。

二、本表生命损失价值及人民损失价值之计算，留待国际间有一标准后再加计算。

三、南洋群岛、安南、缅甸等国外侨民受之伤亡损失，自非短时期所能调查完竣，未及查报完毕者，均应保留补列。

四、我国抗战八年间受之伤亡损失，表中附注栏所列附表一至六原表未见。

资料来源：中国第二历史档案馆藏，5/2/587。表中附注栏所列附表一至六原表未见。

　　表6-4基本上较全面地反映了至1946年年底,国民政府行政院及所辖抗战损失调查机关据各省市和军事机关调查资料而得出的有关国民党辖区内抗战人口、人力损失情况的统计与认识。就中国抗战人口损失而言,一般认为行政院所作的此项包括平民伤亡和军人伤亡数在内的全国人口伤亡统计,系据实际的查报统计汇总而成,而且是国民政府在战后唯一公开向外发表的全国抗战人口损失数字,故于研究中国抗战人口损失问题极具意义。不过,依据前文表6-2中所记各省调查完成并将结果汇总的时间看,在1946年12月之前尚有数省并未完成调查统计及结果汇总工作。如湖南省在1946年12月才将调查结果由湖南省政府汇编成《湖南省抗战损失统计》,并于是年12月底才将结果上报;广西省也是到12月间才把调查结果汇编成《广西省抗战损失调查统计》,另如广东省、甘肃省及资源委员会等六机关甚至到1947年上半年才完成调查及汇总。此外,东北地区自1931年沦陷后,至战争结束,在长达14年的时间内,国民政府以权力所不及,故对其所受抗战各方面损失几乎从未调查统计,战后也因该地区局势特殊,抗战损失调查也未见系统进行。那么,一般认为的行政院1946年12月间作出的全国人口损失统计,是否完全系按照各省汇报结果累计得来,显见是存在着很大问题的。可惜我们没有见到行政院据以累计出全国平民伤亡各数的分省统计数据,无法对它作此项汇总统计时所利用的各省资料作更深入的讨论。不过,此项统计结果名义上是经国民政府官方机构调查统计、汇总公布的一项覆盖有限地区的全国抗战人口损失统计,确实在一定程度上反映了国民党统治区域内战时人口损失的情况,也不能完全将之否定。

第二节　中国抗战人口损失估计数据的基本来源

抗日战争期间进行的包括人口损失调查在内的中国抗战损失调查，以及抗战结束后进行的调查统计，不论是在国民政府方面或是在解放区民主政府方面，该项工作的目的与意义都是很明确的，且在很大程度上也是一致的，即要借此掌握各自所辖区域内的经济、文化等各项事业战时遭受日本侵略战争践踏摧残的情形，了解民众及军人的伤亡损失情况，揭露日军对中国人民实施的暴行罪恶，并为战后处理某些与战争密切相关的国际关系，尤其是战后对日主张战争赔偿要求提供可靠的数据统计依据，或为战争结束后进行善后救济、复员重建乃至确定未来的政治斗争方略等提供参考。因此，在经过了紧张繁杂的分别省、市、县或分别地区的具体实际调查工作之后，国民政府行政院所辖抗战损失调查机关或中国解放区政府领导下的救济委员会，都对各地方机关查报汇送的调查材料进行了整理、归类、统计、分析和汇总，并据其认为可资参考的统计材料，对缺报失查区域内的数据进行推测估算以为弥补，最终形成较为完整全面的抗战损失统计，以供各有关方面采择，在各自实际工作中利用；或载诸史册，以反映中华民族所受的空前浩劫，以记录侵略者对中国人民所犯的滔天罪行，以警示后来者长自警醒，发奋自强。在中国抗战人口损失方面，这种统计汇总工作的意义，同样十分巨大。战争中的人口损失，其本身即战争残酷的破坏性的最直接体现，也是人类灾难最基本的形式之一，更是侵略者所犯罪行最显著的证明。较为准确的战争时期人口损失统计，能够更有说服力地反映人类的灾难、民族的浩劫、战争的残酷及侵略者的罪恶。然而，这种意义巨大的调查、统计、汇总工作的结果，往往只体现为寥寥几笔统计数据。在统计结果随着时间的流逝慢慢固化为一笔笔为人熟知的数字时，其背后所凝聚的无数调查者、统计者、分析者和研究者的辛苦劳动却又往往会被人遗忘净尽。于是，当后人在不同场合根据自己的需要把这些统计数字信手拈来使用的时候，甚至在更多的时候已经说不出它的来历，道不明它的构成了。

抗日战争胜利后分别由国民政府行政院和中国解放区民主政府主持进行的抗战人口损失调查，于 1946 年年底以前形成了统计结果，它们不仅构成了当时有关方面对日本侵华战争给中国民众生命造成损害的基本认识，同时也是战后迄今我们研究有关抗战人口损失问题的基础性资料与基本数据来源。

国民政府行政院 1947 年 2 月在《关于抗战损失和日本赔偿问题报告》中披露的各项人口损失统计数字及总计数据，并不包括中共领导下的解放区人口损失数，虽然早在 1946 年 6 月 30 日，董必武即以中国解放区救济委员会主任的名义向国民政府行政院善后救济总署报告了中国解放区 7 个地区的全面抗战 8 年人口损失初步统计结果。[①]　行政院《关于抗战损失和日本赔偿问题报告》在披露"全国人口伤亡统计"之后，紧接着也即作说明称："以上各项损失数字系以东北各省市及台湾以外之中国领土为限，共军占据区域亦未计列在内。"[②]这实际上已经说明了行政院及其所辖的抗战损失调查机关在当时既已明确意识到自己所作统计在空间范围上的局限性。从抗战结束以迄于今日，有关中国东北地区和台湾地

---

① 参阅前文第四章第三节相关内容。

② 《行政院关于抗战损失和日本赔偿问题报告》(1947 年 2 月)，中国第二历史档案馆编：《中华民国史档案资料汇编》第 5 辑第 3 编，"外交"，第 232 页。

区的战时人口损失,我们未发现官方的或相对权威机关所公布的统计数字。在涉及这两个地区抗战损失特别是人口损失问题研究时,往往只能依据有限的资料,对具体事件或具体地点的人口死伤数字作零星说明,却无法得出相对全面的且具有一定可信性的统计数字。战后,国民政府行政院公布的全国抗战平民人口损失数据、国民政府军事机关公布的国民党军队抗战伤亡人员数字,以及中国解放区救济委员会公布的解放区平民人口伤亡统计数据、中共军事机关对外公布的中共抗日武装部队人员伤亡统计数据,便成为分别来自两个相对独立的政权对两大片基本没有交叉和重复地区的军民人员伤亡的综合性统计,实际上也就成为战后人们考察中国抗战时期全国人口损失的最基本的数据来源。为简明起见,我们将前文所引用的来自国共双方战后调查统计的各自政权控制区域内的军民伤亡等损失数字,进行简单的汇编,制成表6‐5,借以从中考察战后有关中国抗战人口损失的各种说法的来源及依据。

表 6‐5　抗战期间国共两区军民伤亡统计表

区别	项别		死亡	伤残	失踪	被俘捕	合计	备考
国统区域	国民党军队	作战伤亡	1 328 501	1 769 299	130 126		3 227 926	军队各数见前文表5‐11
		因病消耗	422 479	191 644	323 436		937 559	失踪栏数为"逃亡"数
		因伤消耗	45 710	123 017	274 671		443 398	
		合计	1 796 690	1 915 233	453 562		4 165 485	伤残栏数为作战消耗伤残数加因病伤残数,减因伤死亡数
	平民		4 397 504	4 737 065			9 134 569	前文表6‐3
	小计		6 164 194	6 652 298	453 562		13 300 053	各项数均含因病因伤消耗数

续表

区别	项别	死亡	伤残	失踪	被俘捕	合计	备考
中共区域	部队	160 000	290 000	87 000	46 000	583 000	前文表5-3
	平民	3 176 123	2 963 582		2 760 200	8 899 905	前文表4-8;伤残栏数为"鳏寡孤独及肢体残疾者"
	小计	3 336 123	3 253 582	87 000	2 806 200	9 482 905	
总计	军人	1 956 690	2 205 233	540 562	46 000	4 748 485	总计各数为笔者重新计算
	平民	7 573 627	7 700 647		2 760 200	18 034 474	
	军民总计	9 530 317	9 905 880	540 562	2 806 200	22 782 959	

　　资料来源:本表系据前文第三、四、五章所列相关各表汇编;因国民党军队伤残数核有增减,故军人合计各数与分项数不相合。

　　抗战胜利后,尤其是 20 世纪 80 年代中期以来,抗战史研究学界出现过多种有关中国抗战人口损失的提法。约而言之,大致有平民伤亡 1 800 多万[1]、军民伤亡合计 2 000 万人[2]、2 100 万人[3]、2 180 万人[4]、3 000 万人[5]、3 100 万人[6]、3 500 万人[7]等几种不同的

① 宋时轮:《不可磨灭的贡献》,《人民日报》,1985 年 8 月 31 日,第 6 版。

② 龚古今、唐培吉主编:《中国抗日战争史稿》下,第 409 页;军事科学院军事历史研究部:《中国人民解放军战史·第二卷:抗日战争时期》,北京:军事科学出版社 1987 年版,第 534 页。

③ 军事科学院军事历史研究部:《中国抗日战争史》上,北京:解放军出版社 1991 年版,第 9 页;解力夫:《抗日战争实录》,石家庄:河北人民出版社 1992 年版,第 13 页;张宪文主编:《中国抗日战争史(1931—1945)》,南京:南京大学出版社 2001 年版,第 1263—1264 页。

④ 罗焕章、支绍曾:《中华民族的抗日战争》,北京:军事科学出版社 1987 年版,第 3 页、第 505—506 页。

⑤ 徐焰主编:《中国人民抗日战争史录》,北京:中央文献出版社 1995 年版,第 368 页。

⑥ 国务院新闻办公室编:《中国的人权状况》,北京:中央文献出版社 1991 年版,第 1—3 页。

⑦ 军事科学院军事历史研究部:《中国抗日战争史》下,第 625 页;《人民日报》,1995 年 5 月 10 日,第 1 版;王秀鑫、郭德宏主编:《中华民族抗日战争史(1931—1945)》,北京:中共党史出版社 1995 年版,第 759 页;郭汝瑰、黄玉章主编:《中国抗日战争正面战场作战记》上,第 31 页。

说法。其中 2 200 万以下诸说,我们从上表 6 - 5 的各项数据中大多可以觅到其踪影。1 800 万平民伤亡数,显然系合国统区的平民伤亡统计数与解放区平民伤亡、被捕、失踪各数之和;如以表 6 - 5 中国民党军队各项损耗合计数、中共抗日部队伤亡失踪被俘总计数、国统区平民伤亡总数、解放区平民死亡伤残两项合计数累加,而不计入被捕、失踪或下落不明的解放区的 276 万多人,则得 20 022 759 人。如果只记中共军队人员死亡数,则国共军队官兵死亡共计 1 956 690 人,再合国共两区平民伤亡总数,则为 19 991 164 人。这两种计算方法所得结果,都与 2 000 万人非常接近,此或即是中国抗战人口伤亡合计 2 000 万人一说的源头。如果以国民党军队战争伤亡数合中共军队损失总数,再加上国共两区内平民伤亡数,则得 21 845 400 人,此数又当与 2 180 万人一说十分接近,当为此说的数据来源。如果把表 6 - 5 中的国民党军队损失总数去除因伤、因病两项消耗数,中共部队损失总数中去除失踪、被俘两数,各项余数合计则国共两军直接作战伤亡数为 2 944 528 人,再与国共两区平民伤亡总数相累计,得20 979 002 人,此数约记为 2 100 万人,也属合理。此外,对于我们列于表 6 - 5 中的各项数字,经过不同的取舍累加后,则可得出多种不同的全国军民伤亡总数,于是,便可能形成不同的有关中国抗战人口损失的总数字,分散在不同学者的研究中国抗战史的著作之中,成为他们认识中国抗战人口伤亡损失的表达。至于 1990 年代以后出现于各种抗战史研究著作中的中国抗战人口伤亡 3 000 万人以上的各种说法,则是在传统的 2 000 万人或 2 100 万人以上又加入了"因战祸受折磨而死"者 1 000 万人,这一说法最早出现在 1991 年 10 月国务院新闻办公室发布的《中国的人权状况》中,其表述为:"在 1937 年开始的日本帝国主义的全面侵华战争中,2 100 万人被打死打伤,1 000 余万被残害致死。"①这一说法后来曾在很长一段时间内被许多学者采用。

中国抗战人口伤亡损失 3 500 万一说，最早约出现在 1994 年出版的军事科学院所著的《中国抗日战争史·下卷》中，其后慢慢成为主流认识，至今成为官方有关中国抗战人口损失的口径。

第三节　中国抗战人口损失综合估计

显而易见，在抗战胜利后很长的一段时间内，当人们试图讨论抗战时期中国人口损失时，所能依靠的综合性统计数字，仅局限于我们在上文有关章节中征引的国共两方各自作出的关于抗战官兵的伤亡损失和平民伤亡损失统计共四组数据。但正如当年国民政府行政院赔偿委员会或中国解放区救济委员会在对各自区域内的平民伤亡数字作出初步汇总时所声明的那样，上项四组统计数字，除国共两军抗战人员伤亡损失数据因有两方军事系统的历年统计为据而相对可靠外，国共两区域内平民伤亡，在当时也都只是初步性的统计。就国民党统治区域的调查统计来说，行政院在公布统计数字时，即曾声明不含东北地区、台湾地区及南洋华侨人口损失数字在内。而且，也正如我们在前文相关章节中所评论的那样，其所依据的各省呈报的统计资料，在汇总全国平民伤亡统计时，尚有多省并未据报到院，另有若干省份的全省调查统计数据，虽在其汇总全国数据之前已经报呈，却又莫名其妙地没有得到采用和体现。那么，它所公布的数字，不论是空间的覆盖面上，还是数字来源的可靠性与完整性上，显然都存在许多令人生疑的问题。

---

① 国务院新闻办公室编：《中国的人权状况》，北京：中央文献出版社 1991 年版，第
　　1—3 页。

　　解放区抗战人口损失的调查统计情况似也有不足之处。中国解放区救济委员会当时主持的抗战损失调查,覆盖面当然只能是抗日民主政权实际控制区域,对于华北地区铁路干线沿线狭长地带各县及各省会城市等县、市的战时人口损失基本没有涉及。中国解放区救济委员会在公布调查统计结果时,也即声明这些地区未完全概括在内。各个解放区的抗战损失调查也不尽周全,上报时间同样也不统一。当1946年4月中国解放区救济委员会据七大解放区查报资料汇总根据地区域内全面抗战8年人口伤亡、失踪、被捕损失时,晋冀鲁豫根据地冀鲁豫区山东部分的汇总数字尚未完全统计出来,直到1946年5月,该区山东部分全面抗战损失统计表才编制完毕,所记"战争中损失人口"一项下共1 160 104人,其中死亡者934 501人,失踪48 559人,被抓壮丁177 044人。① 虽然中国解放区救济委员会迟至是年6月30日始将损失初步统计表向行政院善后救济总署通报,但该表依然据1946年4月所作的汇总统计数字。那么,我们今天据以考察解放区抗战人口伤亡损失的基本数据统计表中,显然未将晋冀鲁豫解放区山东部分的93万多人的人口伤亡损失包括在内。因此,当我们企图依据国共两方在抗战胜利后不久经调查所作出的较不完全的军民抗战伤亡统计数字,尝试求得全面抗战8年人口损失数字时,自然难免会产生很大的偏差。

　　在本书前文的第三、四、五等章中,我们花费了大量精力与篇幅,对全面抗战时期中国各省市或地区、解放区、国共抗日武装部队、兵役壮丁、华侨、强制劳工等方面人口伤亡损失情况及战后调

---

① 山东省档案馆、山东社会科学院历史研究所合编:《山东革命历史档案资料选编》第16辑,济南:山东人民出版社1984年版,第532—534页。

查统计情形进行了考察,并据各省战后调查统计结果,开列各省区战时因日军进攻、日机轰炸及各种日军暴行残虐致死、致伤的直接人口伤亡各数。对部分暂时尚未寻到直接的档案资料记录其战后调查统计结果的省市等,则以地壤相连、战情相类为原则,各选具体的参照省区的调查统计数据为基数,并以统一方法估算,分别求出这些省区抗战人口损失的估算数字。此外,还对东北地区、伪军及台籍日军等方面的战时人口损失,也都进行了分别考察或说明,并都于前文列出了最保守的估计数字或累加数字。将这些数字全面汇总累计,其结果便是本书对中国抗战人口伤亡损失的初步考察结果。

下面,我们把前文中考察所得的各省、各地区、各具体方面抗战人口伤亡各数汇编成表6-6。

表6-6　中国抗战人口损失总计表

类别	死亡	受伤	失踪	被捕被俘	合计	备考
上海	122 082	19 775	18 882		160 739	三(二)1,受伤、失踪数为"一·二八"事变期间损失数,以及1937年淞沪会战期间平民伤亡估计数约7 700人
南京	300 000				300 000	三(二)2,侵华日军南京大屠杀死难人数
江西	313 249	191 201			504 450	三(二)3
广西	512 132	436 245			948 377	三(二)4
湖南	920 085	1 697 298			2 617 383	三(二)5
福建	7 751	3 251			10 978	三(二)6
河南	4 126 954	239 939			4 366 893	三(二)7,死亡数中计入灾荒致死者300万人
四川	22 500	26 000			48 500	三(二)8,含重庆市轰炸伤亡数

类别	死亡	受伤	失踪	被捕被俘	合计	备考
陕甘宁	5 229	3 536			8 765	三(二)9,三省合计轰炸伤亡数
云南	130 396	28 810			159 206	三(二)10
贵州	27 406	17 399			44 805	三(二)10
部会机关	7 838	4 414	4 367		16 619	三(二)11,资源委员会等部会六机关及行政司法部
华侨	253 000				253 000	三(二)12,侨务委员会估计数
山东	1 830 215	1 632 985		1 485 603	4 948 803	四(四),另计:因敌灾患病者194 409人,鳏寡孤独230 000人
冀晋热辽察绥	1 385 539			982 296	2 367 835	四(四),冀晋之外皆为部分地区,另计:鳏寡孤独及肢体残疾者为1 460 403人
国民党军队	1 852 458	1 915 233	397 794		4 165 485	五(二),据国防部数重核
中共军队	225 383	362 610		23 000	610 993	五(一)
兵役壮丁	2 252 940	2 131 202	2 131 234		6 515 376	五(三)
江苏	1 527 661	298 537			1 826 198	三(三)2,不含南京
浙江	461 243	281 534			742 768	三(三)3
安徽	834 325	260 517			1 094 842	三(三)4
湖北	964 129	1 778 547			2 742 676	三(三)5
广东	958 741	816 309			1 786 357	三(三)6
东北地区	462 531	118 741			605 545	三(四),1931—1945年,死亡、受伤、合计各数皆为单独合计而得,故不相符
劳工	2 312 830				2 312 830	三(五),内含东北本地劳工死亡86万,在日劳工死亡6 830人,1935—1945年
长城抗战	7 543	10 057			17 600	五(四),1933年,伤亡未分,按伤亡比4:3分割

续表

类别	死亡	受伤	失踪	被捕被俘	合计	备考
伪军	453 285	554 014			1 007 299	五(四)
台籍日军	43 999	11 394			55 393	五(四)
总计	22 321 444	12 839 548	2 552 277	2 490 899	40 239 715	部分数据有独立来源,故合计数与各分计数不尽相符

资料来源:

1. 本表系据本书第三章、第四章、第五章等考察结果编制,备考栏中编号格式为:章号(节号)小节号,意指本行各项数据源处。

2. 本表各省市区、国共两军、兵役壮丁、华侨及部会机关抗战人口伤亡损失各数,皆据战后调查统计数并据相关史志部分增补,重新核定所得;另有部分省市、东北地区、劳工、长城抗战、伪军、台籍日军伤亡数为据有关资料累计数,或为据同一规则估算数。各项总计数,皆以各栏垂直累加所得。以表中部分地区分栏数有独立来源,与合计数不相符,故总计数各分栏数亦与合计数不尽相符。

　　表 6-6 是在本书前文各章分别考察后汇编累计各项数据而成,也就是我们尽量通过具体的数据,构建出的中国抗战人口损失全景图。此为笔者时隔 17 年后第二次构建这幅全景图。上一次汇编结果是:全面抗战 8 年间,中国因战争影响而遭受的直接人口死亡各项数字累计可达 20 620 939 人,直接遭敌杀伤者累计所得为 14 184 954 人,两项合计,抗战期间中国直接人口伤亡损失即高达 34 805 896 人,与中国有关科研机构和官方 1994 年以后所公布的 3 500 万伤亡数基本一致。如果计入失踪、被俘的 5 351 073 人,则抗战时期中国死亡、受伤、失踪、被敌俘捕共计40 198 559 人。[①]

　　本书的这次汇编结果与上次结果发生了细微的变化,主要有几点。第一,在笔者过去的认识里,河南省战争期间因灾死难的 300 万人未被视作直接人口损失,在汇总数据时,此项人口损失数

---

① 卞修跃:《抗日战争时期中国人口损失问题研究(1937—1945)》,北京:华龄出版社 2012 年版。

未被计入总数。但到今天,我们的认识发生了变化,战争摧毁了中国民众基本的生产生活物质基础,破坏了人们赖以生存的自然环境,大幅降低了社会救灾能力和民众御灾自救能力,因此,战争期间因灾害造成如此大规模的人口死亡灾难,其责任必然应该归咎于侵略者的罪恶。所以我们此次将此项数字,汇计入中国抗战人口损失总数之中。第二,表中所列之部会机关项,此次依据档案资料增加了行政司法部的调查统计结果,虽然从统计结果来看,数字不大,对中国抗战人口损失总数与各结构比例影响不大,但对于一张计全国抗战人口损失的数据统计表而言,哪怕是其中一项数值的变化,都必然会对全表的数据和其后以此为基础的分析讨论产生直接的、显著的影响。这许多年以来,笔者一直没有勇气重新捡起这一研究项目,一方面是由于没有更进一步的可靠资料的积累,另一方面也正是悚于文中表列数值的哪怕只是一笔的修订。第三,此次汇总表中数值变化巨大的是"兵役壮丁"一项各数。关于兵役壮丁的人员伤亡损失问题,这些年来笔者曾与多人进行过讨论,并企图搜寻到可供进一步研究的资料,结果都未尽如人意。此次我们采取更保守的态度,将战时实补新兵数中的绥靖部队、整编部队、军委会直辖和其他单位几项下所记的新兵人数,从原来认为无形消耗的数字中剔去,余数再合路上消耗的人数,重新核算战时兵役壮丁人员的伤亡、失踪等项损失数字。这几项变化,导致了我们有关中国抗战人口损失统计结果数值的明显变化。

从上表6-6中数据看,抗战期间,中国因战争影响而遭受的各项人口死亡数字累计可达22 321 444人,其绝大部分是直接战死于抗日沙场的中国将士和被侵华日军直接残杀或迫害致死的平民百姓,其中含我们在上文中说明的河南省1942年因灾死难的300万人。此即我们估计中国抗战直接人口损失的最低限数,这也就是中国战时人口实际减少数最低限可累加值,亦即中国抗战时期人口损失的最低限可累计数字。战时直接遭敌杀伤可累计者为12 839 548 人,此数依然是不完全的,因为从表中即可看出,劳工、华侨、华北地区六省均未计入受伤数,另如东北地区、上海市等所计入的受伤数也仅系据有限资料累加所得。合计上列死亡和受伤两项数字,抗战期间中国直接人口伤亡损失累计达 35 160 992 人,与中国目前官文口径 3 500 万伤亡数依然是基本一致的。另外,表中失踪、被俘可合并计算,为5 043 176 人,如果再将此数计入总数,则战时期中国死亡、受伤、失踪、被敌俘捕共计 40 239 715 人。

此外,尚有山东省和含晋冀热辽察绥在内的华北地区战时因敌灾患病或致鳏寡孤独者共计 1 884 812 人,亦未计入上表 6 - 6 的总计数。但此项受到日军摧残的人口数字,同样不能忽略不计,应如抗战胜利后中国解放区救济委员会汇总人口伤亡时一样,或如战后学术界以中国解放区人口损失统计中的鳏寡孤独肢体残疾者为伤残一样,将其视作战争直接造成的伤害计入受伤数中,则中国战时受伤人口可以统计出 14 724 360 人,再合失踪数,则抗战时期中国人口死亡、受伤、失踪、被俘共计又达 42 124 527 人。另外,我们在总表中,按照前文第五章第三节的考察,把兵役壮丁共计6 515 376 人,作为独立的一项损失计入总表中。当然,对于这组庞大的数据,我们虽然尽量取谨慎与保守的做法,也一直觉得不能很好地解释妥帖。但是,如果我们对此组数字因其过于庞大而全然取否认态度,则又对国民政府军事系统有着非常清楚系统记录的近数百万兵役壮丁的缺少更加无法解释,且显得无视与冷漠。所以,我们暂且将这一组数字计入总表之中,以待来日再作探讨。或者,即使我们退一步考虑这个问题:即使从此总表中将兵役壮丁一组数字尽数不计,我们也能得出抗战时期中国人口死亡、受伤、失踪、被俘共计达 35 609 151 人的估计数字。

通过上表中所列各项数字的累计，我们可以得出一个初步的结论，即合表中有案可查但不是全部的间接死亡者，中国战时人口共计损失 2 232 万人，此应为中国战时人口实际减少数最低限，亦即中国抗战时期人口损失的最低可累计数字；战争直接造成的受伤人口最低限数为 1 472 万余人，失踪被俘者最低限数为 504 万余人，三项合计共达 4 212 万人以上。这即是我们在具体的考察后，通过重新核算或估算得出的抗战时期中国人口包括死亡、受伤、失踪等在内的各项损失的最低限度的综合估计数。当然，本书定义的中国抗战时期人口损失与中国抗战人口伤亡并非同一概念，抗战伤亡人数与损失人口数二者之间有一定关系，但不能等同视之。抗战时期中国人口损失或中国抗战人口损失指的是战时因日军侵华战争直接造成的人口死亡数，与对日战事虽无直接因果关系但有一定联系的因灾荒、疾病瘟疫流行造成的作为间接人口损失计入总数的死亡人口数，以及在战争状态下由于社会人口自身再生产能力下降而产生的增长量的降低数亦即人口减少的相对数之总和。这里累计核算出的 4 200 多万人之数中，包含有抗战直接死亡人口、因灾死亡人口、受伤人口及被捕失踪人口，意在说明抗日战争时期中国各类型人口损失的总体情形，同时借以反映日本长期的全面武装侵华战争，给中国人口存在与发展造成的巨大而复杂的伤害。

第七章　中国抗战人口损失结构

　　我们在前文中曾经说过,本课题有两个预计研究任务,一是尝试构建抗日战争时期中国人口损失总体估计的数据统计基础,借以在一定程度上克服以往抗战史研究中遇到这一问题时无一例外地表现出来的笼统粗疏的弊处。就目前情况来看,我们并没能够搜罗到足够的系统的原始统计档案等资料以支持我们得心应手地完成这一任务。我们所能搜罗到的资料,既零星残缺不全,又凌乱错讹复杂,我们只能在这样的资料支持下,梳理分析推测估计,以为实现我们预计的研究目标作些微尝试。其努力过程及结果,便是截至上一章之末所得出的有关中国抗战人口损失的分省区、分主体的基本统计数据与总体数字估计。至于这个结果,能否算是完成了我们预设的本课题的第一个研究任务,在我们的心中其实是丝毫不敢自得的。同时我们也期望将来能有更好的资料被发现,能有更好的机会,对此目标再行审视再作研究,以期更进一步地接近中国抗战人口损失的真实情况。下面,我们将利用战后抗战人口损失调查的相关统计数字,以及我们前文考察所得的相关结果,对战时中国人口损失的伤亡比、性别比、成幼比、空间分布、主体分布等结构情况作进一步的分析,以期多方面、多角度地认识中国抗战人口损失的基本情形。因为前文所征引的各项数据，绝大多数反映的是战时直接人口损失情形，故本章也仅局限于对中国抗战直接人口损失分布与结构情况的研究。而这，也恰是我们为本课题预设的第二个研究任务。

第一节　中国抗战人口损失伤亡比率

严格按照本书前文相关讨论中所认识的有关抗日战争时期中国人口损失或称中国抗战人口损失概念的界定，则中国战时人口损失应仅限于战争直接或间接造成的人口非正常死亡数及人口增长的相对减少数；战争造成的受伤人口，以其对人口存活数量即社会人口保有量并未造成减少，便不能纳入人口损失这一范畴，其数目也不能累计进入人口损失总量中。如果据此原则，拘束于本书讨论的主题，那么研究中国抗战人口损失的伤亡比率，似乎就没有必要了。然而，我们在研究中，根本不可能无视战争所造成的数量巨大的伤残人口。实际上从一开始，我们在考察各具体地区或方面的人口损失时，便把战争直接造成的伤残人口全部纳入研究视野之中。而且，一方面，战争造成的伤残人口，即便不会像死亡人口那样直接以社会人口保有总量绝对减少的方式体现出来，但其对人口质量的破坏及对人口增殖能力的削弱，同样是根本不容忽视的。且从常理上讲，战争造成人口伤残，本身即是对人口发展的一种严重破坏，应当视为人口损失的一种特殊表现方式。另一方面，在讨论战争造成的人口损失时，其核心是要讨论人口损失的数目。讨论数目，就离不开历史上形成的调查统计数据，而这些数据，自其形成伊始，就包含着伤、亡各种情况，在许多情形下，这些数字又是伤亡合计的，需要我们设法分割。如果我们想完全无视伤残人口的存在,或将之排除在研究视野之外,在实际上也是很难做到的,即使能够做到,也必然对研究项目的推进与结论带来极为显见的负面影响。从这个意义上讲,我们尚须对战争所致伤残人口情形及其在整个战争造成的直接伤亡总数中的比重作进一步考察,借以反映日本侵华战争的残酷性质,同时也有助于我们更深入地把握中国战时人口损失的实际情况。

研究抗战时期中国直接人口损失的伤亡比率,从历史数据资料上来讲,相对比较充足:国共两军历年抗战阵亡、负伤官兵皆有系统统计并经军事机关按时公布。战后抗战损失调查也对战时人口死亡、受伤各列专项予以考察汇报。部分省市的战后调查结果被很好地保存下来。所有这些,使我们得以充分利用资料,对中国抗战人口伤亡分布情况进行分析。至于前文中通过估算方法所得部分省市或具体方面的人口伤亡数字,以其本系据其他省市的调查统计结果推算,止限于用来获取对抗日战争时期中国人口损失的总体认识及全国总体的伤亡比率,所以本节暂不拟再征引这些数据以为具体考察的依据,以免陷入循环自证的泥潭之中。

在全国范围内,据表6-6中"总计"项亡、伤两个数据显示,在直接人口伤、亡方面,死亡人口与伤残人口比率约为1.74∶1,或死亡人口占伤亡总数的63.48%,受伤人口占伤亡人口总数的36.52%。若将山东、晋冀热辽察绥地区的鳏寡孤独伤残患病人口共1 884 812人计入受伤人口总数,则死亡人口与伤残人口之比为1.52∶1,或死亡人口占伤亡总数的60.25%,受伤人口占伤亡总数的39.75%。从全国战时人口损失总体的角度约略而言,则战时中国人口损失中死亡、伤残比率约为60∶40。若再据前文考察所得数据,将被俘失踪项数据加入考察计算,然后综合看全国抗战人口死亡、伤残、被俘失踪等项的分布比例,则此三项统计结果依次分别占伤亡失踪总数的53.03％、34.98％和11.98％。这就是我们经过前文各章分地区、分主体进行考察分析后得出的有关中国抗战人口伤亡失踪等各项损失情况占比的总体认识,也是我们得出的有关中国抗战人口损失结构的第一个宏观印象。虽然存在着我们前面说过的几方面的数据变化,从而导致每一个具体数值都较我们以前的研究发生了变化,但从宏观而论,并未根本改变中国抗战人口损失数据中的死亡、受伤、失踪等项的总体比例。

我们也可以再据部分地区或某些具体方面的统计结果对中国抗战人口损失的伤亡等比率进行一些具体的考察。

我们在前文讨论中国抗战军人伤亡损失调查时,曾合抗日民主部队、正面战场抗日官兵和兵役壮丁的损失数据,计算出中国抗日军人战时人口损失的死亡、伤残比为1：1.018,或为死亡数占伤亡数之49.55％,伤残数占伤亡总数之50.45％。也就是说战争期间,中国抗战军人的伤亡基本持平。再据前表6-6中的数据,我们取若干具有战后调查统计数据的部分省市或具体方面的人口损失各情形数据,其中,部分省区数据又经笔者据相关资料增补核算,然后汇编成《表7-1:中国部分省区抗战人口损失伤亡比率情况表》。至于我们前文中利用方法估算的部分省区的数据,则舍而不取。因为这一部分省份的数据本身即是由我们依据一定的比率按特定的方法进行估算的,若再将之纳入计算,既有循环自证、数据自生之嫌,也可能增加非统计数据的干扰;故将之剔除,借以避免估计中所必然存在的不确定性甚至谬误因素对我们的分析结果造成二次的消极影响。

表 7-1　中国部分省区抗战人口损失伤亡比率情况表

类别	死亡	受伤	合计	死亡(%)	受伤(%)	备考
河南	1 126 954	239 939	1 366 893	82.45	17.55	三(二)7,灾荒致死 300 万人未计入
云南	130 396	28 810	159 206	81.90	18.10	三(二)10
福建	7 751	3 251	11 002	70.45	29.55	三(二)6
江西	313 249	191 201	504 450	62.10	37.90	三(二)3
贵州	27 406	17 399	44 805	61.17	38.83	三(二)10
陕甘宁	5 229	3 536	8 765	59.98	40.02	三(二)9,三省合计轰炸伤亡数
部会机关	5 603	4 414	10 017	55.93	44.07	三(二)11,资源委员会等部会六机关,司法行政部数无伤残统计,故剔除
广西	512 132	436 245	948 377	54.00	46.00	三(二)4
国民党军队	1 852 458	1 915 233	3 767 691	49.17	50.83	五(二),据国防部数重核
冀晋热辽察绥	1 385 539	1 460 403	2 845 942	48.68	51.32	四(四),受伤栏数为鳏寡孤独及肢体残疾者为 1 460 403人
山东	1 830 215	2 057 394	3 887 609	47.08	52.92	四(四),受伤栏数含因故灾患病者 194 409 人,鳏寡孤独 230 000 人
四川	22 500	26 000	48 500	46.39	53.61	三(二)8,含重庆市轰炸伤亡数
中共抗日武装部队	225 383	362 610	587 993	38.33	61.67	五(一)
湖南	920 085	1 697 298	2 617 383	35.15	64.85	三(二)5
军人小计	2 077 841	2 277 843	4 355 684	47.70	52.30	不取兵役壮丁数
平民小计	6 287 059	6 165 890	12 452 949	50.49	49.51	
共计	8 364 900	8 443 733	16 808 633	49.77	50.23	

资料来源:本表据表 6-6 摘要编制,备考栏中编号格式为:章号(节号)小节号,意指本行各项数据源处。合计栏各数因与母表取舍方法不同,故不相合。死亡、受伤比率为占伤亡总数百分比,比率各数为笔者计算。

从表7-1中所列部分省区抗战人口伤亡分布情况及所占伤亡总数比率来看,各省人口损失伤亡分布情形并不完全一致,河南、云南、福建、江西、贵州等省死亡人口占伤亡总数比率明显较其他地区偏高许多。国民党军队、广西、华北诸省、山东、四川等损失人口的伤亡基本持平,湖南、中共抗日武装部队官兵则又以受伤人口所占比率为高。总体来看,当我们将前文中通过估算方法所得的部分省区的数据剔除后,中国战时人口损失中的伤亡分布情况又变成:死亡人口占伤亡总数的49.77%,约略而论,伤、亡之比基本是持平的;如果我们再单纯以含国共两方面抗日部队的中国抗战军人伤亡而论,上表中所列阵亡官兵占伤亡军人总数的47.7%,大体而言,抗战军人伤亡之比也能被看作是基本持平;再单纯以平民来讨论,伤亡比率更相接近,亦表现为总体持平的情形。

总而言之,上表反映出抗日战争期间中国人口伤亡分布情况,大体上表现为死亡、伤残相互持平而伤者微多。我们认为这一伤亡比应当是合理的,它既得到了比较实在的原始调查统计数据的支持,也得到了多方面数据演算的支持。至于前面我们所谓有关中国抗战人口损失的第一个宏观认识中所显示的伤亡各比率,则是基于全国总体数字所得,在全国范围内,部分省市的伤亡人口统计明显偏低,加以华侨、劳工、东北地区只记死亡人口,伤残人数无从推测,未计入总表,故死亡人口与伤残人口比率与此处估计差异颇大。

这种伤亡持平、伤者微多的总体比率,是我们有关中国抗日战争时期人口损失伤亡分布情况的第二个总体认识。它意味着在中国战时人口损失中,死亡人口与伤残人口在总量上应该是基本相同的。这个比率是具有很严肃的意义的。换句话说,它意味着战争期间有多少因敌迫害而直接死亡的人口,也就会有多少遭敌残虐直接致伤的人口。从常理而论,不论是国民政府方面或是中国解放区民主政府方面,在战时、战后对人口损失进行调查时,所更关注者是死亡人口。同时,受伤人口尚存在事后迁徙致调查未及的情况。那么,我们认为,在有关中国抗战人口损失的调查统计中,死亡人口的调查统计数据,要比伤残人口的数据准确得许多。因此,利用这一伤亡持平、伤者微多的比率,我们还可以对前文表6-6中通过累计所得的直接受伤口总数予以修正,对部分省市缺查失报的受伤人口予以增补。按此方法修正后,则全国抗战受伤人口应与累计所得之直接死亡人口持平,即当达到 2 253 万人以上,那么,全国抗战人口直接伤亡损失,不计被俘失踪,合计当在4 485 万人以上,则此又较我们前文累计所得 3 516 万之数多出近970 万的受伤人口。如果再加入前表中所列被捕失踪的 504 万人,我们又可以得出中国抗战时期人口死亡、伤残及被俘失踪总数近5 000 万人的结论。我们在多年前通过 1953 年人口普查数据结合战时人口发展相关数据,不以数据累加的方法进行演算,得出过几乎相同的结论。其后以各种原因,对这个结论并未强调,也未再作进一步论证。此次经以不同方法进行计算,竟然再次得出几乎同样的结论。

第二节　抗战人口损失区域分布及军民比率

抗战期间,中国东南半壁山河沦陷,人民惨遭日军荼毒。为将日本侵略者驱逐出中国,全国人民皆为抗战作出巨大贡献,也因战争遭到严重损失。以人口损失论,根据我们前面的考察,战争期间,在全国各省一级的行政区划中,仅西藏、新疆以地处高远,免遭日军炮火和飞机的侵袭肆虐,其区域境内没有遭受直接人员伤亡损失;但若以受战争而致的人员伤亡损失而言,如兵役壮丁的征募与损失,则新疆也未能幸免。其余各省市或全境沦陷,或屡经战火,或饱受日军飞机狂轰滥炸,几乎全部遭有人口伤亡等形式的直接损失。下面,我们拟对抗战时期中国人口损失的区域性分布作简单探讨。因为前文已就伤亡比率进行过考察,且得出的结论是中国战时人口损失中死亡人口与受伤人口大体相当,且以各省市区及各具体方面的伤残数参差不齐,所以本节为求便捷,我们径以战时死亡人口为据,讨论中国抗战人口损失的区域分布。地区划分大体以传统上的地区分域概念为依据,间有权宜。

前面我们已经通过具体的考察,获得了各主要省区及某些具体方面的战时人口损失数字,这为我们讨论人口损失的区域分布提供了数据基础。下面,我们依然据前文考察所得结果,分析中国抗战死亡人口分别省市区等方面所占比率的情况。

表 7 - 2　中国抗战死亡人口分类别比率排序表

类别	死亡	占死亡总数之百分率(%)	备考
河南	4 126 954	18.49	三(二)7,死亡数中计入灾荒致死者300万人
劳工	2 312 830	10.36	三(五),内含东北本地劳工死亡86万人,在日劳工死亡6 830人,1935—1945年
兵役壮丁	2 252 940	10.09	五(三)
国民党军队	1 852 458	8.30	五(二),据国防部数重核
山东	1 830 215	8.20	四(四)
江苏	1 527 661	6.84	三(三)2,不含南京
冀晋热辽察绥	1 385 539	6.21	四(四)
湖北	964 129	4.32	三(三)5
广东	958 741	4.30	三(三)6
湖南	920 085	4.12	三(二)5

续表

类别	死亡	占死亡总数之百分率(%)	备考
安徽	834 325	3.74	三(三)4
广西	512 132	2.29	三(二)4
浙江	461 243	2.07	三(三)3
东北地区	462 531	2.07	三(四),1931—1945 年
伪军	453 285	2.03	五(四)
江西	313 249	1.40	三(二)3
南京	300 000	1.34	三(二)2,侵华日军南京大屠杀死难人数
华侨	253 000	1.13	三(二)12,侨务委员会估计数
中共抗日民主武装部队	225 383	1.01	五(一)
云南	130 396	0.58	三(二)10
上海市	122 082	0.55	三(二)1
台籍日军	43 999	0.20	五(四)
贵州	27 406	0.12	三(二)10
四川	22 500	0.10	三(二)8,含重庆市轰炸伤亡数
部会机关	7 838	0.04	三(二)11,资源委员会等部会六机关及行政司法部
福建	7 751	0.03	三(二)6
长城抗战	7 543	0.03	
陕甘宁	5 229	0.02	三(二)9,三省合计轰炸伤亡数
总计	22 321 444	100.00	部分数据有独立来源,故合计数与各分计数不尽相符

资料来源:本表系据前文表 6-6 中数据重制,备考栏中编号意义与表 6-6 同。

　　从表 7-2 中的排序看,中国抗战期间直接因战争而死亡的人口,以兵役壮丁、强制劳工和国民党军队官兵死亡最为惨重,三项合计占全部死亡人口的 28.75%;在各省市中,以河南、山东、江苏、晋冀热辽察绥地区遭受人口死亡为最惨重,分别占死亡总数的 18.49%、8.20%、6.84%、6.21%,因为河南省计入了 1942 年因灾死亡人口,故在全国人口死亡数中占比极高,为全国各省之最。其后依次是湖北、广东、湖南和安徽四省,死亡人口亦分别占死亡总数的 4.32%、4.30%、4.12%、3.74%。广西、东北地区(不计劳工死亡)、浙江及伪军,死亡人口分别占死亡总数的 2.29%、2.07%、2.07%、2.03%。江西、南京、华侨及中共领导下的抗日民主武装部队遭受之死亡人口各占总数的 1% 以上。其余云南、上海、贵州、四川、福建、陕甘宁各省及其他若干特殊方面的人口死亡相对较少,皆占总数的 1% 以下。如果将上项各省市死亡人口数字按地理分区进行排列,则其情形大体又如下表 7-3 所示。

表 7-3　中国抗战死亡人口地区分布表

区别/类别		死亡	占死亡总数之百分率(%)	备考
东北	东北地区	462 531	2.07	三(四),1931—1945 年
	劳工	2 312 830	10.36	三(五),内含东北本地劳工死亡 86 万人,在日劳工死亡6 830 人,1935—1945 年
	小计	2 775 361	12.43	
华北	山东	1 830 215	8.20	四(四)
	河南	4 126 954	18.49	三(二)7,死亡数中计入灾荒致死者 300 万人
	冀晋热辽察绥	1 385 539	6.21	四(四),冀晋之外皆为部分地区
	小计	7 342 708	32.90	
华东	上海	122 082	0.55	三(二)1
	南京	300 000	1.34	三(二)2,侵华日军南京大屠杀死难人数
	江苏	1 527 661	6.84	三(三)2,不含南京
	安徽	834 325	3.74	三(三)4
	江西	313 249	1.40	三(二)3
	浙江	461 243	2.07	三(三)3
	福建	7 751	0.03	三(二)6
	小计	3 566 311	15.97	

续表

区别/类别		死亡	占死亡总数之百分率（％）	备考
华中	湖南	920 085	4.12	三（二）5
	湖北	964 129	4.32	三（三）5
	小计	1 884 214	8.44	
华南	广东	958 741	4.30	三（三）6
	广西	512 132	2.29	三（二）4
	小计	1 470 873	6.59	
西南	四川	22 500	0.10	三（二）8,含重庆市轰炸伤亡数
	云南	130 396	0.58	三（二）10
	贵州	27 406	0.12	三（二）10
	小计	180 302	0.80	
西北	陕甘宁	5 229	0.02	三（二）9,三省合计轰炸伤亡数
军人	国民党军队	1 852 458	8.30	五（二）,据国防部数重核
	中共抗日民主武装部队	225 383	1.01	五（一）
	兵役壮丁	2 252 940	10.09	五（三）
	小计	4 330 781	19.40	
海外	华侨	253 000	1.13	三（二）12,侨务委员会估计数
其他	部会机关	7 838	0.04	三（二）11,资源委员会等部会六机关及行政司法部
	长城抗战	7 543	0.03	五（四）
	伪军	453 285	2.03	五（四）
	台籍日军	43 999	0.20	五（四）
	小计	512 665	2.30	
总计		22 321 444	100.00	部分数据有独立来源,故合计数与各分计数不尽相符

资料来源:本表系据前文表 7-2 中数据重制,备考栏中编号意义与前表 6-6 同。

　　表 7-3 中数据显示,在中国抗战直接人口损失中,以地区论,包括山东、河南、河北、山西等省及察绥热辽数省部分地区在内的华北地区为最惨重,全地区死亡人口占全国战争死亡人口总数的 32.9%。该地区抗战期间有中国共产党开辟领导的多块根据地,曾经遭到日军疯狂的军事进攻,根据地民众遭日军杀戮损失十分严重。该区东北部长城沿线,战时日军当局在这里实施残酷的"集家并村",把当地居民驱赶入所谓的"集团部落",造成长城两边千里"无人区",当地民众死亡惨重。河南省境内,除抗日根据地遭敌轮番进行残酷"扫荡"外,战争期间域内曾进行过多次重大会战,是华北地区遭受战争死亡人口最惨重的省份之一,1942 年灾荒更造成该省 300 万的人口死亡。山东省为重要的抗日根据地所在区域之一,遭日军残杀死亡的人口居全国之最。华东地区上海市、南京市、江苏、安徽、江西、浙江、福建等省市战争直接造成的死亡人口占全国死亡人口的 15.97%。该地区战前为中华民国政治、经济、文化精华区域,14 年战争尽化焦土,沦陷程度又居全国之首。淞沪会战,有人估计至少造成长江三角洲地带 30 多万人的死亡。侵华日军南京大屠杀惨案,在短短 6 个星期内残杀中国民众达 30 万人以上。战争期间,日军曾经惨无人道地在浙赣作战期间对中国无辜居民实施大规模的细菌战,造成无数的中国普通民众悲惨死亡。东北地区在全国沦陷时间最久,当地民众长期处在日伪殖民当局的残酷统治之下,是中国战时人口损失的重灾区,全区域内因战祸直接致死人口,就本书的估计数字看,占中国抗战直接人口损失总数的 12.43%。该区域内平民死亡人口数迄今无准确统计,我们仅就有限资料累计,沦陷期间遭敌直接残杀的无辜居民即达 46 万人以上。此外,该区域境内,人口死亡最严重者是中国强制劳工,合东北本地区劳工死亡,全境强制劳工死亡估计共达 231 万人,仅此

一项,即占到全国抗战直接人口损失总数的10.36％。华中两湖地区,虽只列湖南、湖北两省,但以两省战略地位极其重要,战争期间,境内重大会战频繁发生,几乎是无日不战,中日两军在此区域境内军事争夺尤为激烈,持续时间十分长久,即使主体战场不在本区域境内的重大会战,两省也多遭波及,故在抗战期间,两省遭敌杀戮死亡的人口十分庞大,合计达188万人以上,占全部中国抗战死亡人口的8.44％。华南两广地区亦仅计广东、广西两省,沦陷面积也十分广阔,日军在境内烧杀掳掠,无恶不作,人民死亡情形与华北、华中、华东等区域同样惨重。全区战争直接所致死亡人口占全国死亡人口总数的6.59％。其余西南地区、西北地区在整个抗战期间,长期遭日军飞机长途空袭,被炸死炸伤者难以计数,且云南、贵州两省战时也多次遭日军窜犯,直接遭敌残杀者为数亦多。

再看一下中国抗战官兵死亡人口数所占比重,也就能够得出中国抗战直接人口损失的军民分布情况。显而易见的是,中国抗战军人死亡人口数在全部人口直接损失中,所占比重特别大。包括中共领导的抗日武装部队、国民党抗日官兵以及由全国各地征募并且实际拨补于各战区部队或军事机关的兵役壮丁在内的中国军事相关人员的战时死亡数字,在各个伤亡主体类别中最为严重,三者合计共占我们累计所得战争直接损失人口的19.40％,其中国民党军队官兵阵亡占战争直接所致全国死亡人口的8.3％,中共抗日武装部队阵亡官兵占死亡人口总数的1.01％,而兵役壮丁的死亡竟占到10.09％。

若把表6-6或表7-2中伪军、台籍日军、海外华侨及长城抗战等作为相对特殊的主体方面不计,则所余部分即由中国抗战军人死亡和平民死亡两大部分组成,通过这两大部分的数据统计,可以考察中国战时直接人口损失的军民比率关系。在前文所列的22 321 444人死亡人口数据中,除去上列诸项作为特殊方面计入的各项死亡人口数,则尽余中国抗战军人死亡数和平民死亡数,约为21 563 617 人,其中军人死亡数为 4 330 781 人,平民死亡数共计17 232 836 人。据此可以求得中国战时人口直接损失中,军民比率为 1∶3.98,亦即在整个抗日战争期间,中国军人于战场上阵亡 1人的同时,亦即有平民 4 人直接死亡于敌军的残杀或其他各种与战争直接相关的因素。于军民死亡总数中,军人占 20.08%,平民占79.92%。平民死亡人口数中,又以强制劳工死亡人口数所占比率为最重,占军民死亡总数的 10.73%,占平民死亡总数的 13.42%。至于为什么把表列的伪军、台籍日军、海外华侨及长城抗战等几个方面人员伤亡在计算人口损失军民比率时加以排除,主要是考虑,伪军、台籍日军性质尴尬,既不能列作抗战军人,视为平民也显不合适。海外华侨损失发生在境外,长城抗战军人阵亡发生于全面抗战之前,且数据微小,对比率关系影响不大。我们在考察中国抗战人口损失总体情况时,对这几个类型的人员伤亡情况予以关注,意在尽量关注到考察的全面性。同时在此讨论人口损失的军民分布时,将之排除,也只是为了使问题限定于便于讨论的范围内。我们并非完全无视这几种类型主体的人员损失,事实上,其死亡数据均已表列于上。

第三节　抗战损失平民人口性别构成及成幼比率

在战争中,妇女是最大的受害者。这句话虽然出于侵华日军南京大屠杀期间的一个日本随军记者的笔下,但它确实表达了中国妇女同胞在战争期间所遭受的巨大苦难和人员伤亡。在本书第一章讨论抗战时期中国人口存在环境时,我们曾经专门讨论了日军对中国妇女同胞的奸淫残杀。下面,我们将再以前文考察所得的相关数据,分析讨论一下女性在中国抗战直接人口损失中所占比重情况,进而讨论一下中国抗战直接人口损失的性别比率。同时,我们也将利用有关数据,对战时人口直接损失中的儿童人口的减损与占比情况,进行分析与讨论。

在抗日战争期间和抗战胜利后,由国民政府行政院、抗战损失调查委员会、赔偿调查委员会或赔偿委员会等机关依次主持的中国抗战损失调查工作,皆颁布《查报须知》并订有严格表式,训令各省市县循式造报。在其所颁的表式中,一直有一种表式专为调查战时人口损失所设计,即《人口伤亡调查表》;另外还有一表,即1939年7月1日国民政府行政院第一次颁布《抗战损失查报须知》中所附的《人口伤亡汇报表》①。后者虽于1944年8月行政院颁布《修正抗战损失查报须知》后被废止,但直到抗战胜利后,各省市县于查报战时人口损失时,仍然觉得该表在汇总本省市战时人口伤亡统计工作中十分便利,多数地区仍旧采用。所以,在目前我们所能搜罗到的部分省市县战时人口损失统计表中,基本上都还是按上述两种表式,内分轻伤、重伤、死亡、合计四栏,各列男、女、童、不明四项,各据调查结果填造汇报。以这种表式填造的战时人口损失汇报表,为我们今天研究中国抗战直接人口损失的男女性别比率、成人与儿童比率,提供了必要的数据基础。

中国解放区的抗战损失调查,亦颁布相关办法和表式,我们虽未见到原表式,但从山东解放区等区的抗战损失报表中,可以了解其大概情形。不过,在人口损失调查项下,解放区表式与国民政府相关调查机关所颁表式不尽相同,而是只计死亡、被捕俘、失踪、鳏寡孤独肢体残疾诸项,却未分男、女、童等别。我们乃无法从中了解中国解放区战时人口损失调查统计数中的性别分布情形,以及

_____

① 此二表式原型,见本书第二章第二节所引。

成人与儿童比率。因此,我们在本节以下内容中,只据抗战期间及战后国民政府抗战损失调查机构及各省市县政府编制的人口伤亡总汇报表,及部分县市型制相同的战时人口死亡数字,考察其中的男女性别比、成人儿童比。同样,以伤亡比率已于前文经过总体性的考察,这里为便捷计算计,仍然只取男、女、童等死亡各数为据,分析其性别和成幼比率。

自从国民政府行政院《抗战损失查报须知》颁行后,各省陆续有县市造送人口伤亡查报表至行政院及国民政府文官处。从 1940 年开始,约每隔 3 个月,国民政府主计处便会根据由文官处或行政院转来的各省县市的汇报表,调制出截至该年 3 月底、6 月底、9 月底和 12 月底所收到材料的《人口伤亡》总表。下表 7 - 4 即是据这种《人口伤亡》总表摘要编制,其中保留了损失人口的性别与成幼构成数据。

表 7 - 4　人口伤亡情形表(截至 1940 年 12 月)

性别	共计	重伤	轻伤	死亡
小计	16 687	3 260	3 830①	9 617
男	9 866	1 800	2 202	5 864
女	4 567	1 024	1 277	2 468
童	1 706	302	487	917
不明	546	134	44	368

材料来源:根据主计处截至民国二十九年十二月收到行政院查报表汇编。
资料来源:
1. 据中国第二历史档案馆藏《总表五人口伤亡① 原因别》摘要重制,4/16/728。
2. 按照国民政府行政院颁行之《抗战损失查报须知》所附《表式 2:县市人口伤亡汇报表》之说明规定"不满十六岁者为童",查报时此项数据不分男女。"不明"者系指查报时无法确知受伤者性别。本书后文分析计算人口伤亡性别、成幼类型分布比率时,于此二项数据各有取舍,各表皆同。

---

① 此数原表中为 3 810,据该次总表之分项目别各数字累加应为 3 830,始与各组人数伤亡数合,据此改之。

　　需要作特别说明的是,上表中的数据仅局限于行政院截至
1940 年 12 月底收到的有限的县市呈报的汇报表汇编而成,与
当时中国人口之伤亡的实际情形极其悬殊,可以说完全不能反
映中国抗战人口损失全貌,这一点我们在前文中曾多次强调。
若以之来说明截至这一时限中国抗战人口伤亡和儿童所受残
害的数量与实况,当然绝不可行。但从资料的汇总来源情况来
看,查报表之来源具有一定的随机性,我们权且将之作为研究
特定规模人口伤亡之性别比、伤亡比、轻重伤比和成幼比的随
机样本。从表中的数据反映的情况来看,在伤亡总计中,男女之
比为 2.16∶1,成人与儿童之比为 1∶0.12,若按此比例折成百分比
则分别为:男性伤亡约占 68.4%,女性伤亡约占 31.6%,儿童伤亡
约占 10.7%;从死亡一栏的数据看,男女之比约为 2.38∶1,成人与
儿童之比约为 1∶0.11,折成百分比则分别为:男性死亡约占
70.4%,女性死亡约占 29.6%,儿童死亡约占 10%;合轻伤、重伤两
栏数据情况来看,男女受伤之比约为 1.74∶1,成人与儿童受伤之
比约为1∶0.13,折合为百分比则分别为:男性受伤约占 63.5%,女
性受伤约占 36.5%,儿童受伤约占 11.1%;再看伤亡比例,死亡受伤
人数之比约为 1∶0.74,死亡人数约占总伤亡人数的 57.6%,轻重伤
人数约占总伤亡人数的 42.4%。

　　再看 1943 年 12 月底主计处调制的同样型制的《人口伤亡》总
表,将其中有关人口损失中的性别、成幼数据摘要编制出下
表 7 - 5 进行分析。

表 7-5　人口伤亡情形表(截至 1943 年 12 月)

性别	共计	重伤	轻伤	死亡
小计	106 586	17 939	27 867	60 780
男	50 692	9 603	12 125	28 964
女	27 150	5 872	6 298	14 980
童	6 337	888	1 326	4 123
不明	22 407	1 576	8 118	12 713

　　材料来源:根据主计处截至民国三十二年十二月收到行政院及国民政府文官处与各机关造送之资料编制。
　　资料来源:据中国第二历史档案馆藏《总表五人口伤亡① 原因别》摘要重制,6/2/239。

　　此表是我们从档案资料中所能查到的国民政府主计处以这种型制对抗战人口进行统计的最后一次汇总表格,对于表中的数据,我们同样不能奢望它能真实地反映抗战期间中国人口伤亡的实际情况。我们之所以运用,依然是把它作为研究中国人口伤亡之各类型分布和成幼比率的在全国统计层面上的样本。以与上文同样的方法计算,则在伤亡总计中,男女之比为 1.87∶1,成人与儿童之比为 1∶0.081,若按此比例折成百分比则分别为:男性伤亡约占 65.1%,女性伤亡约占 34.9%,儿童伤亡约占 8%;从死亡一栏的数据看,男女之比约为 1.93∶1,成人与儿童之比约为 1∶0.094,折成百分比则分别为:男性死亡约占 65.9%,女性死亡约占 34.1%,儿童死亡约占 8.6%;合轻伤、重伤两栏数据情况来看,男女受伤之比约为 1.79∶1,成人与儿童受伤之比约为 1∶0.065,折合为百分比则分别为:男性受伤约占 64.2%,女性受伤约占 35.8%,儿童受伤约占 6.1%;再看伤亡比例,死亡受伤人数之比约为 1∶0.75,死亡人数约占总伤亡人数的 57%,轻重伤人数约占总伤亡人数的 43%。此表的各项比率,除儿童所占比重有所降低外,其余各项比率,与表 7-4 所反映出的情况,相差是不大的。

下面,我们再对曾于抗日战争胜利后对全省抗战人口损失进行过全面调查统计,且统计资料被较为完整地保存下来的湖南、江西、广西、福建等省的情况分别进行一些考察。先看湖南省的人口伤亡统计情况。

表7-6　湖南省抗战期间人口伤亡统计表

性别	共计	重伤	轻伤	死亡
小计	2 617 383	733 512	963 786	920 085
男	1 077 022	360 480	432 106	284 436
女	650 508	197 065	302 920	150 523
童	139 687	26 485	79 937	33 265
不明	645 146	94 482	148 823	401 841

资料来源:

1. 据前文表3-10重新编制。

2. 原表无"性别"各组之"共计"栏,本表系据表中数据累加填补之;唯《湖南省抗战损失统计》之"编辑例言"中云"总计人口伤亡2 622 383人,其中伤1 702 298人,亡920 264人",与此表各数累加结果略有出入。孰正孰误,无从判断,今从表。

表7-6之情形,与前文所列之主计处二表又有不同:表中数据是在抗战胜利后,由湖南省"各主管机关有关人员负责查报,省政府统计室负责办事汇编","依照内政部抗战损失调查委员会修订之《抗战损失调查办法及查报须知》所定表式"查报,资料时期包括"自1937年7月7日抗战起至1945年8月15日敌军投降止"。①《统计表》中列有全湘78县中68县的人口伤亡的详细统计数据。所以,该表较为全面地反映了抗战期间湖南全省人口伤亡的情况。从表中情况看,在伤亡总计中,男女之比约为1.66:1,成人与儿童之比

① 湖南省政府统计室编印:《湖南省抗战损失统计·编辑例言》,转引自章伯锋、庄建平主编:《抗日战争第2卷·军事》下,第2551页。

约为1：0.081,再折成百分比则分别为:男性伤亡约占62.3%,女性伤亡约占37.7%,儿童伤亡约占8%;从死亡一栏的数据看,男女之比约为1.89：1,成人与儿童之比约为1：0.076,折成百分比则分别为:男性死亡约占65.4%,女性死亡约占34.6%,儿童死亡约占7.1%;合轻伤、重伤两栏数据情况来看,男女受伤之比约为1.59：1,成人与儿童受伤之比约为1：0.082,折合为百分比则分别为:男性受伤约占61.4%,女性受伤约占38.6%,儿童受伤约占7.6%;伤亡比例,死亡受伤人数之比约为1：1.84,死亡人数约占总伤亡人数的35.2%,轻重伤人数约占总伤亡人数的64.8%。

对于江西省抗战期间的人口伤亡中的成幼、性别比率情况,我们也摘要编制成下表7-7。

表7-7　江西省抗战期间人口伤亡统计表

性别	共计	重伤	轻伤	死亡
小计	504 450	83 529	107 672	313 249
男	307 870	48 361	65 770	193 739
女	137 981	24 748	28 354	84 879
童	57 868	10 420	13 548	33 900
不明	1 231			1 231

资料来源:
1. 据前文表3-5、表3-6编制。
2. 原表无"性别"各组之"共计"栏,本表系据表中数据累加填补之。
3. 原表"死亡"一栏中,"性别"各组数据应有一误,故总数多出500人。又据中国第二历史档案馆藏"江西善救资料"卷内善后救济总署江西分署经济技工室1946年3月编制之《江西省各县市人口数抗战伤亡数及财产损失总值表》核之,则上表中伤亡各栏总计数相同,应无误。惜"江西善救资料"卷中之表无性别各组之分组统计数字,无以考订错误出自哪一性别组。故下文应用只能就目前各数分别计算之,此栏中4项分组数据之和较总数多出500人,误差率约为1.6‰,4项分之,各约占0.4‰,则虽存在误差,势所难免,但不致有太大出入。

江西省办理抗战损失调查统计情形,我们在前文中已经论及。江西省是于抗战胜利后及时进行抗战损失调查并及时将调查结果汇总编辑出版的省份之一,《江西省抗战损失调查总报告》中所载之《江西省抗战人口伤亡数》,也是我们今天所能找到的较为详细地分县市、按性别组别对全省人口伤亡情形进行统计的总表之一。因其调查及时,固然会对伤害情形及时摸清,甚而在数据的取得上相对准确。然又以其在短短不足两个半月内完成此项调查,时间之仓促,调查之是否彻底,却又令人担忧。本节主旨在于就所能掌握的数据,基于随机抽样的方法,对抗战人口的主体分布情况与成幼比率等项数据进行分析,则此种担忧似乎对数据的随机性不致产生太大的影响。同样以前文方法进行计算,则在伤亡总计中,男女之比约为2.23∶1,成人与儿童之比约为1∶0.13,折成百分比则分别为:男性伤亡约占69%,女性伤亡约占31%,儿童伤亡约占11.5%;从死亡一栏的数据看,男女之比约为2.28∶1,成人与儿童之比约为1∶0.122,折成百分比则分别为:男性死亡约占69.5%,女性死亡约占30.5%,儿童死亡约占10.9%;合轻伤、重伤两栏数据情况来看,男女受伤之比约为2.15∶1,成人与儿童受伤之比约为1∶0.143,折合为百分比则分别为:男性受伤约占68.3%,女性受伤约占31.7%,儿童受伤约占12.5%;伤亡比例,死亡受伤人数之比约为1∶0.61,死亡人数约占总伤亡人数的62.1%,轻重伤人数约占总伤亡人数的37.9%。

广西省抗战损失调查情况,我们也在前文中论及,这里只取其战时人口损失调查统计表中有关性别与成幼构成的数据,编成下表7-8,唯其原人口伤亡表中皆列有"失踪人数"一栏,然以不能断定其为死亡、受伤,故下表将此栏数据舍去。

表7-8　广西省抗战时期人口伤亡统计表

性别	共计	重伤	轻伤	死亡
小计	942 134	88 948	344 675	508 511
男	629 384	61 849	239 942	327 593
女	154 004	12 377	49 899	91 728
童	109 935	9 642	35 127	65 166
不明	48 811	5 080	19 707	24 024

资料来源:

1. 本表系据前文表2-7、表3-7、表3-8中数据合并编制。

2. 数据起讫日期为:桂南十九县之人口伤亡为1939年11月至1940年11月,其中含有空袭伤亡人数,系自全面抗战开始至此次沦陷结束;战后统计中之人口伤亡为1944年9月至1945年8月。其实在这两个时间段之外,广西境内尚有多次遭日机轰炸、炮击及日军窜扰造成的人口伤亡,应是皆未包含在内。

　　仅就表中已有调查统计所得数据而言,抗战时期广西省人口伤亡的男女性别分布、伤与亡比例、成人与童年比例情形大致为:就伤亡总计来看,男女之比约为4.09∶1,成人与儿童之比约为1∶0.14,折成百分比则分别为:男性伤亡约占80.4%,女性伤亡约占19.6%,儿童伤亡约占12.3%;从死亡一栏的数据看,男女之比约为3.57∶1,成人与儿童之比约为1∶0.155,折成百分比则分别为:男性死亡约占78.1%,女性死亡约占21.9%,儿童死亡约占13.4%;合轻伤、重伤两栏数据情况来看,男女受伤之比约为4.85∶1,成人与儿童受伤之比约为1∶0.123,折合为百分比则分别为:男性受伤约占82.9%,女性受伤约占17.1%,儿童受伤约占11%;伤亡比例,死亡受伤人数之比约为1∶0.85,死亡人数约占总伤亡人数的54%,轻重伤人数约占总伤亡人数的46%。

　　我们再根据前文相关章节所表列各有关数据资料,编成表7-9,取据资料原则上以综合性统计为主,全省范围的统计表迄未发现的省份,亦间取部分县市的统计,以弥补考察范围的狭隘。

表 7-9　中国抗战期间死亡人口性别、成人儿童比率表

类别	人口死亡数					男女比率	成人儿童比率	备考
	合计	男	女	童	不明			
汉阳	13 810	7 668	6 142			1∶0.80		汉阳县政府 1945 年调查,汉阳文史资料第 3 辑引,189 页
宝山	11 233	6 527	4 706			1∶0.72		
嘉定	16 600	9 475	6 000	1 108		1∶0.63	1∶0.07	嘉定县志,762 页
广西	11 147	5 500	3 347	1 405	897	1∶0.61	1∶0.16	前文表 4-7,10 岁以下者为童
当阳	87 600	55 929	31 671			1∶0.57		当阳县志,627—628 页
溧阳	6 044	3 922	2 122			1∶0.54		溧阳县志,719 页
湖南	920 085	284 436	150 523	33 265	401 841	1∶0.53	1∶0.08	前文表 3-7
全国	60 780	28 964	14 980	4 123	12 713	1∶0.52	1∶0.09	截至 1943 年 12 月,中国第二历史档案馆藏,6/2/239
江西	313 249	193 739	84 879	33 900	1 231	1∶0.44	1∶0.12	前文表 3-3
全国	9 617	5 864	2 468	917	368	1∶0.42	1∶0.11	截至 1940 年 12 月,中国第二历史档案馆藏,4/16/728
福建	3 886	2 852	1 034			1∶0.36		前文表 3-8
南京	295 525	224 333	65 902	5 290		1∶0.29	1∶0.02	1946 年 5 月,南京大屠杀(选编),468 页
青阳	755	430	123	135	67	1∶0.29	1∶0.24	安徽青阳县,1937—1943 年,日本侵华在安徽的暴行,19 页
广西	497 364	322 093	88 381	63 761	23 127	1∶0.27	1∶0.16	前文表 3-2

续表

类别	人口死亡数					男女比率	成人儿童比率	备考
	合计	男	女	童	不明			
乐陵	7 893	5 535	1 296	1 062		1∶0.23	1∶0.16	山东乐陵县,乐陵县志,490 页
武昌	12 922	8 340	1 582			1∶0.19		武昌县志,189 页
江阴	20 274	16 451	2 976	847		1∶0.18	1∶0.04	战后调查,江阴文史资料6,61 页
小计	2 153 289	1 096 820	420 875	145 813	440 244		1∶0.10	止记含有儿童死亡数者
总计	2 288 782	1 182 058	468 132	145 813	440 244	1∶0.40		

资料来源:本表据前文所引相关各表数据及部分地方史志资料汇编。小计项下只计记录有儿童死亡之各省县的死亡人口成人儿童比率;总计项则只计表列所有省县的死亡人口男女比率。

由于抗战期间及战后进行抗战损失调查时,国民政府所属不同时期的调查主管机构皆明文规定国民党军队官兵损失情况由相关军事机关负责查报,所以国民政府主计处或行政院抗战调查委员会等机关在 1946 年年底汇总全国军民战时损失统计总表之前,其历次调查统计及所作出的汇总表,均不含国民党军队官兵伤亡数字。所以上表 7-9 中所列各数,也均与军人无关,其所反映出的死亡人口的男女性别比率及成人儿童比率,也都是指平民死亡人口的结构样态。实际上,国共抗日军队、劳工、伪军等项死亡人口中,绝大部分为成年男性。另外上表 7-9 中死亡人口各数,除湖南、江西、广西、福建、南京等省市为战后较全面的统计数字外,其余两项"全国"数为抗战期间国民政府主计处据各县市呈报的极不完全的统计汇总,在这里并不作反映全国死亡人口总量看,而只当成是分析战时中国人口直接损失之性别成幼结构的一组样本数据。另如各县资料,也未尽是完全统计,我们只取数据类型相同者，以便于从中探求死亡人口的性别比率及成幼比率，原意并不在累计求取全国死亡总数。这样的资料与数据的选择办法，虽属无奈之举，却也在一定程度上暗合随机取样之法，即数据范围的覆盖面有广有狭，行政单位有全国、省、市、县不同政区级别，数据产生的时间也前后错落，资料产生的空间也是南北分布。在没有获得全面的、型制一致的全国统计数据的情况下，以上项办法抽取可资利用的同型制的死亡人口的统计数字，应不失为一种可行的办法。

从表7-9中列的中国战时死亡人口的性别比率来看，省级地区以湖南省男女比率差异最接近，男女死亡数比率为1：0.52，大致相当于2：1，即战争期间每有2个男人遭敌残害致死，也就会有1个稍多的女人同时遇害惨死；江西省稍次之，男女死亡人数之比约为1：0.44。南京市、广西省相近而以广西省为差异最大，为1：0.27，约合11：3。从县级地区的数据来看，则以湖北省汉阳、江苏省宝山、嘉定等县男女比率为最相近，分别为1：0.80、1：0.71、1：0.63，复以武昌、江阴两县差别为最大，分则为1：0.10、1：0.18。就全国范围而言，将上列各级数据简单作算术平均，以总计数核算，则死亡人口的男、女比率为1：0.40，即5：2，换算成百分比，在平民死亡人口中，平均而论，男性死亡人口占71.4％，女性死亡人口占28.6％。这就是我们通过简单的考察与分析所得到的中国抗战损失平民人口的性别比率，计算基数中，并不包括国共抗日军队、劳工、伪军等项死亡人口数据。

再看平民损失人口中的成人、儿童比率情况。国民政府1939年7月1日颁布《抗战损失查报须知》时，在所附表式二《县市人口汇报表》的"说明"项下称16岁以下者为童。唯上文表7-9中所引广西省抗战期间进行的人口损失调查则注明10岁以下者为童。在省级地区的数据中，以广西儿童死亡数占平民损失人口总数比为最高。广西于战争期间所进行的桂南沦陷十九县调查统计结果及战后进行的抗战损失人口调查,所得成人、儿童比率皆为1∶0.16。其余全国省县地区,除南京市、江阴县儿童所占比重明显偏低外,其余多在1∶0.1上下浮动。就表7-9中录有儿童死亡统计的各省市县死亡各项数字总计核算,则在平民死亡人口中,成人与儿童的比率约为1∶0.1,即10∶1,换言之,即每当战争直接造成10个成年人死亡,则同时即有1名儿童遇害。换成百分比例,则在平民损失人口中,平均而论,儿童死亡数占死亡总数的9.1%,成人则占90.9%。同样,这个关于中国抗战平民人口直接损失的成幼比,也是有着严格的范围限定的,即在计算平民损失的基数中,也没有包括国共抗日军队、劳工、伪军等项死亡人口数据,因为这几类损失人口的主体,绝大多数是成年男性。做这样的限定,同样也未尽合理,或许只是笔者为了取说明便利计。同时,也不希望这样得出的性别比和成幼比,在某些不恰当的场合,被误用于上面提到的军人、劳工、伪军等项的死亡人数分析上,进而再从这些主体身份明确的成年男性中,按比例分割出女性和儿童数来,造成分析结果的荒谬与错乱。

　求得中国抗战直接损失平民人口的性别比率及成幼比率后,我们即可以结合上面考察得出的抗战时期中国人口损失各项总数、死亡人口与伤残人口的比率等,尝试着对抗战时期中国女性、儿童遭日军残害致死的人数进行简单的分离:我们据表6-6所列各地区、各方面战争直接损失人口总数22 321 444人中,减去明显为男性、成人的国共抗战军人、壮丁兵役、劳工、台籍日军、伪军、长城抗战中国守军官兵和华侨各数,则所余死亡数即是抗战期间中国大陆境内普通平民死亡人口数,为14 920 006人。又因国民政府行政院抗战人口损失调查时,以16岁以下为儿童,不分性别,计入总数,则儿童数与成人之男女各数不交叉。故可从平民死亡总数中,以 9.1％的比率先求得抗战期间直接遭日军残害致死的中国儿童数,即 1 357 721 人。余 13 562 285 人为成年平民男女合计数,从中分出 28.6％为 3 878 814 人,此数即可以据已知抗战人口死亡估计数推算而得的遭日军残害致死的成年中国女性数,余 9 683 471 人为男性平民死亡数。当然,由于我们认为上项 2 232 万余人为中国抗战直接死难人数的最低限数,所以这里推求的近 388 万人,也应该只是抗战期间中国死难成年女性的最低限数。

我们再结合前面考察所得的中国战时人口损失伤、亡比率,进一步推算除直接死亡人口之外的中国抗战受伤人口数及女性、儿童受伤人数。据表 7－1 的结果,中国抗战人口伤亡比率为死亡人口占抗战直接伤亡人口总数的 49.77％,受伤人口占 50.23％,军人伤亡比率与此相差不大。若以此比率应用估计中国大陆境内除劳工、军人、伪军等项外平民受伤人数,即 14 920 006 人,约可得平民中尚有约 15 057 904 人在抗战期间被敌杀伤。若简单参照上文女性、儿童之死亡比率进行粗略估计,先从中分割儿童受伤者为 1 370 269 人,所余 13 687 635 人为成人受伤数,再从其中分割出受日军迫害致伤的成年女性 3 920 138 人,余者 9 767 497 人为男性受伤数。合伤亡而言,抗战期间中国女性所受直接伤亡合计为 7 798 952 人,儿童伤亡合计约为 2 727 990 人,妇女儿童伤亡累计约为 10 526 942 人。

第四节　中国抗战人口损失主体构成

如果我们把前文各表中的相关数据以及除军人、劳工、伪军之外中国大陆境内一般民众死亡的男、女、童各数重新整理,以死亡主体分类,便可以编制抗日战争时期中国直接死亡人口损失主体别分布情况,如表 7 - 10 所示。

表 7 - 10　中国抗战分主体别死亡人口数

主体别	军人数	劳工数	一般民众			长城抗战数	伪军数	华侨数	台籍日军数	合计
			男人数	女人数	儿童数					
死亡数	4 330 781	2 312 830	9 683 471	3 878 814	1 357 721	7 543	453 285	253 000	43 999	2 232 144
比率(%)	19.40	10.36	43.38	17.38	6.08	0.03	2.03	1.13	0.20	100.01
说明	1. 军人数含国共军队、兵役壮丁、长城抗战军人死亡数。 2. 劳工数含东北劳工死亡数及赴日劳工死亡数。 3. 合计数为中国抗战直接死亡人口数之最低限数。比率数末位四舍五入,故稍有出入。									

资料来源:本表系据前文所订各数汇编。

从上表 7 - 10 中看,在我们考察所得的中国抗战损失死亡人口中,按主体区别来看的话,则中国抗战军人死亡数占死亡总数的 19.40%,强制劳工死亡数占 10.36%,长城抗战阵亡官兵数占 0.03%,伪军占 2.03%,华侨占 1.13%,台籍日军士兵占 0.2%,除上项各数外,在中国大陆境内,在各沦陷地区、战区、敌后抗日根据地和大后方各省城镇,尚有遭日军直接残杀、日军飞机空袭轰炸及其他各种日军暴行事件致死的一般民众,占抗战直接死亡人口的 56.84%,其中男性占 43.38%,女性占 17.38%,儿童占 6.08%。如果合强制劳工死亡数,则在中国大陆境内,普通民众直接死亡数占总死亡人数的 77.2%。所以,我们可以说,抗战时期中国平民所受到的战争灾难是最严重的,普通民众也是中国抗战人口损失的最大承担主体。以中国抗战人口损失死亡人口全部计,合军人、劳工等项共计,成年男子占比 76%。也就是说,在中国人民抗日战争中,男性不仅是抗敌卫国的主力,也是战争损失人口的最主要的承担者。

此外,我们还可以利用前文讨论所得的中国抗战损失人口中的伤、亡比例关系,结合利用已经取得的我们认为相对受伤数字更为准确的各项死亡人口数据,估算一下受伤人口的各项数值,以弥补抗战结束后不久中国解放区救济委员会和国民政府内政部抗战损失调查委员会调查统计的不足。但以此项计算毕竟是纯粹的以固定比例关系来演算,但凡一个数值有误,其结果便会谬以千里。这种方法虽前经利用,但向为我们所忌惮,因此,笔者决定果断地节制自己对数值计算的滥用,本书到此也不打算再作一次冒险了。

结　语

　　我们在前文中不止一次地提到,战争是交战双方国家人力、物力和财力的大比拼,结果必然会造成人口的巨大伤亡损失、物质财富的消耗与毁灭,以及对经济社会发展的严重阻碍。以反侵略战争而论,受侵略国家倾举国之力进行抗战,所遭受的人口与财产损失,正是侵略者罪恶的铁证,也必将为受害国国民永远铭记于心,镌刻于史。但不论如何,战争所造成的损失是真切的、具体的、实在的,对被侵略国家所带来的社会肌体的伤害创巨痛深。这种伤害是真实的,千百万的受害者个体或家庭,他们或为保家卫国而流血牺牲,或因敌军残杀而丧失生命,或毁家纾难支持抗战,或遭敌劫掠而倾家荡产。战争结束后,遍地荒冢,满目废墟,绝不是一句夸张的虚词,而是对战争灾难的真实写照。

　　仅就本书前文讨论的主题论,日本侵华战争给中国人民带来了空前绝后的灾难,造成了巨大的人口伤亡损失、财产损失和历史文化遗产的毁灭,扰乱了中国社会的正常发展。日军在中国的土地上所犯下的罄竹难书的反人道罪行,更是人类文明历史上最卑污的一页,将与日本所应承担的侵略战争罪一起,被钉在人类历史的耻辱柱上,引为炯戒。

　　自古及今,战争与人口关系密不可分。抗日战争期间,中国人民为抵抗日军侵略,捍卫国家主权与民族独立,前仆后继,奔赴战场,与敌人作殊死搏斗。全面抗战期间,国民政府有系统统计的征募壮丁达1 400多万人,这些壮丁经过训练后,又被陆续补充进各战区部队和军事机关,总计也达1 200余万人。中国解放区各地也有大量的青壮年加入对敌抗战的行列,成为我们所说的抗战军人。数额庞大的抗战军人离开乡土,加入行伍,固是为了保家卫国,但同时他们也必然脱离了社会经济生活的第一线,这不仅使大批劳动力消耗于战争之中,而且干扰了社会物质财富的转化和积累,对中国战时人口发展也产生了较大影响。日军持续不断的猛烈进攻造成了中国大面积国土尽成废墟,日军对中国普通民众的残酷杀戮不仅直接造成了中国社会人口保有量的绝对减损,也造成了中国人口存在环境的极度恶化。由战争直接相关因素所造成的人口伤残和战争状态下政府和社会救灾能力的下降、普通民众对灾害抵抗能力的丧失,同样也严重降低了中国人口的质量和再生产能力。因此,我们从很多统计人口资料中可以看到,在全面抗战期间,中国大部分省区的人口保有量呈现显著的逐年下降趋势。

　　战争造成社会人口存在与发展环境的严重恶化。但战争又离不开兵员,兵员来自社会人口。所以在讨论抗战与人口关系时,我们会清楚地看到,一方面,随着战争规模的逐年扩大,战争对人口发展造成的损害也日益严重,但战局的发展又使得对抗战兵员的数量要求日益扩大,其间呈现出一种显见的矛盾。另一方面,中国东部大片国土沦陷,生活在敌占区的平民沦为日伪当局的统治对象,不再能为国家抗战输出兵员。从前文所引的战时实征兵员统计表中可以看出,江苏、山东等省区,在整个战时被征募的壮丁数目仅数万人,不及其他许多省区的十分之一,甚至几十分之一。到

1944年下半年，中国抗日战争已经打到关键的时期且胜利在望时，蒋介石却日益为兵员问题所困扰，壮丁、新兵、兵役等此前数年几乎不受其关注的问题，这时候频繁地出现在他的日记和日常工作安排之中。这也从一个具体的侧面，说明了战争发展与人口发展的这种反相关的矛盾关系。

总而言之，日本侵华战争给中国社会带来了巨大灾难，严重破坏了中国国家安全、主权独立和领土完整，给中国造成巨大的物质财产损失，对中国经济、文化事业产生毁灭性影响，并严重窒碍了中国社会的发展与进步。虽然中国人民在保家卫国的战争中，在捍卫人类正义抗击法西斯侵略的战斗中，最终将日本侵略者逐出国门，取得了抗日战争的最后胜利，同时也与世界正义的人民一起，取得了世界反法西斯战争的伟大胜利，但是，当战争结束之际，神州大地，满目疮痍，关山万里，白骨累累，中华民族在战争中蒙受了空前的生命牺牲，中国人口遭到了极其惨重的损失，中国人民为取得抗日战争的胜利付出了空前惨重的代价。中国抗日战争是世界反法西斯战争的重要组成部分，中国人民的英勇抗战，同样也为世界人民反法西斯战争胜利，付出了巨大的民族牺牲，作出了巨大的贡献。这一切，我们都可以从抗日战争时期中国遭受人口损失的惨重情形中清楚地看到。

历史的真实可能会因为时间的流逝被蒙上厚厚的岁月之尘，使我们在试图穿透时空的隔膜触摸那曾经发生的事实时，遇到种种困惑与困难，经常让人心生畏难情绪，甚至可能半途而废。本书所作的考察与思考，恰如一柄拂尘，在笔者试图掸开蒙在历史真实上的岁月之尘时，拂进了幽暗的历史的深空之中。面对历史之尘的厚重弥漫，一人之手所能掸开的尘土，所能见到的事实面积，终究有限。在这一努力的过程中，让人既有所憾，亦有所悟：有些事物我们可能会因为偶然的机缘看到了其表象，知道了它的存在；但是，由于种种个人难以逾越的限制，你终究无法拂尽迷雾，把全部的历史的本来面目展现于今日。因为，研究者相对历史来说是一个客观的存在，永远不可能跳进历史之中，成为历史的一部分，切身经历历史的运动并记录历史的全部的真实，是的，永远都不可能。

但是，我们相信历史是客观真实的，历史是可以被认知的，其真相或者称本来面目可以在一定程度上被后世揭示。同时我们还相信，事实终胜于雄辩，数字可昭示事实。本书所记录的一笔笔数字，所披露的每一项数据，在一定程度上反映了日本侵略战争的罪恶，反映了日军对中国人民残酷施暴的罪恶，同时反映了中华民族所曾遭受的巨大苦难。

"为有牺牲多壮志，敢教日月换新天！"苦难和牺牲伴随着人类文明的进步，是一个民族在摆脱苦难、挣开枷锁、追求解放的征途上必然要付出的代价。战争，吞噬了数以千万计的生命。数以千万计的中华儿女生命的付出，正是中华民族为砸碎百年锁链、争取民族解放、走上民族复兴道路所付出的牺牲。抗日战争期间，中华民族以宁死不屈的精神，与侵略者强加于我们民族身上的一切灾难抗争，并最终艰辛地迎来了伟大而光荣的胜利，数千万儿女的牺牲，数千万死难儿女的鲜血，汇入神州的山川大地之中，化作了滋养中华民族坚忍刚健、自强不息、敢于战斗、敢于胜利的伟大精神的土壤；数千万死难儿女的生命，在民族的生命中延续，同样也在人类生命尊严的光芒中永恒地安魂。

参考文献

一、档案类

1. 中国第二历史档案馆藏档案
   主计处全宗
   财政部全宗
   社会部全宗
   内政部人口局全宗
   国防部史政局和战史部全宗
   振济委员会全宗
   军事委员会全宗
   汪伪"振务委员会"全宗
2. 中国人民解放军档案馆藏档案
   第十八集团军全宗
   军委总后勤部全宗
   中国人民抗日军政大学全宗
   军调处执行部全宗
   八路军一二〇师全宗
   晋绥军区全宗

太岳军区全宗

新四军第六师兼苏南军全宗

东北抗联全宗

3. 浙江省档案馆藏档案

浙江省政府档,全宗号:35、56、B45－6、L17

4. 台湾档案部门馆藏档案

二、报刊资料

1.《统计通讯》,第 1、2 号,国民政府主计处统计局编印,1939 年 10、11 月

2.《统计界简讯》,第 24 期,国民政府主计处统计局编印,1943 年 9 月

3.《社会行政统计》,国民政府社会部统计处编印,1947 年

4.《户政导报》,创刊号,第 2、3、4 期,国民政府内政部人口局,1945—1948 年

5.《河南省统计月报》,第 2 卷第 7 期,河南省政府统计处编印,1936 年 7 月

6.《内政统计月报》,国民政府内政部统计处编印

7.《统计月报》,国民政府主计处统计局编印

8.《江西统计》,江西省政府统计处编印

9.《江西统计月刊》,江西省政府秘书处统计室编印

10.《广西民政季刊》,第 1 号第 1 期,广西省民政厅秘书处编印,1932 年 1 月

11.《江苏保甲》,第 2 卷第 19 期,江苏省民政厅编印,1931 年 11 月

12.《福建省统计月刊》,福建省政府秘书处统计室编印

13.《社会调查与统计》,国民政府社会部统计处编印

14.《广西统计月刊》,广西省政府统计处编印

15.《四川统计月刊》,第 1 卷第 2 期,四川省政府编印,1939 年 3 月

16.《申报》

17.《申报年鉴》

18.《武汉日报年鉴》,1947 年

19.《善救》,第 1 卷第 2 期,行政院善后救济总署浙闽分署编印,1946 年
3 月

20.《解放日报》,1941—1945 年

21.《新华日报》,1938—1945 年

22.《晋察冀日报》,1938—1945 年

23.《群众》

24.《解放》

25.《八路军军政杂志》,第 1—4 卷,1939—1942 年

26.《新华月报》

27.《人民日报》

28.《人民日报》海外版

29.《抗日战争研究》

30.《民国档案》

31.《历史研究》

32.《四川省档案史料》,1983 年第 3 期

33.《杭州师范学院学报》,1999 年第 4 期

34.《档案史料与研究》,1990 年第 3 期

三、资料汇编

1.《内政年鉴·警政篇·户籍行政》,内政部 1936 年编印

2.《全国行政区域简表》《全国土地面积表》,内政部 1944 年 9 月编印

3.《东北要览》,国立东北大学编印,1944 年

4. 姚新武、尹华:《中国常用人口数据集》,中国人口出版社,1994 年

5. 中国社会科学院人口研究中心编:《中国人口年鉴》1985、1986 卷,社会
科学文献出版社,1986、1987 年

6. 国民政府行政院抗战损失调查委员会:《抗战损失调查委员会组织规
程·抗战损失调查办法及查报须知》,1944 年 8 月

7.《湖北省政府复员工作计划》,湖北省政府编印,1945 年 9 月

8.《福建省沦陷区抗战损失调查汇报》,福建省政府编印,1946 年 1 月

9.《江西省抗战损失调查总报告》,江西省政府编印,1946 年 4 月

10.《广西省抗战损失调查统计》,广西省政府统计室编印,1946 年 12 月

11.《湖南省抗战损失统计》,湖南省政府编印,1946 年 12 月

12.《河南省黄泛区灾况纪实》,河南省政府社会处编印,1947 年

13. 吕敬之:《河南省战时损失调查报告》,《民国档案》1990 年第 4 期

14. 章伯锋、庄建平主编:《抗日战争》1—7 卷,四川大学出版社,1997 年

15. 中央档案馆等编:《晋察冀抗日根据地·文献选编》,中共党史资料出版社,1989 年

16. 中央档案馆编:《中共中央文件选集》第 11—15 册,中共中央党校出版社,1991 年

17. 杨树标等编:《抗日战争时期国民党战场史料选编·抗日战争军事报告集》下,1986 年内部版

18. 中国第二历史档案馆编:《抗日战争正面战场》上、中、下,江苏古籍出版社,1987 年

19. 中国科学院历史研究所第三所:《中国现代政治史资料汇编》,1958 年

20. 魏宏运主编:《中国现代史资料选编》4,黑龙江人民出版社,1981 年

21. 魏宏运主编:《抗日战争时期晋察冀边区财政经济资料选编·总论篇》,1984 年

22. 国务院新闻办公室:《中国的人权状况》,中央文献出版社,1991 年

23.《中国的人权状况》(学习材料),红旗出版社,1991 年

24.《抗日战争时期重要资料统计集》,北京出版社,1995 年

25. 刘庭华编著:《中国抗日战争与第二次世界大战系年要录·统计荟萃》,海潮出版社,1995 年

26. 秦孝仪主编:《中华民国史重要史料初编——对日抗战时期》,中国国民党"中央委员会党史委员会"印行,1981 年

27. 秦孝仪总编纂:《"总统"蒋公大事长编初稿》卷 4 至卷 5,台湾档案部

门印行,1978 年

28.《蒋中正"总统"档案·事略稿本》40—63,台湾档案部门印行,2010—2012 年

29. 抗战历史文献研究会整理:《蒋中正日记》(1937—1945 年),抄本

30. 沈云龙主编:《近代中国史料丛刊续编》第 9 辑,台湾文海出版社有限公司,1974 年

31. 章伯锋、庄建平主编:《血证——侵华日军暴行纪实日志》,成都出版社,1995 年

32.《近代史资料》编辑部等编:《日军侵华暴行实录》1—4,北京出版社,1995、1997 年

33. 李秉新等主编:《侵华日军暴行总录》,河北人民出版社,1995 年

34. 河南省地方史志编纂委员会主编:《日军祸豫资料选编》,河南人民出版社,1986 年

35. 中共河南省委党史工作委员会编:《侵华日军在河南的暴行》,河南人民出版社,1989 年

36. 浙江省档案馆、中共浙江省党史研究室编:《日军侵略浙江实录》,中共党史出版社,1995 年

37. 浙江省政协文史资料委员会编:《铁证——侵华日军在浙江暴行纪实》,浙江人民出版社,1995 年

38. 符和积主编:《铁蹄下的腥风血雨——日军侵琼暴行实录》,海南出版社,1995 年

39. 中共江苏省党史工作办公室:《侵华日军在江苏的暴行》,中共党史出版社,2001 年

40. 上海科学院历史研究所编:《"八一三"抗战史料选编》,上海人民出版社,1986 年

41. 中共安徽省委党史工作委员会编:《侵华日军在皖罪行录》,安徽人民出版社,1995 年

42. 安徽省档案馆、蚌埠市档案馆编:《日本侵华在安徽的罪行》,皖内部

图书95-034

43. 居之芬、庄建平主编:《日本掠夺华北强制劳工档案史料集》上、下,社会科学文献出版社,2003年

44. 西南师范大学历史系、重庆市档案馆编:《重庆大轰炸(1938—1943)》,重庆出版社,1992年

45. 中共北京市委党史研究室编:《侵华日军在北京地区的暴行》,知识出版社,1993年

46. 军事科学院外国军事研究部编:《日本侵略军在中国的暴行》,解放军出版社,1986年

47. 周一行:《日本侵华史实录》,台湾惠华出版社,1983年

48. 孙震编:《暴行——侵华日军罪恶实录》,三环出版社,1991年

49. 何天义主编:《日军枪刺下的中国劳工丛书》,新华出版社,1995年

50. 拂洋编写:《伯力审判——12名前日本细菌战犯自供词》,吉林人民出版社,1997年

51. 河北省政协文史资料编辑委员会:《河北文史资料选辑》第15辑,河北人民出版社,1985年

52. 禹硕基等主编:《日本帝国主义在华暴行》,辽宁大学出版社,1989年

53. 王秉忠、孙继英主编:《东北沦陷十四年大事编年》,辽宁人民出版社,1990年

54. "南京大屠杀"史料编辑委员会、南京图书馆编:《侵华日军南京大屠杀史料》,江苏古籍出版社,1985年

55. 中国第二历史档案馆、南京市档案馆、"南京大屠杀"史料编纂委员会编:《侵华日军南京大屠杀档案》,江苏古籍出版社,1987年

56. 朱成山主编:《侵华日军南京大屠杀幸存者证言集》,南京大学出版社,1994年

57. 朱成山主编:《侵华日军南京大屠杀外籍人士证言集》,江苏人民出版社,1998年

58. 孙邦主编:《伪满军事》《抗日救亡》《经济掠夺》《日伪暴行》,吉林人民

出版社,1993 年

59. 北京市档案馆编:《日本侵华罪行实证——河北、平津地区敌人罪行调查档案选辑》上、下,人民出版社,1995 年

60. 中国第二历史档案馆编:《中华民国史档案资料汇编》第 5 辑第 3 编,"外交",江苏古籍出版社,2000 年

61. 中国第二历史档案馆编:《中华民国史档案资料汇编》第 5 辑第 3 编,"财政经济"(6),江苏古籍出版社,2000 年

62. 山东省档案馆、山东社会科学院历史研究所编:《山东革命历史档案资料选编》第 15、16 辑,山东人民出版社,1984 年

63. 中央档案馆、中国第二历史档案馆、吉林省社会科学院合编:《日本帝国主义侵华档案资料选编》,中华书局,1989、1991、1993、1995、1998 年

64. 李忠杰主编:《抗日战争时期中国人口伤亡和财产损失调研丛书》,中共党史出版社,2014、2016 年

四、论文专著

1. 胡焕庸:《论中国人口之分布》,华东师范大学出版社,1983 年

2. 赵文林等:《中国人口史》,人民出版社,1988 年

3. 胡焕庸编著:《中国人口地理简编》,重庆出版社,1986 年

4. 陈玉光、张泽厚:《中国人口结构研究》,山西人民出版社、中国社会科学出版社,1986 年

5. 刘铮主编:《人口学辞典》,人民出版社,1986 年

6. 《简明人口学词典》编辑委员会编:《简明人口学词典》,甘肃人民出版社,1987 年

7. 李成瑞:《中国人口普查及结果分析》,中国财政经济出版社,1987 年

8. 翟振武等:《现代人口分析技术》,中国人民大学出版社,1989 年

9. 胡焕庸:《胡焕庸人口地理选集》,中国财政经济出版社,1990 年

10. 国家计生委宣教司主编:《中国人口国情》,中国人口出版社,1990 年

11. 葛剑雄:《中国人口发展史》,福建人民出版社,1991 年

12. 姜涛:《中国近代人口史》,浙江人民出版社,1993 年

13. 王育民:《中国人口史》,江苏人民出版社,1995 年

14. 杨子慧主编:《中国历代人口统计资料研究》,改革出版社,1996 年

15. 姜涛:《历史与人口》,人民出版社,1998 年

16. 路遇、滕泽之:《中国人口通史》下,山东人民出版社,2000 年

17. 侯杨方:《中国人口史·第六卷·1910—1953 年》,复旦大学出版社,2001 年

18. 〔英〕田伯烈:《外人目睹中之日军暴行》,中正书局,1938 年

19. 章开沅编译:《天理难容——美国传教士眼中的南京大屠杀(1937—1938)》,南京大学出版社,1999 年

20. 张怿伯:《镇江沦陷记》,人民出版社,1999 年

21. 陈诚:《八年抗战经过概要》,1946 年

22. 迟景德:《中国对日抗战损失调查史述》,台湾档案部门印行,1987 年

23. 何应钦:《日军侵华八年抗战史》,台湾黎明文化事业公司,1982 年

24. 韩启桐编著:《中国对日战事损失之估计(1937—1943)》,中央研究院社会科学研究所编印,1946 年

25. 杭立武编著:《中华文物播迁记》,台湾商务印书馆,1980 年

26. 孟国祥、喻德文:《中国抗战损失与战后索赔始末》,安徽人民出版社,1995 年

27. 袁成毅:《浙江抗战损失初步研究》,陕西人民出版社,2003 年

28. 毛泽东:《毛泽东选集·第二卷》,人民出版社,1991 年

29. 中国人民解放军第二野战区战史编辑室:《一二九师暨晋冀鲁豫军区抗日战争史稿(草稿)》,1962 年

30. 龚古今、唐培吉主编:《中国抗日战争史稿》上、下,湖北人民出版社,1983、1984 年

31. 党德信、杨玉文主编:《抗日战争国民党阵亡将领录》,解放军出版社,1987 年

32. 罗焕章、支绍曾:《中华民族的抗日战争》,军事科学出版社,1987 年

33. 军事科学院军事历史研究部编著:《中国人民解放军战史·第二卷》,军事科学出版社,1987年

34. 张廷贵等:《中共抗日部队发展史略》,解放军出版社,1990年

35. 张宪文主编:《抗日战争的正面战场》,河南人民出版社,1987年

36. 胡绳主编:《中国共产党的七十年》,中共党史出版社,1991年

37. 军事科学院军事历史研究部:《中国抗日战争史》上,解放军出版社,1991年

38. 中国社会科学院近代史研究所:《日本侵华七十年史》,中国社会科学出版社,1992年

39. 解力夫:《抗日战争实录》,河北人民出版社,1992年

40. 军事科学院军事历史研究部:《中国抗日战争史》下,解放军出版社,1994年

41. 王秀鑫、郭德宏主编:《中华民族抗日战争史(1931—1945)》,中共党史出版社,1995年

42. 黄小坚、赵红英、丛月芬:《海外侨胞与抗日战争》,北京出版社,1995年

43. 徐焰主编:《中国人民抗日战争史录》,中央文献出版社,1995年

44. 郭德宏主编:《抗日战争研究述评》,中共党史出版社,1995年

45. 武月星主编:《中国抗日战争史地图集》,中国地图出版社,1995年

46. 田桓主编:《战后中日关系文献集(1945—1970)》,中国社会科学出版社,1996年

47. 田桓主编:《战后中日关系文献集(1971—1995)》,中国社会科学出版社,1997年

48. 刘大年、白介夫主编:《中国复兴的枢纽——抗日战争的八年》,北京出版社,1997年

49. 张宪文主编:《中国抗日战争史(1931—1945)》,南京大学出版社,2001年

50. 郭汝瑰、黄玉章主编:《中国抗日战争正面战场作战记》上、下,江苏人

民出版社,2002 年

51. 韩晓、辛培林:《日军七三一部队罪恶史》,黑龙江人民出版社,1991 年

52. 王希亮:《日本对中国东北的政治统治(1931—1945)》,黑龙江人民出版社,1991 年

53. 王承礼主编:《中国东北沦陷十四年史纲要》,中国大百科全书出版社,1991 年

54. 陈平:《千里"无人区"》,中共党史出版社,1992 年

55. 纪道庄、李录主编:《侵华日军的毒气战》,北京出版社,1995 年

56. 金辉:《恸问苍冥:日军侵华暴行备忘录》,解放军文艺出版社,1995 年

57. 张传杰等:《日本掠夺中国东北资源史》,大连出版社,1996 年

58. 孙宅巍主编:《南京大屠杀》,北京出版社,1997 年

59. 罗泰琪:《重庆大轰炸》,内蒙古人民出版社,1998 年

60. 步平主编:《日本侵华新罪证系列丛书·化学战》,黑龙江人民出版社,1997 年

61. 郭成周、廖应昌主编:《侵华日军细菌战纪实》,北京燕山出版社,1997 年

62. 解学诗等:《战争与恶疫——七三一部队罪行考》,人民出版社,1998 年

63. 刘惠恕编著:《南京大屠杀新考》,上海三联书店,1998 年

64. 徐志耕:《南京大屠杀》,台湾时报文化出版企业有限公司,1989 年

65. 步平、高晓燕:《阳光下的罪恶——侵华日军毒气战实录》,黑龙江人民出版社,1999 年

66. 张连红主编:《日侵时期新马华人受害调查》,江苏人民出版社,2004 年

67. 邱明轩编著:《罪证——侵华日军衢州细菌战史实》,中国三峡出版社,1999 年

68. 高乐才:《日本"满洲移民"研究》,人民出版社,2000 年

69. 黄菊艳:《损失与重建——抗日战争与广东经济》,中山大学博士学位

论文,2000 年

70. 黄菊艳:《抗战时期广东经济损失研究》,广东人民出版社,2005 年

71. 张凤鸣、王敬荣主编:《日本侵华新罪证系列丛书·残害劳工》,黑龙江人民出版社,2000 年

72. 张铨、庄志龄、陈正卿:《日军在上海的罪行与统治》,上海人民出版社,2000 年

73. 苏智良:《日军性奴隶——中国"慰安妇"真相》,人民出版社,2000 年

74. 苏智良等主编:《滔天罪孽——二战时期的日军"慰安妇"制度》,学林出版社,2000 年

75. 苏智良:《慰安妇研究》,上海书店出版社,2000 年

76. 苏智良等:《日本对海南的侵略及其暴行》,上海辞书出版社,2005 年

77. 曾业英主编:《五十年来的中国近代史研究》,上海书店出版社,2000 年

78. 杨玉林、辛培林主编:《日本侵华新罪证系列丛书·细菌战》,黑龙江人民出版社,2002 年

79. 步平、高晓燕、筺志刚编著:《日本侵华战争时期的化学战》,社会科学文献出版社,2004 年

80. 卞修跃:《抗日战争时期中国人口损失问题研究(1937—1945)》,华龄出版社,2012 年

81. 卞修跃:《侵华日军反人道罪行研究》,团结出版社,2015 年

82. 王天奖:《近代河南人口估测》,《河南大学学报(社会科学版)》第 34 卷第 1 期,1994 年 1 月

83. 居之芬:《抗日战争华北劳工的伤亡人数》,《津图学刊》,1995 年第 3 期

84. 孟国祥、孙庆军:《关于抗日战争中我国军民伤亡数字问题》,《抗日战争研究》,1995 年第 3 期

85. 何天义:《日本侵略者强掳虐待中国劳工的真相》,《抗日战争研究》,1995 年第 4 期

86. 张杰、王省安:《抗日战争时期陕甘宁边区的人口发展》,《延安大学学报(社会科学版)》,1995 年第 4 期

87. 曾庆榴:《侵华战争时期日军轰炸广东罪行述略》,《抗日战争研究》,1998 年第 1 期

88. 袁成毅:《浙江抗战损失调查概述》,《浙江档案》,1998 年第 7 期

89. 袁成毅:《抗战时期中国最低限度伤亡人数考察》,《杭州师范学院学报》,1999 年第 4 期

90. 王乃德:《日军对华北地区人力资源的掠夺与摧残》,《民国档案》,1999 年第 1 期

91. 孙宅巍:《日本军国主义与中国劳工"万人坑"》,《民国档案》,1999 年第 1 期

92. [美]吴天威:《日军史无前例的强暴中华妇女——被强奸者远多于"慰安妇"》,《抗日战争研究》,1999 年第 2 期

93. 刘莉莉:《论抗日战争对江西社会的影响》,《江西社会科学》,1999 年第 10 期

94. [美]吴天威:《日本在侵华战争期间迫害致死中国劳工近千万》,《抗日战争研究》,2000 年第 1 期

95. 夏明方:《抗战时期中国的灾荒与人口迁移》,《抗日战争研究》,2000 年第 2 期

96. 程朝云:《抗战初期的难民内迁》,《抗日战争研究》,2000 年第 2 期

97. 刘宝辰:《抗日战争时期日本强掳华工的几个问题》,《河北大学学报(哲学社会科学版)》第 25 卷第 1 期,2000 年 2 月

98. 曹必宏:《南京伪组织掩埋遇难同胞尸体数字考》,《民国档案》,2000 年第 4 期

99. 徐建明:《重庆"大隧道窒息惨案"死亡人数考析》,《抗日战争研究》,2001 年第 3 期

100. 陈小琼、王艳珍:《侵华日军的暴行与中国人口损失述略》,《江西教育学院学报(社会科学版)》,2001 年第 5 期

101. 居之芬：《二次大战期间日本使用中国强制劳工人数初考》，《抗日战争研究》，2001 年第 1 期

102. 黄菊艳：《抗日战争时期广东损失调查述略》，《抗日战争研究》，2001 年第 4 期

103. 居之芬：《关于日本在华北劳务掠夺体系与强制劳工人数若干问题考》，《抗日战争研究》，2002 年第 3 期

104. 陈荣华：《江西省抗日战争损失述略》，《江西社会科学》，2002 年第 11 期

105. 陈先初：《1943 年日寇在洞庭湖区的浩劫》，《常德师范学院学报（社会科学版）》第 27 卷第 6 期，2002 年 11 月

106. 张根福：《抗战时期迁移人口的结构分析——浙江省个案研究》，《史学月刊》，2003 年第 2 期

五、海外著述

1. 日本外务省管理局：《华人劳务者就劳事情调查报告》，1946 年 3 月

2. 日本经济安定本部总裁官房企画部编：《太平洋战争による我国の被害总合报告书》，1949 年 4 月 7 日

3. 《前日本陆军军人因准备和使用细菌武器被控案审判材料》，外国文书籍出版局印行，1950 年

4. 联合国统计部：《世界统计年鉴·人口（1954 年）》，日本东京教育研究所，1955 年

5. 联合国经济社会事务部：《1950—1980 年亚洲及远东人口》（英文版），1959 年

6. ［日］井上清：《天皇的战争责任》，商务印书馆，1983 年

7. ［日］森山康平：《南京大屠杀与三光作战》，四川教育出版社，1984 年

8. ［日］小俣行男著，周晓萌译：《日本随军记者见闻录——南京大屠杀……》，世界知识出版社，1985 年

9. ［日］曾根一夫著，陈惠堃译：《南京大屠杀亲历记》，台湾黎明文化事业

公司,1986 年

10. ［澳］哈罗德·约翰·廷珀利著,马庆平等译:《侵华日军暴行录》,新华出版社,1986 年

11. ［日］池田诚编著:《抗日战争と中国民众》,日本法律文化社,1987 年

12. ［日］洞富雄:《南京大屠杀》,上海译文出版社,1987 年

13. 日本中国归还者联络会编,李亚一译:《三光——日本战犯侵华罪行自述》,世界知识出版社,1990 年

14. ［日］石岛纪之著,郑玉纯等译:《中国抗日战争史》,吉林教育出版社,1990 年

15. 日本满洲移民史研究会编,孟宪章等译:《日本帝国主义在中国东北的移民》,黑龙江人民出版社,1991 年

16. ［日］井上清、广岛正编述:《日本军は中国で何をしたのか》,日本亚纪书房,1994 年

17. ［日］千田夏光著,徐宪成译:《随军慰安妇——庆子》,群众出版社,1996 年

18. ［日］矢野玲子著,大海译:《慰安妇问题研究》,辽宁古籍出版社,1997 年

19. ［德］约翰·拉贝:《拉贝日记》,江苏人民出版社、江苏教育出版社,1997 年

20. ［日］东史郎:《东史郎日记》,江苏教育出版社,1999 年

21. ［日］仁木富美子著,邓一民编校:《无人区·长城线上的大屠杀——兴隆惨案》,黑龙江美术出版社,2000 年

22. ［日］西野瑠美子、林博史:《慰安妇——战时性暴力の实态 II》,日本绿风出版社,2000 年

23. ［美］明妮·魏特琳著,南京师范大学南京大屠杀研究中心译:《魏特琳日记》,江苏人民出版社,2000 年

24. ［美］谢尔顿·H.哈里斯著,王选等译:《死亡工厂——美国掩盖的日本细菌战犯罪》,上海人民出版社,2000 年

25.〔日〕松冈环:《南京战:闭ざされた记忆を寻ねて——元士兵の证言》,日本社会评论社,2002年

26.〔日〕西成田丰:《中国人强制连行》,日本东京大学出版会,2002年

27.〔英〕B. R. 米切尔编,贺力平译:《格尔雷夫世界历史统计:亚洲、非洲和大洋洲卷 1750—1993 年》,经济科学出版社,2002年

六、地方史志

该部分资料侧重于利用散见于全国各地各级文史资料、党史资料中记载的有关抗日战争时期的日军暴行、民众灾难、灾荒疫病等造成的人口损失及相关资料;各省市县地方志的人口志分卷以及地方志中记载各地人口变化情况的资料。以其数量浩繁,本书中有所征引者,皆文中随注,兹不一一罗列。

索　引

间接人口损失　14,15,203,295,
　361,436

江苏省　50,52,72,73,142,147,
　247—249,251—255,261,316,
　317,341,416,461

江西省　53,54,67,69,71,80,114,
　117,158—161,164—166,170,
　260—262,272,416,456,457,461

蒋公毂　61,62

蒋介石　83,84,89,91,93—95,
　102,127,128,130—132,139,140,
　142,151,154,262,375,393,411,
　468

蒋梦麟　133,140,142,396,411

蒋廷黻　90,339,354,355

解放日报　322,328,329,336,337,
　340,341,343,344,349,351—353,
　369,371,372

晋察冀解放区　337,338,349,351

晋察冀日报　322,325,326

晋冀鲁豫解放区　336,342—345,
　348,349,357,359—361,430

晋南会战　17

晋绥解放区　336,340,341

经济部　129,132,143,313

九一八事变　4,16,23,90—92,95,
　96,129,136,143,144,295—297,
　303,304,401,409

军令部　158,207,212,218,241,
　274,292,366,378—386,411,412,
　419

军事委员会　71,92,130,209,221,
　376—378,381,392,393

军事委员会政治部　70,71,274,
　374—376

军医署　227,229

军政部　21,77,97,115,129,130,
　132,139,141,158,374—376,
　381—383,385—387,393,411,
　412,414

K

抗日根据地　5,7,18,20,58,254,
　292,318—321,323,327,353,370,
　400,448,464

抗日战争　4,7—14,16—18,20,
　21,25,32—34,36,38,40,42,43,
　46—48,52,53,55,57,58,65,71,
　90,100,113,114,127,128,131,
　139,149,152,156,158,177,178,
　180,186,192,194—196,200—
　205,211,212,218,220,222,224,
　225,235,238,247,249,253,257,
　260,263,270,271,273,278,291,
　294,298,304—306,308,309,311,
　314,315,317,319,327,332,338,

后　记

　　本人约于十年之前,曾就中国抗战人口损失问题著有专著一本。其后关于这一专题的研究,一直被我视作畏途:一则以核心资料与系统资料之难觅,一则以原来研究中所涉数据累千上万,若改其一笔,则全部的有关数据尽须重新计算,全部的结论性主张也都要作重大修正,正所谓牵扯一发而动全身。所以,一方面,在未能寻得更全面、更有价值的资料,或在自己的有关思考与认识未发生显著变化之前,一直不愿意再展开对这一专题的研究与讨论;另一方面,这些年来自己也一直在利用机会搜辑新的资料,并尝试着对一些问题重新进行思考,企图解决原来研究中存在的问题,其中有些问题甚至曾经同行高朋们很善意地径向本人指出过。就在这种畏怯与思考之中,先后接到洪小夏老师和张宪文先生的电话,邀约写一本有关中国抗战人口损失的书,作为"抗日战争专题研究"丛书之一本,自己脑子一热,在没有完全思考周详之际,便贸贸然地允了下来。于是,便有了其后三年多时间的紧张忙碌,以及和项目联系人之间往返不绝的沟通与交流、懈怠与督促、调整与修改,最终,总算是将书稿拾掇成型,成了目前这个样子。其间的甘苦,作者本人知道,项目的组织者与联络者知道,出版社的编辑者知道。

　　本人旧著名为《抗日战争时期中国人口损失问题研究(1937—1945)》。可以看出,此书系为讨论全面抗战时期与中国人口损失有关的若干问题,其中有按惯例撰写的研究绪论、民国时期人口发展情况与人口统计、抗战期间中国人口发展状况、中国抗战人口损失调查与估计、1953年中国人口普查与抗战人口损失数量之逆测等方面的内容。当时的研究思路是问题研究,即取若干方面与抗战期间中国人口相关的问题分别讨论,进而以中国抗战人口损失问题为核心展开研究。此次接受新的研究任务后,首先要考虑的是如何脱开旧著的窠臼,使研究成果呈现出创新的面孔。为此,新稿在结构上和研究视角上作了重大调整,即全书只取中国抗战人口损失调查、损失数量估计,以及中国抗战人口损失的分布与结构为核心进行系统研究,对其余问题尽舍开不论。也就是说,本书只在上述三个主要方面的内容着力,精简结构,补充资料,规范文字,核算数据,深入思考。这样,我们在讨论中国抗战人口损失调查的组织与进行时,充分地补充利用了陆续积累的新资料,以及本人2009、2016年两次赴台湾搜辑到的新的档案资料,从而使新稿对有关中国抗战损失调查史实的叙述更加细化,时间线索更明晰,资料链条更完整。在分省区、分主体别考察中国抗战人口损失情况与数量时,新稿的研究思路和方法,与本人过去的研究是一脉相承的,但有几个方面因为资料的运用与作者的思考认识发生变化,从而产生了重要变化:其一,关于河南省战时损失人口问题,过去我们弃1942年因灾死亡人口约300万人未计入全国抗战人口伤亡数中,新稿由于研究认识的变化,将此项人口损失数计入了抗战人口损失之中;其二,根据新搜辑到的档案文献资料,增补了国民政府行政司法部的抗战损失调查与人口损失数字;其三,对战时壮丁与新兵的伤亡损失重新进行了思考与研究,对"兵役壮丁"之损失数量的估算作了重大调整。由于研究中数据发生了上述几方面的变化,有关中国抗战人口损失的大量数据也随之发生变化,而这每一个数值的变化,又都是经过重新计算获得的。在文中,这种计算数据的变化,约近千处,涉及中国抗战人口损失的地区分布、死伤比、军民比、性别比、成幼比、中国抗战人口损失总数,等等,几乎涉及全部的、不同方面和层级的结论性数据。这些数据的变化,是本书与旧著的最大差别,也是本人对中国抗战人口损失的最新思考与认识。当然,这种认识的变化是必然的、没有终结的。未来,在新的资料发现、新的研究方法应用和新的思考深化的基础上,还可能发生重大的认识变化。至于广大读者是否认可作者目前这种认识上的变化,权利当然归于读者。

　　笔者要以最诚挚的心情,感谢洪小夏女士,在书稿撰写过程中,她作为项目联络人,一直耐心地对我进行督促与劝导,在我几次畏难时,她耐心地、诚挚地给我打气鼓励,说服我千万不要半途而废;感谢张宪文先生对我的宽容与大度,在研期间,老先生多次亲自打电话督察我的进度,给予我教诲,倾听我的意见,鼓励我要有史学研究者的担当,尽力完成自己的研究任务。高山仰止,先生的教诲,我必铭感终生,亦必终生受益。感谢本书的责任编辑对书稿进行的细致、坦率、精准且卓有见地的审读。人们常说"一字千金",笔者的理解是非著者文字珍贵如金,实乃有高明者纠正稿中之一错字,此纠正之字价值千金也。同时,本人还要感谢研究所、研究室的同人们和学界的研究同好们,是他们在不同场合经常与我切磋讨论,提供资料线索,开拓我思路,指点我迷津,补充我勇气,鼓励我前进。昔人云"知己有恩",同人知遇,即是有恩,以笔者之懒散疏陋,能得如许之良朋诤友,其幸何如哉!

最后,笔者还想说的是,有关日本侵华战争罪行与中国抗战损失问题的研究,学术价值与现实意义都十分重大,资料尚待深入发掘、整理,研究也待进一步深化拓展。其有来者!

卞修跃

2021 年 10 月